「1949至
2009年
的湘西農村」

農民、公民權與國家

張英洪 著

一個人有責任不僅為自己本人，而且為每一個履行自己義務的人要求人權和公民權。

——馬克思

推薦序

徐勇

張英洪所著的《農民、公民權與國家》是一部很有學術意義和現實價值的著作。

農民是一個歷史概念，公民是一個現代概念。我國農民產生的歷史十分長，但要使廣大農民獲得現代公民權，則只有在二十世紀才有可能。因為，公民與民主政治制度聯繫在一起。二十世紀，我國政治發展的總體目標是民主政治。農民開始享有現代公民權利。但由於民主政治建設道路十分曲折，廣大農民對公民權的享有、獲得和運用也充滿著變數。張英洪的著作以中國最多數人口——農民的公民權為主題，具有特殊價值，是對政治學研究領域的一個新拓展。

張英洪著作沒有從概念入手，而是從歷史進程入手，選擇案例進行考察。這在方法論上也有獨特性。儘管公民權是一個具有普遍意義的概念，但是在不同國家、不同歷史進程中，其形成和特點都有所不同。張英洪的著作將農民的公民權放在當代中國發展進程中考察，探討了由於不同的政治環境給農民的公民權所帶來的影響和後果，說明時代的進步和曲折制約著公民權，而農民的公民權的享有和獲得又是時代進步和曲折的標誌，並是推動社會發展的動力。由此，作者提出要高度重視農民的公民權。

張英洪有很好的理論功底。在本書中，作者從歷史進程中提煉出一些很有獨創性的學術觀點。特別是有一些很精煉的概括，能夠給人以深刻的啟迪。

當然，由於公民權本身是一個具有建構性的現代概念，加上作者本人的價值取向，著作在歷史和價值平衡方面還可進一步完善。作為學術著作，個別提法和詞句可更中立一些，更具有學術性而不是政治性。

總的來說，該著作是一部值得出版的學術論著。

二〇〇九年九月三十日

*徐勇，男，一九五五年七月生，中國湖北宜昌人，教授、博士生導師，「長江學者」，著名的政治學家和「三農」問題研究專家。現任華中師範大學政治學研究院院長、中國農村研究院院長、中國政治學會副會長、湖北省政治學會會長。出版有《非均衡的中國政治：城市與鄉村比較》、《中國農村村民自治》、《中國城市社區自治》、《鄉村治理與中國政治》、《現代國家、鄉土社會與制度建構》、《包產到戶沉浮錄》、《徐勇自選集》、《中國農村村級治理》、《田野與政治》等著作。

摘要

本書以湖南省溆浦縣為主要考察對象，以土地制度的演變和農民身分的變遷為主線，以公民權理論為分析框架，考察和分析一九四九年以來中國農民公民權的演進邏輯。

首先，本書考察了土改運動中的階級劃分及其對公民權的影響。一九四九年中國共產黨建立新政權後，首先並不是賦予全體國民平等的公民身分，而是依據馬列主義的階級鬥爭理論，在農村劃分階級成分，開展土地改革運動，實現了農民身分的階級化。在身分分配中，農民階層被簡單劃分為「敵」「我」兩個陣營。地主、富農、反革命分子和壞分子屬於「階級敵人」，是無產階級專政的對象；貧農、雇農和中農屬於「人民」的範疇，在「人民內部」實行「民主」。國家通過階級身分的劃分，對農民階層實行政治分層，在農民內部劃分了身分完全不平等的兩種人，形成了不平等的政治社會結構。同時，土地所有制從「封建地主土地所有制」轉變為「農民的土地所有制」，實現了平均分配土地的「耕者有其田」。這個土地所有制的急劇轉變，是以國家權力為後盾的強制性制度變遷。土改的結果是，作為「階級敵人」的地主、富農及其家庭成員，不僅被新的國家政權以消滅剝削的名義暴力剝奪了包括土地在內的私有產權，也被限制乃至剝奪了人身權利甚至生命權。

其次，本書分析了集體化運動和城鄉隔離制度對農民公民權的影響。新政權在通過暴力土改摧毀一個罪惡的「舊世界」之後，決心以蘇聯模式為藍本建立一個完美的「新世界」。一方面，國家為追求蘇聯模式的社會主義公有制目標，在農村強制推行集體化運動，將農民強行組織到集體單位之中，使之成為被集體單位強力支配的集體社員，從而實現了農民從階級身分到社員身分的轉換。土地制度則從農民所有制轉變為集體所有制。另一方面，國家為實現蘇聯模式的工業化目標，通過嚴格的戶籍制度，建構城鄉隔離的二元社會結構，使被劃定為農業戶口的農民處於與城鎮居民完全不平等的戶籍身分地位。在集體化和城鄉隔離中，農民身分被結構化。農民身分的結構化有兩層意涵：一是在集體化運動中，農民從歷史上相對自由的個體農民轉變為受到國家權力強力支配的集體社員，社員身分是農民身分結構化的一個重要維度；二是在城鄉隔離制度中，國家通過農業戶口和非農業戶口的劃分，將作為農業戶口的農民限制在城鎮之外的農村，戶籍身分是農民身分結構化的另一個重要維度。國家繼土改運動在農民內部劃分為兩種人之後，又通過二元性的制度安排，在整個社會劃分為農民和市民兩種人。集體化運動以走社會主義道路的名義，廢除了農民的土地私有產權；同時，在集體單位中，農民喪失了基本的人身自由和選擇自由權。城鄉隔離制度以實現國家工業化的名義剝奪了農民的遷徙自由權和擇業權，農民成為國家積累工業化資金的犧牲品。

再次，本書討論了改革以來土地制度與農民身分的變化及公民權生長的路徑與趨勢。家庭承包責任制的推行，使農民從人民公社的體制束縛中解放出來，重新回歸以家庭為單位的個體農民。家庭承包責任制使農村土地制度再次發生了重大變化，即從集體所有制轉變為集體所有、家庭承包制，實現了土地的所有權與承包經營權的分離，農民獲得了部分的土地產權、生產自主權和人身自由權，私有產權重新得到承認。國家通過平反和摘帽，實現了農民政治身分的平等化。改革開放加速了農民的分化和流動。大量農民進城務工，事實上打破了城鄉藩籬，但制度變革的滯後，使事實上的農民進城與體制上的農業戶口之間形成巨大的張力，農民工問題正是這種實踐發展與制度變遷滯後之間矛盾的產物。以市場為取向的改革，使農民不斷消解計劃體制下的結構化身分，逐步實現身分的社會化。但是，農民並沒有獲得完整的土地產權和完全平等的公民身分，農民與土地之間的矛盾、農民身分與市民身分之間的差距、農民權利與國家權力之間的張力，構成了當代農民問題的主要癥結。以免徵農業稅為起點的新農村建設和城鄉一體化發展，有望最終改變中國長期以來的城鄉二元結構，使農民在獲得完全公民身分的基礎上參與國家建設。

最後，本書歸納出一九四九年以來中國農民身分的四次重大變遷，即農民身分的階級化、農民身分的結構化、農民身分的社會化、農民身分的公民化。本書得出四個基本結論：第一，公民權建設不足、公民權發展滯後是導致中國農民問題的主因；第二，作為現代國家成員資格權利的公民權，不僅是現代國家的一項公共物品，而且是最基本的公共物品；第三，發展公民權的能力，是現代國家構建的基礎能力；第四，中國農民問題的解決程度，最終取決於國家建設與發展公民權的進度。

目次

第一章　導論

一、選題的緣起和意義

中國是一個典型的農民大國。幾千年來，農民的勤勞與智慧使人無比驚歎，農民的苦難與抗爭又使人無限感慨。兩極分化、官民對立、權利不保、正義不張所引爆的週期性社會大地震，是中華民族的最大危害。農民問題不單是農民的問題，而是中國社會結構存在的一個根本性問題。

我之涉足並傾情於農民問題研究，緣起於個人多年來對農民命運與國家治理的歷史沉思、現實困惑、未來憧憬和理論追尋。

每個人都生活在人類歷史的長河中，每個學者都跋涉於人類思想的山川間。人類的歷史知識是人類社會的共同財富，也是所有科學研究的基礎。歷史的頭腦是一個優秀的學者所不可或缺的。「歷史的確證實了愛因斯坦的一句名言，除非一個人擯棄細枝末節，具有更廣闊的視野，否則，在科學中就不會有任何偉大的發現。」[1]英國歷史學家阿諾德•湯因比（Arnold Joseph Toynbee，一八八九—一九七五）在著名的《歷史研究》中，考察了人類文明的起源、文明的成長、文明的衰落和文明的解體。在他先計算出二十一種文明、後又重新統計出的三十一種人類文明的比較研究中，中國文明被列為獨立的不從屬於其他文明的五種文明中的一種。[2]在對人類事務的研究中，湯因比延續了波里比烏斯（Polibius，西元前二一〇—西元前一二八）的觀念，認為「在一個時間和空間均已統一的世界上，對人類事務的研究若想取得成效的話，就必須從廣闊的視界入手。」[3]著名的全球通史專家斯塔夫里阿諾斯（Stavrianos，一九一三—二〇〇四）認為中國文明是「世界上最古老的、連續不斷的文明。」[4]斯塔夫里阿諾斯在解釋中國為什麼會擁有世界上最古老的、連續不斷的文明的諸因素中，提到了有助於中國文明連續性的龐大人口和農業生活方式，他對「頭戴草帽，在麥田或水稻田裏辛勤勞動」的典型中國農民形象印象深刻，他認為中國農民「至少占總人口的五分之四，他們用自己寬厚的背脊，擔負著供養城市居民、朝臣和士兵的重荷。」[5]毋庸置疑，農民是中國傳統農業文明的主要創造者和傳承者。

農民的命運與國家的治理息息相關。歷史上，農民在「太平」與「亂世」之間，選擇「寧做太平犬，不做亂世人」。他們近乎宗教般虔誠地渴望「太平盛世」。中國農民始終把自己的命運與國家的命運緊緊聯繫在一起，「國泰民安」四字高度濃縮了中國人心目中「國」與「民」密不可分的關係。

1 轉引自〔英〕阿諾德•湯因比：《歷史研究》，劉北成、郭小凌譯，上海人民出版社二〇〇五年版，第二十三頁。
2 〔英〕阿德諾•湯因比：《歷史研究》，劉北成、郭小凌譯，上海人民出版社二〇〇五年版，第五十二頁。
3 同上，第二十三頁。
4 〔美〕斯塔夫里阿諾斯：《全球通史：一五〇〇年以後的世界》，吳象嬰、梁赤民譯，上海社會科學院出版社一九九九年版，第六十六頁。
5 〔英〕阿德諾•湯因比：《歷史研究》，劉北成、郭小凌譯，上海人民出版社二〇〇五年版，第六十八頁。

「國家」這一概念在中國，至少有三種意涵：一是「國」與「家」密不可分，相互依存，即所謂「家國不分」，「國」離不開「家」，「家」也離不開「國」。正如卡爾・馬克思指出的那樣：「政治國家沒有家庭的天然基礎和市民社會的人為基礎就不可能存在。」[6]二是「國」在「家」前，即所謂「有國才有家」，只有「國家」太平，農民才能安居樂業。換言之，只有把「國」治理好了，「民」才能安享太平。三是「國」的職責在保衛「家」，「國」的後面有「家」作基礎、作後盾、作支撐；「家」的前面有「國」作堡壘、作前鋒、作護衛。

幾千年來的中國歷史，實質上就是「國」與「家」或者說是「國」與「民」關係的歷史。中國古代學者荀子（約西元前二九八—西元前二三八年）對君民關係的見解影響深遠：「天之生民，非為君也。天之立君，以為民也。」[7]他強調君民關係為「舟」與「水」的關係：「《傳》曰：『君者，舟也；庶人者，水也。水則載舟，水則覆舟。』此之謂也。」[8]唐太宗李世民（五九九—六四九年）深悟「水可載舟亦可覆舟」之理，從而提出：「為君之道，必須先存百姓，若損百姓以奉其身，猶割股以啖腹，腹飽而身斃。」[9]民本思想是中國古典政治哲學中最具價值的部分。

但在中國歷史上，農民與國家的關係始終沒有得到根本的解決，一治一亂循環的歷史週期率沒法打破；「興，百姓苦；亡，百姓苦」的歷史怪圈沒法跳出；孔子（西元前五五二—西元前四七九年）歎息過的「猛於虎」的「苛政」沒法根治；「天高皇帝遠，民少相公多，一日三遍打，不反待如何」，這種官逼民反式的中國傳統政治困境無法終止。於是，在世界歷史上並不多見的農民起義和農民戰爭，在中國歷史上卻頻頻發生。自

6 《馬克思恩格斯全集》第一卷，人民出版社一九五六年版，第二五二頁。
7 《荀子・大略》。
8 《荀子・王制》。
9 《貞觀政要・君道》。

從西元前二〇九年陳勝、吳廣舉起中國歷史上第一次農民起義的大旗後，幾千年來各種大大小小的農民起義或農民叛亂，充斥著幾乎每個朝代，成為中國改朝換代的重要機制。

令人深思的是，不管農民起義成功與否，農民的悲慘命運似乎並沒有得到根本的改觀。遇亂世，「白骨露於野，千里無雞鳴。」[10]處盛世，「朱門酒肉臭，路有凍死骨。」[11]斯考切波（Theda Skocpol，一九四七——）在對中國的研究中發現：「在整個帝制中國的歷史上，正是農民的怨憤點燃了起義——但即使是成功的起義，也只不過是使現存制度獲得新生。」[12]縱覽二十五史，中國農民的悲慘命運充斥字裏行間，無不令讀史之人痛心扼腕；放眼大好河山，中國農民的血淚生活隨處可覓，直叫多少仁人志士作「哀民生多艱」之歎。[13]國家如何跳出「治亂循環週期率」，農民如何走出「興亡百姓苦怪圈」，這是我對中國歷史的一個長久的沉思。

現實的種種困惑又常常迫使我靜下心來不斷思索農民問題的癥結所在與解決之道。馬克思說：「我們越往前追溯歷史，個人，也就是進行生產的個人，就顯得越不獨立，越從屬於一個更大的整體。」[14]在傳統中國，農民被各種壓制性力量所束縛。毛澤東（一八九三——一九七六）就認為：「政權、族權、神權、夫權，代表了全部封建宗法的思想和制度，是束縛中國人民特別是農民的四條極大的繩索。」[15]傳統中國皇權主義的政治實踐，

---

10 《曹操集・蒿里》，中華書局一九五九年版，第四頁。
11 杜甫：〈自京赴奉先縣詠懷五百字〉，載《杜詩詳注》第一冊，中華書局一九七九年版，第二七〇頁。
12 〔美〕西達・斯考切波著《國家與社會革命：對法國、俄國和中國的比較分析》，何俊志、王學東譯，世紀出版集團、上海人民出版社二〇〇七年版，第一八二頁。
13 《楚辭・離騷》。
14 《馬克思恩格斯選集》第二卷，人民出版社一九七二年版，第八十七頁。
15 毛澤東：《湖南農民運動考察報告》（一九二七年三月），載《毛澤東選集》第一卷，人民出版社一九九一年版，第三十一頁。

印證了馬克思的一個著名判斷：「專制制度的唯一原則就是輕視人，蔑視人，使人不成其為人。」[16]在人類文明進程中，擺脫專制制度下個人受制於共同體支配的過程，也就是近代以來以張揚人的個性、追求人的自由、確立個人權利為標誌的民主化過程。「人擺脫對共同體的依附成為獨立的個人這樣一個過程就是民主革命的實質，對農民來說，就是使農民得到完全的充分的公民權利，包括公共事務中的民主參與權利與私人領域中的自由權利。」[17]平等的公民權利的確立和保障，是現代國家構建的普遍取向。

中國從傳統國家向現代國家的轉型，經歷了驚心動魄的革命和慘絕人寰的內亂。以農民為主體的一九四九年革命，實質上是一次新型的農民革命。革命的勝利使農民獲得了新的政治解放，農民空前衝破了傳統族權、神權和夫權的束縛，歷史性地擺脫了傳統小共同體的宰割。但與此同時，農民卻陷入了高度集權的體制性束縛之中。林尚立指出，一九四九年後中國的國家權力全面滲透到社會生產生活之中，這樣，「在政治上獲得解放的社會，很快又在體制上被國家所吞食」。[18]新政權在動員農民擺脫傳統小共同體束縛的同時，卻大大強化了農民對大共同體即對國家的嚴重依賴。特別是在人民公社時期，農民遭遇了有史以來無與倫比的國家權力的強力支配。農民的土地私有產權被廢除，共和國憲法明文規定公民的基本權利和自由，在計劃經濟體制中被消解。一九五〇年代，國家推行的農業集體化和構建的城鄉二元社會結構，使農民在職業上喪失了土地私有產權，在身分上被降為二等公民的地位。億萬農民和整個國家都為此付出了慘重的代價，包括一九五九－一九六一年大饑荒所造成的數千萬農民的非正常死亡。農民革命的勝利與農民命運的多舛，不禁使人追問：為什麼農民革命並沒有解決農民問題？為什麼大多出身於農民家庭的共和國元勳卻創設了限制和歧視農民的城鄉二元體制？顯然，我們絲毫不能假設人民共和國的開國元勳們沒有基本的農民情懷。恰恰相反，以毛澤東為代

16　《馬克思恩格斯全集》第一卷，人民出版社一九五六年版，第四一一頁。
17　秦暉：《農民中國：歷史反思與現實選擇》，河南人民出版社二〇〇三年版，第六頁。
18　林尚立等著：《制度創新與國家成長——中國的探索》，天津人民出版社二〇〇五年版，第十頁。

表的新政權的建立者大多出身於農民家庭，他們對農民的深情關切，給人印象深刻。毛澤東就被認為是「代表農民說話的。」[19]

治國有道，非激情所能為之。《淮南子》云：「治國有常，而利民為本。」[20]老子說的「治大國若烹小鮮」[21]似過於哲學化了，但他提倡「為無為則無不治」的無為政治思想，[22]則體現了對濫用民力、橫徵暴斂的國家權力的防範，與西方自由主義防範國家權力的觀念是相通的。一九五〇年代中國農村的強制集體化運動以及一九九〇年代農村一些地方「逼民致富」的舉措所釀成的苦果，似乎可以看作是背離「無為政治」的典型案例。西漢初期，帝國秉承黃老「無為而治」的政治理念，實行「休養生息」，使民得其利，國亦增其強，開創了頗為史家稱頌的中國歷史上第一個盛世——「文景之治」。漢文帝（西元前一七九—西元前一五七年在位）十二年宣佈免收當年田租之半，即實行三十稅一；次年六月下詔免收天下田租，即全部免徵農業稅，直至景帝（西元前一五六—西元前一四一年在位）前元二年才以三十稅一復收田租至西漢末。[23]漢文帝和景帝在全國免徵農業稅持續時間長達十餘年，成為中國兩千多年皇權社會中改善民生的奇蹟。

需要申明的是，在現代，「無為而治」的政治觀念在排除國家權力濫用的同時，也極有可能推卸國家的公共服務之責。對這一點，美國的全球通史專家斯塔夫里阿諾斯注意到了：「中國有句諺言說，『治理國家猶如煮一條小魚：不宜過分。』因而，在現代世界中被認為理所當然的那些為社會服務的職責，中國歷代政府

19 〔美〕莫里斯・邁斯納著：《馬克思主義、毛澤東主義與烏托邦主義》，張甯、陳銘康等譯，中國人民大學出版社二〇〇五年版，第一六〇—一六一頁。
20 《淮南子・氾論訓》。
21 《老子・六十章》。
22 《老子・三章》。
23 《漢書》。

均不承擔……更確切地說，中國政府的主要作用在於徵收捐稅、保衛國家免遭外來進攻和鞏固王朝不受內部顛覆。」[24]在當代，如何區分和界定國家權力的「無為」與「有為」領域，如何在限制國家權力的同時提高國家能力，如何謀求國家專斷性權力與基礎性權力的均衡，是中國現代國家構建不可迴避的時代課題。

農民基於飢餓邏輯而自發興起的包產到戶，經過多次沉浮終成正果。隨著家庭聯產承包責任制的推行，強制集體化所造成的糧食短缺與飢餓威脅一舉得到了根本性的扭轉。人們有理由深思：土地還是那塊土地，農民還是那些農民，為何體制不同兩重天？一九七〇年代末以來，糾正政府失靈的市場化改革，開始衝破全能主義對個人身心的重重束縛，農民獲得了空前的生產自主和選擇自由，蘊藏於每個人心靈深處的積極性和創造性得到了巨大的釋放。但隨著改革的推進，市場失靈問題日益凸顯。同時，政府公共服務職能在市場化改革中發生了迷失。緣起於城鄉二元體制所積累的深層次矛盾，在市場化改革中未能得到及時有效地解決。自一九八〇年代中後期特別是一九九〇年代以來，以農民負擔、農民工、強制徵地拆遷等為主要表徵的「三農」問題，在二十一世紀之交得到了最為集中的爆發。「農民真苦，農村真窮，農業真危險」成為當代中國「三農」問題的經典表述。造成這種令人不安的農民問題的深層次原因是什麼呢？為什麼人口最多的農民反而會在利益博弈中被邊緣化與弱勢化？農民公民權的發展與經濟增長及社會轉型有何邏輯關聯？中國能否轉向以尊重個人權利為基礎的發展？這是現實的困惑對我理論思維的刺激性追問。

對未來的憧憬即是我心中久藏的一個夢想，這就是在憲法的框架內，尊重、保障和實現農民平等的公民權，使每一個農民作為共和國的公民而在祖國的大地上得到自由而全面的發展。一九六三年八月二十八日，美國著名的黑人民權運動領袖馬丁・路德・金（Martin Luther King，一九二九—一九六八）在華盛頓特區林肯紀

24　〔美〕斯塔夫里阿諾斯：《全球通史：一五〇〇年以前的世界》，吳象嬰、梁赤民譯，上海社會科學院出版社一九九九年版，第二九一頁。

念堂前發表了震撼美國和世界的反種族歧視的演講——〈我有一個夢〉。在這個著名的演講中，馬丁・路德・金指出：「在承認黑人的公民權利之前，美國將不會有安寧和平靜。」他夢想在他的國家，「黑人的孩子將能和白人的孩子像兄弟姐妹一樣攜手聯歡」；他夢想有一天他的祖國「將變成一塊自由和正義的綠洲」。[25]在當代中國，「沒有種族歧視，卻有農民歧視。」中國農民在多大程度上享有憲法規定和保障的公民權利，這不僅對於農民，而且對於正致力於和平崛起的東方大國來說，都尤為重要。「如果中國能有未來，那麼為未來而奮鬥的人們應該為建立起碼的公民權而共同努力。」[26]

每個人心中都有夢，學者也不例外。科學研究，無論是自然科學還是社會科學領域，亦不管是規範研究抑或實證研究方法，它們絕不排斥研究者對真善美的追求和對社會正義的捍衛。顧炎武（一六一三—一六八二年）指出：「君子之為學也，以明道也，以救世也。」[27]拉貝萊（Rabelais）也說過一句值得學者們記取的名言：「學問無良知即是靈魂的毀滅，政治無道德即是社會的毀滅。」[28]學術研究中的價值中立或價值無涉，並不意味著學者可以泯滅社會良知或喪失人類關懷。政治學者王滬寧聲稱：「我一直認為政治學的研究和探索應該有助於促進社會的進步和人類生活的完善。離開了這一原則，政治學的研究就沒有生命力，就脫離了芸芸眾生。」[29]黨國英也認為：「我們不想只做那種歸於清流的學者，在農民痛苦的面前，在國家命運的面前，等待事變的發

25 馬丁・路德・金：〈我有一個夢想〉（一九六三年八月二十八日），何懷宏譯，載何懷宏編：《西方公民不服從的傳統》，吉林人民出版社二〇〇一年版，第一一一—一一五頁。

26 〔美〕艾愷：《最後的儒家——梁漱溟與中國現代化的兩難》，王宗昱、冀建中譯，江蘇人民出版社二〇〇四年版，第四十九頁。

27 《亭林文集》卷四〈與人書〉，第二十五頁。

28 轉引自〔法〕路易士・博洛爾：《政治的罪惡》，蔣慶、王天成、李柏光、劉曙光譯，改革出版社一九九九年版，第三二〇頁。

29 王滬寧〈現代政治透視叢書總序〉，載陶東明：《公民政治》，三聯書店（香港）有限公司一九九三年版，總序第四頁。

生，好讓我們證明一個學理觀點，得來一個學術的獎賞。我們要把事實告訴我們的官員，告訴我們的農民，告訴那些最可能決定中國命運的人士。或許我們共同打造的清醒使我們的力量得以增強，更深入的改革由此開始，農民的痛苦得以減輕，中國社會的轉型得以平穩實現。」[30]項繼權教授同樣指出：「對於社會科學工作者來說，理論的價值在於社會的需要，關注農村、研究農村，為農村的發展和穩定、農民的富裕和農村的民主，以及國家對農村的有效治理提供切實可行的對策和建議，無疑是責無旁貸的。」[31]

回首人類文明的演進歷史，我們發現，社會進步的車輪往往是那些有志於獻身人類共同利益的勇士們的雙手最先推動的。社會主義的終極目標是實現全社會的公平和正義。沒有公平和正義的學術理念，就不能成為真正的社會學者。一八三五年，十七歲的卡爾・馬克思在〈青年在選擇職業時的考慮〉一文中寫下了自己的人生志向：「如果我們選擇了最能為人類而工作的職業，那麼，重擔就不能把我們壓倒，因為這是為大家所作出的犧牲；那時我們所享受的就不是可憐的、有限的、自私的樂趣，我們的幸福將屬於千百萬人，我們的事業將悄無聲息地存在下去，但是它會永遠發揮作用。」[32]面對不公平不公正的社會，恩格斯（Frederick Engels，一八二〇—一八九五）明確提出要「結束犧牲一些人的利益來滿足另一些人的需要的狀況」，「使所有人共同享受大家創造出來的福利，通過城鄉融合，使社會全體成員的才能得到全面的發展」。[33]

30　黨國英：《農村改革攻堅》，中國水利水電出版社二〇〇五年版，第六頁。
31　項繼權：《集體經濟背景下的鄉村治理——南街、向高和方家泉村村治實證研究》，華中師範大學出版社二〇〇二年版，第二頁。
32　《馬克思恩格斯全集》第一卷，人民出版社一九九五年版，第四五九—四六〇頁；另參見《馬克思恩格斯全集》第四十卷，人民出版社一九五六年版，第七頁。不同版本的個別詞句的翻譯有所不同。
33　《馬克思恩格斯全集》第四卷，人民出版社一九五八年版，第三七一頁。

政治哲學中存在著兩種不同的政治觀，一種是「追求至善」的政治觀，一種是「避免大惡」的政治觀。[34]體悟這兩種政治觀，對於當代政治學者來說不可或缺。亞里斯多德（Aristotle，西元前三八四－西元前三二二年）有一個著名的觀點：「政治學術本來是一切學術中最為重要的學術，其終極（目的）正是為大家所最重視的善德，也就是人間的至善。政治學上的善就是『正義』，正義以公共利益為依歸。」[35]對任何治理國家的執政者來說，「正義恰正是樹立社會秩序的基礎」。作為政治的動物，「人類由於志趨善良而有所成就，成為最優良的動物，如果不講禮法、違背正義，他就墮落為最惡劣的動物」。在亞里斯多德看來，「城邦不僅為生活而存在，實在應該為優良的生活而存在。」[36]通過對城邦政治的研究，亞里斯多德得出了一個重要的結論：「在同類的人們所組成的社會中，大家就應享有平等的權利；凡不合乎正義（違反平等原則）的政體一定難以久長。」[37]與亞里斯多德思索每個人在城邦都能過上一種「優良的生活」相似，中國古代聖人也為後人描繪了一個值得想望的大同社會：「大道之行也，天下為公，選賢任能，講信修睦。故人不獨親其親，不獨子其子；使老有所終，壯有所用，幼有所長，鰥、寡、孤、獨、廢、疾者皆有所養；男有分，女有歸；貨惡其棄於地也，不必藏於己，力惡其不出於身也，不必為己；是故謀閉而不興，盜竊亂賊而不作，故外戶而不閉，是謂大同。」[38]在當今世界，市場經濟和民主政治的發展，增進了社會的財富和民眾的福利，促進了公民權和人權的發展，提升了國家協調利益、整合社會的能力。福利國家的出現從一個側面實踐了大同社會的部分理想，其特點可以說就是讓每個人都享有充分的公民權和人權。

34 劉軍寧：〈善惡：兩種政治觀與國家能力〉，《讀書》一九九四年第五期。
35 〔古希臘〕亞里斯多德：《政治學》，吳壽彭譯，商務印書館一九六五年版，第一四八頁。
36 同上，第九頁、第一三七頁。
37 同上，第三八六頁。
38 《禮記・禮運篇》。

人類在追求至善的理想中，也始終伴隨著一種惡的力量。正如卡爾・波普爾（Karl Paimund Popper，一九○二—一九九四年）指出的那樣，人類「即使懷抱著建立人間天堂的最美好的願望，但它只是成功地製造了人間地獄——人以其自身的力量為自己的同胞準備的地獄。」[39]求善與防惡，是政治發展的兩個維度。界定和保護人的基本權利和自由，體現了兩種政治觀之間的結合。

一個正義的社會必然是尊重和保障個人權利的社會，一個蔑視和踐踏個人權利的社會必然背離正義、趨向邪惡。偏離正義的社會，必將危機四伏。治國若離開正義，勢必自食苦果。著名政治哲學家羅爾斯（John Rawls，一九二一—二○○二年）認為：「正義是社會制度的首要價值，正像真理是思想體系的首要價值一樣。一種理論，無論它多麼精緻和簡潔，只要它不真實，就必須加以拒絕或修正；同樣，某些法律和制度，不管它們如何有效率和有條理，只要它們不正義，就必須加以改造或廢除。每個人都擁有一種基於正義的不可侵犯性，這種不可侵犯性即使以社會整體利益之名也不能逾越。因此，正義否認為了一些人分享更大利益而剝奪另一些人的自由是正當的，不承認許多人享受的較大利益能綽綽有餘地補償強加於少數人的犧牲。」[40]一個正義的社會，既不是多數人剝奪少數人的社會，也不是少數人剝奪多數人的社會，而是每個人的基本權利和自由得到尊重、保障和實現的社會，是社會各個階層的成員共用發展成果的社會。

中國正處在社會轉型和體制轉軌時期，一些不利於農民享有平等公民權的舊體制，可以通過新的體制改革和制度創新而予以變革。與世界上一些國家具有深遠文化背景的種族歧視不同，處身於城鄉二元結構之中的中國農民的不平等地位，主要是人為的政策制度安排的結果。凡是人為的不合理的政策制度安排，就可以通過新的政策制度安排予以改革或廢除。展望中國的未來，一個公民權發展的時代正在到來。長久以來我心中渴望每

39 〔英〕卡爾・波普爾：《開放社會及其敵人》第一卷，陸衡、張群群、楊光明、李少平等譯，中國社會科學出版社一九九九年版，第三一五頁。

40 〔美〕約翰・羅爾斯：《正義論》，何懷宏、何包鋼、廖申白譯，中國社會科學出版社一九八八年版，第三—四頁。

個農民都享有平等而充分的公民權的夢想，正可能一步步地變為現實。

李普塞特（Seymour Martin Lipset，一九二二—二〇〇六年）指出：「一個人的經驗和穩定感越少，他越可能支持簡單化的政治觀點，越不可能理解與自己意見不同的人，越不可能支持寬容的基本原則，越可能感到難以領會或容忍政治變革的漸進主義思想。」[41]學者可以激憤，但學術研究必須冷靜而理性。理論來源於現實，也服務於現實。已有的理論研究大大拓展了人們的視野，但在解釋中國農民問題上，似乎還不令人十分滿足。滯後於現實的理論，勢必成為發展的桎梏。放眼世界，在社會經濟發展水平較高的民族—國家，公民權的保護和實現程度通常也比較高。公民權已經成為一個國家和社會文明發展的基本指標。正如馬克思所說的那樣：「一個人有責任不僅為自己本人，而且為每一個履行自己義務的人要求人權和公民權。」[42]如何不斷提高中國農民享有人權和公民權的水平，這是我理論追尋和學術關懷的基本訴求。

「沒有一個偉大人物沒有德行，沒有一個偉大民族不尊重權利，因為一個理性與良知集合體怎麼能單憑強制而結合起來呢？」[43]我一直珍藏著托克維爾（Tocqueville，一八〇五—一八五九）這句名言，因為我始終堅信，對於中國這個偉大的民族來說，終將走向公民權的時代。

本書致力於促進農民公民權的發展。農民問題長期以來是中國的根本問題。一九二七年一月四日至二月五日，毛澤東在三十二天的時間裏，實地調查了湖南湘潭、湘鄉、衡山、醴陵、長沙五縣，指出了「農民問題的嚴重性」。[44]一九四〇年一月毛澤東在〈新民主主義論〉中說：「中國有百分之八十的人口是農民，這是小學

41 〔美〕西摩・馬丁・李普塞特：《政治人——政治的社會基礎》，張紹宗譯，上海人民出版社一九九七年版，第八八—八九頁。
42 《馬克思恩格斯全集》第十六卷，人民出版社一九六四年版，第十六頁。
43 〔法〕托克維爾：《論美國的民主》上卷，董果良譯，商務印書館一九八八年版，第二七二頁。
44 毛澤東：〈湖南農民運動考察報告〉（一九二七年三月），《毛澤東選集》第一卷，人民出版社一九九一年版，第十二頁。

生的常識。因此農民問題，就成了中國革命的基本問題。」[45]毛澤東解決農民問題的進路和特點是，以革命的方法打倒土豪劣紳，推翻封建地主階級的統治，讓人民群眾當家作主，實行無產階級專政。從湖南韶山沖的一個農家子弟崛起為人民共和國最高領袖的毛澤東，通過革命戰爭和群眾運動的方式，打倒了土豪劣紳，推翻了封建地主階級的統治，但農民問題卻並沒有得到真正的解決。在〈新民主主義論〉中，毛澤東提出了一個解決農民問題的極為重要的觀點，即「新民主主義的政治，實質上就是授權給農民」。[46]筆者認為「授權給農民」這個正確的主張可惜沒有引起他更深入的思考和更有效的踐行。歷史表明，如何做到「授權給農民」，絕不是一個簡單的問題。一九八四年六月三十日，鄧小平（一九〇四—一九九七）說：「中國有百分之八十的人口住在農村，中國穩定不穩定首先要看這百分之八十穩定不穩定。城市搞得再漂亮，沒有農村這一穩定的基礎是不行的。」[47]鄧小平解決農民問題的進路和特點是，以改革的辦法，解放思想，放權讓利，尊重農民的自主權，發展和解放生產力，最終達到共同富裕。隨著家庭承包責任制的推行，中國農村生產力得到了重大解放，農民的生活狀況發生了很大的改觀，但農民問題也沒有得到根本的解決。

進入二十一世紀，面對農村、農業和農民問題的嚴峻形勢，第三代改革者將「解決『三農』問題作為全黨工作的重中之重」，推出「農村新政」，使農民問題的解決出現了新的重大轉機。本書正是基於對歷史經驗教訓的理論思考和對現實問題的深入觀察，試圖探求以公民權的方法解決農民問題的理論取向與現實進路。在革命時期，黨提出農民問題的核心是土地問題；改革以來，農民增收問題被視為農民問題的核心。筆者認為農民問題的核心是權利問題。

45　毛澤東：〈新民主主義論〉（一九四〇年一月），《毛澤東選集》第二卷，人民出版社一九九一年版，第六九二頁。
46　同上，第六九二頁。
47　鄧小平：〈建設有中國特色的社會主義〉（一九八四年六月三十日），《鄧小平文選》第三卷，人民出版社一九九三年版，第六十五頁。

長期以來，中國面臨公民權理論研究和公民權實踐發展雙重滯後的困境。要使農民的公民權獲得發展，必須與時俱進地創新權利理論，構建權利保障的體制機制。權利可區分「作為革命的權利理論」和「作為建設的權利理論」。這不是辯析權利的兩種不同類型，而是強調權利的兩種不同功能。近代以來，革命者往往以權利為強大的理論和思想武器，推翻舊的專制統治，建立新的革命政權。但囿於「作為革命的權利理論」的認識，革命成功後，權利似乎功成身退，在革命政權中黯然失色。這就需要創新一種「作為建設的權利理論」來擦亮人們的眼睛。本書將通過實證研究和理論分析，為中國農民公民權的理論創新和實踐發展墊上一塊新的理論基石。

本書致力於推動新農村建設與和諧社會建設。二〇〇六年，第三代改革者正式推出新農村建設，提出在新農村建設中全面貫徹落實以人為本的科學發展觀，統籌城鄉經濟社會發展，實行工業反哺農業、城市支援農村和「多予少取放活」的方針，按照「生產發展、生活寬裕、鄉風文明、村容整潔、管理民主」的要求，協調推進農村經濟建設、政治建設、文化建設、社會建設和黨的建設。[48]這一年，中共十六屆六中全會提出按照「民主法治、公平正義、誠信友愛、充滿活力、安定有序、人與自然和諧相處」的總要求構建社會主義和諧社會，會議要求以解決人民群眾最關心、最直接、最現實的利益問題為重點，著力發展社會事業、促進社會公平正義、建設和諧文化、完善社會管理、增強社會創造活力，走共同富裕道路，推動社會建設與經濟建設、政治建設、文化建設協調發展。全會強調堅持公民在法律面前一律平等，尊重和保障人權，依法保證公民權利和自由，使人民的權益得到切實尊重和保障。[49]新農村建設與和諧社會建設的提出和推行，可能為中國農民公民權的發展創造新的宏觀政策環境。

48 參見《推進社會主義新農村建設檔彙編》，中國法制出版社二〇〇六年版，第三頁。
49 《構建社會主義和諧社會的偉大綱領》，人民日報出版社二〇〇六年版，第四—十一頁。

但歷史經驗表明，建設的飽滿熱情不能代替冷靜的理性思考。人類建設美好生活的眾多勃勃雄心卻常常釀成事與願違的可歎悲劇。詹姆斯・C・斯科特（James C.Scott，一九三六—）對那些試圖改善人類狀況的項目是如何失敗的深層根源作了重要的研究。他的研究表明，多數十九世紀晚期和二十世紀國家發展的悲劇都來源於三個因素致命的結合，第一個是對自然和社會管理秩序的雄心，第二個因素是毫無節制地濫用現代國家權力作為達到目標的工具，第三個因素是缺乏抵制這些計畫能力的軟弱和順從的市民社會。極端現代主義意識形態提供了慾望，現代國家提供實現慾望的工具，無能的市民社會則為建築烏托邦提供了平整的基礎。正如斯科特指出的那樣，烏托邦抱負本身並不可怕，可怕的是，當烏托邦幻想為統治精英所掌握，而這些精英不承諾民主或公民權利，並為了達到目標毫無節制地使用國家權力的時候，烏托邦的幻想就會走向錯誤。當接受烏托邦試驗的社會沒有任何抵抗能力時，烏托邦的幻想就會走向致命的錯誤。[50] 本書正是基於新的時代背景，在借鑒人類累積的多元社會科學知識的基礎上，通過考察中國農民公民權利的演變來揭示農民公民權發展與國家現代化目標之間的內在邏輯，從而在理論上和實踐上推動新農村建設與和諧社會建設。

本書致力於加快中國現代國家的構建。現代民族國家是迄今為止人類創造的最有效的政治組織形式。[51] 中國從傳統國家轉向現代國家的構建，始於十九世紀末的維新變法和清末新政。對於滿清這樣一個傳統王朝來說，其傳統政治結構無法容納、吸收和整合現代性因素，因而使自己在現代國家的轉型中垮臺。國民黨和共產黨相繼成為中國現代國家構建的兩個主要「能動者」。出身於貧苦農民家庭的孫中山（一八六六—一九二五）是中國現代國家構建思想的第一位完整表述者。他提出民族、民權、民生三大主義作為中國現代國家構建新的意識

50 〔美〕詹姆斯・C・斯科特：《國家的視角——那些試圖改善人類狀況的項目是如何失敗的》，王曉毅譯，社會科學文獻出版社二〇〇四年版，第一一五—一一七頁。

51 〔美〕羅伯特・吉爾平：《世界政治中的戰爭與變革》，宋新寧、杜建平譯，世紀出版集團、上海人民出版社二〇〇七年版，第一二三頁。

形態，所謂民族主義，是要解決民族矛盾，實現民族獨立，確立現代國家主權；民權主義是要解決政治矛盾，實現主權在民，確立現代國家合法性基礎；民生主義是要解決社會矛盾，實現民生幸福，確立社會和諧。孫中山還提出了五權憲法與權能分治的憲政主張，他認為「政是眾人之事，集合管理眾人之事的大力量，便叫做政權，政權可以說是民權。治是管理眾人之事，集合管理眾人之事的大力量，便叫做治權，治權就可以說是政府權。」[52]人民有選舉權、創制權、複決權和罷免權四項民權，政府設置立法院、行政院、司法院、考試院和監察院五項治權。秉承孫中山三民主義思想的中國國民黨，在構建現代國家的過程中遭遇內外交困而最終在中國大陸失敗。

作為中國現代國家構建的強大能動者，共產黨以一個空前強大的政黨，阻止了自近代以來中國社會和政治的解體，重新確立了中央的強大權威，在國際社會中確立獨立的國家主權，基本完成了民族—國家的構建。同時，中國在民主—國家構建中倍經曲折。一九七八年以後，中國開始進入最全面的現代國家構建過程。徐勇教授認為民族—國家與民主—國家是現代國家建構的兩個特性，在歐美國家，民族—國家與民主—國家的建構是同步的，而在中國這類後發國家，不僅民族—國家與民主—國家的建構不同步，而且會產生矛盾。因而中國在實現民族—國家的建構之後，還有一個民主化的過程，以完成民主—國家建構的任務。[53]歷史經驗表明，「現代民族國家的政治制度愈是民主化，巨大政治災變的必然性和機會就愈減少。」[54]

本書以農民的公民權為指標觀察中國的現代國家構建，將農民、地方國家（Local State）、中央國家（Central State）三位一體結合起來進行實證研究和理論分析，並在民族—國家與民主—國家二維視角基礎上

52 《孫中山全集》第九卷，中華書局一九八五年版，第三四七頁。
53 徐勇：〈現代國家建構中的非均衡性和自主性分析〉，《華中師範大學學報（人文社會科學版）》二〇〇三年第五期。
54 《伯恩施坦言論》，生活・讀書・新知三聯書店一九六六年版，第七十三頁。

拓展為三維視角，即增加公民—國家這一重要視角，提出建設與發展公民權的能力是現代國家構建的基礎和核心，從而在理論上和實踐中推進中國的現代國家構建。

二、研究的回顧與評述

深厚的知識儲備與寬廣的學術視野，對於一個優秀的學者來說是必不可少的。我常常對那些上知天文、下知地理、中知人事、博古通今、學貫中西之百科全書式的大學者大思想家欽慕不已，吾雖不能至，然心嚮往之。馮紹雷認為：「多學科方法的使用並不要求一個當代學者都要成為百科全書式的通才，但是，現代知識的綜合和交錯也常常使我們單一學科的知識捉襟見肘。我個人認為，即使在學術浮躁的當代，主張在首先學好一門學科知識的前提下，吸收其他學科的方法，並且在此基礎上接受其他學科的一些範疇，這並非是不可能做到的事情。」[55]多年以前，我就以「縱觀上下五千年，橫看東西兩半球」自勉，願見賢思齊不做井底之蛙，樂獨立思考馳騁地球之村，對任何宣稱已窮盡人類知識和宇宙真理的學說保持懷疑與警惕。

毫無疑問，知識的局限與學科的分離，往往限制了學者的思維空間。任何偉大的學者也只僅僅對宇宙和人類知識的某一領域的某個方面做出自己的探索和貢獻。認識到這一點，我們才能夠不把任何學說當教條而停止思考的腳步；認識到這一點，我們才有可能站在前賢與今人已有知識的階梯上繼續往上攀登；認識到這一點，我們也就不會自負地將自己的思想觀點強加於人，從而重蹈歷史上常見的暴力打倒他人舊權威卻強制樹立自己

[55] 馮紹雷：〈推薦序〉，載〔丹〕奧勒・諾格德：《經濟制度與民主改革——原蘇東國家的轉型比較分析》，孫友晉等譯，上海人民出版社二〇〇七年版，第七—八頁。傳統中國對博士的一個定義是：「明於古今，溫故知新，通達國體，謂之博士。」參見《資治通鑑》卷七胡注。

新權威之故轍；認識到這一點，我們就能夠如海納百川之胸襟，在學術的融合中昇華自我，在思想的交流中碰撞出火花。

項繼權教授認為：「學術研究是一個不斷積累和發展的過程。後人的成就從來就是站在前人的肩膀上進行的。」[56]隨著資訊與人際交流的日益頻繁，一個人不僅可以從前人的思想中吸取營養，而且還能夠從同代人甚至下一代人的研究和思考中得啟迪。我對中國農民問題的關注和研究，一方面直接來源於我自身的經驗觀察和生活體驗，另一方面也直接得益於前輩和今人的理論探索與研究成果。

（一）農民與農村問題研究

二十世紀以來，對中國農民和農村問題的關注和研究，既有不同的學科涉足其間，也有不同的理論視角切入其中。社會學、人類學、歷史學、經濟學、政治學、法學等學科均以本學科的理論視角和研究方法，深入到中國鄉村社會，觀察和研究中國的農民問題。

周曉虹教授從社會學角度對二十世紀中國農民研究文獻作了梳理，他將中國農民問題的研究劃分為一九一一九——一九四九年和一九七九年以來兩個時期，並認為一九四九——一九七九年長達三十年的時期為「空白期」。[57]無疑，這個梳理為讀者提供了重要的文獻線索，但是，這個文獻梳理只限於社會學文獻，同時也只局限於中國大陸。就是說，如果我們把研究視野投向在中國大陸興盛一時的農民戰爭史研究和港臺等海外學者對中

56 項繼權：《集體經濟背景下的鄉村治理——南街、向高和方家泉村村治實證研究》，華中師範大學出版社二〇〇二年版，第九頁。

57 周曉虹：〈中國農村和農民研究的歷史和現狀（代序）〉，載賈德裕、朱興農、郗同福主編：《現代化進程中的中國農民》，南京大學出版社一九九八年版，第一一六頁。

國農民問題的學術研究，那麼一九四九—一九七九年就不能簡單地稱之為中國農民問題研究的「空白期」。

徐勇教授等對中國農民問題研究的百年歷史作了長時段的回顧梳理。他認為在中國長期的歷史上，有農業、農村和農民「三農」現象，但沒有「三農」問題。「三農」得以成為一個問題，深刻的根源在於現代化進程。[58]在二十世紀上半期中國農民問題研究的第一次高潮中，形成了諸多研究流派，如以毛澤東為代表的農民革命派，以梁漱溟、晏陽初、黃炎培為代表的鄉村建設派，以費孝通為代表的學院派，以陳翰笙為代表的中國農村派。此外，在國外學者對中國農民的研究中，美國傳教士明恩溥、社會學家庫爾普、卜凱、英國經濟學家托尼等人享有盛譽。日本「南滿鐵路株式會社」（簡稱「滿鐵」）對中國農村進行慣行調查所收集的調查資料被學界公認為具有較高的學術研究價值。與周曉虹教授不同，徐勇教授等人注意到了一九五〇—一九七〇年代港臺地區和國外學者對中國農民問題的研究成果，楊慶堃、韓丁、馬如孟、陳佩華、安戈、趙文詞（馬德森）、施堅雅、詹森等學者的研究引人注目。一九八〇年代以來，中國農民問題研究被認為形成了二十世紀的第二次高潮，家庭承包責任制、鄉鎮企業、農村流動人口、小城鎮、村民自治、農民負擔、稅費改革等是這一時期研究的重點。[59]在後續的研究中，徐勇教授概括出二十世紀中國破解「三農」問題的四種視角，即：以孫中山、毛澤東為代表的制度主義視角，以梁漱溟、晏陽初為代表的文化主義視角，以費孝通為代表的工業主義視角，以卜凱為代表的技術主義視角。[60]但農民戰爭和農民運動研究也沒有被納入徐勇教授的文獻綜述範圍。

58 徐勇：〈現代化視野中的「三農問題」〉，《理論月刊》二〇〇四年第九期。
59 徐勇、徐增陽：〈中國農村和農民問題研究的百年回顧〉，《華中師範大學（人文社會科學版）》一九九九年第六期。
60 徐勇：〈破解中國「三農」問題的四種視角〉，引自二〇〇七年三月二十二日徐勇教授給華中師範大學政治學研究院二〇〇六級博士生的上課課件。

項繼權教授比較全面地向讀者展示了一幅包括海外學者在內的中國農民問題研究的學術系譜。[61]郭正林教授對一九八〇年代以來中國農村政治學研究作了一個囊括中外學者在內的具有較高學術水準的綜述，國內外學界對中國農村政治研究的理論視野和概念框架主要有國家與社會關係、政治經濟學、新制度主義等理論框架。運用國家與社會理論框架的代表作主要有黃宗智著《華北的小農經濟與社會變遷》、《長江三角洲小農家庭與農村發展》，杜贊奇著《文化、權力與國家——一九〇〇—一九四二年的華北農村》，蕭鳳霞著《華南的代理人與受害者》，弗里曼、畢克偉、塞爾登著《中國鄉村，社會主義國家》，徐勇著《中國農村村民自治》，王銘銘著《村落視野中的文化與權力》，于建嶸著《嶽村政治》，吳毅著《村治變遷中的權威與秩序》等。在運用政治經濟學框架的中外學者中，除了黃宗智外，還有戴慕珍、華爾德、黨國英、項繼權等，代表作主要有戴慕珍著《當代中國的國家與農民》，戴慕珍、華爾德的《財產權與中國的經濟改革》，項繼權著《集體經濟背景下的鄉村治理》等。運用制度主義的理論視野研究當代中國農村村民選舉和村民自治，成為中外眾多學者的共同選擇。白鋼、辛秋水、白益華、王振耀、詹成付、黨國英、于建嶸、張厚安、徐勇、項繼權、唐鳴、景躍進、袁達毅、史衛民、黃衛平、郭正林、朗友興、李凡、沈延生等國內學者，以及歐博文、李連江、白思鼎、戴慕珍、柯丹青、史天健、墨寧、羅倫絲、鄭永年、吳國光、何包鋼、帕斯特、王海、阿魄曼、金山愛等海外學者是主要代表。[62]

秦暉教授對馬克思主義農民理論作了概括總結，[63]對以俄國學者恰亞諾夫倡導的社會農學為源頭的農民學研究作了梳理。在國際農民學研究中，除恰亞諾夫著的《農民經濟組織》外，比較著名的著作有：巴林頓·

61 項繼權：《集體經濟背景下的鄉村治理——南街、向高和方家泉村村治實證研究》，華中師範大學出版社二〇〇二年版，第九—四十三頁。

62 郭正林：《中國農村權力結構》，中國社會科學出版社二〇〇五年版，第一—十九頁。

63 秦暉：〈馬克思主義農民理論的演變與發展〉，載武力、鄭有貴主編：《解決「三農」問題之路——中國共產黨「三農」思想政策史》，中國經濟出版社二〇〇四年版，第十六—四十六頁。

摩爾著的《民主與專制的社會起源》（一九六六年），埃里克・R・沃爾夫著的《農民》（一九六六年）、《二十世紀的農民戰爭》（一九六九年），孟德拉斯著的《農民的終結》（一九六七年），菲力普・H・伯克編的《現代世界的農民》（一九六九年），沙寧編的《農民與農民社會》（一九七一年）及其撰著的《尷尬的階級：發展中社會的農民政治社會學：蘇聯一九一〇—一九二五》（一九七二年），米格代爾著的《農民、政治與革命——第三世界政治與社會變革的壓力》（一九七四年），詹姆斯・C・斯科特著的《農民的道義經濟學：東南亞的反叛與生存》（一九七六年）、波普金著的《理性的農民——越南農村社會的政治經濟學》等。[64]秦暉教授還對中國農民史研究作了較好的概述。[65]

在農民問題研究中，中國歷代農民戰爭和現代農民運動的研究佔有重要地位，而這一點卻常為「三農」學者所忽略，這主要是由於各學科人為分割所致。日本對中國農民戰爭研究十分關注，編輯和出版了不少論著，推動了日本對傳統中國政治、鄉村社會和農民問題的認識和理解。一九四九年以來，中國農民戰爭研究「一枝獨秀」，成為史學界的「五朵金花」之一，出版專著達三百多部，論文多達四千餘篇。[66]但在「以階級鬥爭為綱」的歲月裏，農民戰爭研究帶有很強的意識形態色彩，以至被後人稱為「左傾思想的重災區」。一九八〇年代中期以後，農民戰爭史研究熱開始明顯降溫，「到九〇年代以後，農民戰爭問題已經是個實實在在的無人問津的冷門話題了。」[67]史學界開始反思和檢討半個多世紀以來農民戰爭史研究的得失。[68]

64 秦暉：〈當代農民研究中的「恰亞諾夫主義」〉（代中譯序），載〔俄〕A・恰亞諾夫著：《農民經濟組織》，蕭正洪譯，中央編譯出版社一九九六年版，第一—二十五頁。
65 秦暉：〈中國農民研究史概述及前景展望〉，載秦暉：《農民中國：歷史反思與現實選擇》，河南人民出版社二〇〇三年版，第二九〇—三〇九頁。
66 曾振宇：〈中國農民戰爭史第九次學術討論會綜述〉，《文史哲》一九九七年第二期。
67 臧知非：〈制度設計與農民歷史命運——農民戰爭史研究視角問題瑣議〉，《史學月刊》二〇〇五年第七期。
68 王學典：〈意識形態與歷史：近五〇年來農民戰爭史研究之檢討〉，《史學月刊》二〇〇五年第七期。

以杜潤生、郭書田、何開蔭、陳錫文、溫鐵軍、趙樹凱、朱守銀、張紅宇、韓俊、宋洪遠、詹成付等為代表的農村政策研究，以張五常、林毅夫、周其仁、劉福垣、遲福林等為代表的經濟研究，以陸學藝、李強、朱光磊、李培林等為代表的社會學研究等，構成了當代中國農民問題研究的重要內容。鑒於社會科學分工的日益細化和各學科人為的彼此分割，要獲得一個綜合各學科對中國農民問題研究的全景式綜合性的文獻資料，是相當困難甚至是不可能的——至少目前是如此。但我相信，讀者肯定會比學者具有更為寬廣的超越各學科分割的知識需求。

（二）公民與公民權研究

現在所能獲知最早的公民出現在古希臘城邦國家。古羅馬承襲了古希臘的公民制度，其政治生活仍以公民共同體為基礎，屋大維（Octavianus，西元前六十三—六十四年）聲稱自己更喜歡「國家第一公民」這一稱號。在古羅馬，公民資格有一個不斷擴大的過程。五二八年，羅馬皇帝查士丁尼組織編纂《查士丁尼法典》，規定對一切被釋放的自由人，不問年齡等，一律給予羅馬公民資格。羅馬公民資格由此不斷擴大到平民、被征服者和外來人。[69]

四七六年西羅馬滅亡後，西歐進入了被稱為「黑暗的中世紀」。在中世紀，反映平等關係的公民概念被體現不平等關係的臣民概念所取代。到中世紀末期，一些歐洲城市在與王權的鬥爭中獲得了自治地位，市民階層開始崛起，公民概念被重新使用，但隸屬於自治城市的公民，反映的只是市民階層與自治城市的關係，而不是

[69] 參見陶東明：《公民政治》，三聯書店（香港）有限公司一九九三年版，第八—九頁；馨元《公民概念之演變》，載《當代法學》二〇〇四年第四期。

市民與國家的關係。[70]

經過文藝復興、啟蒙運動和政治革命，現代公民概念得以全新確立。現代公民概念有三個基本的特徵：一是公民的平等性，二是取得公民身分主體的廣泛性，三是公民權利存在著一個不斷擴展的歷史過程。綜觀各國公民權利的演變可以得知，並不是一國在憲法性檔上宣佈或規定公民的權利後，所有公民就自動完全享有所有的權利。事實上，正如經濟建設一樣，公民權利也有一個建設和發展的過程。公民權的建設和發展有兩方面的意涵，即公民主體範圍的不斷擴大以及公民享有權利的客體的不斷擴展。如英國一七一一年的法律規定，只有年土地收入六百鎊以上的公民才有競選郡議員的資格。一七九一年的法國憲法規定了積極公民和消極公民，只有積極公民才有選舉權和被選舉權。在一八一四年波旁王朝復辟後的法國，規定公民每年繳納三百法郎的稅收才有選舉權，繳納一千法郎才有被選舉權。美國在獨立之初，黑人奴隸沒有公民權，在計算州人口時五個黑人只算三個人口。直到一九二四年美國才由國會立法將公民的範圍擴大到印第安人。就是到一九六〇年代，美國的黑人事實上仍然沒有獲得平等的公民權，所以才出現黑人民權運動。婦女直到一九二〇年代後才陸續取得公民權。[71]在二十世紀，婦女和黑人的公民權長期受到歧視，女權運動、民權運動以及國際社會對廢除種族歧視的努力體現了公民權的擴展過程。

第二次世界大戰後，國際社會對人權保護的空前重視，大大推動了人權和公民權的發展。一九四五年六月訂立的《聯合國憲章》將尊重「人權及基本自由」作為聯合國的宗旨。一九四八年十二月十日聯合國大會通過了人類歷史上第一個全球性人權保護文件——《世界人權宣言》，該宣言列舉了各項具體的人權和自由。十二月十日由此成為「世界人權日」。一九六六年十二月十六日聯合國大會通過了具有國際法約束效力的兩個國際

70 陶東明：《公民政治》，三聯書店（香港）有限公司一九九三年版，第九頁。

71 同上，第二十二——二十三頁。

人權公約《公民權利和政治權利國際公約》及《經濟、社會和文化權利國際公約》，公約對各締約國應當尊重、保障和實現的基本人權和自由作了詳細的規定。保障人權被國際社會視為各國政府的首要責任。國際人權憲章與各專門人權條約及各區域人權公約一道構成了當今國際社會豐富的人權保障法律體系。各締約國或根據國際人權公約的規定和精神修改本國憲法，或直接在本國適用國際人權法。國際社會的共同努力，大大促進了人權的保障和公民權的發展。在當今全球化時代，人權保護的國際化已成為全球化的重要組成部分。

現代世界關於公民權的觀點是從美國和法國革命的實踐中演化而來，其中有兩個因素是關鍵性的：一個公民擁有不受專制政府行為所侵犯的觀念，全體公民通過選舉和通過他們選出的代表來參與管理政治過程。凡沒有經過全體公民自由公開的選舉這一授權，政府就沒有合法性，也沒有受到尊敬的資格。[72]公民權與現代民族—國家緊密聯繫在一起，凡擁有某一民族—國家的國籍就獲得該國的公民身分，享有該國的公民權利，承擔相應的公民義務。公民權成為現代民族—國家構建的核心和基礎。

社會學界公認為公民權理論肇始於英國社會學家湯瑪斯‧H‧馬歇爾一九四九年在劍橋大學所作的《公民權與社會階級》的著名講座，馬歇爾在這次講座中開創性地提出了公民權理論。[73]在這篇著名的學術演講中，馬歇爾分析了英國的社會階級結構，提出公民權的三維視角：公民權利[74]、政治權利和社會權利。公民權的三個要

---

72 〔英〕巴特‧范‧斯廷博根編：《公民身分的條件》，郭台輝譯，吉林出版集團有限責任公司二〇〇七年版，第一四五頁。

73 Thomas Humphrey Marshall，Citizenship and Social Class and Other Essays,Cambridge University Press，一九五〇。Citizenship的中文譯名有公民權、公民身分。

74 「civil rights」一詞有不同的中文譯名，一般譯為「公民權利」，也有譯為「民權」的，還有譯為「法律權利」的。近來有學者如鄭賢君、郭道暉等主張譯為「私人權利」。參見鄭賢君：〈憲法上的civil rights是公民權利嗎？〉，《首都師範大學學報（社會科學版）》二〇〇四年第四期；郭道暉：〈何謂civil rights?對《公民權利與政治權利國際公約》標題中譯文的商榷〉，《博覽群書》二〇〇六年第八期。劉繼同將之譯為民事權利，劉訓練等採用私人權利的譯名。在中文語

素形成於不同的歷史時期，就英國來說，公民權利形成於十八世紀，政治權利形成於十九世紀，社會權利形成於二十世紀。[75]

馬歇爾指出：「公民身分是一種地位，一種共同體的所有成員都享有的地位，所有擁有這種地位的人，在這一地位所賦予的權利和義務上都是平等的。」[76]按照馬歇爾的觀點，公民身分的本質就是國家要「保證人人都能作為完整的和平等的社會成員而受到對待」，而要確保社會成員的公民身分感和國家認同，就要把日益增長的公民權賦予每個人。[77]一九八〇年代後期以來，公民權理論研究開始成為學界高度關注的重點領域。本迪克斯（Reinhard Bendix）、特納（Bryan S.Turner）、邁克爾・曼（Michiael Mann）、巴巴厘特（J・M.Barbalet）、雅諾斯基（Thomas Janoski）等人拓展了馬歇爾提出的公民權理論。追尋湯瑪斯・H・馬歇爾公民權研究進路的相關學者，在晚近的研究中，將馬歇爾的公民權三維結構拓展為多維結構，特別是增補了生態公民權、文化公民權、全球公民權等多維研究視角。[78]

一九九〇年代以來，公民權研究作為一個新的研究領域在國際學術界得到了引人注目的發展，湧現出大量的研究文獻。據加拿大最大的研究圖書館羅巴茨（Robarts）圖書館二〇〇一年的一項研究顯示，提到公民權的書籍、手稿和報告超過兩千六百部。在這當中，有九七六部將公民權列入主題詞，它們絕大部分出版於一九九

境中，公民權利似乎等同於憲法規定的公民享有的權利束。

75 湯瑪斯・H・馬歇爾：《公民身分與社會階級》，劉訓練、李麗紅、寧睿英譯，載馬德普、〔加〕威爾・金里卡主編：《中西政治文化論叢》第五輯，天津人民出版社二〇〇六年版，第五一五—五一八頁。

76 湯瑪斯・H・馬歇爾：《公民身分與社會階級》，劉訓練、李麗紅、寧睿英譯，載馬德普、〔加〕威爾・金里卡主編：《中西政治文化論叢》第五輯，天津人民出版社二〇〇六年版，第五二九頁。

77 〔加〕威爾・金里卡：《當代政治哲學》下，劉莘譯，上海三聯書店二〇〇四年版，第五一七頁。

78 〔英〕巴特・范・斯廷博根：《公民身分的條件》，郭台輝譯，吉林出版集團有限責任公司二〇〇七年版，第一四四—一七三頁；〔英〕尼克・史蒂文生編：《文化與公民身分》，陳志傑譯，吉林出版集團有限責任公司二〇〇七年版。

〇年代。有九百多部在標題中就有公民權一詞。[79]威爾・吉姆利卡（Will Kymlicka）和威尼・諾曼（Wayne Norman）指出，公民權研究在一九九〇年代得以復興有很多原因，就理論層面而言，這是政治話語的自然演進。因為公民權概念似乎要整合正義的需要與共同體成員資格的需要，而它們分別是一九七〇年代和一九八〇年代政治哲學中最核心的概念。公民權一方面與個人權利觀念緊密相聯，另一方面又與對特定共同體的隸屬觀念密切相關。[80]

公民權理論先後形成了兩大理論傳統和學理上的分野，即自由主義的公民權理論與公民共和主義的公民權理論，前者著重強調公民的權利，後者突出公民的責任。[81]這兩大公民權傳統與其說是相互對立的，毋寧說是相互補充的。

馬克斯・韋伯（Max Weber，一八六四－一九二〇）曾指出「公民這一概念在西方之外卻從未存在過」。[82]學界一般認為在作為獨立於西方文明而存在的傳統中華文明中，不存在公民概念和公民意識。但在先秦的典籍中卻出現有「公民」這個詞，韓非子（約西元前二八〇－西元前二三三）就指出在當時社會中「公民少而私人眾」。[83]這裏的「公民」意涵與「逐私利」的「私人」相對應，是「為公之民」。顯然，「此公民」與古希臘和現代社會中使用的「彼公民」的意涵相去甚遠。

在傳統中國社會，常用的詞是臣民、子民、百姓、草民、賤民等。十九世紀末二十世紀初，隨著中國

79 〔英〕恩靳・伊辛、布雷恩・特納主編：《公民權研究手冊》，王小章譯，浙江人民出版社二〇〇七年版，第三頁。
80 威爾・吉姆利卡、威尼・諾曼：〈公民的回歸——公民理論近作綜述〉，載許紀霖主編知識份子論叢第二輯《共和、社群與公民》，江蘇人民出版社二〇〇四年版，第二三六頁。
81 〔英〕德里克・希特：《何謂公民身分》，郭忠華譯，吉林出版集團有限責任公司二〇〇七年版，第一頁。
82 〔德〕馬克斯・韋伯：《新教倫理與資本主義精神》，于曉、陳維綱譯，陝西師範大學出版社二〇〇六年版，第八頁。
83 《韓非子・五蠹》。有學者誤以為中國「公」與「民」一起組成一個新詞「公民」是近代以後才出現的。參見馨元：〈公民概念在我國的發展〉，《法學》二〇〇四年第六期。

與西方的接觸，國民、公民概念及國民、公民意識開始在中國知識界出現。不少先進的知識份子從此以國民或公民的眼光重新審視傳統皇權專制下中國人的地位。一八九五年，中國近代啟蒙思想家嚴復（一八五四—一九二一）對作為公民的西方人和作為臣民的中國人作了深刻地比較：「西洋之言治者曰：『國者，斯民之公產也，王侯將相者，通國之公僕隸也。』而中國之尊王者曰：『天子富有四海，臣妾億兆。』臣妾者，其文之故訓猶奴虜也。夫如是則西洋之民，其尊且貴也，過於王侯將相，而我中國之民，其卑且賤，皆奴產子也。」[84]西方人的「其尊且貴」與中國人的「其卑且賤」，正是公民社會與臣民社會的本質區別。

近代中國在公民概念流行之前盛行的是「國民」的概念。「國民」一詞在中國先秦文獻中已經出現，如《左傳》中就載有「先神命之，國民信之。」[85]「國民」的基本意涵是「一國之民」。近代以來，「國民」概念開始流行，康有為（一八五八—一九二七）多次使用「國民」一詞。一八九九年梁啟超（一八七三—一九二九）首次對「國民」的意涵作了界定：「國民者，以國為人民之公產之稱也。國者積民而成，捨民之外，則無有國，以一國之民，治一國之事，定一國之法，謀一國之利，捍一國之患。其民不可得而侮，其國不可得而亡，謂之國民。」[86]二十世紀初的中國，做國民而不做臣民，已逐漸形成一種社會思潮。[87]近代中國的國民概念係梁啟超等人從日本引進，日本將依法保有國籍的國家全體成員視為國民。因而近代中國使用的國民概念等同或接近於後來的公民概念。[88]國民概念取代臣民概念，是中國近代社會從臣民意識向公民意識轉變的重要標

84 嚴復：〈闢韓〉，轉引自丁守和主編：《中國近代啟蒙思潮》上卷，社會科學文獻出版社一九九九年版，第二五二頁。
85 《左傳・昭公十三年》。
86 梁啟超：〈論近世國民競爭之大勢及中國前途〉，載梁啟超：《飲冰室合集》之四，中華書局一九八九年版，第五十六頁。
87 陳永森：《告別臣民的嘗試——清末民初的公民意識與公民行為》，中國人民大學出版社二〇〇四年版，第四十六—五十七頁。
88 胡代勝：〈論梁啟超資產階級公民意識〉，《政治學研究》一九八八年第一期；劉澤華：〈論從臣民意識向公民意識的

誌，它意味著一種嶄新的公民觀念已經衝破傳統觀念的樊籬，開始進入中國人的頭腦。[89]

在近代中國知識界廣泛使用國民概念之際，公民的概念也出現了。康有為也是較早主張國家「立公民」的學者。在〈公民自治篇〉中，康有為提出：「人人有議政之權，人人有憂國之責，故命之曰公民。」在康有為看來，國家只有將公民立起來才能強盛。「故有公民者強，無公民者弱；有公民雖敗而能存，而無公民者經敗而即亡。」[90]在〈大同書〉中，康有為將傳統社會中女子「不能為公民」視為女子之苦，並提出：「天下為公之世，凡屬人身，皆為公民……將欲為太平世歟，以女子為公民，太平之第一義也。」[91]雖然公民對於一個現代國家是如此重要，但對於一個在幾千年專制制度下做慣了臣民且存在大量文盲半文盲狀態的民族來說，要接受和形成公民觀念必然有一個長期的歷史過程。陳天華、康有為、梁啟超、孫中山等人為在中國普及公民的權利意識做出了巨大的努力。清末民初先進中國知識份子對公民意識的傳播和討論，對民主政治的研究和探索，構成了中國由傳統國家向現代國家轉型中的一個思想文化和學術發展的繁榮時期。

中國人在使用「臣民、國民、公民」概念時也使用「人民」這一整體性的政治性概念。一九四九年以後，「人民」的概念更是壓過了「國民」和「公民」的概念，成為中國最流行的政治關鍵字。從中國立憲文本所使用的「臣民、國民、人民、公民」等概念中，可以管窺中國從傳統臣民政治向現代公民政治演變的理路。[92]共產黨執政後頒佈的憲法性文件經歷了從「人民」、「國民」到「人民」與「公民」共同使用的時期。

轉變〉，《天津社會科學》一九九一年第四期；陳永森：《告別臣民的嘗試——清末民初的公民意識與公民行為》，中國人民大學出版社二〇〇四年版，第四頁。

89 劉澤華：〈論從臣民意識向公民意識的轉變〉，《天津社會科學》一九九一年第四期。

90 參見康有為：〈公民自治篇〉，轉引自張陳永森《告別臣民的嘗試——清末民初的公民意識與公民行為》，中國人民大學出版社二〇〇四年版，第五十七—五十八頁。

91 康有為：〈大同書〉，上海古籍出版社二〇〇五年版，第一二六—一二七頁。

92 馨元：〈公民概念在我國的發展〉，《法學》二〇〇四年第六期。

一九四九年九月通過的《中國人民政治協商會議共同綱領》在國家主權歸屬和權利享有主體上一律使用「人民」一詞，但在規定義務主體時卻使用「國民」一詞。一九五四年頒佈的《中華人民共和國憲法》在規定國家主權時仍然使用「人民」一詞，但在規定權利、義務的主體時，全部改為「公民」一詞，這是一個重大的變化。此後頒佈的一九七五年、一九七八年和一九八二年憲法都沿襲了一九五四年憲法的這種規定。

一九七八年以後，中國進入改革的時代。有關公民、權利等方面的討論和研究重新開始出現。一九八七年七月，中國學術界進行了一九四九年來第一次「中國公民政治心理調查」，閔琦根據這次調查資料，出版了《中國政治文化——民主政治難產的社會心理因素》（一九八九年）一書，該書將農民納入調查和考察分析的框架之內，對中國公民政治心理作了開創性的實證研究，成為改革後中國政治學實證研究的開山之作。張明澍對中國公民的政治素質較早作了系統的實證研究，出版了《中國「政治人」——中國公民政治素質調查報告》（一九九四年）。張明澍的研究表明，中國公民政治素質的平均得分為三・三分（滿分為十分），城市公民政治素質的平均得分為四・九分，農村公民政治素質得分為三・一分。[93]一九九〇年代以來，學界對公民、公民權利等研究的文獻大量湧現。在各種文章和學術專著中明確標明「權利」或「公民權利」等字樣的著作大量湧現。

在當代中國，「人權」在相當長的時期裏被視為「資產階級的口號與專利」而受到批判。一九九一年十一月，中國政府發表第一份人權白皮書《中國的人權狀況》，承認「享有充分的人權，是長期以來人類追求的理想」。[94]人權研究也在小心翼翼地拓展。一九九七年九月中共十五大首次將「尊重和保障人權」寫入政治報告，一九九七年十月和一九九八年十月，中國政府先後正式簽署聯合國兩個最重要的國際人權公約。二〇〇四年三月十四日十屆全國人大第二次會議通過憲法修正案，將「國家尊重和保障人權」載入憲法，二〇〇七年十月，

93 張明澍：《中國「政治人」——中國公民政治素質調查報告》，中國社會科學出版社一九九四年版。
94 《中國的人權狀況》（一九九一年十一月），載中國人權發展基金會編中國人權文庫之三《中國人權事業的進展——中國人權白皮書彙編》，新世界出版社二〇〇三年版，第二頁。

「尊重和保障人權」被寫入《中國共產黨章程》。二〇〇九年四月，我國首次發佈了《國家人權行動計畫（二〇〇九—二〇一〇）》。執政黨和國家對人權的正面認可和肯定，推動了學界對人權問題的研究。一九九〇年代以來，不少人權研究著作得以問世。此外，有關憲法、憲政的研究以及有關公民社會或市民社會的研究文獻也大量湧現，這些研究文獻與公民的權利問題密切相關。

毋庸置疑，上述研究文獻對於增強中國人的權利觀念和人權意識不可或缺。但已有的研究還主要局限於引介人類社會已經發展起來的權利理論和人權知識，或側重於從學理上探討權利或人權理論，換言之，已有的研究文獻還主要停留在理論層面，而對當代中國現實生活中面臨的諸多公民權和人權問題的實證研究還比較缺乏。

（三）農民權利問題研究

眾所周知，一九四九年以後，在相當長的時期內，中國大陸除了歷史上的農民起義和農民戰爭的頌揚性研究外，現實中農民問題特別是有關權利問題的討論和研究具有相當大的政治敏感性和風險性。自從一九五三年梁漱溟關於農民生活在「九天之下」的發言遭到毛澤東嚴厲的政治批判後，中國農民現實問題的討論和研究成為政治禁區。[95]

改革以來的中國農民問題研究起步於官方的農村政策研究。一九八〇年代初期開始，以杜潤生為代表的中

95 梁漱溟：〈一九五三年九月十一日政協擴大會議上的發言草稿〉，載中國文化書院學術委員會編：《梁漱溟全集》第七卷，山東人民出版社一九九三年版，第五—六頁；鄭大華：《梁漱溟傳》，人民出版社二〇〇一年版，第四二九—四五一頁；毛澤東：〈批判梁漱溟的反動思想（一九五三年九月十六日—十八日）〉，載《毛澤東選集》第五卷，人民出版社一九七七年版，第一〇七—一一五頁。

央農村政策研究取得了突出的成效，其主要成效體現在一九八二——一九八六年連續出臺的五個著名的「中央一號文件」中。

這一時期也是中國農民生活比較好的時期。但整個社會對農民現實問題的研究仍然心有餘悸。即使到了中國改革十年後的一九八八年，《社會》雜誌在刊發舟蓮村〈談農民的不平等地位〉（一九八八年）一文時，還特別小心翼翼地加注了一個罕有的「編者按」，稱這是一篇「為農民說話的文章」，文章「提出了一個很尖銳的問題」，但怕「做小粱漱溟」，故而收到此稿後「遲遲未用」，不過在「在黨的十三大春風吹拂下，還是大膽將它發表了」。可見農民現實問題研究在當時的敏感性。舟蓮村較早地對農民不平等狀況及原因作了初步分析。[96]該文的價值不在於它的分析是否透徹深刻，而在於它第一次將「農民不平等地位」這個長期被視為敏感的現實問題提了出來。

在農村政策研究中，特別值得一提的是農業部政策研究者郭書田和劉純彬提出的產生了深遠影響的「二元社會結構」理論。一九八八年初，他們就提出了二元社會結構理論。[97]此後，郭書田、劉純彬在《失衡的中國》（一九九〇年）一書中，對包括戶籍制度在內的十四項具體制度所構成的二元社會結構進行了更為詳盡的實證研究。[98]這是筆者所看到的最早且最觸及中國農民核心問題的重要研究文獻。二元社會結構理論的實質在於揭示了農民的不平等地位。二〇〇二年十一月中共十六大政治報告中才首次正式使用城鄉二元結構的概念，報告指

---

96 參見舟蓮村：〈談農民的不平等地位〉，《社會》一九八八年第九期。舟蓮村係周連春的化名。

97 農業部政策研究中心農村工業化城市化課題組：《二元社會結構：城鄉關係：工業化・城市化》），《經濟研究參考資料》一九八八年第九〇期（總第一八九〇期）；農村工業化城市化與農業現代化課題組：〈二元社會結構：分析中國農村工業化的一條思路〉，《經濟研究參考資料》一九八八年第一七一／一七二期（總第二一七一／二一七二期）。

98 郭書田、劉純彬等：《失衡的中國——農村城市化的過去、現在與未來》，河北人民出版社一九九〇年版。

出在現代化建設中，「城鄉二元經濟結構還沒有改變」。[99]如今，「二元社會結構」這個概念已被廣泛使用，成為分析中國農民問題的重要理論工具。

一九九〇年代以來，法學界的一些學者開始關注農民權利或農民權益問題。如夏勇在〈鄉民公法權利的生成〉（一九九五年）一文中，從公法的角度研究了鄉民公法權利的生成。他認為，中國最重要的公民權利當是鄉民的權利，中國最重要的人權當是農人的人權。[100]一九八七年十一月二十二日六屆全國人大第二十三次會議通過《中華人民共和國村民委員會組織法（試行）》後，村民自治和村民選舉成為國內外學者研究的熱點，相關研究可謂汗牛充棟。村民自治和村民選舉的研究，實質上涉及的是農民的自治權、選舉權、被選舉權、參與權、知情權等權利問題。

隨著一九九〇年代農民負擔問題的日益尖銳化，中國農民和農村問題研究出現了一個大的反思時期。二〇〇〇年三月湖北省監利縣棋盤鄉黨委書記李昌平上書國務院總理朱鎔基，訴說「農民真苦、農村真窮、農業真危險」，[101]由此引發了全社會對農業、農村和農民問題的強烈反響和廣泛討論。[102]學者們對「三農」問題的研究開始直面現實、進入核心領域。二十一世紀之初，中國出版了幾部影響甚大的農民問題著作，如曹錦清著《黃河邊的中國——一個學者對鄉村社會的觀察與思考》（二〇〇〇年），李昌平著《我向總理說實話》（二〇〇二年），于建嶸著《嶽村政治——轉型期中國鄉村政治結構的變遷》（二〇〇一年），陳桂棣、春桃著《中國

99 江澤民：《全面建設小康社會，開創中國特色社會主義事業新局面——在中國共產黨第十六次全國代表大會上的報告》（二〇〇二年十一月八日），人民出版社二〇〇二年版，第十八頁。

100 夏勇：〈鄉民公法權利的生成〉，載夏勇主編：《走向權利的時代——中國公民權利發展研究》，中國政法大學出版社一九九五年版，第六一五—六八一頁。

101 李昌平：《我向總理說實話》，光明日報出版社二〇〇二年版。

102 黃廣明、李思德：〈鄉黨委書記含淚上書 國務院領導動情批覆〉，《南方週末》二〇〇〇年八月二十四日。

農民調查》（二〇〇四年）等。雖然說李昌平、陳桂棣和春桃的著作並不是嚴格意義上的學術著作，但他們直擊農民問題核心所形成的強烈思維衝擊和社會反響，在當時產生了學術著作所不能達到的社會效果。

二〇〇一年中國加入世界貿易組織（WTO），「國民待遇」這個國際貿易領域常用的辭彙被引入農民問題研究。杜潤生倡導「給農民以國民待遇」（二〇〇一年），[103]李昌平呼籲「給農民同等國民待遇」（二〇〇二年），[104]筆者提出「給農民以憲法關懷」這一命題（二〇〇二）等。從此以後，有關農民權利方面的研究文獻開始增多。當前，對農民權利或農民權益問題的研究已經逐漸成為中國學界關注的一個重要領域。特別是二〇〇三年以來，新的執政者提出以人為本的科學發展觀，中國解決「三農」問題的公共政策出現了重大轉機。學界有關農民權益問題的研討會、著述大量湧現。二〇〇八年十月，中共十七屆三中全會通過的《關於推進農村改革發展若干重大問題的決定》明確將「保障農民權益」作為推進農村改革發展的重大原則之一。這是農民問題研究日益深化的體現和結果。

但以公民權理論為分析視角研究中國農民問題的文獻尚不多見。就筆者所知，美國學者蘇黛瑞（Dorothy J.Solinger）較早以公民權視角系統研究了中國的農民工問題，一九九九年她出版了《在中國城市中爭取公民權》一書，[105]十年後該書中文版面世。[106]國內學界主要側重於推介公民權相關理論文獻，只有極少數學者開始嘗試運用公民權理論研究農民工問題。如褚松燕在《個體與共同體——公民資格的演變及其意義》（二〇〇三年）一書中，較早系統地介紹和梳理了西方公民資格理論和當代公民資格理論的發展與前景，在後續的研究，褚松

---

103 杜潤生：〈給農民以國民待遇〉，載杜潤生：《中國農村制度變遷》，四川人民出版社二〇〇三年版，第三〇〇頁。

104 李昌平：《我向總理說實話》，光明日報出版社二〇〇二年版，第二二八頁。

105 Dorothy J.Solinger.Contesting Citizenship in Urban China:Peasant Migrants,the State,ang the Logic of the Market. Berkeley:University of California Press,1999.

106 〔美〕蘇黛瑞著《在中國城市中爭取公民權》，王春光、單麗卿譯，浙江人民出版社二〇〇九年九月版。

燕運用公民資格理論考察了中國改革以來公民資格的發展軌跡，但農民的公民資格問題尚未構成褚松燕研究的重點。[107] 張靜、王雯等人運用公民權理論研究了一些鄉村社會的個案，[108] 王小章運用公民權理念研究農民工問題。[109] 當前學術期刊上已經刊發的數量不多的有關公民權的文獻，主要傾向於理論層面的引介為主，對農民問題的系統研究尚屬空白。總之，以公民權理論為分析框架研究中國農民現實問題還是一個有待於大力開拓的新領域。

三、理論假設、分析框架和敘述結構

農民問題可以從狹義和廣義兩個向度予以理解。狹義上的農民問題指的是農民從傳統農業社會向現代工業社會轉型中產生的問題，即學界普遍認為的農民在現代化背景或現代化進程中產生的問題，換言之，在前現代社會有農民而沒有農民問題。學界一般將中國的農民問題視為現代化中的問題。[110] 廣義上的農民問題指的是作為社會特定階層的農民在農業社會以及工業社會中所遭遇或孳生的與其階層身分相關聯的各種問題。狹義上的農民問題與現代化緊密聯繫在一起，廣義上的農民問題與階層身分聯繫在一起。本書所關注的農民問題，以狹義上的農民問題為主，但也兼及廣義上的農民問題。

107 褚松燕：《權利發展與公民參與——我國公民資格權利發展與有序參與研究》，中國法制出版社二〇〇七年版。
108 張靜：《身分認同研究》，上海人民出版社二〇〇六年版。
109 王小章等著《走向承認——浙江省城市農民工公民權發展的社會學研究》，浙江人民出版社二〇一〇年版。
110 徐勇、徐增陽：〈中國農村和農民問題研究的百年回顧〉，《華中師範大學（人文社會科學版）》一九九九年第六期；徐勇：〈現代化視野中的「三農問題」〉，《理論月刊》二〇〇四年第九期；孫津：《中國農民與中國現代化》，中央編譯出版社二〇〇四年版，第三十六—四十七頁；賈德裕、朱興農、郗同福主編：《現代化進程中的中國農民》，南京大學出版社一九九八年版。

二十世紀以來，關於中國農民問題研究的基本假設主要有四種：

一是認為農民問題的根本是土地問題。以孫中山為代表的國民黨和以毛澤東為代表的共產黨都持此種觀點，為此，他們提出「平均地權」、「耕者有其田」、「打土豪、分田地」等口號。所不同的是，國民黨主張以和平改革的方式實現「耕者有其田」，臺灣的土地改革即屬此類；共產黨主張以暴力革命的方式實現「耕者有其田」，共產黨控制的革命根據地及共產黨執政後在大陸實行的土改就屬此類。

二是認為農民問題的實質是文化問題。以晏陽初為代表的平民教育理論與以梁漱溟為代表的鄉村建設運動均以此認識為基礎。晏陽初將中國農民歸之為「愚、窮、弱、私」四個基本問題，主張以文藝、生計、衛生、公民四大教育醫治之，以文藝教育治「愚」，以生計教育治「窮」，以衛生教育治「弱」，以公民教育治「私」。梁漱溟認為農民的苦難源於西方現代化對中國農村的破壞和對農民的掠奪。他提出解決農民問題第一個政治上不通的路是「歐洲近代民主政治的路」，第二個政治上不通的路是「俄國共產黨發明的路」，唯一出路在於復興中華文明。[111]

三是認為農民問題實質上是收入問題。費孝通是主要代表。在費孝通看來，中國農村的基本問題是「農民的收入降低到不足以維持最低生活水平所需的程度」，農民的真正問題是「飢餓問題」。[112]解決的辦法最終在於「增加農民的收入」。一九八〇年代後，費孝通倡導的農村工業化、農民「離土不離鄉」、「小城鎮大戰略」等，都是基於對增加農民收入這個基本信念的延展。當前官方的主流政策話語仍然是「增加農民收入」。

四是認為農民問題是人地矛盾問題。溫鐵軍是主要代表。在溫鐵軍看來，人地矛盾高度緊張是中國「最基本的國情矛盾」。[113]這個觀點也可以歸結到土地問題之中，它強調的核心問題是人與地的關係問題。

毋庸置疑，農民問題是一個十分複雜的綜合性問題，上述四種主要的理論假設從不同角度解釋了農民問

111 《梁漱溟全集》第五卷，山東人民出版社一九九〇年版，第一一一、二六一頁。
112 費孝通：《江村經濟——中國農民的生活》，戴可景譯，江蘇人民出版社二〇〇一年版，第二三六頁。
113 溫鐵軍：《中國農村基本經濟制度研究——「三農」問題的世紀反思》，中國經濟出版社二〇〇〇年版，第三十一頁。

題。但令筆者深思的是，上述四種主要理論假設都只不過解釋了農民問題的某一個方面，其解釋力具有一定的局限性。在農民問題的各種表象下面，有沒有一個相對來說具有更為基礎和較強解釋力的理論假說？如果有的話，在筆者看來或許就是公民權問題。

當人們說到農民時，實質上指的是作為職業的農民和作為身分的農民的雙重結構。農民權利問題實質上側重於兩個基本維度：一是從職業上說，農民權利問題核心在於土地產權；二是從身分上說，農民權利問題關鍵在於平等權利。農民的其他各項公民權利都源自於這兩個基本方面。

因而本書的一條基本思維進路是：解決「三農」問題的核心是解決農民問題，解決農民問題的實質是解決農民權利問題，解決農民權利問題的關鍵在於：解決作為職業農民的土地產權問題以及作為身分農民的平等權利問題。其他各項基本權利問題均可從上述兩個基本方面延伸和推導出來。農民的土地產權和平等權利問題這兩個基本方面，又可歸結為公民權。見圖1-1：

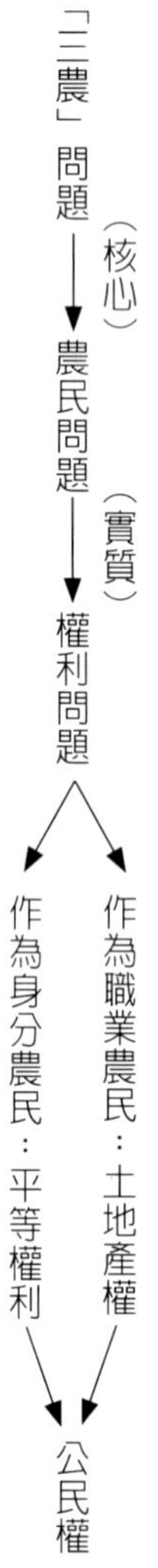

圖1-1　解決「三農」問題思維進路圖

故此，筆者認為公民權的短缺是農民問題的一個主要根源。需要提起注意的是，任何有效的理論也都只能是對社會現象的某一方面的一種解釋，試圖創立一種解釋社會現象的萬能理論，或許是學界存在的一種思維陷阱。

本書以湖南省漵浦縣為主要考察對象，以土地制度的演變和農民身分的變遷為主線，以公民權理論為分析框架，考察和分析一九四九—二〇〇九年中國農民公民權的演進邏輯。

首先，本書考察了土改運動中的階級劃分及其對公民權的影響。一九四九年中國共產黨建立新政權後，首先並不是賦予全體國民平等的公民身分，而是依據馬列主義的階級鬥爭理論，在農村劃分階級成分，開展土地改革運動，實現了農民身分的階級化。在身分分配中，農民階層被簡單劃分為「敵」「我」兩個陣營。地主、富農、反革命分子和壞分子屬於「階級敵人」，是無產階級專政的對象；貧農、雇農和中農屬於「人民」的範疇，在「人民內部」實行「民主」。國家通過階級身分的劃分，對農民階層實行政治分層，在農民內部劃分了身分完全不平等的兩種人，形成了不平等的政治社會結構。同時，土地所有制從「封建地主土地所有制」轉變為「農民的土地所有制」，實現了平均分配土地的「耕者有其田」。這個土地所有制的急劇轉變，是以國家權力為後盾的強制性制度變遷。土改的結果是，作為「階級敵人」的地主、富農及其家庭成員，不僅被新的國家政權以消滅剝削的名義暴力剝奪了包括土地在內的私有產權，也被限制乃至剝奪了人身權利甚至生命權。

其次，本書分析了集體化運動和城鄉隔離制度對農民公民權的影響。新政權在通過暴力土改摧毀一個罪惡的「舊世界」之後，決心以蘇聯模式為藍本建立一個完美的「新世界」。一方面，國家為追求蘇聯模式的社會主義公有制目標，在農村強制推行集體化運動，將農民強行組織到集體單位之中，使之成為被集體單位強力支配的集體社員，從而實現了農民從階級身分到社員身分的轉換。土地制度則從農民所有制轉變為集體所有制。另一方面，國家為實現蘇聯模式的工業化目標，通過嚴格的戶籍制度，建構城鄉隔離的二元社會結構，使被劃定為農業戶口的農民處於與城鎮居民完全不平等的戶籍身分地位。在集體化和城鄉隔離中，農民身分被結構化。農民身分的結構化有兩層含義：一是在集體化運動中，農民從歷史上相對自由的個體農民轉變為受到國家權力強力支配的集體社員，社員身分是農民身分結構化的一個重要維度；二是在城鄉隔離制度中，國家通過農業戶口和非農業戶口的劃分，將作為農業戶口的農民限制在城鎮之外的農村，戶籍身分是農民身分結構化的另一個重要維度。國家繼土改運動在農民內部劃分為兩種人之後，又通過二元性的制度安排，在整個社會劃分為農民和市民兩種人。集體化運動以走社會主義道路的名義，廢除了農民的土地私有產權；同時，在集體單位中，農民喪失了基本的人身自由和選擇自由權。城鄉隔離制度以實現國家工業化的名義剝奪了農民的遷徙自由權和擇業權，農民成為國家積累工業化資金的犧牲品。

再次，本書討論了改革以來土地制度與農民身分的變化及公民權生長的路徑與趨勢。家庭承包責任制的推行，使農民從人民公社的體制束縛中解放出來，重新回歸以家庭為單位的個體農民。家庭承包責任制使農村土地制度再次發生了重大變化，即從集體所有制轉變為集體所有、家庭承包制，實現了土地的所有權與承包經營權的分離，農民獲得了部分的土地產權、生產自主權和人身自由權，私有產權重新得到承認。國家通過平反和摘帽，實現了農民政治身分的平等化。改革開放加速了農民的分化和流動。大量農民進城務工，事實上打破了城鄉藩籬，但制度變革的滯後，使事實上的農民進城與體制上的農業戶口之間形成巨大的張力，農民工問題正是這種實踐發展與制度變遷滯後之間矛盾的產物。以市場為取向的改革，使農民不斷消解計畫體制下的結構化身分，逐步實現身分的社會化。但是，農民並沒有獲得完整的土地產權和完全平等的公民身分，農民與土地之間的矛盾、農民身分與市民身分之間的差距、農民權利與國家權力之間的張力，構成了當代農民問題的主要癥結。以免徵農業稅為起點的新農村建設和城鄉一化進程，有望最終改變長期以來的中國城鄉二元結構，使農民在獲得完全公民身分的基礎上參與國家建設。

最後，本書歸納出一九四九年以來中國農民身分的四次重大變遷，即農民身分的階級化、農民身分的結構化、農民身分的社會化、農民身分的公民化。筆者的研究得出四個基本結論：第一，公民權建設不足、公民權發展滯後是導致中國農民問題的主因；第二，作為現代國家成員資格權利的公民權，不僅是現代國家的一項公共物品，而且是最基本的公共物品；第三，發展公民權的能力，是現代國家構建的基礎能力；第四，中國農民問題的解決程度，最終取決於國家建設與發展公民權的進度。

四、研究方法與資料來源

美籍華人政治學者鄒讜曾主張和運用宏觀分析與微觀分析相結合的方法研究中國二十世紀史，特別是革命史這個課題。[114]在已有的社會科學研究中，有兩種主要的傾向，一是著眼於宏觀層面的研究，比如從國家這個層面進行宏大理論研究，而忽視微觀層面的經驗事實；二是立足於微觀層面的實證研究，比如從縣、鄉、村、農戶等層面進行個案研究，而忽視國家宏觀層面的相關背景。筆者嘗試擺脫社會科學研究中盛行的宏觀與微觀二元對立的傳統方法。

本書所謂宏觀分析，一是從國家現代化進程來把握中國農民公民權的生長演變；二是從全球化進程這個時代背景來把握中國農民公民權演進的可能趨勢；三是從國家憲法和人權保障的國際化進程來把握中國農民公民權的發展前景；四是從國家宏觀政策背景來把握農民公民權演變的進路和外部因素。農民並不是孤立地生活在鄉村社會之中，而是與世界、國家和時代背景緊密聯繫在一起的。農民的命運與國家的命運緊密相連，農民公民權成長與現代國家構建息息相關，與全球化進程密不可分。

本書所謂微觀實證，就是選擇中國中部的農業和農民大省——湖南作為調查和研究的重點，在湖南，又選擇湘西漵浦縣作為調查和研究的主要對象。本書的具體理路是，以湖南省漵浦縣為主要考察對象，以土地制度

114 鄒讜：《二十世紀中國政治：從宏觀歷史和微觀行動的角度看》，（香港）牛津大學出版社一九九四年版。

的變革和農民身分的演變為主線，考察和分析一九四九—二〇〇九年中國農民公民權的演進邏輯。

眾所周知，近代以來湖南在中國歷史上佔有極為重要的地位。二十世紀上半葉，湖南是全國農民運動的中心，二十世紀後期以來，湖南成為全國「三農」問題的焦點。在筆者看來，湖南是考察和研究中國農民問題的一個極具典型代表意義的基地。

一九二七年一月四日至二月五日，出生於湖南湘潭農民家庭的毛澤東深入到湖南中部和南部地區的湘潭、湘鄉、衡山、醴陵、長沙五縣農村調查，發表了著名的《湖南農民運動考察報告》。[115]四月，瞿秋白為該文的單行本寫了序言，認為「中國的革命者個個都應當讀一讀毛澤東這本書」。[116]毛澤東的《湖南農民運動考察報告》對中國農民運動和農民革命產生了深遠的影響。

一九九九年五月至二〇〇一年一月，出生於湖南衡陽的學者于建嶸沿著毛澤東當年考察湖南農民運動的路線，進行了為期一年多的鄉村社會調查，並以湖南衡陽縣白果鎮紹莊村作為分析樣本，二〇〇一年出版了《嶽村政治——轉型期中國鄉村政治結構的變遷》的博士學位論文。[117]于建嶸以衡陽調查為基礎，二〇〇三年先後在《戰略與管理》雜誌上發表了〈農民有組織抗爭及其政治風險——湖南省H縣調查〉、〈農村黑惡勢力和基層政權退化——湘南調查〉的重要論文，[118]二〇〇七年十一月，于建嶸出版《當代中國農民的維權抗爭——湖南衡

115 毛澤東在湖南五縣調查的詳情，參見肖浩輝主編：《毛澤東與中國農民》，湖南出版社一九九三年版，第六十四頁；《湖南農民運動考察報告》的內容，參見毛澤東：《湖南農民運動考察報告》（一九二七年三月），《毛澤東選集》第一卷，人民出版社一九九一年版，第十二—四十四頁。

116 王全營、曾廣興、黃明鑒：《中國現代農民運動史》，中原農民出版社一九八九年版，第一八〇—一八三頁；瞿秋白作序的情況，參見瞿愛東：〈瞿秋白〈湖南農民革命序〉寫作時間考〉，《徐州工程學院學報》二〇〇六年第八期。

117 于建嶸：《嶽村政治——轉型期中國鄉村政治結構的變遷》，商務印書館二〇〇一年版。

118 于建嶸：〈農民有組織抗爭及其政治風險——湖南省H縣調查〉，《戰略與管理》二〇〇三年第三期；于建嶸：〈農村黑惡勢力和基層政權退化——湘南調查〉，《戰略與管理》二〇〇三年第五期；〈當前農民維權活動的一個解釋框

陽考察》一書，對湖南衡陽的農民維權抗爭進行了系統的理論闡述和學術總結。[119]

在以湖南為基地的農民問題研究中，毛澤東致力於推動農民革命運動，對湘中和湘南五個縣進行了調查研究；于建嶸著眼於觀察農民維權抗爭活動，對湘南衡陽縣作了重點考察；筆者則立足於促進農民公民權成長，選擇以湘西漵浦縣作為重點考察樣本，分析中國農民公民權的演進邏輯。

康德認為：「我們的一切知識都始自經驗，這是沒有疑問的。」[120]筆者選擇自己的家鄉——湖南漵浦縣作為主要考察對象，主要是出於充分利用自己的生活經驗之故。在這一點上，我贊同楊雪冬主張的「家鄉化研究」，即本地學者或者從本地走出的學者對本地的研究。[121]當然，農村研究的家鄉化方法利弊並存，其有利之處在於現場進入的成本較低，且具有切身的生活體驗，這對於認識和理解鄉村社會和農民問題極為重要；其不利之處則有可能掉入「家鄉農村研究的陷阱」。[122]與眾多單一個案研究不同的是，筆者採取以湖南漵浦縣單一個案為主，輔以湖南省其他縣的個案資料作補充。這或許有利於避免單一個案研究的不足。

漵浦縣位於湖南省西部，地跨北緯二七度一七分至二八度一九分，東經一一〇度一五分至一一一度〇一分之間，東接新化，南界洞口，西鄰辰溪，北與沅陵、安化毗連。縣城東距長沙三九七公里，西至懷化一一〇公里（鐵路）。漵浦縣隸屬於懷化市（原懷化地區）。[123]二〇〇八年，全縣下轄辦事處（一九九五年由區公所改

架〉，《社會學研究》二〇〇四年第二期。

119 于建嶸：《當代中國農民的維權抗爭——湖南衡陽考察》，（香港）中國文化出版社二〇〇七年版。

120 〔德〕康德：《純粹理性批判》，鄧曉芒譯，人民出版社二〇〇四年版，第一頁。

121 楊雪冬：《市場發育、社會生長和公共權力構建——以縣為微觀分析單位》，河南人民出版社二〇〇二年版，第五頁。

122 徐曉軍：《鄉鎮街坊：結構與關係——武漢市效蘭鄉街坊的個案研究》，華中師範大學出版社二〇〇七年版，第二〇五——二一九頁。

123 懷化地區下轄懷化市、洪江市、漵浦縣、辰溪縣、沅陵縣、麻陽侗族自治縣、芷江侗族自治縣、新晃侗族自治縣、黔陽縣、靖州苗族侗族自治縣、會同縣、通道侗族自治縣，計兩個縣級市、五個縣、五個自治縣。一九九八年懷化地區撤地

稱）八個、鄉二十九個、鎮十四個，村委會六百五十三個、村民小組六千三百八十二個，居委會三十七個、居民小組一百四十八個。全縣土地總面積三千四百四十四平方公里，其中耕地面積四萬零兩百二十公頃。總人口八十八萬八千八百人，其中農業人口七八萬六千人，占百分之八十八點四，非農業人口十萬兩千九百人，占百分之十一點六。全縣國內生產總值（當年價）五十五億九千四百萬元，其中第一產業二十億八千六百萬元，占百分之三十七點三；第二產業十六億一千六百萬元，占百分之二十八點九；第三產業十八萬九千兩百元，占百分之三十三點八。地方財政收入兩億一千七百二十一萬元，地方財政支出十一億兩百八十七萬元。據抽樣調查，城鎮居民可支配收入九千八百二十五元，農村居民人均純收入三千五百四十七元。

漵浦歷史悠久，文化底蘊深厚。據史載，漵浦古為蠻夷地，唐虞為要服，[124]屬荊州。[125]夏、商、周因之。春秋戰國時屬楚，秦時屬三十六郡之一的黔中郡（郡治在沅陵）。「漵浦」一詞最早見於楚國屈原的〈涉江〉詩句：「入漵浦余儃佪兮，迷不知吾所如。」[126]屈原在漵浦創作了《涉江》、《離騷》、《橘頌》、《山鬼》等名篇。漢高祖五年（西元前二〇二年）置義陵縣，[127]改黔中郡為武陵郡，郡治遷至義陵（今漵浦縣城南）。東漢建

設市，實行市管縣，新設立的地級懷化市下轄鶴城區、沅陵縣、辰溪縣、漵浦縣、會同縣、麻陽侗族自治縣、芷江侗族自治縣、新晃侗族自治縣、靖州苗族侗族自治縣、通道侗族自治縣、中方縣（由原縣級懷化市析出十七個鄉鎮新組建），洪江市（由原洪江市和黔陽縣合併）由省直轄，懷化市代管。

124 古者王畿千里，在天子領地週邊每五百里為一服，由近至遠分為甸服、侯服、綏服、要服、荒服五服。接受王者約束而服事之，叫要服。《尚書‧禹貢》：「五百里甸服。百里賦納總，二百里納銍，三百里納秸服，四百里粟，五百里米。五百里侯服。百里采，二百里男邦，三百里諸侯。五百里綏服。三百里揆文教，二百里奮武衛。五百里要服。三百里蠻，二百里蔡。五百里荒服。三百里蠻，二百里流。」

125 古時天下設九州：冀州、兗州、青州、徐州、揚州、荊州、豫州、梁州、雍州。《尚書‧禹貢》：「荊及衡陽惟荊州」。

126 《楚辭‧涉江》。

127 清‧顧祖禹《讀史方輿紀要》引唐《常林義陵記》載：「項羽殺義帝，武陵人縞素哭於招屈亭（此亭原在今漵浦縣城南茅坪坳），高祖（劉邦）聞而義之，故名義陵。」參見漵浦縣縣誌編纂委員會編：《漵浦縣誌》，社會科學文獻出版社

武六年（三十年）被省入辰陽。唐武德五年（六二二年）從辰溪析出置溆浦縣。此後歷代雖隸屬多變，而縣之建置未改。民國二十九年（一九四〇年）屬湖南省第九行政督察區，一九四九年後，先後隸屬沅陵專區、芷江專區、黔陽專區、懷化行署，一九九八年後隸屬懷化市。

溆浦是典型的農業大縣和水果之鄉，有「湘西烏克蘭」之稱，是整個湘西地區少有的幾個文化底蘊深厚的縣之一，溆浦還是懷化地區唯一的革命老區縣。一九二五年共產黨人向五九（一九〇二—一九二七）等人創建了中共溆浦縣小組，隨後建立中共溆浦縣委。出生於溆浦的向警予（女，一八九五—一九二八）一九二二年在中共「二大」上當選為中央執行委員、中央婦女部第一任部長。一九四九年九月十九日，中國人民解放軍三八軍一一三師解放溆浦。

筆者出生和成長在該縣農村，一九九〇至二〇〇〇年筆者在溆浦縣委和縣政府機關工作期間因工作關係經常深入到全縣所有鄉鎮調研，收集了大量文獻資料。二〇〇四年五到九月，筆者以農民上訪問題為主題到湖南省委省政府信訪接待室對來自全省各地的上訪農民進行了問卷調查和訪談，並深入湖南寧鄉縣、岳陽樓區、溆浦縣等地農村對農民和鄉鎮幹部進行了問卷調查和訪談。二〇〇六年三到四月，筆者以農村文化狀況為主題到湖南省望城縣、湘潭市雨湖區和湘潭縣三個縣市九個鄉鎮及其十多個村對農民和鄉村幹部進行了問卷調查。二〇〇七年四月至二〇〇九年四月，筆者以新農村建設為主題到湖南省溆浦縣做了多次調查。在調查中，筆者與有關省、市、縣領導、有關部門、鄉鎮幹部和農民代表進行了廣泛接觸、座談、訪談和交流，查閱和收集了大量相關的文獻檔案資料。

一九九三年版，第七頁。

五、有關概念的簡要說明

（一）農民、公民

農民是一種古老的職業身分。在中國古籍中，很早就有「農民、農人、農」等概念。《左傳》有云：「古者有四民：有士民，有商民，有農民，有工民。」[128]《詩經》曰：「我取其陳，食我農人。」[129]《尚書》云：「若農服田力穡，乃亦有秋。」[130]在中國傳統社會中，農民就是從事農業生產的人。《辭海》對農民的定義是：「直接從事農業生產的勞動者（不包括農奴和農業工人）」，「在殖民地、半殖民地社會主要指貧農和中農，在社會主義社會主要指集體農民」。[131]這個定義帶有明顯的階級性和時代局限性。

國際農民學界對傳統農民（Peasants）和現代農業者（Farmers）的區別作過討論。沃爾夫的見解被認為具有代表性：農民的主要追求在於維持生計，並在一個社會關係狹隘的等級系列中維持其社會身分；農業者則充分進入市場，利用一切可能的選擇實現報酬最大化。[132]被認為為各科讀者撰寫瞭解農民問題最好入門書的沃爾

128 《春秋・穀梁傳・成公元年》。
129 《詩經・小雅・甫田》。
130 《尚書・盤庚》。
131 《辭海》（上），上海辭書出版社一九八九年版，第九八七頁。
132 秦暉：〈農民問題：什麼「農民」？什麼「問題」？〉，載秦暉：《問題與主義：秦暉文選》，長春出版社一九九九年

夫，強調指出傳統農民在社會中的低下地位：「只有當種田人受制於他們之外的社會階層的權勢者的需要和制裁的時候，我們才能夠恰當地說他們是農民。」[133]除了上述從社會角度給農民下的定義外，弗蘭克・艾利思從經濟上給農民下了一個定義：「農民是主要從農業中獲得生活資料、在農業生產中主要利用家庭勞動的農戶。農民部分地參與常常是不完全或不全面地投入和產出市場。」[134]在傳統社會中，農民未能成為國家政治生活的平等參與者和國家遊戲規則的共同制定者。「農民只是作為徵召、糧食生產、稅收等方面的匿名『貢獻者』出現在統計數字之中。」[135]只有在現代國家，農民才能獲得平等的成員資格，擁有共同的公民身分。

農民的一個顯著特點，在於其與土地的緊密聯繫。在當代中國，農民的涵義實質上包含作為職業的農民、作為身分的農民和作為文化的農民三重意蘊。本書考察和討論的農民主要是作為職業的農民和作為身分的農民，即從事農業生產、具有農業戶籍身分、履行農民義務的人。[136]

公民概念意味著個人與國家的法律關係。具有一國公民身分的人，享有法律規定的各項權利，同時承擔法定義務。公民的功能主要體現在對政治體系提供支持、提出要求和參與政治。[137]作為民族國家最重要的成員身分的公民概念，十九世紀末二十世紀初傳入中國，從此刷新了中國的政治話語。[138]在當代，根據憲法規定，具有中

版，第二十一頁。

133 E.R.Wolf, Peasants. Englewood Cliffs, New Jersey: Prentice—Hall. 1966; T.Shanin,(ed), Peasants and Peasant Societies,1 st edn. Harmondsworth: Penguin.1971. S.W.Mintz, A note on the Definition of Peasantries. Journal of Peasant Studies, Vol.1, No.3, 1974.

134 〔英〕弗蘭克・艾利思：《農民經濟學——農民家庭農業和農業發展》，胡景北譯，世紀出版集團、上海人民出版社二〇〇六年版，第十四頁。

135 〔美〕詹姆斯・C・斯科特：《弱者的武器》，鄭廣懷、張敏、何江穗譯，鳳凰出版傳媒集團、譯林出版社二〇〇七年版，第一頁。

136 張義：〈有關當前我國農民概念界定的幾個問題〉，《農業經濟問題》一九九四年第八期。

137 陶東明：《公民政治》，三聯書店（香港）有限公司一九九三年版，第十三——十四頁。

138 馨元：〈公民概念在我國的發展〉，《法學》二〇〇四年第六期；徐賁：〈從三種公民觀看兩種全球化：自由市場時代

國國籍的人就是中國公民，中國公民在法律面前一律平等。很顯然，從憲法上說，農民是中國公民，而且是中國公民的主要組成部分。

（二）公民權、權利、人權

在現代國家，凡具有一國國籍的人就是該國的公民。公民與國家聯繫的仲介是公民權。公民權的具體意蘊可以從三個維度加以理解，首先，公民權蘊涵了全體公民身分的平等性；其次，每一個公民所享有的權利與承擔的義務具有均衡性；再次，公民享有權利與國家承擔責任是一致的。公民權是本書的關鍵字之一。這個詞的涵義十分豐富。在英語中，至少有三個詞可對譯為中文的公民權。一是Franchise。當Franchise譯為「公民權」一詞時，是用以指一整套規定怎樣在一國領土範圍內獲得公民權利，更確切地說是選舉權的規則。[139]進而言之，Franchise譯為「公民權」時，重在強調選舉權。二是Citizenship。這個詞在中文中主要有「公民權」、「公民身分」、「公民資格」等譯法。此概念蘊涵權利和義務兩個維度，表示個人在一個國家中正式的和負有責任的成員資格，這個成員資格即公民身分，亦指一個國家授予在其所能控制的地域內的所有人的權利。[140]公民權（公民身分）與國家構建及國家合法性緊密聯繫在一起，[141]它連結著國家和公民的關係，尤其是有關權利與義務的

的公民政治〉，載許紀霖主編知識份子論叢第五輯《公共性與公民權》，鳳凰出版傳媒集團、江蘇人民出版社二〇〇六年版，第二九二—三一四頁。

139 〔英〕大衛・米勒、韋農・波格丹諾、鄧正來主編：《布萊克維爾政治學百科全書》（修訂版），中國政法大學出版社二〇〇二年版，第二八四—二八五頁。

140 同上，第一二一頁。

141 〔英〕布賴恩・特納編：《公民身分與社會理論》，郭忠華、蔣紅軍譯，吉林出版集團有限責任公司二〇〇七年版，第二〇九頁。

關係。[142]英國社會學家馬歇爾（T.H.Marshall）被認為對公民權或公民身分的研究作出了開創性貢獻。三是Civil Rights。該詞常譯作「公民權利」、「民權」，近年來又有學者主張將其譯為「私人權利」、「民事權利」等。在中文語境中，公民權利有時又簡稱為公民權或等同於公民權。馬克思將人區分為「私人」和「公人」雙重身分，並以此對應為「公權利」和「私權利」。公人即公民，是參與國家公共事務的人，是政治人，其參與國家政治事務的權利即公權利；私人即作為市民社會成員的人，是自然人，其享有的生命、自由、財產等權利為私權利。[143]在這裏，公民權的本質是「作為政治人、公人的公權利，不同於作為自然人、私人的私權利。」[144]本書所使用的公民權概念，主要指作為現代民族國家成員身分的公民權。

權利的涵義是什麼，回答這個看似簡單的問題，曾令康德這樣的大哲學家都頗感為難。[145]在政治哲學中，權利這一術語主要有三種使用方式：描述一種制度安排，其中利益得到法律的保護，選擇具有法律效力，商品和機遇在有保障的基礎上提供給個人；表達一種正當合理的要求，上述制度安排應該建立並得到維護和尊重；表現這個要求的一種特定的正當理由即一種基本的道德原則，該原則賦予諸如平等、自主或道德等基本的個人價值以重要意義。[146]社會學家T·H·馬歇爾將公民權分劃分為公民權利、政治權利和社會權利三個維度，對後來的公民權研究產生了重大的影響。著名分析法學家W·N·霍菲爾德提出了經典的權利分類法，他將權利被

142 〔美〕湯瑪斯·雅諾斯基著：《公民與文明社會》，柯雄譯，遼寧教育出版社二〇〇〇年版，第十一——十六頁。
143 《馬克思恩格斯全集》第一卷，人民出版社一九五六年版，第四三六頁。
144 郭道暉：〈公民權與公民社會〉，《法學研究》二〇〇六年第一期；郭道暉：〈論公民權與公權利〉，《政治與法律》二〇〇五年第六期。
145 〔德〕康德：《法的形而上學原理——權利的科學》，沈叔平譯，商務印書館一九九一年版，第三十九頁。
146 〔英〕大衛·米勒、韋農·波格丹諾、鄧正來主編：《布萊克維爾政治學百科全書》（修訂版），中國政法大學出版社二〇〇二年版，第七一一頁。

劃分為特權或自由、要求權、權力、豁免四類。[147]夏勇認為權利的本質是由多維屬性構成的，並將權利歸納為利益、主張、資格、權能和自由五個要素。[148]本書所關注的權利清單以國家憲法和國際人權憲章為重要參照系。

人權是人作為人所應當享有的權利，這些權利對人的生存來說是必需的、基本的、不可剝奪的。人權是一種權利，但並非所有的權利都是人權。[149]鑒於不存在普遍接受的人權定義，英國學者米爾恩提出了一個「最低限度標準的人權」概念，認為有九項道德原則為社會生活本身所必不可少，即行善原則、尊重人的生命原則、公正原則、夥伴關係原則、社會責任原則、不受專橫干涉原則、誠實行為原則、禮貌原則、兒童福利原則。[150]這九項原則是共同體的「共同道德」，為所有共同體所共同具有，而不論它們之間有何差別。基督徒、猶太教徒、穆斯林、印度教徒和佛教徒，他們在各自的共同體中，都同樣有依照這些原則行事的一般義務。共產主義者和社會主義者、保守主義者和自由派人士也都如此。他們負有這種一般義務不是因為他們特殊的宗教忠誠和政治忠誠，而是因為他們是共同體的成員。[151]米爾恩認為，這九項共同道德是七項主要權利即嚴格意義上的人權的來源，即生命權、公平對待的公正權、獲得幫助權、在不受專橫干涉這一消極意義上的自由權、誠實對待權、禮貌權以及兒童受照顧權。[152]米爾恩的最低限度的人權是一種人人應當享有的底線權利。根據當代國際人權法，

147 Wesley Hohfeld, Fundamental Legal Conceptions as Applied in Judicial Reasoning. New Harven, Conn: Yale University Press, 1919. 轉引自常健：《當代中國權利規範的轉型》，天津人民出版社二〇〇〇年第九頁。

148 夏勇：《人權概念起源——權利的歷史哲學》（修訂本），中國政法大學出版社二〇〇一年版，第四十六—四十八頁；夏勇：《中國民權哲學》，生活・讀書・新知三聯書店二〇〇四年版。

149 李步雲、陳佑武：〈人權與「權利」的異同〉，載徐顯明主編：《人權研究》第三卷，山東人民出版社二〇〇三年版，第一五六—一六二頁。

150 〔英〕A・J・M・米爾恩：《人的權利與人的多樣性——人權哲學》，夏勇、張志銘譯，中國大百科全書出版社一九九五年版，第六、五十七頁。

151 同上，第七十一頁。

152 同上，第一七一頁。

人權趨於被劃分為三代人權、公民權利和政治權利為第一代人權，經濟、社會和文化權利為第二代人權，自決權、環境權、發展權等被稱為第三代人權。[153]人權為一國國內政治的合法性提供了一個道德上的標準，同時，人權也成了現代政治合法性的國際標準。[154]《中華人民共和國憲法》、《世界人權宣言》、《公民權利和政治權利國際公約》、《經濟、社會和文化權利國際公約》等國際人權文件以及區域性人權文件，是本書的重要背景資料。

公民權、權利、人權，既有明顯區別點，又有較多重合處。

（三）國家、中央國家、地方國家、國家構建

國家一詞在中國是由「國」和「家」二字構成，國是國，家是家。在古代中國，「天子建國，諸侯立家，卿置側室，大夫有貳宗，士有隸子弟，庶人工商各有分親，皆有等衰。」[155]孔子曰：「有國有家者，不患寡而患不均，不患貧而患不安。」[156]《大學》中的「修身齊家治國平天下」中的「國」與「家」，也是在上述意義上的「國」與「家」。《四書・大學》：「古之欲明明德於天下者，先治其國。欲治其國者，先齊其家。欲齊其家者，先修其身。」這與現代社會普遍使用的民族國家概念並不完全相同。正如柯文正確指出的那樣：「在鴉片戰爭前，中國人傾向於把中國看成一個世界，而非一個民族。」[157]在英語中有三個詞可以指稱國家。Country指領

153 國際人權法教程項目組編寫：《國際人權法教程》第一卷，中國政法大學出版社二〇〇二年版，第十一頁。
154 同上，第九頁。
155 《左傳・桓公二年》。
156 《論語・季氏》。
157 〔美〕柯文：《在傳統與現代之間——王韜與晚清改革》，雷頤、羅檢秋譯，江蘇人民出版社二〇〇六年版，第四十一頁。

土意義上的國家，Nation指民族意義上的國家，State指政治意義上的國家。政治學理論上的國家通常使用State這個辭彙。[158]

在西方學術界，凱西爾將馬基雅維里稱為第一個在現代意義上使用國家一詞的人。[159]斯金納認為布丹是最終完成向現代國家概念轉變的人。在斯金納看來，State作為現代國家概念是指「與統治者和被統治者相分離的公共權力形式，它構成了某一有限領土內的最高政治權威。」[160]一般政治學教科書認為民族國家是由領土、人口和主權三個基本要素或由領土、人口、主權和政府四個基本要素構成。本書在論述國家時，主要是指政治意義上的國家（State）。當論及農民與國家的關係時，按照民族國家三要素或四要素說，似乎是指國家的部分與國家整體的關係，但在本書中，農民與國家的關係，實質上是指農民與國家政權的關係、個體與共同體的關係。

中央國家（Central state）和地方國家（Local state）這兩個概念在中國語境中似乎不易理解，但這種概念對研究當代農民與國家關係時是有用的。地方國家是指地方層次的國家組織，是國家在地方層次的完備體現物，它是國家在地方的代表，其行為不僅體現著具有普遍性的國家性，而且還帶有鮮明的地方性。在政治學理論中，狹義的政府指行政機關，廣義的政府則包括立法、行政和司法機關。無論是狹義還是廣義的政府，均不包括政黨組織。但在當代中國政治生態中，執政黨實質上行使國家的權力，扮演著最為重要的「政府角色」。這為政府的定義增加了新的困難。本書借用中央國家和地方國家的概念，或許能解決政府定義面臨的現實難題。尤其是在討論農民與國家的關係時，將國家進行分層，即區分為中央層面的中央國家與地方層面的地方國家。

158 陳振明主編：《政治學——概念、理論和方法》，中國社會科學出版社一九九九年版，第九十一頁。

159 〔德〕恩斯特・凱西爾：《國家的神話》，范進、楊君游譯，華夏出版社一九九九年版，第一六六頁。

160 Quentin Skinner, The Foundation of Modern Political Thought.Vol. II, Cambridge: Cambridge Universty Press, 1978.轉引自吳惕安、俞可平主編：《當代西方國家理論評析》，陝西人民出版社一九九四年版，第七十一頁。

國家構建（State-Building）實質上指的是現代國家構建。西方學界對國家構建或民族構建做了大量的研究。[161]現代國家的構建就是國家的現代化，是現代性在國家這種制度體系上的集中體現。[162]曾提出「歷史終結」的美國學者福山，[163]面對發展中國家軟弱無能的國家治理能力，深感國家構建之重要，為此他專門撰著《國家構建》一書。在該書中，福山提出國家構建就是「在強化現有的國家制度的同時新建一批國家政府制度」。在福山看來，軟弱無能的國家或失敗國家已成為當今世界許多嚴重問題的根源。推進現代國家構建成為當今國際社會最重要的命題。福山認為，如何改善弱國家的治理能力，增進弱國家的民主合法性並強化其可自我維持的制度，成為當代國際政治的「第一要務」。福山指出，國家構建的藝術將成為國家力量的關鍵要素，其重要程度絕不遜於動用傳統的軍事力量來維持世界秩序的能力。[164]本書以農民公民權的演進來觀察中國的現代國家構建。

161 楊雪冬：《市場發育、社會生長和公共權力構建——以縣為微觀分析單位》，河南人民出版社二〇〇二年版，第十六——二十四頁。

162 慕良澤：《現代國家構建：多維視角的述評》，載中國農村研究網http://www.ccrs. Org.cn/article_view asp?ID=5989，二〇〇六年十月二十三日。

163 〔美〕弗蘭西斯・福山：《歷史的終結》，本書翻譯組，遠方出版社一九九八年版。

164 〔美〕法蘭西斯・福山：《國家構建——21世紀的國家治理與世界秩序》，黃勝強、許銘原譯，中國社會科學出版社二〇〇七年版，第一、九十六、一一六頁。

第二章　土地改革、階級劃分與農村政治分層

我把考察農民公民權演進邏輯的起點放在一九四九年新政權的建立，這是考慮到新的共產黨政權乃是中國自一九一一年帝國王朝崩潰以來所建立的具有統一中央權威的政權，同時，這個政權又是農民革命勝利的產物。換言之，一個具有高度中央權威的政權，一個農民革命勝利後建立的新政權，又是如何解決農民問題的。尤其是，在新的政權體系中，農民的公民權是如何演變和生成的。農民公民權的演變和生成邏輯，對於理解中國現代國家構建具有何種理論和實踐意義。

在新的國家中，國家政權的合法性不是基於民眾契約性的和平授權，而是源於革命的合法性，即基於黨的武裝鬥爭和暴力革命的勝利，「槍桿子裏面出政權」。本章將要討論的重點是，農民通過新政權主導的農村階級成分的劃分，實現了身分的階級化，從而使不同的階級身分取代了相同的公民身分。國家通過政治分層，在農村構建了以「敵人」和「人民」為對立兩極的階級陣營，從而構建了農民內部的不平等結構。

一、革命政權的建立：嵌入性政治與強制性變遷

現代工業社會與傳統農業社會的一個重大區別，在於為工業社會提供系統性論證和合法性解釋的各種觀念系統（意識形態）產生了。各種千差萬別甚至相互衝突的觀念系統（意識形態），猶如人類為自己設計和開發的各種品牌和版本的「電腦軟體」。每個人和每個國家的頭腦吸收和安裝什麼品牌和版本的「觀念（意識形態）軟體」，在很大程度上就將意味著其可能有什麼樣的思維方式和行為模式。在現代世界中，幾乎沒有一個人和一個國家能夠逃避現代觀念系統（意識形態）的滲透和影響。雖然觀念之於人腦並不完全如軟體之於電腦那般呈現出簡單的機械對應關係，但一種具有傳染性的觀念系統對一個人甚至一個民族和國家的頭腦與行為所產生的巨大影響不可估量。特別是在人類歷史上「最血腥」的二十世紀，無數人「在因觀念而爆發的大量革命中喪生」。[1]傳統中國在被迫打開國門與西方接觸之後，以「主義」命名的各種源自西方工業社會的觀念系統（意識形態）紛紛進入中國。中國這個傳統農業社會，由此遭受了各種在西方工業社會中產生和發展起來的觀念系統（意識形態）的浸染。

在各種觀念系統（意識形態）中，「社會主義」就是其中最具影響力的觀念和意識形態品牌之一。從歷史上看，社會主義思想源遠流長。從英國人湯瑪斯・莫爾一五一六年出版《烏托邦》算起，社會主義思想已有近五百年的歷史。在湯瑪斯・莫爾看來，人類要獲得幸福，就必須廢除私有制：「我深信，如不徹底廢除私有

1 〔美〕唐納德・坦嫩鮑姆、大衛・舒爾茨：《觀念的發明者——西方政治哲學導論》，葉穎譯，北京大學出版社二〇〇八年版，第三七二頁。

制，產品不可能公平分配，人類不可能獲得幸福。私有制存在一天，人類中絕大的一部分也是最優秀的一部分將始終背上沉重而甩不掉的貧困災難擔子。」[2]消滅私有制、實行公有制就成為形形色色社會主義和共產主義思潮與運動的核心訴求。一八四八年二月，德國人馬克思、恩格斯在《共產黨宣言》中提出：「共產黨人可以用一句話把自己的理論概括起來：消滅私有制。」[3]《共產黨宣言》的發表，被認為標誌著馬克思主義的社會主義學說的誕生和世界社會主義運動的開端。[4]馬克思主義由此成為資本主義最激烈最徹底最革命的批判者。

從十九世紀末到二十世紀初，信奉馬克思主義的世界社會主義運動發生歷史分野，形成了以俄國激進左派列寧為代表的布爾什維克主義和以德國改良派伯恩施坦為代表的社會民主主義兩大思潮和運動。[5]事實上，他們各自「開發」和「升級」了馬克思主義社會主義這個著名品牌，成為馬克思主義社會主義的兩種新「版本」。布爾什維克主義極力推崇暴力革命和無產階級專政，社會民主主義則虔誠主張和平改良與議會民主道路。[6]他們都聲稱自己秉承了馬克思主義的正統地位，並指責對方是對馬克思主義的「盜版」和「背叛」。

一九一七年十一月七日，布爾什維克黨在俄國奪得政權，從此，俄國從歷史上的「君主專制讓位於管束更嚴的共產主義專政」。[7]作為最堅決的「馬克思主義左派」，列寧決心與社會民主黨決裂，單獨成立共產黨。一九一八年三月，根據列寧的建議，俄國社會民主工黨正式改名為俄國共產黨（布）。一九一九年三月在莫斯科成立的共產國際，規定各國工人階級左派政黨只能以共產國際支部的名義加入國際，並要求加入共產國際的

2 〔英〕湯瑪斯・莫爾：《烏托邦》，戴鎦齡譯，商務印書館一九八二年版，第四十四頁。
3 《馬克思恩格斯選集》第一卷，人民出版社一九七二年版，第二六五頁。
4 黃宗良、孔寒冰主編：《世界社會主義史論》，北京大學出版社二〇〇四年版，第七十三、八頁。
5 張光明：《布爾什維克主義與社會民主主義的歷史分野》，中央編譯出版社一九九九年版。
6 參見黃宗良、林勳健主編：《共產黨和社會黨百年關係史》，北京大學出版社二〇〇二年版。
7 〔美〕理查・尼克森：《一九九九：不戰而勝》，楊魯軍等譯，上海三聯書店一九八九年版，第十四頁。

黨必須改名為共產黨，實行民主集中制。作為世界共產黨統一組織和指揮中心的共產國際，以此領導和指揮世界各國的共產主義運動。在共產國際文件中，社會民主主義被貶斥為「右傾機會主義」、「修正主義」，社會民主黨則被譏諷為「資產階級的走狗」。俄國十月革命後，布爾什維克「版本」的暴力革命道路及蘇俄體制模式，從俄國傳向世界各地。

在一個長期閉關鎖國而又嚴格禁錮人們頭腦的東方古國，中國在被迫打開國門與西方世界接觸之後，其社會科學知識的貧乏、學術自由環境的闕如，以及其悠久的農業社會國情，使整個民族在西方工業社會中湧現出來的形形色色現代意識形態和社會政治思潮如自由主義、民主主義、平等主義、保守主義、社會主義、共產主義、社會民主主義、國家社會主義、馬克思主義、列寧主義、無政府主義、國家主義、民族主義、民粹主義等面前眼花繚亂，明顯缺乏冷靜辨別、理性批判與包容兼收的能力。面對各種宏大敘事的意識形態和社會思潮，中國的先進分子極容易在「全盤西化」和「全面排斥」之間搖擺，對其中任何一種意識形態，也容易陷入「盲目崇拜」與「盲目拒絕」兩極思維泥淖之中。

俄國十月革命給追求民族獨立和現代化的中國先進分子帶來了巨大的激勵。「十月革命一聲炮響，給我們送來了馬克思列寧主義。」在毛澤東等人看來，從俄國輸入的「馬列主義」，使中國人終於找到了唯一一個「放之四海而皆準的普遍真理」。[8]正是在俄國十月革命和共產國際的影響下，中國出現了共產黨組織，興起了共產主義運動。一九二一年，在共產國際幫助下，中國的共產主義者在上海秘密召開共產黨第一次全國代表大會。源自俄國的馬列主義意識形態被中國共產黨確立為指導思想。在執掌全國政權前夕，毛澤東高度濃縮了黨的鬥爭經驗和新政權的前進路向：「走俄國人的路——這就是結論。」[9]隨著共產黨成為中國大陸的執政黨，以

---

8 毛澤東：《論人民民主專政》（一九四九年六月三十日），載《毛澤東選集》第四卷，人民出版社一九九一年版，第一四七〇——一四七一頁。

9 同上，第一四七一頁。

社會主義和共產主義為理想目標的馬列主義意識形態，將深刻地影響和改變幾乎所有中國人的思維模式、行為結構和前途命運。

（一）共產黨革命的勝利

一九四九年，中國歷史進入一個新的大變局時期。四月二十三日，共產黨領導的武裝力量佔領中華民國首都南京，宣告國民黨的一黨獨裁統治在中國大陸的垮臺，國民黨敗退臺灣。九月二十一日，中國人民政治協商會議在北平（北京）開幕，中共中央主席毛澤東被推舉為中華人民共和國中央人民政府主席。九月二十九日，政治協商會議通過起臨時憲法作用的《中國人民政治協商會議共同綱領》。十月一日，中華人民共和國舉行開國大典。經過二十八年武裝鬥爭的中國共產黨，終於在與中國國民黨的零和政治博弈中取得了壓倒性的勝利。一個以馬列主義為官方意識形態的共產黨政權在中國建立起來。從此，中國形成了共產黨控制大陸、國民黨控制臺灣的對峙局面。

起臨時憲法作用的《共同綱領》對新的國家性質作了如下規定：

> 第一條　中華人民共和國為新民主主義即人民民主主義的國家，實行工人階級領導的、以工農聯盟為基礎的、團結各民主階級和國內各民族的人民民主專政，反對帝國主義、封建主義和官僚資本主義，為中國的獨立、民主、和平、統一和富強而奮鬥。
>
> 第十二條　中華人民共和國的國家政權屬於人民。[10]

10 《中國人民政治協商會議共同綱領》（一九四九年九月二十九日中國人民政治協商會議第一屆全體會議通過），載董雲

二十世紀，人類慘遭兩次世界大戰對人權和基本自由的蹂躪。為了重申基本人權、人格尊嚴和價值，《聯合國憲章》於一九四五年六月二十六日訂於美國三藩市。在中國共產黨奪取政權前夕的一九四八年十二月十日，聯合國大會通過了人類歷史上第一個旨在保障人權的重要文件——《世界人權宣言》，《宣言》明確宣示了各國政府應當保護人權的責任以及各項具體人權內容清單。

近代政治革命以來，世界上任何一個新的國家政權的建立，首先都要公佈一個憲法性文件，以分配和規範國家權力，確立和保障公民權利。共產黨並不否認權利，所不同的只是它公開宣佈只把權利給「人民」而絕不給「反動派」。毛澤東指出：

> 這些階級在工人階級和共產黨的領導下，團結起來，組成自己的國家，選舉自己的政府，向著帝國主義的走狗即地主階級和官僚資產階級以及代表這些階級的國民黨反動派及其幫兇們實行專政，實行獨裁，壓迫這些人，只許他們規規矩矩，不許他們亂說亂動。如果要亂說亂動，立即取締，予以制裁。對於人民內部，則實行民主制度，人民有言論集會結社等項的自由。選舉權只給人民，不給反動派。這兩方面，對人民內部的民主方面和對反動派的專政方面，互相結合起來，就是人民民主專政。[11]

「二戰」後，在美蘇兩極對峙的「冷戰」中，中國實行向蘇聯「一邊倒」的基本國策，加入以蘇聯為首的「社會主義陣營」，與以美國為首的「資本主義世界」進行對峙。毛澤東指出：「欲達勝利和鞏固勝利，必須一邊倒。積四十年和二十八年的經驗，中國人民不是倒向帝國主義一邊，就是倒向社會主義一邊，絕無例外。

虎、劉武萍主編：《世界人權約法總覽》，四川人民出版社一九九〇年版，第八一一、八一二頁。

11 毛澤東：〈論人民民主專政〉（一九四九年六月三十日），載《毛澤東選集》第四卷，人民出版社一九九一年版，第一四七五頁。

騎牆是不行的，第三條道路是沒有的。」[12]在新政權看來，自由、民主、平等、人權、法治、博愛等價值都屬於帝國主義和資產階級的「口號」與「專利」，與無產階級「消滅剝削」、「解放全人類」的偉大革命理想格格不入。執政者因而不屑於《世界人權宣言》對每個人作為人而應當享有的基本權利和自由的規定——只有當這個歷經磨難的偉大民族飽受一個又一個人權災難之苦半個世紀之後，新的執政者才能夠逐漸理解和接受《世界人權宣言》的真正價值。新政權的創立者當時按照馬列主義的革命理論，在《共同綱領》中規定了「人民的權利」：

第四條　中華人民共和國人民依法有選擇權和被選舉權。

第五條　中華人民共和國人民依法有思想、言論、出版、集會、結社、通訊、人身、居住、遷徙、宗教信仰及示威遊行的自由權。[13]

在《共同綱領》中，享有「權利」的主體是「人民」。「人民」是什麼呢？毛澤東的權威解釋是：「在中國，在現階段，是工人階級，農民階級，城市小資產階級和民族資產階級。」[14]一九四九年九月二十二日，周恩來在中國人民政治協商會議第一屆全體會議上，專門就「人民」與「國民」的概念作了解釋：「有一個定義需要說明，就是『人民』與『國民』是有分別的。『人民』是指工人階級、農民階級、小資產階級、民族資產階級，以及反動階級覺悟過來的某些愛國民主分子。而對官僚資產階級

12　同上，第一四七三頁。

13　《中國人民政治協商會議共同綱領》（一九四九年九月二十九日中國人民政治協商會議第一屆全體會議通過），載董雲虎、劉武萍主編：《世界人權約法總覽》，四川人民出版社一九九〇年版，第八一二頁。

14　毛澤東：〈論人民民主專政〉（一九四九年六月三十日），載《毛澤東選集》第四卷，人民出版社一九九一年版，第一四七五頁。

在其財產被沒收和地主階級在其土地被分配以後，消極的是要嚴厲鎮壓他們中間的反動活動，積極的是更多地強迫他們勞動，使他們改造成為新人。在改變以前，他們不屬於人民範圍，但仍然是中國的一個國民，暫時不給他們享受人民的權利，卻需要使他們遵守國民的義務。這就是人民民主專政。」[15]

理解「人民」這一概念，有兩個重要的維度，其一，人民是一個集合概念而非個體概念，其二，人民是一個政治概念而非法律概念。

被各國共產黨奉為無產階級革命導師的德國著名學者馬克思，曾說過一句名言：「沒有無義務的權利，也沒有無權利的義務。」[16]另一位革命導師恩格斯也曾譴責那種「將幾乎一切權利賦予一個階級，另一方面卻幾乎把一切義務推給另一個階級」的社會的非正義性。[17]但新政權建政伊始，卻對地主階級等階級敵人進行「無權利的義務」——沒有權利只盡義務——的制度安排。

隨著共產黨軍事的勝利，革命政權開始在全國自上而下地層層建立起來。正是在這個宏觀背景下，新型的革命政權嵌入到湘西的鄉村社會之中。正如斯塔夫里阿諾斯指出的那樣：「一九四九年以後的幾年中，共產黨人以前所未有的速度改變了中國。他們強行推行一種統一的、全能的結構，並將它擴大到每個城市、每個村莊和每個家庭，以取代過去那種權力分散的鬆馳的政治狀態。在這一結構頂端的共產黨人能深入到每個公民中去，安排他們從事新的工作，迫使他們以新的方式生活和思維。」[18]

---

15 周恩來：〈人民政協共同綱領的特點〉（一九四九年九月二十二日），載《周恩來選集》上卷，人民出版社一九八〇年版，第三六八—三六九頁。

16 《馬克思恩格斯全集》第十六卷，人民出版社一九六四年版，第十六頁。

17 《馬克思恩格斯全集》第二十一卷，人民出版社一九六五年版，第二〇二頁。

18 〔美〕斯塔夫里阿諾斯：《全球通史——一五〇〇年以後的世界》，吳象嬰、梁赤民譯，上海社會科學院出版社一九九九年版，第八〇三頁。

一九四九年八月四日，面對共產黨強大的軍事攻勢和統戰壓力，時任湖南省政府主席的程潛通電「起義」，湖南被宣佈「和平解放」。九月十八日，共產黨領導的中國人民解放軍三八軍一一二師解放湖南省沅陵縣，九月十九日中國人民解放軍三八軍一一三師解放湖南省漵浦縣，十月一日解放湖南省懷化。十一月一日，根據中共湖南省委和省臨時政府的指示，在沅陵設立中共湘西區委。一九五〇年一月八日成立湘西行署。

（二）南下幹部

隸屬於湘西行署的漵浦縣屬於新解放區，解放後需要大批新的幹部接管國民黨敗逃後的舊政權，以建立符合共產黨意志的革命秩序。這一重任落在了南下幹部的肩上。

中國共產黨在奪取全國政權之前，已在局部地區建立革命根據地，並按照蘇俄模式在根據地建立蘇維埃地方政權，積累了開展革命鬥爭和管理蘇維埃政權的豐富經驗。在奪取全國政權前夕，黨根據革命勝利形勢的發展，開始有計劃地培訓幹部，以適應接管新解放區革命工作的需要。中共漵浦縣地下黨負責人、曾任漵浦縣第二任縣長的諶鴻章（一九四九年十二月至一九五二年九月在任）回憶：

> 一九四九年七月下旬，我秘密到長沙向中共湖南省委工委彙報情況時，就聽了省委傳達黨中央、毛主席對新解放區的工作安排。其內容有：在老解放區抽調一批地方幹部和軍隊幹部，招收一批青年學生，經過短期培訓，一同隨軍南下，接管新解放區。這些南下幹部，都是預先按照解放區的一個省、一個地區（或市）、一個縣甚至一個區的人事編制安排領導班子的。解放軍新解放一個省或一個地區、一個縣，這套原定的領導班子，就立即進入接管，建立政權。對於我們當地的地下黨員，省委也作了指示：解放後，要很

好地服從黨組織的安排，積極配合南下同志，搞好接管、建政等工作。[19]

一九四九年九月，解放漵浦的人民解放軍過境後，即由漵浦地下黨和革命人士如諶鴻章、王楚偉、武德章、張子平、張則生、楊傑卿等人臨時接管了漵浦縣政府，組織漵浦縣臨時治安維持委員會，開展徵集糧草、支援解放大西南等工作，並等待上級派來的南下工作團來漵浦主政。諶鴻章回憶當時迎接南下工作團來漵浦的情形：

（一九四九年）十月中旬的一天，我突然接到陳策同志自辰溪湘西縱隊司令部來信，告以「省委派往你縣的南下工作團一行三十八人，已達到辰溪（引者按：當時沅陵地委機關暫駐辰溪），請速派員前來迎接。」

……到達辰溪後，在地委接待處，我們與南下工作團的領導——漵浦縣委書記任之同志見面了。任之同志是華北人，在老解放區和敵戰區工作多年，有豐富的領導藝術和工作經驗，舉止嚴肅，態度和藹，是一位黨性和原則性很強的同志。

……第二天，我因要向地委和軍區彙報工作，奉命留下，迎接任務只好交由王楚偉同志擔任。王楚偉同志當天上午陪同任之率南下工作團全體成員，分水、陸兩路向漵浦進發。為了保障南下同志的安全，駐防漵浦的湘西縱隊第一大隊長王悠然，親率數名武裝人員，乘一輛木炭卡車到小江口迎接。當晚，南下同志都安全地到達了漵浦。

幾天之後，中共漵浦縣委和漵浦縣人民政府在任之同志的主持下，宣告成立（引者按：中共漵浦縣地方組織始建於一九二五年，一九四九年十月二十六日成立中共漵浦縣工作委員會，一九五〇年二月改為中

19 諶鴻章〈四十二年前的回憶與感想〉，載漵浦縣政協文史資料研究委員會編《漵浦文史》第四輯《南下紀實》，一九九一年十二月，第一頁。

共漵浦縣委員會。漵浦縣人民政府成立於一九四九年十月二十七日）。[20]

以任之（籍貫河北遵化）為首的第一批南下工作團三十八人，成為漵浦解放後最早的地方執政者。這三十八人中，有二名湖南大學的地下黨員，三十六人來自華北平原，其中十四人來自冀東地區，多數是農民出身，在老解放區有多年的農村工作經驗。另二十二人（其中四名女生）都是華北大學（現中國人民大學）學習革命理論的青年學生。

當時十六歲的華北大學學生劉寶欽（一九三三—），與全校的學生一樣，積極回應「黨中央的號召」，報名南下。在南下幹部進入漵浦四十二周年之際，劉寶欽回憶起當年從華大南下時的情形時，仍感歷歷在目：

（一九四九年）七月三十一日下午，在北平中山公園音樂堂，舉行盛大的南下同學誓師大會。一千多名華大同學身穿灰色制服，頭戴灰色六角帽，腳穿納幫布鞋，分別從鐵猴子胡同、棉花胡同和校本部等住地出發彙聚到這裏。同學們聽取了吳玉章校長的重要講話，副校長范文瀾、成仿吾也參加了大會；西北文工團還為我們演出了大型歌劇《血淚仇》。同學們心情激奮，高喊著革命口號：

「堅決響應黨中央號召，到江南去！」「打倒蔣介石，解放全中國！」……我們當時的內心世界很簡單，江南勞苦大眾在等待我們；革命嘛，不是去享樂，當然也不是去受苦，是我們應當為之奮鬥並堅持到底的事業。

---

20 諶鴻章〈四十二年前的回憶與感想〉，載漵浦縣政協文史資料研究委員會編《漵浦文史》第四輯《南下紀實》，一九九一年十二月，第二—三頁。

華大學生南下工作團八月五日離開北平（北京）南下。劉寶欽一行根據上級決定去湘西，於十月達到漵浦。

據來自這三十八名南下幹部之一的王秋波回憶，南下幹部進入漵浦後，先在縣城集訓，由地下黨同志介紹情況，討論明確工作任務，然後與漵浦農會幹部訓練班的同志會合編組。南下幹部多數分到各區，少數留在縣政府、公安局等要害部門。任之擔任解放後漵浦第一任縣委書記，並兼任第一任縣長及公安局長。

解放初，漵浦下轄六個區和一個城關鎮，擔任六區和一鎮工作組長和副組長的都是南下幹部。見表2-1：

表2-1 解放初南下幹部在漵浦區、城關鎮任職情況

區、鎮 （全縣六區一鎮）	南下幹部姓名	來源地
一區（龍潭）： 下轄金鄘、芙蓉、龍潭三鄉	工作組長：趙瑞成 副組長：余華卿	來自冀東 來自華大（華北大學）
二區（小橫壟）： 下轄永和、瑞和、祥和三鄉	工作組長：岳廷秀 副組長：于學良	來自冀東 來自華大
三區（花橋）： 下轄花橋、中正、均坪三鄉	工作組長：魯國森 副組長：王鳳興	來自華大 來自華大
四區（低莊）： 下轄朱灣、低莊、明牌三鄉	工作組長：王秋波 副組長：王啓元	來自華大 來自華北革大
五區（橋江）： 下轄南通、北達二鄉	工作組長：趙大為 副組長：劉志民	來自華大 來自華大
六區（大江口）： 下轄江口、思蒙、仲夏三鄉	工作組長：韓志剛 副組長：王榮寬	來自華大 來自冀東
城關鎮	工作組長：東羽 副組長：余華卿	來自華大 來自華大

說明：華北大學的前身是抗日軍政大學，後改為中國人民大學，時校長為吳玉章，副校長為成仿吾、范文瀾。資料來源：根據王秋波《風風雨雨四十年——回憶南下漵浦的青年知識份子幹部經歷片斷》及岳廷秀《我的片斷回憶》製作。王文載漵浦縣政協文史資料研究委員會編《漵浦文史》第四輯《南下紀實》，一九九一年十二月，第二十五—二十六頁。岳文載漵浦縣政協文史資料研究委員會編《漵浦文史》第四輯《南下紀實》，一九九一年十二月，第一四四頁。

來自華大的青年學生一般都只有二十歲左右。由上表可知，青年知識份子幹部一開始就被推到農村工作的第一線，直接面對農民。各區工作組（後成立區人民政府），按照上級組織的統一部署，開展徵糧徵草、擠剿匪、清算反霸、鎮壓反革命、實行土改等一系列運動。

長期的戰爭蹂躪，猖獗的土匪劫掠，已使溆浦民眾苦不堪言。一九五〇年六月，出生於農民家庭的陳雲（一九〇五—一九九五）在中共七屆三中全會上發言，認為開國的時候要對老百姓「好一點」，稱這是「老規矩」：

> 中國經過了十二年的戰爭，人民很苦，這是第一。第二，照老規矩，開國的時候，對老百姓總應該好一點。（笑聲）我們現在是開特別的國，這一個國不同於大清帝國，也不同於北洋軍閥、蔣介石那個國，對人民當然更應該好一些。[21]

在中國歷史上，自西漢王朝（西元前二〇六—二〇八）創立開始，一個新政權建立之初，為了安撫百姓，鞏固統治，踐行「仁政」，往往推行「輕徭薄賦、與民休息」的政策，以改善民生。但正如陳雲所指出的那樣，共產黨政權不同於歷史上任何一個新的政權，這個政權遠遠不滿足於做一個歷朝歷代都扮演過的「徵稅者」的角色——徵稅顯然對這個新政權來說是不言自明的。[22]它還要按照馬列主義的革命理想路線圖，最堅決最

21 陳雲〈調整公私關係和整頓稅收〉（一九五〇年六月六日），載《陳雲文選》第二卷，北京：人民出版社一九九五年版，第九十五—九十六頁。

22 周其仁〈中國農村改革：國家與土地所有權關係的變化——一個經濟制度變遷史的回顧〉，載《中國社會科學季刊》（香港）一九九四年夏季卷（總第八期），轉引自周其仁著《產權與制度變遷：中國改革的經驗研究》（增訂本），北京：北京大學出版社二〇〇四年版，第八頁。

徹底地與舊世界決裂，然後雄心勃勃地去建設一個全新的共產主義的人間天堂。換言之，一個懷抱遠大革命理想而將政治權力「用於建構和維持徹底意識形態化世界」的全能主義積極國家出現了。[23]這一點將在以後的章節中進一步討論。

從一九四九年到一九五六年，先後來溆浦工作的南下幹部共一七六人（不包括武裝幹部）。[24]這些南下幹部是溆浦革命政權建立初期的政治精英和主導力量。

（三）建政徵糧

黨派南下幹部控制和創建縣政權的同時，迅速安排南下幹部控制縣以下的區、鄉鎮和村級政權。當時溆浦縣以下設有六區一鎮，南下幹部成為這六區一鎮的主要負責人。區以下的舊職人員暫時被不熟悉當地情況的南下幹部利用為其工作。在華北大學南下溆浦的四名女生中，十九歲的東羽（原名陳鳳翹，一九三〇—）被安排到城關鎮（現為盧鋒鎮）任組長，不久城關鎮政府成立後任鎮長。「服從組織，不講價錢」是東羽這些人腦子裏共有的組織觀念。「徵糧　支前」是東羽到城關鎮後開展的首要工作。「徵糧　支前」，就是以新的政權徵收公糧，支援第二、四野戰軍「解放大西南」。

歷史上任何一個政權都離不開民眾的繳糧納稅。對新政權來說，徵收公糧也就成為其第一要務——儘管它並不局限於此。一九五〇年二月，政務院發佈《關於新解放區土地改革及徵收公糧的指示》，要求應按照各戶

23 〔加拿大〕菲力浦•漢森著《歷史、政治與公民權：阿倫特傳》，劉佳林譯，南京：江蘇人民出版社二〇〇四年版，第一九五頁。

24 黎明、劉華山、劉寶欽調查整理《溆浦縣南下幹部概況》，載溆浦縣政協文史資料研究委員會編《溆浦文史》第四輯《南下紀實》，一九九一年十二月，第一八一——一八五頁。

實際收入規定其公糧徵收額，最高者不得超過其農業總收入的百分之六十，特殊情形者不得超過百分八十，公糧徵收面（負擔人口）一般不少於農村人口的百分之九十。[25]

為了勝利完成上級佈置的公糧徵收任務，東羽所在的城關鎮「展開了聲勢浩大的宣傳活動，講形勢，講政策，召開各階層代表會議，發動各行各業的勞動群眾，認清形勢，解除顧慮，協助我們開展徵糧　支前工作。」東羽回憶說：

> 記得徵糧快近尾聲時，一個老太婆拄著拐杖，來到城關鎮說要找東組長，我告訴她說「我就是」。她滿臉難色地懇求說：「我家裏有幾畝田，但沒有勞動力，租給農民種，租穀又收不上來，分配的公糧任務，我確實有困難。」接著她又說：「我家的九妹向警予也是共產黨（員），是烈士，在武漢被害時才三十二歲……」[26]

東羽發現這位可憐的老太婆是革命烈士向警予（一八九五—一九二八）的嫂子後，「根據她的實際情況，我們將她的徵糧任務作了合理減免。」向警予是從溆浦走出去的女革命家，一九二二年在中共「二大」上當選為中央執行委員、中央第一任婦女部長，也是中共第一個女中央委員，一九二八年五月一日在漢口「就義」。在當時，只有革命軍人和革命烈士的親屬才可能向黨的幹部和人民政府訴說自己的困難和冤屈。一切反動派和壞分子則被剝奪了表達、申辯等話語權。

25 參見〈政務院關於新解放區土地改革及徵收公糧的指示〉（一九五〇年二月二十八日發佈），載《中央人民政府法令彙編》，北京：法律出版社一九八二年版，第七十三—七十七頁。

26 東羽〈從北京到溆浦〉，載溆浦縣政協文史資料研究委員會編《溆浦文史》第四輯《南下紀實》，一九九一年十二月，第一五一—一五二頁。

在縣以下，國民政府時期設有鄉和保、甲組織。如解放初五區橋江下轄南通、北達兩個鄉、二十六個保、三八二個甲。一九五〇年三月，將二十六個保改為二十六個農民協會，成立漵浦第五區人民政府。南下幹部以及經過縣農民協會培訓班培訓的積極分子，組成接管區鄉政權的主力。以南下幹部領導的工作組進入區後，開展大規模的形勢宣傳，利用舊職人員實現鄉政權接管及徵收公糧任務。

一九四九年十月二十五日，工作組進入四區低莊。朱灣、低莊、明牌以及花橋四鄉，以低莊為中心設立辦事處，開展接管舊政權工作。中心任務是：開展宣傳，安定人心，接管舊政權，利用舊鄉長、保長、甲長完成徵收公糧任務，發動群眾剿匪。關於接管舊鄉政權情況，當時親自主持四區接管工作的南下幹部席清堂回憶：

一、一九五〇年三月，接收偽鄉公所，首先收繳了槍支彈藥。……過去武裝由鄉隊副主管，因此責令鄉隊副十天之內全部交出武器彈藥。有槍不交、繼續為非作歹的，人民政府將從嚴懲處。後來又交出了一百多支步槍。

二、移交文書檔案，指明舊職人員的出路。文書檔案主要是各個保的田賦糧冊、抓壯丁名冊、匪情檔案、鄉保、甲長名冊等，全部移交給辦事處。同時召開保長會議，說明他們過去是為國民黨效勞的，派糧、派款、抓壯丁等，從中貪污敲詐人民的血汗，罪惡嚴重。今後必須老實守法，凡私人有槍支彈藥的限十天內全部交出，並要協助區政府徵收公糧。這是一次改過自新、將功補過的機會。

三、接收國民黨區黨部檔案。朱灣、低莊、明牌、花橋的國民黨組織是以低莊為區黨部的。書記是武××，他只交了一份國民黨員花名冊和印章，無個人出身履歷表。……後來，經過反省和幫助，他才徹底做了交待。[27]

---

27 席清堂〈接收偽鄉政權　利用舊職人員〉，載漵浦縣政協文史資料研究委員會編《漵浦文史》第四輯《南下紀實》，一九

當時四個鄉的公糧任務為三百萬斤。工作組幹部人生地不熟，就利用當地的一些積極分子開展工作：

> 牌子田農會幹部劉生庭，家庭出身貧農，當過壯丁和鄉丁；解放前搞過女人，參加過幫會組織，但對地主和國民黨仇恨深，工作積極肯幹。我們召集他們在區裏開了會，研究如何把徵糧任務分到保。當時的政策是：地主多徵，富農適當徵，富裕中農少徵，少田無田的農戶一律不徵。因為他們瞭解各保情況，任務很快分到各保。接著又召開保長會議，首先宣佈各保徵數，然後討論。
>
> 除個別調整外，基本上都直接分到了戶。再後由工作幹部召開群眾大會，宣佈各戶的任務，發動群眾送繳公糧。工作幹部和保長、甲長主要是催地主送交公糧。全區到（一九五〇年）三月底，完成了三百萬斤公糧任務。[28]

繳納公糧等工作任務的方式，均為自上而下層層分攤，一級壓一級，最後分攤到農戶頭上。這是共產黨政權開展和部署工作的主要方法。農民不能參與決策的討論，也不能過問公糧的用途和去向，更不能拒不完成上級安排下來的各項任務。這種佈置工作任務的自上而下方式，與完成工作任務的自下而上方式，構成了當代中國鄉村社會政治運作的基本模式並持續至今。

在徵糧工作中，幹部的強迫命令作風已經盛行，逼死打死農民的惡性事件已有發生。一九五一年十一月十日，黨中央的機關報《人民日報》就報導了湖南漵浦縣在徵收公糧中發生的兩起農民被逼自殺的事件。漵浦縣六區農會幹部瞿明德經手把農會小組長的田畝數改少後，被區幹部陶德超罰跪四個鐘頭，並打了一記耳光。瞿

九一年十二月，第一六〇頁。

28 席清堂〈接收偽鄉政權　利用舊職人員〉，載漵浦縣政協文史資料研究委員會編《漵浦文史》第四輯《南下紀實》，一九九一年十二月，第一六〇頁。

明德於九月二九日上吊自殺；二區農民舒達岳，告發評議委員楊某有黑田，楊說舒達岳是挾嫌誣告。區幹部賀凱聽信楊的話，把舒達岳扣押一晚，舒達岳於十月十一日自殺。[29]農村基層幹部在徵收公糧和稅費中逼死打死農民的現象，即使在五十年後的二十一世紀初仍未杜絕。

新的國家權力向鄉村社會全面滲透，是以黨控制下的農會及黨組織向農村的擴張為先鋒的。一九五〇年初，溆浦縣廢除國民黨時期的鄉鎮設置和保甲制度，全縣設八區一鎮黨委會及區、鎮人民政府，在廢除保甲制度的基礎上建立了二二二個農民協會和六個居委會。一九五三年，設立十五個區黨委會（含城關區，同年改為城關鎮）。一九五六年撤區並鄉，全縣四十四個鄉、二個鎮均設立黨總支委員會，至一九五七年九月改為鄉、鎮黨委會。在農村最基層，從一九五二年開始有計劃地發展農村黨員，建立黨支部四十個，到一九五七年發展到三七五個。到一九七〇年代，每個大隊都建立了黨支部。共產黨的組織網路全面滲透覆蓋到整個鄉村社會，每個農民都處在黨組織無所不在的網路控制之下。

一九一七年俄國十月革命後，人類歷史上出現了一種繼君主制、貴族制、民主制之後新的政體形式——黨治制。[30]俄國人創造的這種新型的政體模式，對人類社會產生了深遠的影響。二十世紀初期的中國國民黨和共產黨，都從俄國那裏吸取以黨治國的政治思想資源。中國政體的一個最顯著的變化，是從傳統王朝政體向現代黨治政體的轉型。國民黨政權是中國歷史上出現的第一個黨治政權。一九二四年，國民黨仿照俄共體制建立了一套新的黨務組織系統，開創了中國以黨治國的歷史先河。一九二八年以後，國民黨一黨獨掌全國政權，其黨務組織系統與行政組織系統雙軌並進，中央黨部之下依次設立省黨部、縣黨部、區黨部和區分部，分別與省、

29　張浩然〈溆浦縣區幹部強迫命令　造成兩起逼死人命事件〉，載《人民日報》一九五一年十一月十日第二版。引自《人民日報》（一九四六—二〇〇六年）圖文電子版。

30　〔蘇〕阿・阿夫托爾漢諾夫著《蘇共野史》（原書名《黨治制的由來》）上、下卷，晨曦、李蔭寰、關益譯，武漢：湖北人民出版社一九八二年版。

縣、區、鄉等行政系統相對應，形成一種「雙重衙門體制」。[31]這是中國有史以來政治控制體制由單軌制向雙軌制的重大轉變。但限於當時的情勢，國民黨還只是一個心有餘而力不足的「弱勢獨裁政黨」。[32]

共產黨政權延續了國民黨開創的「黨政雙重衙門體制」。但與作為「弱勢獨裁政黨」的國民黨不同，共產黨的組織系統突破了國民黨組織系統只設置到鄉一級的體制，更深入地將黨組織設置到村一級，從而比國民黨更嚴密更強大更有效地深入到鄉村社會。

與此同時，習慣於一元化思維模式的中國，其官方意識形態也由傳統帝國時期的「罷黜百家、獨尊儒術」置換為獨尊「馬列之術」。與傳統中國「聖人」與「皇帝」二元分離模式不同，現代中國的意識形態權力與政治權力即道統與政統實現了空前的合二為一，最高政治領導人既是國家權力的擁有者，又是最高意識形態權力的擁有者。

不必與民眾進行合約性制度安排的革命政權，自上而下奉命設立。「個人加入社會不是自願的，政府的合法性也不取決於個人的同意或由個人組成的全體人民的同意。」[33]當權者在「自我合法性構建」中，認為並宣稱自己「是廣大人民群眾的利益代表，並且是公共利益的守護者。」[34]不管農民願意與否，高興與否，接受與否，歡迎與否，新政權憑藉其強大的政治軍事力量和意識形態力量，空前地深入和控制鄉村社會。每家每戶都切身感受到了空前強大的國家權力已經出現在家門口。從此以後，中國再也沒有人能夠找到可以躲避國家權力和意識形態權力雙重干預的「世外桃源」。

31 王奇生〈黨政關係：國民黨黨治在地方層級的運作（一九二七—一九三七）〉，載《中國社會科學》二〇〇一年第三期。
32 王奇生著《黨員、黨權與黨爭——一九二四—一九四九年中國國民黨的組織形態》，上海書店出版社二〇〇三年版。
33 〔美〕路易士・亨金著《當代中國的人權觀念：一種比較考察》，張志銘譯，載夏勇主編《公法》第一卷，北京：法律出版社一九九九年版，第九十一—九十二頁。
34 〔匈牙利〕雅諾什・科爾奈著《社會主義體制：共產主義政治經濟學》，張安譯，中央編譯出版社二〇〇七年版，第五十二頁。

二、劃成分：農民身分的階級化

不平等是人類社會最令人困惑的現象之一，它影響著一個社會的穩定、和諧與發展。社會不平等的實質，是社會資源如財富、收入、聲望、教育機會、職業地位等在社會成員中的不均等分配。[35]社會不平等困擾著一代又一代有志於建立平等而美好社會的人們的頭腦。兩個德國人的腦袋深刻地影響了這個星球上幾乎所有人的思維方式與行為取向。卡爾・馬克思的階級理論與馬克斯・韋伯的階層理論被認為是為社會分層結構提供了最基本的理論模型和分析框架。

（一）階級理論的輸入

階級理論是馬列主義政治學的基礎。[36]階級理論的核心是階級鬥爭。馬克思、恩格斯在《共產黨宣言》中寫道：「到目前為止的一切社會的歷史都是階級鬥爭的歷史。自由民和奴隸、貴族和平民、領主和農奴、行會師傅和幫工，一句話，壓迫者和被壓迫者，始終處於相互對立的地位，進行不斷的、有時隱蔽有時公開的鬥爭，而每一次鬥爭的結局都是整個社會受到革命改造或者鬥爭的各階級同歸於盡。」[37]俄國激進革命家列寧認為「馬

35 參見李路路、孫志祥〈關於社會不平等的研究〉，載李路路、孫志祥主編《透視不平等——國外社會階層理論》，北京：社會科學文獻出版社二〇〇二年版，第一頁。
36 王滬甯主編《政治的邏輯——馬克思主義政治學原理》，上海人民出版社二〇〇四年版，第六十四頁。
37 馬克思、恩格斯〈共產黨宣言〉（一八四八年二月），載《馬克思恩格斯選集》第一卷，人民出版社一九七二年版，第

克思主義給我們指出了一條指導性的線索，使我們能在這種看來迷離混沌的狀況中發現規律性，這條線索就是階級鬥爭的理論。」[38]在馬列主義政治學詞典中，「政治就是各階級之間的鬥爭」。[39]

傳統中國社會長期處於不平等狀態，具有盧梭（J. J. Rousseau，一七一二—一七七八）所指陳的人類社會的共同弊病：「一小撮有錢有勢的人達到了富貴的頂點，而群眾卻匍匐呻吟於黑暗和貧困之中。」[40]在常規狀況下，屈身於社會底層的農民，要時刻忍受權勢階層不受制約的掠奪。儒家倫理為這種不平等社會的延續輸送著強大的精神撫慰。但一旦強者掠奪弱者突破了生存底線，社會不平等突破了社會穩定的臨界點時，農民起義和改朝換代就要發生了。這是中國兩千多年王朝政治的運行邏輯。傳統中國不能有效地消除社會兩極分化狀態，它既不能有力抑制強者的掠奪慾望，又不能有效保障弱者的生存權利。這為馬列主義的傳播和擴張提供了最有利的社會土壤。

階級鬥爭的理論傳入中國後，社會弱者找到了反抗強者前所未有的思想理論武器。當這種武器被一個組織嚴密的群眾性政黨所掌握，且掌握這種理論武器的政黨充分動員底層群眾並激起底層群眾對強者和社會的深刻仇恨時，洶湧澎湃的革命浪潮就會如洪水猛獸一般勢不可擋。

階級鬥爭理論的輸入，對傳統中國文化所推崇的和諧理念產生了前所未有的衝擊。馬克思、恩格斯的階級理論原本是基於西方工業社會中勞資衝突的經驗研究，他們強調工業社會中的資產階級與無產階級兩大階級的對立，亦即企業雇主與勞工的衝突。在中國這樣工業化程度低下、農民人口占絕對多數的農業國家，企業雇主與勞工的衝突不足以涵括整個社會面臨的深刻危機。於是，集中精力在農村劃分階級和開展階級鬥爭，就成為

二五〇—二五一頁。

38 列寧〈卡爾・馬克思〉，載《列寧選集》第二卷下，北京：人民出版社一九七二年版，第五八七頁。

39 列寧〈在全俄省、縣國民教育廳政治教育委員會工作會議上的講話〉（一九二〇年十一月三日），載《列寧選集》第四卷下，人民出版社一九七二年版，第三七〇頁。

40 〔法〕盧梭著《論人類不平等的起源和基礎》，李常山譯，商務印書館一九六二年版，第一四四頁。

馬列主義信仰者的革命關切。莫里斯・邁斯納（Maurice Meisner）指出：「現代歷史上一件具有諷刺意義的大事是：為先進工業國家的城市工人階級而創立的馬克思主義學說，居然變成了『落後的』農民國家中反對資本主義的革命運動所依據的主要思想體系。」[41]

以劃分階級成分為開端的階級鬥爭理論進入鄉村社會後，中國農民實現了身分的階級化。國家在農民內部劃分了兩個生死對立的陣營。一個是革命的陣營，革命陣營裏的人被視為人民，是好人；另一個是反革命陣營，反革命陣營裏的人被視為反動派，是敵人、壞人。

國家主導下的農民身分的階級化，形成了一種服務於階級鬥爭需要的政治分層。清華大學社會學教授李強（一九五〇——）教授揭示，政治分層是一九四九年以後中國社會的一種特有現象，它根據人們的家庭出身、政治身分、政治立場、政治觀點，將人們分成高低不同的社會群體。[42]政治分層的後果是產生了嚴重的政治歧視和政治不平等。

（二）早期的階級劃分

在共產國際影響下創立的中國共產黨，一開始就運用馬列主義的階級理論分析中國農村的社會階級，對農民進行階級劃分。一九二一年四月，《共產黨》月刊第三號發表〈告中國的農民〉一文，較早運用馬列主義的觀點將中國農民分為「土財主、中等農民、下級農民和窮光蛋（最窮的農民）」四種。見表2-2。

---

41 〔美〕莫里斯・邁斯納著《馬克思主義、毛澤東主義與烏托邦主義》，張甯、陳銘康等譯，北京：中國人民大學出版社二〇〇五年版，第四十二頁。

42 李強〈政治分層與經濟分層〉，載《社會學研究》一九九七年第四期；李強〈回應：再談政治分層與經濟分層〉，載《社會學研究》一九九八年第一期。

表2-2　《告中國的農民》一文劃分的農村階級

類型	特徵
土財主	擁有多數土地，自己不耕種；或雇人耕種，自己坐著收租。
中等農民	自己所有的土地，自己耕種；以此土地產出可養活全家；此外還租人家的土地耕種。
下級農民	自己有一點土地，但僅靠自己土地的產出絕不能養活全家，不得不耕種人家的土地，分得一點以自贍。
窮光蛋（最窮的農民）	自己連插針的地方都沒有，專靠耕種人家的田謀生。

資料來源：〈告中國的農民〉，載《共產黨》月刊第三號，一九二一年四月出版。轉引自王全營、曾廣興、黃明鑒著《中國現代農民運動史》，鄭州：中原農民出版社一九八九年版，第四十九—五十一頁。

一九二二年中共「二大」宣言將農民劃分為（一）富足的地主；（二）獨立自耕的小農；（三）農業雇工。後兩種「貧苦農民」至少占百分之九十五。[43]

一九二三年七月，中共創始人、黨的第一任總書記陳獨秀（一八七九—一九四二）發表《中國農民問題》，將農村的地主與農民劃分為十個等級：（一）大地主，（二）中地主，（三）小地主，（四）自耕農民兼地主，（五）自耕農民兼雇主，（六）自耕農民，（七）自耕農兼佃農，（八）佃農兼雇主，（九）佃農，（十）雇工。[44]見表2-3。

毛澤東對農村階級的劃分影響深遠。這是因為擅於開展農民運動的毛澤東迅速崛起為黨和國家的最高領導人。在革命戰爭年代，毛澤東提出：「誰是我們的敵人？誰是我們的朋友？這個問題是革命的首要問題。」[45]在毛澤東看

43 《中共中央文件選集》（一九二一—一九二五），中共中央黨校出版一九八二年版，第七十六頁。

44 陳獨秀《中國農民問題》（一九二三年七月一日），載《陳獨秀文章選編》（中），生活・讀書・新知三聯書店一九八四年版，第三一二—三一八頁。

45 毛澤東〈中國社會各階級分析〉（一九二五年十二月一日），《毛澤東選集》第一卷，人民出版社一九九一年版，

表2-3　陳獨秀劃分的農村階級

類型	特徵
大地主	地過萬畝，少數是前清貴族，大多數是舊官僚或新軍閥。在全國每省不過十人左右。
中地主	地過千畝，半居鄉村半居城市，有的是在城市兼營小工商業者，有的是官僚後裔之無職者，專恃收取地租維持生活。其居鄉村者，或為紳董把持鄉村之政權，或為高利營業盤剝貧農。全國至少在兩三萬人以上。
小地主	地過百畝，大多數居住鄉村，其職業或在鄉鎮經營小商業，或在鄉村為紳董。其數至少十倍於中等地主。
自耕農民兼地主 自耕農民兼雇主	（一）自耕農民兼地主者，是一家族人少而地多，除自耕外尚有餘地租給別人耕種，一方面是自耕的農民，一方面又是收租的地主，此種農民為數不多。 （二）自耕農民兼雇主者，是一家族自耕自地而勞動力不足，雇傭別人幫忙，此種農民為數甚多。此二種農民不獨佔有土地權，無向地主繳納地租之義務，而且得利用資本主義的方式，掠奪他人剩餘勞動，屬中產階級。
自耕農民 自耕農兼佃農	（一）自耕農為數不少，其所種之地則甚少。 （二）自耕農兼佃農，因一家族人多而地少，除自地自耕外，不得不向地主租地耕種，此種農民為數不多。此兩種農民雖非半益農，得全收其勞動所得之利益，無掠奪他人勞動力之機會，屬小有產階級。
佃農兼雇主 佃農	（一）佃農兼雇主是向地主租地耕種而勞動力不足，雇傭別人幫忙者。 （二）佃農是租種地主土地並向地主繳租的農民。此等農民不能掠奪他人，反為地主所掠奪；雖不佔有地權或只佔有半地權，然仍佔有生產工具和部分收穫物，屬半無產階級。
雇工	雇工是各種農民出一定工資雇傭他們做工者，分成年工和童工兩類，和長工、短工兩種方式。此種農民既無地權，又沒有生產工具及勞動產品所有權，屬無產階級。

資料來源：陳獨秀〈中國農民問題〉，載《陳獨秀文章選編》（中），北京：生活・讀書・新知三聯書店一九八四年版，第三一二－三一八頁。

表2-4 毛澤東劃分的農村階級

類型	特徵標準
地主	（一）佔有土地，自己不勞動，或只有附帶的勞動，而靠剝削農民為生的，叫做地主。地主剝削的方式，主要是收地租，此外或兼放債、或兼雇工、或兼營工商業。 （二）破產地主不勞動的，依靠欺騙、掠奪或親友接濟等方法為生，其生活狀況超過普通中農者，仍然算是地主。 （三）軍閥、官僚、土豪、劣紳是地主階級的政治代表，是地主中特別兇者。富農中亦常有較小的土豪、劣紳。 （四）幫助地主收租管家，依靠地主剝削農民為主要的生活來源，其生活狀況超過普通中農的一些人，應和地主一律看待。 （五）依靠高利貸剝削為主要生活來源，其生活狀況超過普通中農的人，稱為高利貸者，應和地主一律看待。
富農	（一）富農一般佔有土地。但也有自己佔有一部分土地，另租入一部分土地，也有自己全無土地，全部土地都是租入的。富農一般佔有比較優裕的生產工具和活動資本，自己參加勞動，但經常地依靠剝削為其生活來源的一部或大部。 （二）富農的剝削方式，主要是剝削雇傭勞動（請長工）。此外，或兼以一部分土地出租剝削地租，或兼放債，或兼營工商業。富農多半還管公堂。 （三）有的佔有相當多的優良土地，除自己勞動外並不雇工而以地租債利剝削農民，此應以富農看待。 （四）富農的剝削是經常的，許多富農的剝削收入在其全部收入中並且是主要的。
中農	（一）中農許多都佔有土地。有些中農只佔有一部分土地另租入一部分土地。有的中農並無土地，全部土地都是租入的。 （二）中農自己都有相當的工具。中農的生活來源全靠自己勞動，或主要靠自己勞動。 （三）中農一般不剝削別人，許多中農還要受別人小部分地租債利等剝削。 （四）中農一般不出賣勞動力。 （五）另一部分中農（富裕中農）則對別人有輕微的剝削，但非經常的和主要的。
貧農	（一）貧農有些佔有一部分土地和不完全的工具；有些全無土地，只有一些不完全的工具。 （二）一般都須租入土地來耕，受人地租、債利和小部分雇傭勞動的剝削。 （三）中農一般不要出賣勞動力，貧農一般要出賣小部分勞動力，這是區別中農和貧農的主要標準。
工人（雇農）	（一）一般全無土地和工具，有些有極小部分的土地和工具。 （二）工人完全或主要以出賣勞動力為生。

資料來源：毛澤東《怎樣劃分農村階級》（一九三三年十月），載《毛澤東選集》第一卷，人民出版社一九九一年版，第一二七－一二九頁。

來，要分辨敵友，就不可不分析中國社會的各階級。於是毛澤東對地主階級、買辦階級、中產階級、小資產階級、半無產階級和無產階級進行了詳細地分析，最後劃出了敵、我、友的階級陣營。[46]一九三三年十月，毛澤東寫成〈怎樣劃分農村階級〉一文，根據這個標準，農村被劃為五種階級。見表2-4。

與陳獨秀等人對農村階級的劃分主要著眼於理論分析不同，毛澤東這篇劃分農村階級的文章，直接服務於革命鬥爭實踐的需要，當時由中共中央工農民主政府通過，作為共產黨控制區在土地改革中劃分農村階級成分的官方標準。共產黨在中國大陸執政以後，又基本以此為標準在新解放區劃分農村階級，開展激烈的土地改革運動。

（三）土地改革與階級成分

二十世紀中葉以來，中國社會變遷被納入到林毅夫所說的強制性制度變遷的軌道。[47]革命的成功，使一批由社會底層躍升為社會頂層的新政治精英，以意識形態權力和國家政治、軍事權力為後盾，[48]規劃著這個新社會的變遷路徑與速率。發動聲勢浩大的群眾運動，是新政權得心應手的治理技術。共產黨建政之初，就發動了抗美援朝、鎮壓反革命和土地改革三大運動。

第三頁。

46 毛澤東〈中國社會各階級分析〉（一九二五年十二月一日），《毛澤東選集》第一卷，人民出版社一九九一年版，第三—九頁。

47 〔美〕R．科斯、A．阿爾欽、D．諾思等著《財產權利與制度變遷——產權學派與新制度學派譯文集》，劉守英等譯，上海三聯書店、上海人民出版社一九九四年版，第三八四頁。

48 〔英〕邁克爾．曼著《社會權力的來源》第一卷，劉北成、李少軍譯，上海人民出版社二〇〇七年版，第三頁。

倉頡造字，頗具深意。有「田」為基才能「富」，身「系」於「田」則為「累」。[49]中國農民世世代代紮根於「田」之中，身陷於「富」和「累」之間。在農業社會，土地是社會的最大財富，是農民生存與生活的根基。農民與土地密不可分，只有在土地上從事耕作的人，才是真正的農民。要擁有巨額財富，就必須佔有大量土地。這是農業社會權勢階層追逐財富的內在邏輯，其結果就是形成傳統中國的「雙重兩極社會」：

一重是貧富對立的兩極社會。權勢階層大肆兼併土地，致使大批農民破產，出現董仲舒（B. C. 一七九—B. C. 一〇四）所說的「富者田連阡陌，貧者無立錐之地。」[50]整個社會呈現強者無休止地掠奪弱者、蔑視弱者，弱者則充滿了對強者的嫉妒與仇恨。貧富兩極分化的結果，就使「劫富濟貧」在中國傳統社會中極具合法性，「等貴賤、均貧富」成為農民起義的主要旗幟，以「替天行道、劫富濟貧」為主題的古典小說《水滸傳》，在民間社會廣為傳頌。

另一重是官民對立的兩極社會。劉澤華等人指出，在傳統社會，「統治與被統治的關係，具體的表現就是官民關係，這是幾千年來中國社會最根本的對立關係。」[51]秦暉揭示，「官民矛盾」而非「主佃矛盾」才是中國社會的主要矛盾。「國家權力的橫徵暴斂、取民無度，或濫興事業、役民無時，或壟斷利源、奪民生計，或吏治敗壞，虐民無休而引發官民衝突，故俗語歷來有『官逼民反』而從無『主逼佃反』之說。」[52]從孔子歎息的「苛政猛於虎」[53]，到《水滸》中的「逼上梁山」，傳統政治結構中始終存在著一種「官逼民反，民不得不反」

49 吳顧毓〈論欠賦拘禁〉，載《申報》一九三五年二月十八日，轉引自王奇生著《黨員、黨權與黨爭——一九二四—一九四九年中國國民黨的組織形態》，上海書店出版社二〇〇三年版，第一一五頁。
50 漢・荀悅《漢紀・武帝紀四》。
51 劉澤華、汪茂和、王蘭仲著《專制權力與中國社會》，天津古籍出版社二〇〇五年版，第五十二頁。
52 秦暉〈「大共同體本位」與傳統中國社會〉，載秦暉著《傳統十論——本土社會的制度、文化及其變革》，復旦大學出版社二〇〇五年版，第六十九—七十頁。
53 《禮記》。

的運行邏輯。美國著名的中國問題研究學者費正清對此作了正確的揭示：「除了饑荒和疫病，中國農民自古以來最大的敵人是統治階級。」[54]

在兩千多年的皇權官僚體制中，中國形成了強對弱的掠奪、弱對強的仇恨、富對貧的驕橫、貧對富的仇視、官對民的敲骨吸髓、民對官的畏懼痛恨為突出表徵的雙重兩極社會。雙重兩極社會的本質在於「權利失衡」。[55]一般認為，在這種權利失衡的雙重兩極社會中，窮人的不幸要大於富人，百姓的不幸要大於官吏。但事實上，在沒有基本權利保障的雙重兩極社會，無論窮人或富人，抑或百姓與官吏，甚至皇帝本人，都會成為專制社會的犧牲品。追求特權而不珍視人權，是中國傳統皇權社會無可規避的最大陷阱。[56]誠如托克維爾所言：「無論窮人和富人，都沒有權利的觀念，雙方都認為權勢是現在的唯一信託和未來的無二保障。」[57]不僅窮人與富人是如此，而且官與民也是如此。

一九五〇年代初新政權推行的土改運動，是中國歷史上空前的「均田運動」。這次均田運動不同於歷史上均田運動的是其均田方式的暴烈性、均田領域的廣泛性、均田過程的悲壯性和均田後果的深遠性。

---

54 〔美〕費正清著《中國：傳統與變遷》，張沛譯，世界知識出版社二〇〇二年版，第六〇八頁。

55 孫立平〈權利失衡、兩極社會與合作主義憲政體制〉，載《戰略與管理》二〇〇四年第一期。

56 著名歷史學家錢穆認為一般史家將中國從秦漢以來幾千年稱之為「皇帝專制」與歷史事實不符，但他又指出，如果說中國傳統政治是專制的，政府由皇帝一人來獨裁，這一說法用來講明清兩代是可以的。參見錢穆著《中國歷代政治得失》，生活・讀書・新知三聯書店二〇〇五年版，第三、九十二頁。錢穆批評今人不讀儒書，借用西方術語對中國傳統政治以「君主專制」一言以蔽之；他還批評國人不讀「三通」（即唐代杜佑《通典》、宋代鄭樵《通志》、元代馬端臨《文獻通考》），就謂「中國有君主無憲法」。參見錢穆著《現代中國學術論衡》，生活・讀書・新知三聯書店二〇〇一年版，第二〇三、二一四頁。王毅對中國皇權專制性從早年的必須受到相當約束，到後來越來越不受制約這一演變過程作了系統的研究，參見王毅著《中國皇權制度研究》（上、下），北京大學出版社二〇〇七年版。

57 〔法〕托克維爾著《論美國的民主》上卷，董果良譯，商務印書館一九八八年版，第十二頁。

一九二四年八月，孫中山在《民生主義》的演講中提出：「我們要怎樣能夠保障農民的權利，要怎樣令農民自己才可以多得收成，那便是關於平均地權的問題。」[58]在孫中山看來，「至於將來民生主義真是達到目的，農民問題真是完全解決，是要『耕者有其田』，那才算是我們對於農民問題的最終結果。」[59]在整個二十世紀，中國的政治知識精英幾乎一致認為，農民問題的根本是土地問題，土地問題又被化約為農民與地主的關係問題，解決土地問題在於將地主的田土分給農民，農民一旦獲得了地主的田土，就會過上沒有剝削的幸福的生活。但他們沒有看到，農民問題除了農民與土地的問題（其實質是農民與地主的關係問題）外，還有農民與政府（國家）的關係（官民矛盾）問題、農民與自然的關係（環境保護）問題、農民與其他階層的關係（社會階層結構）問題、農民內部之間的關係（競爭合作）問題等。土地改革解決的只是農民與地主（農民與土地）的關係問題。後來的經驗事實表明，通過一九五〇年代初的土改以及一九八〇年代初的土地承包責任制，農民獲得了大致平均的土地，但農民問題並沒有解決。

在土地改革方式上，有兩種基本的方法，即國民黨主張的和平土改的方法與共產黨主張的暴力土改的方法。孫中山當年認為：「如果馬上就要耕者有其田，把地主的田都拿來交到農民，受地的農民固然是可以得利益，失地的田主便受損失。」[60]為此，土地改革應當「慢慢商量來解決農民同地主的辦法。讓農民可以得利益，地主不受損失，這種方法可以說是和平解決。」[61]孫中山主張和平土改的方法未能在大陸實現，除了整個國家社會科學知識的欠缺而找不到帕累托改進的方法外，其中的一個重要因素，是遇到了既得利益集團的強大阻撓。這也就為共產黨開展暴風驟雨般的暴力土改提供了合法性。和平漸進的改革一旦遭遇強大的既得利益集團的阻

58 《孫中山全集》第九卷，北京：中華書局一九八六年版，第三九九頁。
59 《孫中山選集》下卷，北京：人民出版社一九五六年版，第八五〇頁。
60 《孫中山選集》下卷，北京：人民出版社一九五六年版，第九三七頁。
61 《孫中山選集》下卷，北京：人民出版社一九五六年版，第八四二頁。

撓，如果不是改革無法進行下去，就可能使改革轉向暴力的革命。

一九五〇年二月二十八日，政務院發佈〈關於新解放區土地改革及徵收公糧的指示〉，對新解放區的土改時間表作了規定，提出所有華東、華中、華南、西北、西南的新解放區，在一九五〇年秋收以前，一律不實行分配土地的改革。一九五〇年秋收以後，在江蘇、浙江、安徽、福建、江西、湖北、湖南、廣東、陝西九省，甘肅、寧夏、青海三省之漢人地區，開始實行土地改革。[62]

為了開展土改，一九五〇年六月六日至九日，中共七屆三中全會對土地改革作了部署。土改被毛澤東列為當時的八大任務之首。[63]六月三十日中央人民政府公佈實施〈中華人民共和國土地改革法〉，對土改的目的、土地的沒收和徵收、執行機關和執行方法等做了規定：

第一條　廢除地主階級封建剝削的土地所有制，實行農民的土地所有制，藉以解放農村生產力發展農業生產，為新中國的工業化開闢道路。

第二條　沒收地主的土地、耕畜、農具、多餘的糧食及其在農村中多餘的房屋。但地主的其他財產不予沒收。……

第五條　革命軍人、烈士家屬、工人、職員、自由職業者、小販以及因從事其他職業或因缺乏勞動力而出租小量土地者，均不得以地主論……

---

62 〈政務院關於新解放區土地改革及徵收公糧的指示〉（一九五〇年二月二十八日發佈），載《中央人民政府法令彙編》，法律出版社一九八二年版，第七十三頁。

63 毛澤東〈為爭取國家財政經濟狀況的基本好轉而鬥爭〉（一九五〇年六月六日），載《毛澤東選集》第五卷，人民出版社一九七七年版，第十五——二十頁。

第十條　所有沒收和徵收得來的土地和其他生產資料，除本法規定收歸國家所有外，均由鄉農民協會接收，統一地、公平合理地分配給無地少地及缺乏其他生產資料的貧苦農民所有。對地主亦分給同樣的一份，使地主也能依靠自己的勞動維持生活，並在勞動中改造自己。[64]

為配合土改，一九五〇年七月十五日政務院公佈〈農民協會組織通則〉，規定農民協會是農村土改中的「合法執行機關」，雇農、貧農、中農、農村手工業工人及農村中貧苦的革命知識份子，可以成為農民協會會員，凡被派到農村中從事農民運動的工作人員均得加入農民協會。地主、富農及其他反革命分子、壞分子沒有加入農民協會的權利。[65]七月二十日政務院公佈〈人民法庭組織通則〉，規定組織人民法庭作為專門服務於土改的特別法庭，懲治「惡霸、土匪、特務、反革命分子及違抗土地改革法令的罪犯，以鞏固人民民主專政，順利完成土地改革。」[66]八月二十日政務院公佈〈關於劃分農村階級成分的決定〉，十二月三十日公佈〈鄉（行政村）人民政府組織通則〉，一九五一年七月三日公佈〈關於劃分農村階級成分的補充規定〉。這些文件是開展土改的基本依據。

根據政務院〈關於劃分農村階級成分的決定〉，整個農村人口被國家劃分了階級成分好的和階級成分不好的兩大階級陣營。階級成分好（及一般）的階級享有「人民權利」，階級成分不好的階級是革命政權專政和改造的對象。見表2-5。

64 〈中華人民共和國土地改革法〉（一九五〇年六月三十日公佈施行），載《中央人民政府法令彙編》，法律出版社一九八二年版，第四十八—五十六頁。

65 〈農民協會組織通則〉（一九五〇年七月十五日公佈），載《中央人民政府法令彙編》，法律出版社一九八二年版，第七十八—八十一頁。

66 〈人民法庭組織通則〉（一九五〇年七月二十日公佈），載《中央人民政府法令彙編》，法律出版社一九八二年版，第八十二—八十四頁。

表2-5　土改中的農村階級成分

階級成分（家庭出身）好的階級	階級成分（家庭出身）不好的階級
工人（雇農在內）	一、地主：惡霸地主、軍閥官僚地主、破產地主。二地主：向地主租入大量土地，自己不勞動，轉租於他人，收取地租，生活狀況超過普通中農。
貧農、中農、下中農	二、富農：佔有土地，自己勞動。勞動與否是富農與地主的主要區別。 半地主式富農：出租大量土地超過其自耕和雇耕的土地數量者。 反動富農：有重大反革命行為的富農。
革命幹部	三、富裕中農：生活狀況在普通中農以上，其剝削收入不超過其全家一年總收入的百分之十五。
紅軍戰士家屬：紅軍戰士的父、母、妻（或夫）、子、女及十六歲以下弟妹。	四、管公堂：管理各種祠、廟、會、社的土地財產。
革命軍人：人民解放軍及所有起義軍隊的指揮員、戰鬥員。	五、反革命分子、壞分子、手工業資本家。
革命烈士家屬：辛亥革命以來歷次為革命陣亡和死難的烈士、抗日陣亡將士、人民解放戰爭中陣亡的父、母、妻（或夫）、子、女及十六歲以下弟妹。	六、遊民（流氓）：緊靠解放前連續依靠偷盜、搶劫、欺騙、乞食、賭博、或賣淫等不正當收入為生滿三年者。
	七、宗教職業者（迷信職業者）：緊靠解放前以牧師、神父、和尚、道士、齋公、看地、算命、占卦等為主要生活來源滿三年者。
	八、劣紳。
	九、右派分子（一九五七年「反右」以後）。

資料來源：〈關於劃分農村階級成分的決定〉（一九五〇年八月二十日），載《中央人民政府法令彙編》，法律出版社一九八二年版，第八十五－一〇七頁。

此外，小手工業者、手工工人、自由職業者（職員）、小商小販、開明紳士、知識份子等，為一般階級成分。但在階級鬥爭中，這些成分中的人也有可能隨時成為批鬥的對象。

自一九五〇年開始，溆浦縣根據上級組織的統一部署，連續開展了剿匪、鎮壓反革命、土地改革、抗美援朝等運動，確立了共產黨對鄉村社會無與倫比的強大控制。

據一九四八年的調查，溆浦縣有田三十六萬一千兩百八十三畝，其中占田五千畝以上的地主有二戶，占田五百—一千畝的地主有五十九戶，占田一百畝—五百畝的地主約一百戶。據土改前的調查資料顯示，地主占總人口的百分之六，占土地總數的百分之三十七點六，人均耕地九點九三畝；富農占總人口的百分之四點三，占土地總數百分之十二點八，人均耕地四點七一畝；中農占總人口的百分之三十二，占土地總數的百分之三十四點三二，人均耕地一點六九畝；貧雇農占總人口的百分之五十二，人均耕地〇點四畝。[67]

以馬列主義為官方意識形態的新政權，絕對不能容忍地主、富農的「剝削生活」。在上級的統一部署下，一九五一年十二月，中共溆浦縣委在棗子坡省立九中（現溆浦一中）召開三級幹部大會，部署全縣土改工作。全縣共抽調一千一百零九名幹部組成五個土改工作隊開展土改。土改先試點，再分四批進行。一九五一年二月初，先在八區（江口）十一個保（含農會）試點，約一個月結束。之後分四批在全縣開展大規模的土改運動。整個土改工作均分為四個階段。之後又進行了土改複查。見表2-6。

溆浦縣的土改運動均以保為單位進行。在劃分階級時，全縣以政務院頒佈的〈關於劃分農村階級成分的決定〉為依據，但又根據當地實際作了較大調整。土改幹部普遍擁有高度的「自由裁量權」。在階級成分劃分中，出現了《土改法》和政務院〈關於劃分農村階級成分的決定〉中沒有規定的新「成分」，如小土地出租、小土地經營等。橋江鎮革命村村民向祚書（一九三四—二〇一一）回憶說：

67《溆浦縣誌》，社會科學文獻出版社一九九三年版，第二一九頁。

表2-6　漵浦縣土改中的階段和程式

<table>
<tr><th>開展土改的批數</th><th>土改的程式</th></tr>
<tr><td>第一批　保數：五十六個
時　間：一九五一年二月至三月</td><td rowspan="4">第一階段：宣傳《土改法》及有關政策，發動群衆查實土地。
第二階段：劃分階級成分，組織農會，農會吸收貧農、雇農和中農參加。
第三階段：依《土地法》及有關政策規定，沒收地主土地及其它生產資料，徵收富農多餘土地，分別登記造冊，經群衆討論，進行分配。
第四階段：建立鄉村政權，安排生產。</td></tr>
<tr><td>第二批　保數：四十三個
時　間：一九五一年十一月至一九五二年一月
湖南土改分團工作隊五十五人及中共沅陵地委工作隊二十八人參加</td></tr>
<tr><td>第三批　保數：七十二個
時　間：一九五二年二月至四月</td></tr>
<tr><td>第四批　鄉數：四十二個鄉
時　間：一九五二年十二月至一九五三年三月</td></tr>
</table>

資料來源：《漵浦縣誌》，社會科學文獻出版社一九九三年版，北京：第二二〇頁。

我們向家灣村（「文革」時更名為革命村）劃的成分，主要劃有地主、富農、小土地出租、小土地經營、中農、佃中農、貧農、雇農。共劃了四戶地主：向宗千、向宗鐵、向宗明、丁開久。[68]

盧峰鎮橫岩村村民李佑良（一九三〇——）在土改時期擔任紅極一時的民兵。他在接受筆者訪談時介紹：

> 那時我們村叫十三保，保長相當於村支書，甲長相當於生產隊長。但那時的保比現在的村要大一些，當時的十三保現在就分為兩個村。保長上面還有鄉長。
>
> 我有進過學堂門。解放來我參加土改，當民兵。當時劃成分，有十畝田以上的劃為地主，十畝以下、四畝以上的劃為富農。
>
> 小土地出租是自己有畝把地，數量在四畝田以下，五分田以上，比中農強點。

68 二〇〇七年九月二十二日筆者湖南漵浦調查訪談記錄。

小土地經營是那些有四、五分田，種些經濟作物，比如種些甘蔗、柑橘，為人勤快，做些小生意，將家裏種的經濟作物擔出去賣的人。

中農，自己有四、五分田、土，再種些地主的田。

貧農是種地主的田，做長工的。

雇農一分田冇有，是最窮的，一行都冇有，打零工的。

地主裏頭又劃有一般地主、惡霸地主。一般地主有十畝田以下，沒做什麼壞事的。惡霸地主有十畝田以上，横行霸道，欺壓百姓的地主。還有的惡霸，不做事，在外面詐錢，好呷懶做，魚肉百姓，見人亂打的人。和現在的爛仔「一千過」（按：溆浦方言，意為一模一樣），不一定有田、土。那時，只要有人反映，就打掉（按：槍斃）。

當甲長的，如果老老實實，為群眾辦事，沒有案子的，就不追究，與貧農一樣（對待）。當保長的，有有案子的就算了，有案子的，捉到就打掉。當鄉長的，呷人民血汗的，也打掉。

（全縣）不同地方劃地主的標準也不一樣。溆浦龍潭最富裕，叫擔不盡的龍潭。在龍潭，有一百多畝田的也沒有劃地主，二十多畝田的只劃為貧農。馬田坪三、四畝田劃為地主，有的窮地方，二畝田就劃為地主。

總的一個訣子，就是每一個保（村）都要牽條猴子耍把戲，這樣土改工作才搞得開。[69]

劃階級成分，就是「把自己和敵人劃清你我」界限，之後「就要進行你死我活的決戰」。[70]溆浦各地在劃階級時存在普遍的提高階級成分的傾向。中共溆浦縣委宣傳部部長傅聲遠（一九二七——）一九五二年一月九日

69 二〇〇七年九月二十三日筆者湖南溆浦調查訪談記錄。

70 《彭燕郊溆浦土改日記》，一九五二年一月九日，第八十五—八十六頁。彭燕郊在溆浦參加土改工作的日記，始於一九五一年十二月十五日，止於一九五二年二月五日。日記題名及頁碼編號係筆者所加。

在一個關於土改問題的會議報告中就指出劃階級中存在的這個問題：

寧左勿右，劃到百分之八至十三（按：指地主所占的比例）。應該是百分之三至百分之五。原因：（一）想多搞油水。（二）把政治問題（舊保長）提升階級。（三）幹部認為多劃幾個地主沒有人講我話，特別是地主階級出身。（四）單純看勞動，勞動是主要標準，但不是唯一標準，還要看生產資料的佔有。[71]

在溆浦土改中擔任工作隊長的彭燕郊（一九二〇—二〇〇八），[72]在其土改工作日記中記錄有提高階級成分的問題：

不少幹部群眾為了多分果實提高成分，將偽保長、偽軍官或土匪佔有少量土地而不勞動的劃為地主。因此有的劃到百分之七、八、十，甚至到百分之二十。提高成分思想是為了奪得果實多分田，不少幹部為了表現自己立場穩，怕人說是地主立場，左一點比右一點好。[73]

在提高階級成分中，溆浦縣將一些不夠地主標準的人也劃成了地主。橋江鎮革命村向祚書的父親向宗明（一九一三—一九六八）就是一個被提高階級成分而錯劃為地主的典型例子。向祚書介紹說：

71　《彭燕郊溆浦土改日記》，一九五二年一月九日，第八十五頁。

72　彭燕郊一九二〇年出生於福建莆田，原名陳德矩。一九三八年參加新四軍。一九三九年開始發表作品，為「七月詩派」重要作者之一。土改時，他作為湖南大學的學生參加省土改工作團，先後在湖南益陽和溆浦參加兩期土改。一九五五年因胡風案受到牽連被捕，一九七九年三月起在湘潭大學任教授，同年十月平反。彭燕郊出版有詩集十餘部。二〇〇八年三月三十一日，彭燕郊在長沙逝世。

73　參見《彭燕郊溆浦土改日記》，一九五二年一月十一日，第一〇〇—一〇一頁。

我爹爹在國民黨時期當過幾年兵，解放前回到老家種田。當時祖上留下來兩畝多田、一畝多土。我公公（向本均）是草醫。一九四八年，梅子坳袁澤文老婆的手摔斷了，請我公公去治。我公公將她的手治好了，袁澤文說表示感謝，願意將他家的莊場（按：離村落較偏遠的山丘地帶比較集中的零碎田土，叫莊場；在莊場修建一棟簡陋的房子便於耕作和看守的房屋，叫莊屋。）便宜買給我公公。我爹爹不肯要，公公卻硬要我爹爹留到。我爹爹沒辦法，以為那莊場反正大約只有二畝田，還構不成地主，就勉強留下了。

一九四九年上半年留的田，到下半年就解放來了。

土改開始，我爹爹在農會做事，登記賬目。當時我家劃為下中農。村裏的舒均元、葉克端與我爹爹在解放前有些小過節，解放後，葉克端當了保衛主任。他們兩人恨我爹爹，在土改複查時就向農會反映，說我爹爹家有田土「三排兩灣，不知多少。」其實全加起來就只四畝多田、土，全家七口人，人平只六、七分田、土。因構不成地主，就將我爹爹劃為官僚地主。

我爹爹劃為官僚地主後，被批鬥，又去勞改三年，田土、房屋、財產全沒收，將我們全家趕出家門不准住。後來，每一次政治運動都要挨鬥，我爹爹受不了，自殺了。[74]

土改中的一個突出現象是，那些時來運轉的村民傾向於「把土改作為清算個人恩怨的藉口，將自己在村裏的冤家對頭劃為地主。」而實際上，「這些人最多只能劃為中農」。[75]劃為地主意味著其全家將遭受滅頂之災，並將深刻影響其幾代人的命運。二〇〇七年九月，筆者在調查訪談中，碰巧將一個在土改中擔任過民兵的李佑良（一九三〇——）和一個在土改中被劃為地主的兒子向祚書（一九三四—二〇一一）兩個古稀老人一同約聚

74 二〇〇七年九月二十三日筆者湖南漵浦調查訪談記錄。
75 〔美〕R・麥克法夸爾、費正清編《劍橋中華人民共和國史》下卷，北京：中國社會科學出版社一九九二年版，第六二四頁。

到一起。在整個訪談中，作為土改中的政治紅人，李佑良五十多年後仍然精神煥發，神情自如，侃侃而談，舉止中充滿自信。而作為地主兒子的向祚書，雖比李佑良年小四歲，但垂垂老矣，人生的坎坷和苦難分明寫在那張憔悴而衰老的臉上。與李佑良的自信和健談形成強烈反差的是，向祚書明顯表現出自卑而拘謹，一問一答，不問不答。這正是毛澤東在執政前夕提出的「只許他們規規矩矩，不許他們亂說亂動」的政治產物。

令人迷惑的是，中國的政治領導人對其國民的基本要求不是「法律下的自由」與「道德上的誠實」，而是要其在權勢面前「規規矩矩、老老實實」。美國著名傳教士明恩溥（Arthur H.Smith，一八四五—一九三二）曾敏銳地指出「每個中國村民都被評價為老實或不老實」。[76]至今在農村，「為人老實」仍然是對一個人最基本的正面評價。人們由此或許能理解為什麼「忠厚老實」四字能成為形容中國農民最普遍的經典辭彙。

三、鬥地主：革命專政和暴力再分配

國家是政治學研究的核心。在國家理論研究中，美國學者諾思（Douglass. C. North，一九二〇——）將國家存在的兩種理論解釋作了分析。契約國家理論認為國家是公民達成契約的結果，契約界定國家公權力行使的邊界，也限定著每個人相對於他人的活動邊界，這就為個人自由提供了空間。國家契約理論有著悠久的歷史。國家掠奪理論或剝削理論認為國家是某一集團或階級的代理者，它的作用是代表該集團或階級的利益向其他集團或階級的成員榨取收入。馬列主義是堅持這種理論的代表。諾思認為這兩種關於國家的理論都不全面。為此，他提出使兩者統一起來的暴力潛能分配理論，假如暴力潛能在主體間的平等分配，就產生契約國家，而

---

[76]〔美〕明恩溥著《中國鄉村生活》，陳午晴、唐軍譯，北京：中華書局二〇〇六年版，第一六八頁。

暴力潛能在主體間的不平等分配，就產生掠奪國家。[77]在諾思看來，現代國家提供的基本服務是「博弈的基本規則」，如果沒有這樣的規則和約束，「我們將生活在霍布斯主義的叢林中，也就不可能有文明存在。」[78]

馬列主義創始人將掠奪國家或剝削國家理論發展到極致。恩格斯指出：「國家無非是一個階級鎮壓另一個階級的機器」。[79]列寧進一步強調：「國家是一個階級壓迫另一個階級的機器，是迫使一切從屬的階級服從另一個階級的機器。」[80]正是在這種剝削國家理論的指導下，中國實現了國家政權的一次歷史性更替。

（一）訴苦：預熱革命鬥志

共產黨所建立的無產階級專政的革命政權，通過服務於階級鬥爭的政治分層，確立了農村社會中的階級敵人——地（主）、富（農）、反（革命）、壞（分子，即罪犯）。貧雇農則被黨積極動員起來，向著階級敵人進行最殘酷的鬥爭。訴苦是新政權將貧苦農民納入到黨所規劃的農村階級鬥爭的心理動員技術。

郭于華（一九五六——）、孫立平（一九五五——）討論了新政權重塑下層農民國家觀念重要機制的訴苦。在西歐，民族國家形成的過程同時也是現代公民形成的過程；而在中國，貧苦農民是通過訴苦以確認自己的階級身分來形成國家觀念的。這種國家觀念是一種「感恩型國家觀念」。每個個體形成的不是現代意義上的「公民」，而是「階級中的一份子」和相對於「國家」的「人民」或「群眾」。新政權通過訴苦這種國家儀式

77 〔美〕道格拉斯．C．諾思著《經濟史中的結構與變遷》，陳郁、羅華平等譯，上海三聯出版社、上海人民出版社一九九四年版，第二十一——二十二頁。
78 同上，第二十四、二二七頁。
79 《馬克思恩格斯選集》第二卷，人民出版社一九七二年版，第三三六頁。
80 《列寧選集》第四卷，人民出版社一九九五年版，第三十三頁。

和權力技術，在貧苦農民心中植入階級仇恨，從而預熱革命鬥志，為徹底撕裂傳統鄉村社會的秩序結構埋下伏筆。在訴苦過程中，一方面，通過把苦難的一切根源歸咎於「萬惡的舊社會」而建立「消極的國家形象」，地主階級則是這種消極國家的罪惡總代表；另一方面，通過「翻身」意識等建立「積極的國家形象」，毛主席、共產黨是貧苦農民翻身得解放的「大救星」。[81]

溆浦縣土改運動一般經過訪貧問苦、紮根串連、鬥爭地主、分配勝利果實等步驟。溆浦縣委先在大江口搞土改試點，經過一個多月的土改試點後，隨即在全縣開展激烈的土改運動。毛澤東後來對土改的經驗作了一個總結：「我們形成了一套具體的辦法，就是：訪貧問苦，物色積極分子，紮根串連，團結核心，進行訴苦，組織階級隊伍，展開階級鬥爭。」[82]

曾擔任溆浦縣橋江區土改工作總隊副總隊長的郭靜秋（一九二二——），一九四八年六月畢業於湖南大學，一九四八年十月隨南下工作團回溆浦工作。他回憶當年土改時說，土改工作隊幹部進入村莊，要求與貧雇農實行「三同」（同吃、同住、同勞動），進行訪貧問苦，以贏得貧苦農民的信任，再摸清底子，為鬥爭地主、順利開展土改做準備。

81 郭于華、孫立平〈訴苦：一種農民國家觀念形成的仲介機制〉，載《中國學術》二〇〇二年第四期，北京：商務印書館二〇〇二年版。

82 毛澤東〈讀蘇聯《政治經濟學（教科書）》談話記錄（一九五九年十二月—一九六〇年二月）〉，轉引自溫銳著《毛澤東視野中的中國農民問題》，南昌：江西人民出版社二〇〇四年版，第三十六頁。據筆者核查，《毛澤東文集》第八卷收錄的〈讀蘇聯《政治經濟學（教科書）》談話記錄（節選）〉（一九五九年十二月—一九六〇年二月）未見收入上述引言，參見《毛澤東文集》第八卷，北京：人民出版社一九九九年版，第一〇三—一四〇頁。後向溫銳教授當面請教，溫銳教授通過查閱後稱其著引自一九六七年江西造紙廠「破阻力兵團」編印的《紅太陽文獻》（第二冊）第四〇二頁。在此向溫銳教授致謝。

一九五一年十二月，溆浦縣委在棗子坡省立九中（引者按：現溆浦一中）召開三級幹部大會，佈置了全縣土改工作。大會結束後，一千多名土改幹部奔赴各區鄉，開展土改運動。這時，我從（縣政府）文教科抽出派到橋江區擔任土改總隊副總隊長，諶鴻章（引者按：時任縣長）任總隊長，橋江區委書記於永起也是副總隊長。不久，我下到址坊村蹲點。

址坊、油洋一帶是窮山溝，過去曾是土匪出沒的地方。這地方的農民很窮很苦，一年到頭難得吃上幾頓白米飯。這裏的貧苦農民受地主、土匪的剝削和壓迫極深，苦大仇深。

工作組到達址坊村的第二天，即召開全保貧雇農群眾大會，宣傳土改政策，佈置安排工作。散會後已近傍晚，北風呼嘯，且雨夾著雪。我的住戶是個窮得叮噹響的貧農，一家四口人只有一場破棉絮。我自己帶的被子很薄，一件大衣蓋在被子上，半夜被凍醒了。好（不）容易熬到天亮，我才知道夜裏下了一場大雪。我穿上從財政科借來的一件棉大衣，又去訪貧問苦。一些低矮的貧雇農家被埋在大雪中了。我踏著深深的積雪，一步一個洞，挨家挨戶向貧雇農問寒問暖。那時天氣雖然寒冷，但心裏是熱乎乎的。

經過幾天的訪貧問苦，便召開訴苦會，從小組訴苦到大會訴苦，用活生生的事實教育農民。逢到夜晚開會，農民提著燈籠來參加。訴苦是為了引導群眾進入鬥地主階級的氛圍中來。群眾倒盡了苦水，鬥爭情緒高漲了，就可以由農會幹部打鑼召開鬥爭大會了。記得每次鬥爭大會，全場憤怒；在這種情況下，容易發生打人的事。這時幹部必須善於引導，使運動健康發展下去。[83]

83 郭靜秋〈我在溆浦的那些日子〉，載溆浦縣政協文史資料研究委員會編《溆浦文史》第四輯《南下紀實》，一九九一年十二月，第十六—十七頁。

訴苦是黨對貧苦農民的一種強制性動員。土改幹部深入到村莊後，通過訪貧問苦、紮根串連，培養土改根子或積極分子，為批鬥地主作準備。群眾認為地主有三種：「草鞋地主、勞動地主和剝削地主。」[84]有的貧苦農民剛開始時認為地主並不壞，在鄉村與大家相處和諧，沒有必要批鬥。因而土改幹部進入鄉村社會後，開始並不為鄉村社會所認同。有不少土改幹部一開始就遭遇到農民的防範和冷淡，一些貧苦農民並不歡迎土改幹部在他家裏吃、住。這使那些來自大城市的土改幹部多少有點灰心喪氣。但為了革命工作的需要，他們必須硬著頭皮堅持宣傳和動員下去。「對於文化程度不高的人來說，知道階級鬥爭就是生活的全部內容以及共產主義社會將為人們帶來巨大的幸福就足夠了。」[85]那些被幹部著力動員和培養的根子，在黨的革命鬥爭思想的啟發下，很快成為土改中的急先鋒。

訴苦一般有貧苦農民向與其「三同」的土改幹部訴苦、在家庭訴苦會上訴苦、在批鬥地主大會上訴苦等形式。漵浦縣七區（麻陽水）均坪十保在土改總結會上作了典型經驗報告，介紹了土改中訪貧問苦、紮根子、動員訴苦等具體經驗：

（均坪十保）四個自然村，在七區比較集中富裕，三百多戶分為十二個行政小組，一四三四人。其中，地主二十七戶，富農九戶，中農七十四戶，貧雇農兩百四十二戶、八百四十二人，其他十一戶、九十人。田土一千四百五十一畝，地主占田八百四十三畝，富農一百一十二畝，中農四百六十四畝，貧雇農兩百二十六畝。

（工作組幹部一九五一年）十一月二十三日到保，絕大部分深入到戶，一小部分留在農會。

84　《彭燕郊漵浦土改日記》，一九五二年一月十一日，第一五五頁。

85　〔美〕茲．布熱津斯基著《大失敗——二十世紀共產主義的興亡》，軍事科學院外國軍事研究部譯，北京：軍事科學出版社一九八九年版，第二頁。

七組是個封建堡壘，有兩個院子，每院住七、八戶，每院住兩個、三個地主，住在一起，都是姓向，都是一宗，祖先分家以來從來沒有搬出過。去找就找不到貧雇農，找到人連這院子有地主都不告訴你。幹部跑到六組，從六組瞭解七組情況，利用矛盾來突破。知道其中有個姓蕭的，是清反（清匪反霸）時搬進去的，必須找他。第二天（幹部）去找（姓蕭的），進門（蕭）就問你來做什麼，吃飯時五口人，只拿出五個碗，不留他吃飯。（幹部）又回六組，決定從勞動上與他建立感情。第三天再去找，蕭一見他就跑上山砍柴，幹部跟上山，也跟他打了一擔柴，才開始說話，回家讓他吃飯，但苦還不敢訴，情況也不敢反映。第四天，兩個人睡在一個床上。一個被窩有五個大孔。王同志半夜把（自己的）棉衣給他蓋上。蕭半夜醒來，兩個人談起來。王同志把過去被抓壯丁說出，正打動他的心，（蕭）慢慢把自己過去從八歲給地主放牛，十六歲被抓壯丁說出來，哭了，王同志也哭了。你也哭，我也哭，感情融洽了。但情況還不敢反映。

（王同志）第二天回組彙報，很高興。

全保共紮十二個正根，十六個副根。……通過（根子）互相訴苦，互相發動，作用也不小。

有一個根子，苦始終不說出來，在碰頭會上聽其他人訴苦，滿身抖，流出淚，終於訴出苦來。

……通過根子，將家庭訴苦會開起來，提出一人有苦，全家有苦，一人翻身，全家翻身。

第二批串連後，又開第二次積極分子會，進入第三批串連，這時已是（幹部）進保後的十八、九天了。到三批共串連一百七十二戶，三百多人，達到貧雇農總數百分之八十五了。聲勢浩大，勁頭高了。召開貧雇小組訴苦會，在會上通過典型訴苦，具體算賬，貧雇農覺悟進一步提高了。五個小組先培養四個（訴苦）典型：抓（壯）丁、逼租、逼債等。接著有十九個訴苦，這時候行動要求高了。……準備召開貧雇農訴苦大會，全保貧雇農大會師，幹部、根子都很重視，（如）開壞了，工作還要從頭再來。……在小組訴苦的基礎上，召開片訴苦會，目的是進一步提高覺悟，把訴苦大會變成整個貧雇農的要求。……在全保會開前，把全保典型苦主十八人找來開全保苦主會，首先自己介紹歷史，就很容易形成訴苦，大家覺得彼此的苦一樣，提高了階級覺悟。進一步說明訴苦是為了教育貧雇農，大家都重視了。「我要不訴苦，大家不起來，我的仇也不能報了。」（苦主們）一致說：「我們這幾個人的苦，也是全體貧雇農的苦。」接著，把苦的輕重安排好，第一個和最後一個苦（是）最典型的。

……在這個基礎上，把（全保訴苦）會開了。因為大家都認識重要意義，本來規定早飯後開，天剛亮（人）都到了。主席團主席先把自己的苦說了，幹部又加引導，共十七個苦主，有十六個訴得流淚了。有個訴到地主把他抓壯丁，妻子在家吃南瓜葉，還被地主趕出去，全場都哭了。有的還自動喊口號，冷風中站了一天動也不動，直開了一天，主席做了總結。[86]

黨通過動員貧苦農民訴苦，將農民群眾引導到徹底批鬥地主階級的軌道上來。舊社會的一切罪惡，人們心中的一切不滿和積怨，都被集中引向地主身上。每個保被劃出來的地主，就成為該保群眾發洩所有怨憤和仇恨的對象。地主們註定要在仇視他們的新政權機器的專政中被徹底消滅。「從心理學的觀點看來，證明反對『人民的敵人』的殘暴暴力是正當行為的觀點，使社會地位低下的人們尤其高興。這些『人民的敵人』就是那些過去擁有更多物質財富而現在被人幸災樂禍地貶低、壓迫和消滅的人。」[87]在土改運動中，貧苦農民被教導說，消滅了地主階級的剝削後，他們將過上沒有剝削和壓迫的「新生活」。

86　《彭燕郊溆浦土改日記》，一九五二年一月二十九日，第一五三—一六三頁。

87　〔美〕茲．布熱津斯基著《大失敗——二十世紀共產主義的興亡》，軍事科學院外國軍事研究部譯，北京：軍事科學出版社一九八九年版，第二頁。

（二）批鬥：宣洩階級仇恨

黃宗智將共產黨的土改運動分為三種模式，第一種是一九三七到一九四五年抗日戰爭時期的老解放區模式，第二種是一九四六年到一九四九年解放戰爭時期國共交戰區的模式，第三種是一九四九年到一九五二年共產黨執政後的新解放區模式。[88]

溆浦縣屬於新解放區，但其土改很難屬於黃宗智概括的「溫和的」新解放區模式。黃宗智認為一九四九年共產黨獲得勝利後的土改「變得比較有序和溫和」。其實並非如此，至少經過農民運動洗禮的溆浦縣在土改中就並不顯得「溫和」，它充滿了一切土改中常有的暴烈性和殘酷性。在土改中，殘酷無情的階級鬥爭被普遍認為是革命的象徵，任何對地主或富農的同情或憐憫，都會被視為背叛革命而遭到糾正、制止或打擊。正如黃宗智正確揭示的那樣，「作為人民的敵人，階級敵人的危害性要大於罪犯。」[89]從地、富、反、壞四類分子的排序中就可以看出這一點。黨通過有組織有步驟有紀律的動員，充分地啟動貧雇農的階級仇恨，並將之引向被黨稱之為舊社會罪惡勢力的總代表——地主階級。在雷鋒（一九四〇—一九六二）這個被新政權樹立的最具廣泛影響的「榜樣人物」的身上，就集中體現了對階級敵人的仇恨和對革命同志的友愛的雙重人格。

人性並不能以人性善或人性惡所能簡單地加以區分。每個人的人性中，或許都包含有善與惡的因子，換言之，人既可以為善，亦可以作惡。人性為善，就像甘霖，只恨太少；人性為惡，如同洪水，為害猶烈。在新社會，對階級敵人的仇恨受到了格外的讚揚和褒獎。被貼上階級敵人標籤、只占人口極少數的地主富農階級，勢

88 黃宗智〈中國革命中的農村階級鬥爭——從土改到文革時期的表達性現實與客觀性現實〉，載黃宗智主編《中國鄉村研究》第二輯，商務印書館二〇〇三年版，第七十七頁。

89 同上，第八十四頁。

必要在這場勢不可擋的階級鬥爭洪流中被全部淹沒。

殘酷無情地批鬥地主階級，是黨動員貧雇農發洩階級仇恨的合法方式。與歷史上任何一個新政權不同，共產黨建立的新政權，並不滿足於它所統轄下的民眾向其繳糧納稅和表示政治忠誠——顯然這一點是必不可少的。新政權還要在宏大理論的指導下，徹底地改造乃至消滅舊社會遺留下來的階級敵人——不管他們是否積極向新政權繳糧納稅並如何表示政治忠誠——以實現其偉大的「雄心壯志」。劉少奇（一八九八—一九六九）對黨的雄心壯志作過概括：「共產黨是用馬克思列寧主義武裝起來的、最革命的、戰鬥的無產階級政黨。當它處於被壓迫地位的時候，它要利用一切可能，組織和領導廣大人民，為準備和進行革命、為奪取政權而鬥爭。當它取得了國家政權以後，它要組織和領導人民把革命進行到底，建設社會主義和共產主義，並且繼續同國際帝國主義作鬥爭，支援世界各國人民的革命運動，一直到共產主義世界的實現。這些就是無產階級革命政黨的雄心壯志。」中國共產黨就是「這樣一個具有無產階級的雄心壯志的革命政黨」。[90]

地主、富農等被新政權貼上階級敵人的政治標籤後，他們的階級成分和家庭出身就已經一勞永逸地將他們釘死在歷史的罪惡榜上，除了等待新政權有領導有計劃有組織地專政和改造外，他們別無選擇——歷史上的遵紀守法、繳糧納稅和政治忠誠，已經遠遠不能令具有宏大革命理想的新政權所滿足了。新政權公開宣稱國家法律決不保障階級敵人的基本權利和自由，階級敵人自然不可能有任何申辯和維權的空間。面對無產階級專政的革命政權，他們的私有財產權和人身權利都將喪失殆盡。

早在一九二〇年代的農民運動中，打擊地主就成為農民運動的中心內容。熱衷於農民運動的毛澤東，在一九二七年三月的〈湖南農民運動考察報告〉一文中，綜計了農民從政治上打擊地主的九種方法：清算、罰

90 劉少奇〈在擴大的中央工作會議上的報告〉（一九六二年一月二十七日），載《劉少奇選集》下卷，人民出版社一九八五年版，第三九五頁。

表2-7　1926年11月份湖南省各縣農民協會會員統計

單位：個、人

縣別	區協數	鄉協數	會員成分										會員數量
			雇農	佃農	半自耕農	自耕農	手工業者	小學教師	小商人	婦女	其他	
湘鄉	44	498	16400	91500	41000	13100	28000	540	-	-	-	190540
長沙	12	640	17519	25948	9131	5381	4915	1425	1463	643	-	66425
衡陽	23	244	27385	37725	7530	5638	6135	2256	-	-	1579	86642
衡山	13	203	3623	16993	2765	2174	3328	-	-	-	1133	30016
溆浦	2	11	540	775	331	204	108	7	-	-	-	1965
小計	94	1596	65467	172943	60757	26497	42486	4228	1463	643	2712	375588
全省總計	462	6867	-	-	-	-	-	-	-	-	-	1367727

說　　明：小計係表中五個縣的統計數，總計原係全省57個縣的統計數，本表只從中選擇五個縣製作。

資料來源：原載1927年3月27日《戰士週報》第38期，轉引自王全營、曾廣興、黃明鑒著《中國現代農民運動史》，鄭州：中原農民出版社1989年版，第137-140頁。

款、捐款、小質問、大示威、戴高帽子遊鄉、關進縣監獄、驅逐、槍斃。[91]位於中國中部的湖南省，一直是中國農民問題最嚴重的典型地區，也是農民運動最激烈的中心地帶。在一九二〇年代，湖南各縣積極組織農會，將農民吸收到農會中來開展轟轟烈烈的農民運動。毛澤東當年將湖南農民組織程度劃分為四等，湘中的湘潭、湘鄉和湘南的衡山為第一等，「湘西一帶，在袁祖銘勢力之下，農會宣傳未到位，許多縣的農民還全未組織起來，這是第四等。」[92]雖然與湘潭、湘鄉和衡山的農民組織相比，位於湘西的溆浦縣可能要稍遜一籌，但在湘西地區，溆浦縣卻是農民運動的中心，其暴烈程度絕不低於任何地區。一九二六年十一月湖南省各縣農會會員統計見表2-7。

溆浦雖位於交通閉塞的湘西，但革命的烈火卻迅速蔓延到這個山區縣。一九二六年七月，北伐軍攻克長沙，湖南農民運動「風起雲湧」。九月成立中共溆

91 毛澤東〈湖南農民運動考察報告〉（一九二七年三月），載《毛澤東選集》第一卷，人民出版社一九九一年版，第二十三—二十六頁。

92 同上，第二十三頁。

浦直屬支部。與此同時，省農運特派員李聲振到溆浦成立縣農民協會籌備處，不久正式成立縣農民協會。到一九二七年五月中旬，全縣共成立十一個區農協（大的區分上、下區農協），四十四個鄉建立了三十五個鄉農協和兩百多個村農協。農協會員由一九二六年十月的一九六五人猛增至兩萬餘人，其中雇農、佃農、半自耕農占百分之八十，受黨直接領導的農民群眾達十萬人，占全縣總人口的三分之一。[93]在農民運動中，各區、鄉農民協會相繼開展對土豪劣紳的鬥爭，「農會成為農村唯一的權力機關，事無大小都歸農民解決，真正做到了『一切權力歸農會』。」[94]

在暴烈的湖南農民運動中，「農會權力無上，不許地主說話，把地主的威風掃光……將地主打倒在地，再踏上一隻腳。」[95]對於這種擁有絕對權力的農會，在一些農民眼裏成為殺人的象徵，「什麼農民協會，砍腦殼會，莫害人！」[96]擁有絕對權力而不受制約的農民協會，在農村所造成的暴力恐怖現象，卻受到毛澤東的極力推崇：「必須建立農民的絕對權力。必須不准人惡意地批評農會。必須把一切紳權都打倒，把紳士打在地上，甚至用腳踏上。所謂一切『過分』的舉動，在第二時期都有革命的意義。質言之，每個農村都必須造成一個短時期的恐怖現象，非如此絕不能鎮壓農村反革命派的活動，絕不能打倒紳權。矯枉必須過正，不過正不能矯枉。」[97]

93 歐陽儀、嚴延桃、張家驥、戴桂斌執筆〈中共溆浦黨史概述（新民主主義革命時期）〉，載中共溆浦縣委黨史辦公室編湖南溆浦黨史資料叢書第二輯《溆水風雲》，一九八六年九月，第七、八十六頁。

94 同上，第十四頁。另參見毛澤東〈湖南農民運動考察報告〉，載《毛澤東選集》第一卷，人民出版社一九九一年版，第十七頁。

95 毛澤東〈湖南農民運動考察報告〉，載《毛澤東選集》第一卷，人民出版社一九九一年版，第十六頁。

96 同上，第十九頁。

97 毛澤東〈湖南農民運動考察報告〉，載《毛澤東選集》第一卷，人民出版社一九九一年版，第十七頁。

不讓任何權力佔有壓倒一切的絕對地位，是人類政治文明中的一條基本經驗。睿智的思想家對任何絕對權力都始終保持高度警惕和謹慎提防。中國人顯然還不可能認識和理解托克維爾和阿克頓等思想先哲對防範絕對權力的忠告。托克維爾坦言：「無限權威是一個壞而危險的東西。在我看來，不管任何人，都無力行使無限權威。我只承認上帝可以擁有無限權威而不致造成危險，因為上帝的智慧和公正始終是與它的權力相等的。人世間沒有一個權威因其本身值得尊重或因其擁有的權利不可侵犯，而使我願意承認它可以任意行動而不受監督，和隨便發號施令而無人抵制。當我看到任何一個權威被授以決定一切的權利和能力時，不管人們把這個權威稱著人民還是國王，或者稱著民主政府還是貴族政府，或者這個權威是在君主國行使還是在共和國行使，我都要說：這是給暴政播下了種子，而且我將設法離開那裏，到別的法制下生活。」[98]阿克頓（John Emerich Edward Dalberg Acton，一八三四—一九〇二）指出，絕對權力導致絕對腐敗，防止任何一種政治力量或派別在社會政治生活中占絕對支配地位，這種理念是亞里斯多德、波里比阿、西塞羅、斯多葛學派等人的政治學說本義。[99]

追求不受制約和謀求支配一切的絕對權力，卻一直是中國傳統政治演進的主流趨勢。這種政治觀念延展到二十世紀即演變成為一種被鄒讜（一九一八—一九九九）稱之為的全能主義政治生態。[100]「一切權力歸農會」的農民運動，給這個民族所帶來的持久的傷痛，或許要經過幾代人的痛苦磨難才可能逐漸醒悟過來。

在一九二〇年代的漵浦農民運動中，鎮壓陳壬齡（俗稱陳老二）是農民革命鬥爭的重要標誌性事件。陳壬齡時任漵浦縣團防局長，此人被革命人士認為「心性狠毒」，「橫行城鄉」。據稱全縣被他殺害的無辜群眾達「兩百多人」。一九二三年的一天，陳壬齡為避土匪搶劫，將家裏的財物裝入十八個鐵桶加以密封沉入屋前的水塘裏。待土匪搶劫風聲平息後，陳回家車乾水塘，發現少了一桶，就懷疑在附近賣油糍粑的陳三伢所盜，

98 〔法〕托克維爾著《論美國的民主》上卷，董果良譯，商務印書館一九八八年版，第二八九頁。
99 〔英〕阿克頓著《自由與權力》，侯健、范亞峰譯，商務印書館二〇〇一年版，第三四二、三四七頁。
100 鄒讜著《二十世紀中國政治：從宏觀歷史和微觀行動的角度看》，香港：牛津大學出版社一九九四年版。

便將其抓來，為逼其供認，竟施用慘無人道的「剝皮抽筋」酷刑：先將陳三伢上衣脫光，在木板上釘上兩排粗針，抽打陳三伢的背部，把肉皮打得稀爛，乘鮮血尚未凝結，用細麻線從肩部一直密密麻麻擺到臀部，然後塗上石灰粉，使石灰與鮮血、皮肉凝結在一起，成為血痂。過十二天再來抽動麻線，就如萬箭穿心，疼痛難忍。陳三伢被折磨得死去活來，最後上吊自盡。後來陳壬齡發現盜竊者乃其一抽大煙成癖的侄子所為。陳壬齡被革命黨人認為是全縣反動勢力的靠山和總頭目，是農民運動的「攔路虎」。中共溆浦縣委為了將剛剛興起的農民運動推向高潮，秘密決定除掉陳壬齡。

一九二七年二月二十六日（農曆正月二十五日），中共溆浦縣委在縣城寺坪召開慶祝中國國民黨溆浦縣黨部成立的萬人群眾大會，大會主席團由中共溆浦縣委書記劉績成（一八九五—一九二七）、縣委宣傳委員向五九、縣委委員杜永慶、縣長龍之瑞、縣黨部婦女部長舒勁秋、城區黨部負責人杜永廉等人組成。陳壬齡被突然抓獲押入會場台下時，群情激昂。「疾惡如仇」的向五九操起廣播筒大喊一聲：「贊成槍斃陳老二的鼓掌！」全場頓時掌聲雷動。杜元富抽出手槍對準陳老二就是一槍，擊中陳的腿部，士兵們連覆幾槍，「結束了陳老二的狗命」。隨即，與陳老二有「深仇大恨」的群眾，紛紛跑到附近人家借來刀子，「割其耳朵和鼻子，有的剖膛取心祭靈，有的割一塊肉拿去下酒；有個士兵一刺刀挖出陳的眼珠子，猛然用腳踏破，眼液四濺。有人問他對陳老二為什麼如此痛恨？他憤然答道：『我家被他弄死三個人，我是為了報仇才來當兵的。』不過一袋煙功夫，陳老二只剩下一副骨架子。」在陳老二被鎮壓處死後的當天下午，縣委才在縣城和各區張貼佈告，宣佈陳的「十大罪狀」。[101]

為保證農民運動向前發展，一九二七年三月，遵照上級指示，溆浦縣成立審判土豪劣紳特別法庭，在全縣開展了一場「鎮壓土豪劣紳的偉大鬥爭」。在短短十二個月內，全縣受到懲治的土豪劣紳達六一六人，其中

101 中共溆浦縣委黨史辦公室編湖南溆浦黨史資料叢書第二輯《溆水風雲》，一九八六年九月，第十—十四頁。

鎮壓的十一人，遊鬥的四十四人，坐牢的三十三人。一九二七年四月十二日，國共兩黨正式分裂，五月二十一日，許克祥在湖南長沙發動「馬日事變」。五月二十四日（這一日電報代日韻目為「敬」字），漵浦則發生了「敬日事變」。包括中共漵浦縣委書記劉績成在內的十九人被漵浦駐軍的陳漢章殺害，屍體被拖至縣城漵水邊的水碼頭，多被丟入漵水河中。之後，革命鬥爭更趨於激烈。「殺我們一個，還他們殺百個。」[102]一九二八年五月十九日，中共漵浦縣委遵照省委「暴動就是成績」的指示精神，發動了震撼湘西的舒溶溪農民暴動，舒溶溪小學校長龍明漢被「凌遲處死」。[103]

在一九二〇年代暴烈的農民運動中，充滿無限仇恨的鬥爭雙方，都以無比殘忍的手段置對方於死地而後快。人的尊嚴和價值，人的生命權、人身權、自由權和財產權等基本權利和自由，都在這種無比殘酷的零和政治鬥爭中趨於毀滅。在傳統中央權威被摧毀後，中國社會陷入了費孝通（一九一〇—二〇〇五）所說的現代「法治秩序的好處未得而破壞禮治秩序的弊病已現」的狀態之中。[104]霍布斯（T. Hobbes，一五八八—一六七九）指出：「在沒有一個共同權力使大家懾服的時候，人們便處在所謂的戰爭狀態之下。這種戰爭是每一個人對每一個人的戰爭。」[105]一個擁有幾千年文明的社會，竟再現了人對人都是狼的「霍布斯主義叢林」的恐怖景象。在漵浦，搶劫、強姦和殺戮，慘絕人寰。強者和弱者，強者和強者，幾乎都缺乏基本的人身安全預期。漵浦縣水東鄉溪口人賀幼農（一九〇一—一九四九）一九四八年任漵浦縣自衛總隊副總隊長（總隊長由縣長兼任）。一九四九年四月二十二日，賀幼農部下黃友良因嫖娼，指示舒均友開槍打死了賀的兒子賀譜生。賀幼農當即帶人將舒抓獲，酷刑拷打，爾後將其槍殺並梟首示眾數天。賀幼農又抄了舒均友養父舒雲太的家，將其全家老

102 同上，第一〇一頁。
103 同上，第十四—十五、二十三、二十四、三十五—三十六、一一七頁。
104 費孝通著《鄉土中國 生育制度》，北京大學出版社一九九八年版，第五十八頁。
105 〔英〕霍布斯著《利維坦》，黎思復、黎廷弼譯，商務印書館一九八五年版，第九十四頁。

小近十人抓去關押。同時，賀幼農將黃友良押到溪口賀譜生墳前，並將黃友良綁在門板上，在其背上插上三把殺豬刀，將其嘴裏塞上一束松毛，將活人當豬祭奠其子。黃友良在慘叫中死去。人對人的殘忍狠毒，超過了人性所能作惡的極限。一九四九年十二月二十五日，賀幼農在邵陽被人民政府槍斃。[106]二十世紀二〇年代的湖南農民運動，許多土豪劣紳被憤怒的農民群眾打死。湖南湘潭縣大劣紳晏容秋，被農民送進監獄後沒有立即槍斃，縣農民協會就率領農民和各界人士擁向縣署，迫使縣長交出晏容秋，讓農民將其活活打死。湖南寧鄉縣劣紳劉昭在被農民捕捉押解縣署途中被擊斃。湖南石門的龔星伯、曾茂齋、王吉吾等地主，都是被農民自己動手打死的。同時，農會幹部也有不少被殘忍地殺害，如湖南茶陵縣二二都睦鄉農民協會召開會議時，「劣紳黃卓甫等勾結團防局長羅兆鴻，將會議主席范榮桂包圍毆擊，『以洋油、柴薪活活燒死，屍首粉碎，丟棄滅跡。』」[107]法國學者路易士·博洛爾（Louis Proal）在《政治的罪惡》一書中深刻地指出：「每一種動物以另外的一種動物作為自己的敵人，但人類的最大敵人卻是人類自己。」[108]

溆浦一九五一年開始的暴烈土改運動，與一九二〇年代暴烈的農民運動所種下的階級仇恨是一脈相承的。不同的是，這一次土改是以國家政權為後盾的大範圍全局性的統一革命行動。

馬克斯·韋伯曾揭示：「通過訴諸暴力反對不正義，最終的結果不是更多權利的勝利，而是更多的武力或狡詐。」[109]批鬥地主實質上是一種以革命群眾專政的暴力方式，踐踏和剝奪地主的人身權利。以踐踏人的尊嚴和

106 參見中共溆浦縣委黨史辦公室編湖南溆浦黨史資料叢書第三輯《溆浦剿匪資料選編》，一九八九年六月，第四十—四十五頁。
107 王全營、曾廣興、黃明鑒著《中國現代農民運動史》，中原農民出版社一九八九年版，第二一八—二二七頁。
108 〔法〕路易士·博洛爾著《政治的罪惡》，蔣慶、王天成、李柏光、劉曙光譯，北京：改革出版社一九九九年版，第九十六頁。
109 轉引自〔美〕賈恩弗朗哥·波齊著《國家：本質、發展與前景》，陳堯譯，上海人民出版社二〇〇七年版，第十一頁。

價值為特徵的土改運動，先是堂而皇之地對準地主這些階級敵人，但用不了多久，這種對付階級敵人的武器，很快就將對準包括國家主席劉少奇在內的黨的幾乎所有的政治精英和知識精英。

鬥地主是為了打地主的「威風」，不把地主的「威風」打下去，就分不成田。鬥地主一般經過群眾訴苦責問、毆打，有的地主在批鬥後被立即槍斃。彭燕郊在溆浦土改運動的日記中記錄了一些鬥地主的詳細過程。

> 召開全保鬥爭會。
> 陳主席的講話：「十里路，今天要走八里，明天就只有里把了。」
> 地主押上臺，跪下。農會主席要地主陳思義自報五大財產。
> 群眾問（地主）：賣那它，賣好多？（地主說三六年賣了田）
> 證人說：是四擔一斛。（地主說做佛事賣的，四擔多。）
> 口號：地主不坦白不行。群眾說：你坦白講呵。
> 「你每年收好多穀，做佛事要賣田嗎？」
> 「要人民知道你就講，不知道你不講，你還是不坦白。」
> 「吃人民血汗不還不行。」
> 「老實點，說好多，是好多，不要人家問。」
> 「人家問一丘你講一丘。」
> 「四架還是三架」，群眾：「四架就是四架，三架就是三架。」
> （九畝田應打三十六擔）地主說只打二十多擔。
> 二百多鴨子，說是死了多少，賣了多少。一條賣兩升，只是賣升半。
> 「到底吃飯要勞動，還是吃現成的？」

口號沒喊完，有人站起來講：不坦白不行。

「還有哪裡寄得有，我屋裏（按：漵浦方言，指妻子）沒告訴我，我不知道。」

喊陳思義堂客（按：漵浦方言，指妻子）來問，（陳思義堂客）站在台下，只有些包裙、鞋子、襪子之類。

群眾追問：還有冇拿。

陳思義寄四床被窩到塘灣，說是農會打證明的。問他是哪裡農會打的？答是塘灣農會。

證人出場，東西兩個人看見，他挑出去的，共挑兩擔，挑到黑。地主婆還不承認。（兩個證人沒有培養好，袖著手，不敢認地主婆。）證人是地主。（其實一個小土地出租，一個雇農，老易記錯。）

借穀六擔，大加五息，每年還三擔，從民國十六年到三十一年（按：一九二七年到一九四二年），共還息十六年，共還四十八擔。

牛吃了他的麥，要賠四擔穀。

兒子在台上訴，父母跑到台前指著地主同訴。

鬥爭結果，因材料掌握不多，形成下不得台，其中幾乎發生吊打（已將陳思義堂客衣服脫下）。[110]

漵浦縣均坪十一保將鬥地主的做法在全縣土改總結會上作了經驗介紹：

鬥爭大會前一天，召開中貧雇農會，提出大會是個翻身關鍵，「幾千年就看這一天」，對地主罪惡進一步揭穿。這時大家鬥爭情緒很高，大家提出「明天鬥不垮（地主）不散會」。再開小組討論會，提出不帶小孩，不帶煙袋。……明確鬥爭對象，二十三戶地主鬥五戶，進一步培養苦主，根據訴苦大會情況，個

110 《彭燕郊漵浦土改日記》，一九五二年一月二十七日，第一二七—一二八頁。

別重苦輕訴糾正。先一天開全保苦主會，進一步培養，共六十三人，培養了一天一夜，先演習一下，把地主可能的頑強估計到，五十幾個苦主準備了人證物證。

又召開貧雇農代表會，產生主席團，分工。

（一九五一年）十二月十九日開全保反霸鬥爭大會。群眾情緒相當高，天沒亮就到齊，有的等了一夜，半夜就起來。婦女不帶小孩，男的不帶煙斗。到了八百多人。富農站在後面。

第一個鬥蕭玉高，苦主二十五個。從訴苦一直追。「為什麼壓迫？」「我有錢有勢」。「你為什麼有錢有勢？」（收租、國民黨）……

另一個（地主）向××，不承認，苦主堅持了一個多鐘頭，鬥倒了才下來。一整天，沒休息，一點兒不倦。到最後一個，群眾喊：「鬥不垮晚上我們點燈鬥」。有些群眾把油柴都拿來了。狗腿子也跑出來作證，訴暈倒的也有。從剝削追到政治，從政治追到思想，從思想上打垮了。[111]

曾在漵浦縣八區（江口）擔任區長的郭靜秋在回憶錄中寫道：

有一次，我在曹家溪村，領導一次反霸鬥爭大會。一個惡霸地主站在臺上被鬥，貧雇農一個個上臺訴苦鬥爭。一個苦大仇深的雇農，訴苦訴得大哭起來，走過去就將那地主的右耳朵咬下一半，「呸！」一聲吐在臺上，台下的群眾駭了一跳。他又準備去咬地主的左耳，我馬上制止他。[112]

111 《彭燕郊漵浦土改日記》，一九五二年一月二十九日，第一六四——一六五頁。
112 郭靜秋著《流放者之歌》，二〇〇〇年八月，第一〇一頁。

對於所謂的惡霸地主，有的沒有經過批鬥就槍斃，有的在召開群眾批鬥會後立即拉出去槍斃。在土改中擔任過民兵的盧峰鎮橫岩村的李佑良回憶說：

> 對於欺壓百姓的地主，就整他，關起來，有材料的就打掉（按：槍打掉，即槍斃）。都是民兵去抓，用繩子捆起來，只捆地主，那叫打威風，不然田土分不下去。十三保地主陳宗元，當過鄉長，抓到後三天就槍斃了，不要訴苦。
>
> 有一次在水東區，鬥完地主後，將地主牽到江坪（按：江坪不是地名，漵浦將江河的河床灘頭叫江坪）去，排一路跪著，一個個打掉。吹號了，就同時打掉。用槍對準地主後腦殼，一槍，腦殼開了花，腦殼不見了，只剩下肩膀、脖子垛垛。那一次，一下子就打掉了十八條人。家裏有人屬的就將屍體抬回去埋了。沒有人屬的就死在江坪讓狗吃掉。
>
> 當時鬥爭時，有一個地主的孫子鬥爺爺的爭，說爺爺睏了他媽媽，也打掉了。
>
> 那時水東區是岳區委當書記。
>
> 思蒙和尚坪的地主雷繼熹，有幾百畝田、幾十桿槍，屬於武裝地主。將他抓到後，用鐵絲穿起他的鼻子，牽起火火起走。在思蒙批鬥後打掉了。他全家二十多人全部打掉。雷繼熹小婆子生的兒子，七、八歲，也打掉了。他一屋人冇留根根，全家誅滅。[113]

據《漵浦縣公安志》記載，惡霸雷繼熹，男，一八九七年生，思蒙鄉七保人，家有田產八百餘畝，茶山、桔園一百餘畝，置有長槍十支，短槍三支，任過區團防分局局長。一九五〇年九月二日在當地公審後執行槍

113 二〇〇七年九月二十三日筆者湖南漵浦調查訪談記錄。

決。[114]路易士・博洛爾揭示：「在謀殺了父母之後，一定要宰殺這些父母親生下來的兒女。長期以來，這是一條不成文的政府行為準則。這條準則一直在起作用，政治的殘酷性要求斬草必須除根。」[115]

在當時，殺人殺得多、殺得狠，是革命的表現。毛澤東提出，鎮壓反革命分子，必須「打得穩，打得準，打得狠。」對於什麼叫「打得狠」，毛澤東解釋說，就是「要堅決地殺掉一切應殺的反動分子」。為此，毛澤東對湘西地區殺人殺得狠給予充分肯定：「在湘西二十一個縣中殺了一批匪首、惡霸、特務，準備在今年由地方再殺一批。我認為這個處置是很必要的。」[116]毛澤東將殺人權下放到地方後，各地誅殺「反動分子」的革命幹勁大漲。中共沅陵地委就曾電告漵浦，對「罪大惡極，群眾痛恨的，即時槍斃。對發動群眾有利，但來不及請示者可個別的殺了再報，或電話中請示。」漵浦縣遵照此指示，在全縣範圍內開展了對地主惡霸、反革命分子進行「大張旗鼓的鎮壓」運動，結果是「效果很好」。一九五一年六月，地委專門派檢查組對漵浦縣芙蓉鄉（現橫板橋鄉）五、六兩個保（農會）（現芙蓉、大洞、烏峰、集中四個村）的鎮壓運動進行驗收。這兩保於一九五〇年十二月二十七日聯保（農會）召開群眾鬥爭大會，鬥爭後就地鎮壓（即槍斃）十一人，其中慣匪一人、特務三人、惡霸六人，地特一人。[117]

時過五十多年後，李佑良在回憶時感歎「那時打人打多了」。在結束筆者訪談時，李佑良反覆說：「那時太亂了，還是正規好，還是正規好。不管國民黨、共產黨，一要正規，二要正派，正規過舊些，這樣好，不要亂來。」

---

114 《漵浦縣公安志》，一九九五年十月，第九十三頁。中共漵浦縣委黨史辦公室編《漵浦剿匪資料選編》，一九八九年六月，第二〇七—二一五頁。

115 〔法〕路易士・博洛爾著《政治的罪惡》，蔣慶、王天成、李柏光、劉曙光譯，北京：改革出版社一九九九年版，第三十頁。

116 毛澤東〈鎮壓反革命必須打得穩，打得準，打得狠〉（一九五〇年十二月—一九五一年九月），載《毛澤東選集》第五卷，人民出版社一九七七年版，第四十二頁。

117 《漵浦縣公安志》，一九九五年十月，第九十頁。

漵浦那時打人（按：槍斃）最多，如有人報復，只要揭發就打掉。漵浦縣那時打得太多了。當時漵浦有兩個著名的社會賢達人士，一個差一點被槍斃了，一個被槍斃了。差一點槍斃的荊嗣佑，馬田坪荊家人，當過毛主席的老師。當時荊嗣佑說，你們要打我，你們先給毛主席打電報，他說打，你們就打。後來縣裏發了電報，上面不准打，將他派到（黔陽縣）安江去安排了工作。一個叫陳遐齡，馬田坪地坪村人，當過將軍。當時他將近八十歲了，生病走不動路。就將他的手腳捆起來抬出去槍斃了。[118]

荊嗣佑（一八八九—一九六九），漵浦馬田坪荊家村人，同盟會會員，係宋教仁（一八八二—一九一三）領導的小組成員之一，一九一〇年畢業於京師農商部高等實驗學校，被清廷賜為「舉人」，隨即入日本明治大學。辛亥革命前後追隨孫中山從事革命的反袁鬥爭。一九一六年，他受中華革命黨派遣回湖南，參加長沙暴動成功後，任湖南省榷運局局長。一九一七年重渡日本，進明治大學學習。回國後執教於湖南長沙群治法政學校，其間經何叔衡（一八七五—一九三五）介紹義務擔任船山學社自修大學英文教師。一九二一年春，趙恒惕（一八八〇—一九七一）在湖南搞「聯省自治」，荊嗣佑當選為省議員。一九二七年「四一二」國共分裂後，荊嗣佑先後執教於北京大學、交通大學。一九三三年，胡漢民（一八七九—一九三五）在廣州成立反蔣的西南政府，荊嗣佑出任參議，後擔任李宗仁（一八九一—一九六九）的顧問。抗戰勝利後，荊嗣佑回長沙受聘於文藝中學、克強學院。共產黨執政後，荊嗣佑先任漵浦縣馬田坪小學校長，後調沅陵行署工作。一九五一年調任湖南文史館館員，一九六九年病故於安江。[119]

118　二〇〇七年九月二十三日筆者湖南漵浦調查訪談記錄。
119　《漵浦縣誌》，社會科學文獻出版社一九九三年版，第六八一—六八二頁。

陳遐齡（一八七三—一九五〇），溆浦馬田坪地坪村人。一八九四年中甲午武舉，後東渡日本，畢業於日本陸軍士官學校。一九〇七年，陳遐齡任標統入四川駐防雅州。一九一八年北京政府任命陳遐齡為川邊鎮守使。不久被北京政府授予康威將軍軍銜。一九三七年盧溝橋事變後，陳遐齡回到溆浦，先後擔任湖南省參議員、縣軍事參議會名譽會長、縣自衛總隊副總隊長。他帶頭捐資倡修溆浦西湖口浮橋，方便溆水兩岸民眾通行。一九四五年，他應湖南省政府主席王東原（一八九九—一九九七）邀請出席沅陵專區行政會議，力主當局減輕民眾負擔：「誰要攤派，誰就不是好縣長、好鄉鎮長。」一九五〇年十二月，七七歲的陳遐齡在鎮壓反革命運動中被槍斃。一九八四年五月，中共溆浦縣委對陳遐齡予以平反。[120]

有的農民回憶當年土改、鎮反時，十分困惑地說：

那時，一批批人都被捆去槍斃了，死掉好多人，死掉好多人！都是些農民，犯了什麼砍腦殼的罪？[121]

曾主持溆浦縣公安局工作、領導過溆浦八區（江口）土改運動的郭靜秋，[122]時隔五十多年後在接受筆者訪談時認為那時「殺人還是殺得太多了」：

120 同上，第六六六—六六七頁。
121 二〇〇七年二月十五日筆者調查訪談記錄。
122 郭靜秋一九二二年出生於溆浦縣城長沖口，一九四八年六月畢業於湖南大學文學系，一九四九年十一月隨南下工作隊回到溆浦，同年底主持溆浦縣公安局的日常工作約半年時間（時縣委書記任之兼任公安局長），後任八區區長，領導過當地的土改運動，一九五三年一月離開溆浦，調入湖南省文化局。一九五五年被當成肅反對象，一九五七年被打成右派，一九六二年被清理出幹部隊伍，流放到屈原農場。一九七九年後平反，擔任過湖南省藝術學校校長、黨委書記等職。相關內容參見郭靜秋著《流放者之歌》，二〇〇〇年八月。

當時殺這麼幾種人：一是土匪頭子，二是慣匪，三是惡霸，四是幫會頭目，五是國民黨反動黨團頭子。

當時我們看來是正確的，要殺一批，不殺不行。但是殺多了。政策歸政策，到下面就殺盡了。

那時也沒有辦法，上面分配任務，你不完成殺人任務，就是右傾。我到沅陵地委（當時設在辰溪）開會，書記叫陳郁發，部隊下來的。地委上一級是湘西區黨委，書記周赤萍，這個人很左。在會上佈置任務時說：「寧願錯殺一百，不要放走一個。」

我是（漵浦縣八區）區長，還有區委書記趙中財，山西人，漵浦話他聽不懂。他沒有文化，寫不得，認不得，人的能力很好。區裏二十幾個幹部，基本上高中畢業生。

在地委開會時要求各地報殺人計畫，我做計畫，說大概殺十七八個人。這不得了了，領導不高興了，說你們只殺十幾個人，太少了，是右傾。在小組會議上我受到了批評。我說我回去跟區委書記商量後再報。

我從辰溪走路到江口七十多里。回到區裏與趙中財書記商量，他很正直，也說殺一二十個吧。我說這個數字我在地委開會時就挨了批評。後來，江口一次就殺了十幾個人。

這不是我能控制的。那時沒有法治，當時說是說（殺人）要縣委批准，其實不是那麼回事，每個幹部都可以批准，罪名是「罪大惡極」就行了。上面也不管你，只要你完成任務。我們區裏有個幹部叫羅良驥，我當區長也管他不到。他將一個八十多歲的一般地主殺掉了，還將他全家男的都殺了，只有一個男的跑掉了。

有殺錯的嗎？肯定有殺錯的。我認識的一個同學鍾學厚就殺錯了。他純粹是個學生，他家裏是地主，他與貧下中農相罵，打了起來。在當時，你屋裏是地主成分，打貧下中農，就是惡霸，槍斃了。我認為他肯定殺錯了，他不是反革命，也不是惡霸。

那時，貧下中農說你是惡霸，你就是惡霸。這樣的例子很多，講不清，沒有法治啊。

到底漵浦殺了多少，我也不曉得。記得當時漵浦有人告到中央，說漵浦亂殺人。中央要求漵浦將名單和數字報上去。當時縣委書記任之、縣長諶鴻章急急忙忙跑到我們區裏，要統計數字，我們也統計不出來。[123]

土改與鎮壓反革命基本是同步進行的。鎮壓反革命的目的是為了確保「土改的順利進行」。自一九五〇年八月至一九五一年秋，在一年多時間的鎮壓反革命中，漵浦縣共槍斃特務、匪首、幫會頭子、惡霸地主等反革命分子六八九人，其中特務四十八人、匪首二七六人、惡霸三一五人、反動黨員骨幹十八人，反動會道門八人、其他二十四人，關押反革命分子六〇三人，交群眾管制的反革命分子九〇一人。[124]另據《漵浦縣公安志》記載，在整個鎮反運動中，全縣處決一大批反革命，占全縣總人口的千分之二。逮捕三七八五人，管制三二三一人。對罪行輕微、認罪態度好和有立功表現的假釋或教育釋放一一三五人，隨軍服役一二五人（其中土匪七十六人），牢內病亡六十二人，自然死亡二〇九人，另外逃不知下落者七十二人。[125]

（三）沒收：瓜分勝利果實

如果說，批鬥地主是對地主人身權的剝奪的話，那麼沒收和瓜分鬥爭果實，則是對地主私有財產權的剝奪。按照《土地改革法》的規定，沒收財產只限於地主的五大財產，即土地、耕畜、農具、多餘的糧食和多餘

123 二〇〇七年七月二十八日筆者湖南長沙調查訪談記錄。
124 漵浦縣史志辦編湖南省漵浦縣黨史資料叢書第六輯《漵浦縣開展抗美援朝運動資料選編》，一九九八年七月，第十四頁。
125 一九五〇年代初漵浦縣總人口約四十餘萬人，以千分之二計，在鎮反運動中全縣被槍斃的人約在一千人左右。參見《漵浦縣公安志》，一九九五年十月，第九十二頁。

的房屋，並規定對地主的其他財產不予沒收。而實際上，在漵浦土改中幾乎沒收地主的所有財產，同時也沒收富農的財產，並且通過提高階級成分，一些屬於中農的家庭財產也被劃為地主而被沒收。

在漵浦縣參加過兩期土改的郭靜秋妻子黃克和（一九三〇—）介紹：

將地主鬥完了，就分土地、造冊子，將沒收來的土地、財產拿來分，叫分勝利果實。沒收地主、富農的財產叫浮財。主要是些被子、傢俱、衣服等，叫勝利果實。貧雇農將分得的傢俱、衣服抬回家。貧雇農最高興的就是分勝利果實。[126]

橋江鎮革命村向祚書的父親原劃為下中農，後因提高階級成分而被劃為官僚地主。他家的所有財產被全部沒收，全家七口人被「掃地出門」：

沒收了田、土。家裏的所有東西，農具（沒有耕牛）、被子、蚊帳、米、油、床、板凳、櫃子、箱子，等等，都沒收了。

我結婚時（一九四八年）老婆從娘家帶來的嫁妝，也都被沒收。沒收的財產由農會分給貧農、雇農、佃農。將我家的房屋沒收分給貧農向章興住，我們七口人全部被趕出家門不准住。

我們一家只有搬到黃家沖莊屋住，莊屋只准住一半，另一半安排雇農黃恒生住。住在我家的向章興已去世，他的弟弟向章發一家現在還住在我們以前的屋裏。[127]

126 二〇〇七年七月二十八日筆者湖南長沙調查訪談記錄。
127 二〇〇七年九月二十三日筆者湖南漵浦調查訪談記錄。

盧峰鎮橫岩村的李佑良回憶：

工作隊帶民兵到地主家裏沒收東西，所有的糧油、傢俱、衣服、被子、床、桌椅板凳、櫃子、缸子、金銀、花幣全部沒收，抬到農會去。把屋也沒收，交給沒有屋住的貧雇農去住。金銀、花幣上交，其他財產分給貧雇農。

沒收來的財產分為三等，最好的最值錢的為一等，最差的為三等。最窮的人先分東西，只能選一樣。只有貧雇農分，中農沒有參加分。[128]

七區均坪十一保在介紹土改工作時，指出沒收中存在的問題：

選舉的代表去地主屋裏沒收時，幹部包辦，登記、清算各股都是我們的幹部。不分大中小，一到地主家裏，要其老老小小都跪下來，地主哭了，代表也哭（婦女）。代表在旁邊走來走去，幹部要包辦，有個代表向地主說：「你快交東西吧，不然，工作同志來了要鬥爭你了。」

群眾要清算中農，對中貧雇團結宣傳不夠，把一個貧雇的四兩紗沒收了。[129]

經過暴風驟雨般的土改，全縣共沒收和徵收多餘土地一九七七八七畝、山林二二四〇四一六畝、房屋二三六四九間、耕牛四三一九頭、農具三三二〇七件、糧食六六二·一八萬斤。有二二四二九〇人分得土地、

128 二〇〇七年九月二十三日筆者湖南漵浦調查訪談記錄。
129 《彭燕郊漵浦土改日記》，一九五二年一月三十日，第一七五頁。

表2-8　土改前後溆浦各階級土地佔有情況

階級	人口（人）	比例（%）	土改前			土改後		
			佔有土地數（畝）	比例（%）	人均（畝）	佔有土地數（畝）	比例（%）	人均（畝）
地主	21926	6.00	217590	37.60	9.93	33546	5.80	1.52
富農	15716	4.30	74073	12.80	4.71	24045	4.16	1.53
中農	116942	32.00	197906	34.20	1.69	197906	34.20	1.69
貧（雇）農	190031	52.00	68853	11.90	0.40	291609	50.39	1.54
其他	20830	5.70	20253	3.50	0.97	31569	5.45	1.51
合計	365445	100	578675	100	1.58	578675	100	1.58

資料來源：《溆浦縣誌》，社會科學文獻出版社1993年版，第220-221頁。

山林、房屋、耕牛、農具等。[130]

土改後農村各階級人平佔有土地幾乎接近絕對平均的水平。經過土改，新政權自豪地宣佈廢除了延續幾千年的封建土地所有制，實現了「耕者有其田」的農民土地所有制。土改前後溆浦各階級佔有土地的變化情況，見表2-8。

「再沒有比革命給一個國家帶來的創傷更嚴重的事件了，因為革命意味著一個國家政治、社會智力上的全盤變革。」[131]中國革命從近因上看，直接受到俄國革命的影響；從長遠看，則是霍布斯鮑姆（Eric Hobsbawm，一九一七—）所概括的「雙元革命」即英國的工業革命和法國的政治革命的影響。世界上所有古老的文明與帝國在「雙元革命」的衝擊下都崩潰了，中國也不例外。「雙元革命」改變了世界，也改變了中國。[132]

中國革命創造了一系列革命話語用以承載革命觀念。在革命者看來，革命具有無可比擬的正當性和神聖性。在人的身分、職業或行為舉止前面加上「革命」二字的修飾，一切就變得神聖和光榮起

130 《溆浦縣誌》，社會科學文獻出版社一九九三年版，第二二〇頁。
131 〔美〕蘇珊・鄧恩著《姊妹革命：美國革命與法國革命啟示錄》，楊小剛譯，上海文藝出版社二〇〇三年版，第二五〇頁。
132 〔英〕艾瑞克・霍布斯鮑姆著《革命的年代》，王章輝譯譯，江蘇人民出版社一九九九年版，第二—五頁。

來。如革命領袖、革命幹部、革命軍人、革命同志、革命群眾、革命知識份子、革命家庭、革命事業、革命運動、革命感情、革命友誼、革命鬥爭、革命競賽、革命歌曲、革命行動、革命組織、革命隊伍、革命紀律、革命理想、革命人生觀等，甚至人名、地名和單位名，都紛紛加上革命二字。每個人「都覺得只有戴上一個革命帽子才安全，才光榮。」[133]中國人開始陶醉在對革命的絕對崇拜之中。「反革命罪」是革命歲月裏最罪大惡極的罪名。即使在中國進入改革年代後，改革的旗幟也要打上革命的標籤才能在眾人心中獲得正當性和權威性，如眾所周知的流行話語——「改革是中國的第二次革命」——就是假以革命的聲威來為改革頒發出生證和通行證。

對於革命的最大受益者之一，貧雇農常用的革命話語就是「翻身」。美國學者韓丁（William Hinton，一九一九—二〇〇四）專門寫了一部反映中國農民「翻身」的書，書名就叫《翻身》。在該書中，韓丁解釋了「翻身」的涵義。從字面意義上，它就是「躺著翻過身來」，對於貧苦農民來說，這意味著站起來，打碎地主的枷鎖，獲得土地、牲畜、農具和房屋，意味著進入一個新世界。[134]

四、怨恨：階級敵人的武器

睿智的亞里斯多德發現一切政體都有三個要素：議事機能、行政機能和審判機能。倘使三個要素都有良好的組織，整個政體也將是一個健全的機構。[135]洛克（John Locke，一六三二—一七〇四）認為每個國家都有三種

133 李澤厚、劉再復著《告別革命——回望二十世紀中國》，香港：天地圖書有限公司二〇〇四年版，第六十三頁。

134 〔美〕韓丁著《翻身——中國一個村莊的革命紀實》，韓倞等譯，北京出版社一九八〇年版，關於「翻身」一詞的說明。〔加〕伊莎貝爾·柯魯克、〔英〕大衛·柯魯克著《十里店——中國一個村莊的群眾運動》，安強、高健譯，北京出版社一九八二年版，第一頁。

135 〔古希臘〕亞里斯多德著《政治學》，吳壽彭譯，商務印書館一九六五年版，第二一四—二一五頁。

權力：立法權、執行權和對外權。[136]孟德斯鳩（Montesquieu，一六八九—一七五五）則提出了成熟的三權分立和制衡的思想，他將國家的權力分為立法權、行政權和司法權，第一次將司法權提升到國家權力系統中的應有地位。在孟德斯鳩看來，「如果司法權不同立法權和行政權分立，自由也就不存在了。」如果任何一個人或由重要人物、貴族或平民組成的同一機構行使這三種權力，則「一切便都完了」。[137]

中國傳統政治就是將國家的立法權、行政權和司法權集於一身。這種高度集權的政體，被西方學術界稱為「東方專制主義」。[138]中國在由傳統國家向現代國家轉型過程中，實現了由皇權政治向黨權政治的嬗變。秦始皇開創了中國皇權政治的先河，孫中山則開創了中國黨權政治的源頭。[139]從此，黨的領袖取代了歷史上擁有絕對權力的皇帝，黨權至上取代了皇權至上。與皇權不同的一點是，黨除了集立法權、行政權和司法權於一身外，還空前地將意識形態權力集中到自己身上，從而歷史性地改變了傳統皇權社會「政統」與「道統」相分離的政治生態。一個全能主義的黨國（party-state）政治體制開始在中國確立。[140]

共產黨通過暴力革命取代國民黨的執政地位後，更有效地集中了所有權力。在土改中，新政權專門組織為土改保駕護航的「人民法院」。一九五〇年七月二十日政務院公佈《人民法庭組織通則》，規定人民法庭的任務是：「運用司法程式，懲治危害人民與國家利益、陰謀暴亂、破壞社會治安的惡霸、土匪、特務、反革命分

136　〔英〕洛克著《政府論》下篇，葉啟芳、瞿菊農譯，商務印書館一九六四年版，第八十九—九十八頁。
137　〔法〕孟德斯鳩著《論法的精神》上冊，張雁深譯，商務印書館一九六一年版，第一五五—一五六頁。
138　〔美〕卡爾A・魏特夫著《東方專制主義——對於極權力量的比較研究》，徐式谷、奚瑞森、鄒如山等譯，中國社會科學出版社一九八九年版。
139　陳小平〈黨權政治的興起及對中國憲政的影響〉，載王焱編公共論叢《自由主義與當代世界》，生活・讀書・新知三聯書店二〇〇〇年版，第二九〇—三二九頁。
140　鄒讜著《二十世紀中國政治：從宏觀歷史和微觀行動的角度看》，香港：牛津大學出版社一九九四年版，第二二三、一三五—一三六、一七〇、一六八頁。

子及違抗土地改革法令的罪犯，以鞏固人民民主專政，順利完成土地改革。」[141]人民法庭的目的不在於保護國民的權利，而在於為完成土改工作提供專政工具，因而它不可能成為每個人尋求社會正義的「最後一道防線」。在這裏，司法權隸屬於行政權，是行政權的一部分，或者說，司法權是行政權在司法領域的代表。事實證明，這種司法制度安排，不僅不會保護「階級敵人」的權利，它最終也不可能保護「人民」的權利。

很顯然，階級敵人不可能在「人民法庭」中去申辯，也不可能通過「人民法庭」去維護其「人身權利和財產權利」——作為階級敵人，新政權根本就未賦予其任何權利和自由。地主、富農等階級敵人，面對勢不可擋的階級鬥爭和群眾專政，除了忍受新政權此起彼伏的殘酷鎮壓、無情批鬥和強制改造外，並不是沒有反抗。但面對無比強大的新政權，任何反抗都只意味著加重其自身的災難。因而，怨恨就成為階級敵人的主要反抗形式。心中的怨恨與無奈，通過各種方式表現出來。

（一）仇殺

在腥風血雨的土改鬥爭中，「階級敵人」不可能通過「人民法院」去尋求保護，也不可能通過人民信訪去維權抗爭。他們除了忍受新政權發動的針對他們的殘酷無情的鬥爭外，有的還會選擇極端的仇殺方式，農會幹部和土改積極分子是他們攻擊的主要目標。一九五〇年三月隨軍南下、曾擔任過溆浦縣第四區（橋江區）工作組組長、區委書記的于永起（一九二二——）回憶當年土改中的一起仇殺案：

141 〈人民法庭組織通則〉（一九五〇年七月二十日公佈），載《中央人民政府法令彙編》，法律出版社一九八二年版，第八十二頁。

在反霸鬥爭中，我們將匡時、「王老虎」等一批罪大惡極分子拉出去批鬥，並報經上級批准後就地鎮壓了。……

自從鎮壓了匡時等一批匪霸後，群眾起來了，區委和區政府的威信也大大提高了。一九五二年初，人們響應黨的號召，投入轟轟烈烈的土地改革運動。然而階級敵人不死心，他們躲在陰暗的角落裏，千方百計地破壞土改運動。這年三月，我們橋江區又發生了一起殺人慘案。

情況是這樣的：有一天，我們從一個村子回區裏來，準備碰頭研究有關土改的情況。走到半路，突然涼水井村的一個農民風風火火地跑過來，攔住我們的去路，氣喘噓噓地說：「出事了！鄧南彬一家人被殺了！」我們心裏一怔，立即向涼水井奪奔去。走到被害者的家裏，其慘狀目不忍睹，器物狼藉血腥撲鼻。鄧南彬躺在地上，滿臉血糊糊的，身體已僵硬；其女躺在床上，腦袋搭在床邊，脖子上被砍數刀；其父吊死在樓枕上。我立即順著梯子爬上去，將老人屍體放在地上，仔細查看，發現他不像自殺上吊，而是被人扼死後吊起的。鄧南彬的妻子被砍成重傷，不能言語。只有兩個年幼的小孩倖免於難。在察看現場時，又聽到村裏的一些謠言：什麼「鄧南彬的父親不同意兒子當土改根子，才把全家殺死後上吊的。」什麼「出事的那天晚上，豹子叫了一夜」……

在回村的路上，我們邊走邊商量。鄧南彬是該村的土改根子，全家六口人。解放前，終年辛勞，饑寒交迫，受盡了壓迫和剝削。解放後，經過工作組的耐心啟發教育，他提高了階級覺悟。每次村裏開群眾大會，他都帶領全家人參加，並在會上帶頭發言，回憶對比，憶苦思甜。他的遇難，肯定與村裏的階級敵人活動有關。

……原來，該村在土改工作組下來之前，羅用中夥同鄧南儀等組織一個反動組織「農民會黨」，並暗地裏非法召開本村的所謂土改代表會。他們造謠說：「土改隊來了，大家不要亂講，講錯了，分不成田，那他就要負責……」。其目的就是要操縱農民，製造假鬥爭，蒙混滑過土改關，破壞我們的土改工作。他們的骨幹分子曾多次在鄧南儀家秘密開會。羅用中在會上散佈種種反革命言論，謀劃反革命行動。而鄧南彬正住鄧南儀家附近，知道鄧南儀一夥的罪惡活動，因此，羅用中一夥既怕他，又恨他，來了個先下手為強。由羅用中策劃，鄧南儀等人充當殺手，製造了這起惡性殺人案件。之後，我們根據上級指示，將羅用中等八名罪犯執行槍決，以平民憤，鼓舞鬥志，使土改工作得以順利進行。[142]

與於永起同任漵浦縣橋江區土改工作隊副總隊長的郭靜秋，回憶土改時橋江區的另一起階級敵人仇殺案件：

我在這裏（引者按：橋江區）不幾天，突然接到任之同志（時任縣委書記）派專人給我送來的一封急信，信中說址坊發生反革命縱火殺人事件，要我火速趕回址坊處理，並在信中說已派軍隊駐址坊一帶，協助支持土改鬥爭。我收到信時，已是傍晚，但情況緊急，顧不得山高路遠，星夜奔回址坊。幸好這天夜裏有朦朧月光，山路雖然崎嶇，但還看得見。我手中帶有一支德國造快慢機，準備隨時應付來襲擊的壞人。……途經一些村莊時，處處都有民兵放哨，過往行人都要受到檢查。民兵告訴我周圍已戒嚴。直到深夜，我才趕到址坊村。

當時，這一帶鄉村的氣氛異常緊張，一到天黑，村民都離家到祠堂集中過夜。址坊的工作組經過縝密的調查，查出了縱火殺人犯。這個人是個富農，他本想殺死那戶貧農後，放火燒掉其房屋。但人未被殺死（只受了傷），只燒民房屋。破案後，這個富農在群眾鬥爭大會上當即被處決了。於是址坊、油洋的土改運動迅速掀起了高潮，貧雇農在這次活生生的鬥爭事實中受到了教育。一九五二年春耕生產時，全縣結束了土改，我又從橋江區回到了縣（政府）文教科。[143]

142 于永起〈回憶紫荊山下的鬥爭〉（李娟整理），載漵浦縣政協文史資料研究委員會編《漵浦文史》第四輯《南下紀實》，一九九一年十二月，第一六五——一六九頁。

143 郭靜秋《我在漵浦的那些日子》，載漵浦縣政協文史資料研究委員會編《漵浦文史》第四輯《南下紀實》，一九九一年

在整個土改中，一共發生了多少起階級敵人仇殺案件，尚不得而知。但所能感知的是，暴風驟雨般的階級鬥爭，使整個社會喪失了和平、妥協解決衝突的機制，仇恨取代了和解和憐憫，鬥爭吞噬了和諧與寬容。貧雇農、階級敵人甚或革命幹部，幾乎都不能在那塊生養萬物的家園裏過上「免於恐懼的生活」。[144]

（二）哀求

傳統中國社會是一個特別講究人情世故的社會。弱者的哀求常常能觸動強者的某種憐憫之心，從而做出良心發現的舉動或礙於情面的行為。土改中，「階級敵人」也常常習慣性哀求農會幹部和革命同志，希望他們高抬貴手，給他們留一條生路，以躲過那恢恢的「無產階級專政」之網。但是，經過革命化訓練的黨員幹部，被宣稱為「由特殊材料構成的」，他們將傳統習俗視為「封建落後」的東西而立志與之「決裂」，親情、友情、人情等都被同志之間的革命友誼和階級感情所覆蓋，家長、族長的權威則被領導和領袖權威所取代，忠於黨、忠於組織、忠於革命、忠於領袖代替了歷史上一切「封建落後」的忠誠觀。

一九五〇年三月擔任溆浦縣八區（江口）區長的郭靜秋在回憶錄中記述了自己碰到一起階級敵人苦苦哀求自己的事情：

十二月，第十八—十九頁。

144 南下幹部東羽（女）一九九一年十月回憶自己在溆浦開展土改等運動時寫道：「後來同志們回憶當年時說：『我們的腦袋是掛在褲腰帶上來到湘西的。』當時的形勢，也確實是這樣。」參見東羽〈從北京到溆浦〉，載溆浦縣政協文史資料研究委員會編《溆浦文史》第四輯《南下紀實》，一九九一年十二月，第一四九頁。

八區開展反霸、土改比其他區要早，是縣委土改的試點區。任之同志（引者按：時任縣委書記）就在八區江口鄉洑水灣蹲點。……

我還記得在思蒙鄉和尚坪村蹲點時，清算鬥爭已進入激烈階段。一天早飯後，我正準備去思蒙場坪上參加鬥爭會，突然一個神情沮喪的女人跪在我面前，並急忙從懷裏拿出一個布包，準備往我手裏塞。她說：「我這包裏有幾樣金首飾，請救救我男人（引者按：指丈夫）雷京文性命吧！」原來這女人就是思蒙鄉大惡霸地主雷京文的老婆。她跪在地上叩頭時，思蒙場坪上的群眾大會就要開始了，也許她覺察出雷京文就要被處決，於是採用這一招。說實話，我當時很氣憤，覺得她在侮辱我。正準備狠狠教訓她一頓，但轉念一想，這金首飾是地主的錢財，既已拿出，何不讓她交到農會去?!於是我壓著火氣命令她把金首飾送到農會去。後來，農會幹部拿著到縣銀行兑成人民幣分給了貧苦農民。[145]

作為黨的幹部，郭靜秋的上述行為，絕對是真實的，他為此也贏得了「共產黨的官真正是清官」的讚譽。在他的身上，也充分體現了雷鋒式的「對待敵人要像嚴冬一樣殘酷無情」的革命人生哲學。在中國傳統文化中，清廉備受推崇，但「拿人錢財，替人消災」的民間規則也被廣泛認可。黨的幹部顯然不屑於「封建主義」的那一套，對於階級敵人，拿走他們的「錢財」，並加重他們的「災禍」，完全具有革命的天經地義。黨的幹部不僅要對素不相識的階級敵人保持警惕，也要與自己成分不好的家庭劃清界限，以免自己落後的家庭拖後腿而影響其投身於「無產階級的革命事業」。

145 參見郭靜秋〈我在漵浦的那些日子〉，載漵浦縣政協文史資料研究委員會編《漵浦文史》第四輯《南下紀實》，一九九一年十二月，第十一——十三頁。

出生於漵浦縣合田鄉的夏椿士，土改時曾擔任八區（江口）副區長，在他回憶時任八區區委書記趙中財如何幫助他過好「土改關」的敘事中，[146]可以看出土改中的黨的幹部如何堅定地劃清成分不好的家庭界限以過「土改關」的革命立場：

> 一九五〇年秋末冬初，也就是地委召開鎮反、土改動員會議之後，縣委把大江口區定為鎮反、土改試點區。那時我的工作情緒很高。我是本縣人（龍潭區），家裏同樣即將鋪開鎮反和土改。正是在這樣的情況下，趙區委（引者按：時任江口區委書記趙中財）找我談話（也還找過其他同志），詳詳細細詢問我的家庭情況，我一一如實作了回答。最後，他嚴肅地問我：「你估計家裏會劃成什麼成分？」我說：「大概是富農吧。」趙區委嚴肅地說：「不要從低估計，應該從高估計，要有劃為地主的思想準備。」那時我們區裏還沒有劃分階級，對地主家庭究竟怎樣清算，我還不很清楚。趙區委詳詳細細講了北方土改的情況，講了個人服從革命的道理。他就像關心自己的弟弟一樣說：「要正確對待土改，正確對待家庭，經得起考驗，一定過好土改關。」不久，家裏傳來資訊，我家被劃為地主，按照政策，沒收了土地和其他財物。這對於我的家庭來說，無疑是一個巨大的變化。但我沒有因此影響工作情緒，而且還鄭重其事地給家裏寫信，曉之以理，「一定要老老實實地接受清算」，並特別告訴家裏：「我是幹部，我現在正在帶領群眾鬥爭地主惡霸，切切不要拉我的後腿。」[147]

146 毛澤東〈做一個完全的革命派〉（一九五〇年六月二十三日），載《毛澤東選集》第五卷，人民出版社一九七七年版，第二十六—二十七頁。

147 夏椿士〈趙中財在大江口〉，載漵浦縣政協文史資料研究委員會編《漵浦文史》第四輯《南下紀實》，一九九一年十二月，第七十三—七十四頁。

（三）色誘

美國人韓丁在記錄一九四八年山西潞城縣張莊土改過程的《翻身》一書中，將階級敵人的色誘稱為「美人計」。在韓丁的敘事中，美人計是一種很厲害的「武器」。地主家的女人往往是有姿色的，因為地主往往挑選鄉下最漂亮的姑娘做老婆和小老婆。這些女人除了長得標致外，還學會了梳妝打扮，知道怎樣去「勾引男人」。

韓丁在書中提到了幾個例證。一個是年輕雇工張存喜，給鄰村高家莊一個地主扛活，解放前，「這家地主把他當牲口一樣使喚」，解放後，這家地主的兒媳婦「突然同他眉來眼去了」，最後「請他進她的屋裏睡覺」。張存喜「一被俘虜過去，這個地主的兒媳婦馬上就讓他替地主藏衣服和值錢的東西。」另一個是寡婦王鳳只，王寡婦家裏「相當富裕」，卻沒有被批鬥，因為她「非常漂亮」的女兒補巧，同村幹部「混熟了」，同時和他們中間幾個人「調情通姦」，還生了一個男孩，誰也不清楚這個男孩的父親到底是誰。「由於補巧是貧農的妻子，又是軍屬，再加上有些幹部與她的曖昧關係，幹部們就沒有去沒收她母親的財產。」再一個是婀娜苗條的漂亮少女趙春娥，她嫁給了一個富農，為了避免挨鬥，趙春娥去找幾個吃得開的年輕幹部，同他們亂搞關係，結果被他們拉入黨內。[148]

山東武城縣一個名叫李春林的地主，面對洶湧澎湃的土改運動，就逼迫自己的女兒去勾引雇農骨幹。一天，他將雇農團主席請到家裏吃飯，故意讓自己的女兒與他單獨吃飯，這樣不到半個月，雇農團主席就和地主

148 〔美〕韓丁著《翻身——中國一個村莊的革命紀實》，韓倞等譯，北京：北京出版社一九八〇年版，第一八五—一八六、二〇四—二〇五頁。

的女兒「睡到一起了」。地主的女兒就偎在雇農團主席的懷裏說：「眼下你要的東西都有了，你就別再幹雇農團主席了。往後別再搞啥鬥爭了。」雇農團主席漸漸失去土改的興趣，在幹部會上，當有人提出鬥地主時，他就說：「算了吧！咱們現在有吃有穿了，還鬥個啥呀？」[149]

色誘或「美人計」是革命幹部對階級敵人「破壞活動」的指稱，這顯然忽略了革命幹部和政治上突然得勢的貧雇農對地主富農等「階級敵人」之妻女的「性侵犯」。人是充滿各種慾望的動物，食慾、肉慾、物慾、權慾等充斥著每個人的軀體。「革命幹部或革命群眾」並非由什麼「特殊材料構成的」，他們與「階級敵人」在人性上並沒有什麼本質的不同。換言之，任何人都不會因為塗上了外在的釉彩而改變了人性。在現實生活中，那些披上「神聖外衣」的人，往往會以更加強烈的原始本能慾望展示出人性的陰暗面。哲人們已經揭示，人性是不完善的。「如果人都是天使，就不需要任何政府了。如果是天使統治人，就不需要對政府有任何外來的或內在的控制了。」[150]

被共產黨視為國際友人的韓丁，並不隱諱地記述了土改中的民兵和黨員「亂搞男女關係」的事例。韓丁發現，在歷次運動中擔負主要責任的民兵，「很快就沾染上了舊軍警的某些習氣」。在沒收地主的大量財物中，他們看中了哪一樣，趁人不注意的時候就拿走。要是哪一個標致的女人勾動了他們的情慾，順從他們便罷；如果這女的是個「鬥爭對象」，那就不管順從不順從，都「毫不客氣」。王滿喜是其中最出名的一名。作為民兵和共產黨員，他「隨時準備痛打人民的敵人」，在利用晚上查夜的機會，他「占了很大便宜」。除了闖入「鬥爭對象」家裏「想拿什麼就拿什麼外」，要是單獨撞上一個地主家的女人，他是絕不輕易放過的。他在新搬進的那個家的後院裏強姦了一個從外村來探親的「地主閨女」。後來他又和另一個民兵輪姦了本村一個「老財」的兒媳婦。另一個民兵申玉興，參加了「強大的黨」，手裏有了槍，當上了農會生產委員會主任，他像王滿喜

149　〔美〕傑克・貝爾登著《中國震撼世界》，邱應覺等譯，北京出版社一九八〇年版，第二四〇——二四一頁。轉引自羅平漢著《土地改革運動史》，福建人民出版社二〇〇五年版，第七十——七十一頁。

150　〔美〕漢密爾頓、傑伊、麥迪森著《聯邦黨人文集》，程逢如、在漢、舒遜譯，商務印書館一九八〇年版，第二六四頁。

一樣，「也想搞女人」。一次他主動上門「硬是扭著她的胳膊將她強姦了」。一個地主閨女拒絕他，他就「把她抓起來」，關進「村公所裏」。有天晚上，他用刀子撬開一個貧農的家門，「闖進去誘姦了正在單身睡覺的女主人」。韓丁發現，「胡作非為的並不只他們兩個人」，但為什麼民兵隊長並不「訓誡」他們呢？原來，作為黨員和民兵隊長的李洪恩，「對生活的享受和漂亮女人的追求，比那些最厲害的部下還要強烈」，他同時「搞上了五六個女人」。[151]在後來的整黨總結中，發現「幾乎所有的男女黨員同志都有某種男女關係問題」，受害者又「幾乎都是被剝奪的地主和富農的老婆和兒媳婦」。[152]

人是一個充滿各種強烈慾望的神奇動物，慾望既驅動人類創造文明，又誘導人類製造邪惡。如果沒有理性的啟示、道德的規範、法律的制約和正義的引導，邪惡將伴隨著放縱的慾望氾濫成災。兩千多年前亞里斯多德的告誡仍然是正確的：「人如果離開了法律和正義，就成為最卑劣的野獸。」[153]

著名學者愛德華·弗里德曼（Edward Friedman）等人的研究也同樣揭示了這一點。他們在河北省衡水地區饒陽縣五公村的研究中發現，把權力壟斷在農村地方幹部手中的一個可怕後果是，欺侮婦女「氾濫成災」。饒陽縣的一些村幹部成為「無法無天的人」。地方文化的消極面中充斥著暴力和父權制，它與秘密的不負責的國家權力制度化摻合在一起，使得幾乎不可能對「強姦犯」進行起訴。隨著有關性暴力的傳聞沸沸揚揚，在情況最糟糕地區的農民們擔心，「如果內情一公開，那麼所有村裏的姑娘的貞潔和婚姻前景就成了問題。有權者和無權者一樣，在掩蓋真相方面有著利害關係。」愛德華·弗里德曼等人指出，很顯然，中國領導人並沒有鼓勵強姦犯去犯罪，但「新體制卻強化了舊文化中的卑劣面」。[154]

151 〔美〕韓丁著《翻身——中國一個村莊的革命紀實》，韓倞等譯，北京出版社一九八〇年版，第二五四——二六一頁。
152 同上，第四二三頁。
153 〔古希臘〕亞里斯多德著《政治學》，吳壽彭譯，商務印書館一九六五年版，第九頁。
154 〔美〕弗里曼、畢克偉、塞爾登著《中國鄉村，社會主義國家》，陶鶴山譯，社會科學文獻出版社二〇〇二年版，第二

在溆浦土改中，土改幹部和政治新貴們的「男女關係」問題同樣突出。這說明人性的慾望和善惡總是相似的，它超越了時空的阻隔。郭靜秋回憶說：

我在（溆浦）橋江址坊選了一個根子，後來查出來，搞了男女關係，不要他當了。在山區，搞男女關係的很普遍。在山上打柴時，有的將女孩子強姦了，越是落後，這個問題越多。我認為是選不出一個農會幹部了。我發現一個老太婆（想培養她做根子），一問，也有問題。

在辰溪，選不出一個農會幹部，都有問題。一個農會幹部，搞過一次男女關係，就不要了。最後選了一個貧農，能力差的，當農會主席。

我們八區有個幹部叫唐子哲，九中畢業（按：現溆浦一中）。在土改中，他駐洑水灣。洑水灣有個大地主，叫蕭登，也是有名的醫生。他的女兒好幾個，都學醫。他的滿女很漂亮，也是九中畢業。她就與唐子哲談上了。在當時，作為階級立場是不允許的。最後，唐子哲與那個地主滿女一起跑（私奔）了。

有人向我報告，說唐子哲帶著地主的女兒跑了，跑到東北去了，唐子哲還帶著手槍。他們跑到辰溪住在旅館，將手槍留下，並寫了一張條子，大意是請將手槍轉交區委書記趙中財或區長郭靜秋。趙書記和我都認為不要追他們算了。

那時與地主子女談戀愛是大逆不道的事，不得了的事。那時談戀愛是不合法的，只有符合「三八七團一」條件才可以談。所謂「三八七團一」，就是一九三八年以前參加工作的，有七年黨齡的，團級幹部的，「一」就是只能討一個老婆。[155]

155　二〇〇七年七月二十八日筆者湖南長沙調查訪談記錄。六三—二六四頁。

盧峰鎮橫岩村村民周文華介紹說：

土改時，我們村裏的民兵黃某，看上了地主老婆，就以查夜為名，將地主老婆姦污，後來搞多了，村裏人都曉得這些事，但沒有人敢說。[156]

彭燕郊在溆浦土改工作日記中有多處記錄男女關係之事。縣委書記任之在土改總結報告中也將「男女關係」問題列為土改中六大「思想問題」之一：

個別同志品質不好，搞了些犯忌的事。還有些同志正在醞釀，開始要搞男女關係了。[157]

為此，黨組織特別提出要對地主妻女兒媳前來勾引保持「革命警惕」，以免階級敵人破壞土改。一份土改報告寫道：

已經土改的地方，進行普查中，普遍發現地主在打過這一仗之後，還在破壞，不服管制，經常想法到農民這裏來活動，……土改中（地主）攀農民的親，……把女兒嫁給農民，女地主寡婦勾引民兵的更多。造謠打擊農會幹部，反攻倒算的情況也有了。[158]

156 二〇〇七年九月二十一日筆者湖南溆浦調查訪談記錄。
157 《彭燕郊溆浦土改日記》，一九五二年一月二十九日，第一五三頁。
158 《彭燕郊溆浦土改日記》，一九五二年一月四日，第六十四頁。

對於土改幹部亂搞「男女關係」的事，組織上發現了，充其量不過在小組會上內部提出批評。而土改中的「性暴力」受害者，卻因為其家庭都被打上「階級敵人」的政治標籤而無從控訴和抗爭。

（四）洩憤

土改中的地主富農等階級敵人，遭遇了以國家政權支持的土改幹部和貧雇農的殘酷打擊，他們除了等待有計劃的鎮壓和改造外，沒有別的選擇。他們不可能通過積極繳糧納稅、遵紀守法、安份守紀甚至洗心革面來獲得新政權的接納，也不可能通過「人民信訪」表達利益訴求，更不可到通過「人民法庭」去尋求法律保護。新政權將其不喜歡的人貼上階級敵人的身分標籤，被貼上階級敵人標籤的人，在新的國家中沒有平等的公民身分和安全的人身保障。雖然時代發展到了一九五〇年代，《聯合國憲章》和《世界人權宣言》重申和宣佈了世界各國政府都負有保障每個人基本人權的責任。但新政權不會理睬那一套，因為那是「帝國主義」和「資產階級」的「反動口號」。

在溆浦土改中，「階級敵人」以各種方式表達了對殘酷的階級鬥爭現實的憤懣和怨恨。親身領導過溆浦土改的郭靜秋就特別記得在小江口鬥爭中的一件事：

> 有一件事，我記得特別清楚。小江口的一個惡霸、匪首張祖煥，在鬥爭大會上被處決了。他的家屬把屍體抬回家後，（將）屍體放入棺材裏，讓死了的張祖煥兩隻手裏拿著刀劍，頭上插著雞毛，表示人死了，也要復仇。從這件事上，人們可以想像到那時的鬥爭是何等的激烈！[159]

---

159 郭靜秋〈我在溆浦的那些日子〉，載溆浦縣政協文史資料研究委員會編《溆浦文史》第四輯《南下紀實》，一九九一年

有的地主平常發洩一些不滿言論，做些小打小鬧的不滿之事：

有個地主身上經常帶著變天賬，對一個貧農婦女說：你分的我的櫃子、傢俱，好好的用，將來還是我的。燒房子、穀倉的事更（是）到（處）都有……姓陳的地主老婆，硬把東西搬進房子，說你們把我們的房子分了，我沒有地方住了。有的就硬把菜種到貧雇農菜土裏。夜晚到農民田去裏割禾。（有的）砍樹，說：「分山，沒有分樹。」貧農好容易車的水，（地主）晚上偷偷去放了。（有的地主）威嚇農民：你鬥爭地主積極，全村第一，將來我要向你學習。[160]

有的地主分子則通過寫「反革命詩詞」來表達不滿。溆浦縣龍潭鎮一個「地主婆」就寫了一首「妄想變天復仇」的詩：

長添燈芯滿加油，慢慢等到五更頭。
紙筆千年會說話，子孫萬代要報仇。[161]

這種「反革命」詩詞正是階級敵人仇視革命人民和妄圖「復辟」的罪證，顯然是新政權絕對不能容忍的。對階級敵人進行狠狠地打擊和堅決地鎮壓，是新政權的一致共識。遵照政務院的指示，溆浦縣公安局、縣人民

160 《彭燕郊溆浦土改日記》，一九五二年一月四日，第六十四—六十五頁。
161 戴桂斌〈抗美援朝戰爭與溆浦開展抗美援朝運動〉，載溆浦縣史志辦編湖南省溆浦黨史資料叢書第六輯《溆浦縣開展抗美援朝運動資料選編》一九九八年七月，第十三頁。
十二月，第十二頁。

法院在縣委、縣人民政府領導下，對這些階級敵人進行了「穩、準、狠」的打擊。

（五）自殺

法國著名的社會學家迪爾凱姆（又譯涂爾幹，Emile Durkheim，一八五八—一九一七）對人類的自殺現象作了傑出的研究。他將自殺定義為「任何由死者自己所採取的積極或消極的行動直接或間接地引起的死亡都叫作自殺」。[162]作為一種社會現象的自殺，迪爾凱姆將之分為三種類型，即利己主義的自殺、利他主義的自殺和由於社會混亂所引起的自殺。

漵浦土改時期的自殺，則是一種政治恐怖的自殺。階級敵人成分不好，他們生活在批鬥和恐懼的政治環境中，有的經不起恐怖的威嚇自殺，有的經不起批鬥自殺，有的經不起種種折磨和羞辱自殺，等等。在革命幹部和革命群眾眼中，自殺是階級敵人「自決於人民」的表現，罪有應得。

觀音閣鎮山腳下村的向志英回憶說：

> 解放前，我讀書只讀到一年級。當時的課文，第一課是「孫中山像」，第二課是「蔣主席像」，第三課是：「來來來，來上學，大家來上學；去去去，去遊戲，大家去遊戲；搖搖搖，搖到外婆橋，外婆聽了眯眯笑，外婆叫我好寶寶。」
>
> 民國三十八年八月（一九四九年八月），國民黨的「糧子」（引者按：漵浦方言，舊指當兵的）來了，張玉琳的部隊，駐在村裏。（他們）將農民家裏的雞、鴨籠統捉來殺起呷了。後來，共產黨的「糧

162 〔法〕埃米爾・迪爾凱姆著《自殺論》，馮韻文譯，商務印書館一九九六年版，第九頁。

子」來了，就規正些，不亂來。

土改時，分地主、富農、富裕中農、中中農、下中農、貧農、雇農。

共產黨「糧子」來後，抓去了很多人，槍斃了，（被槍斃的）都是些有角色的人（引者按：指有本事的人）。大灣六兒坎的王茂盛和他的父親都被槍斃了。

我的三娘娘（引者按：三奶奶）看到被捆綁一路的人都拉去槍斃掉，害怕了，就自己上吊了。她怕她的前夫（當了兵）回來報復。[163]

向志英的三奶奶原來嫁的前夫到共產黨部隊當兵去了，就改嫁給了她的爺爺，三奶奶就是她爺爺的第三個妻子。向志英的父親曾在國民黨部隊中當過兵，解放前回到老家務農。解放後被提高階級成分錯劃為「官僚地主」，因經受不了種種批鬥而被迫自殺。

我爹爹在國民黨部隊中當過兵，後來回來了。解放來，大家都將田賣掉了，他不知道形勢，卻將一些田買下來。土改開始，我家裏劃為下中農。後來土改複查，大家恨他，就將我爹爹劃為官僚地主。幹部們不准我們一家人住在自己家裏，將我們趕出家門，我們就搬到附近黃家沖莊屋住。

一九五四年，我十六歲嫁到觀音閣山腳下村貧農家。爹爹挨批鬥，我不敢回家看，一回家就一同批。二叔、三叔都挨整。爹爹實在（被）鬥得走途無路了，就自殺了。爹爹問別人要「六六六」，謊稱要毒床上的狗蚤（跳蚤），自己卻呷了（死了）。早死晚埋。

163 二〇〇七年二月十日筆者訪談記錄。

毛主席把「好角色」全整死，「兩條豬」留著。鄧小平上來，一下子鬆活了。[164]

盧峰鎮橫岩村村民的李佑良，曾在土改中擔任民兵，他向筆者介紹了一起他親自遇到的自殺事件：

我們十三保山門壟的舒采德，當過保長幾個月解放就來了，土改中也吊打了他，他害怕了。有人說他有槍（事實上他沒有槍），我們幾個民兵就到他家裏去捉他，要捆他。我們問他槍藏在哪裡？他謊稱說放在碗櫃上。當民兵去碗櫃搜查時，他順手拿起一把刀往脖子上一割，天哪，將整個喉管割斷了，靠近裏面的喉管皮只剩下指甲那麼厚一點點沒有割斷。我們看到他的喉管在流血，不斷地鼓血泡泡。流了好多血，像殺豬一樣。他當場昏死過去了。我們扯些稻草，將他放在稻草上。

當時我們幾個民兵也害怕了，就喊縣裏工作組的負責人唐繼高。唐繼高對民兵說：你們不要怕，他是我們的敵人，死了就算了。

我們還是派民兵到仲夏太平找水師來救治。當時的水師醫術高，水師趕到後，拿來一碗水，喝了一口噴在他的脖子上止血，然後燒紙錢灰敷在刀口上，再將一隻活雞的雞腿皮剝下來敷在傷口上。他竟然沒有死，救活了，現在還活著。我們平時在路上碰到，都不打招呼。[165]

164 二〇〇七年二月十日筆者湖南長沙訪談記錄。
165 二〇〇七年九月二十三日筆者湖南溆浦訪談記錄。

縣委書記任之在土改總結報告中，提到了自殺問題：

在執行政策上，有下面幾個問題：

一、打擊面還是寬。鬥爭的地主惡霸，雖未超過百分之一點五，但這一次鬥爭，從大的方面看，就有許多不是惡霸的也鬥爭了。不是當權派，沒有霸權、勒索、霸妻、命案這些條件的也當（惡）霸來鬥了。四區十八保，原定鬥十二戶，批六戶，後來檢查起來，還有二個不該鬥。

二、有的區還有「主鬥」、「陪鬥」，有的分為「鬥爭」、「坦白」兩種。

三、清算的大地主裏把不應清算的中等地主也清算了一部分。

四、個別保仍用算剝削賬的方法，一個雇工算了三年就有一千二百擔穀，不是合理合法地進行算。

五、個別的區（八區）不按政策辦事，還是和去年一樣，把五個保的地主一掃而光。

六、個別地區仍有使用肉刑或變相肉刑的。

七、在整個運動中及時的貫徹政策不夠，自殺的有十八個人，其中十二個地主、六個中貧雇農。[166]

（六）轉移

韓丁曾記述土改中地主豪紳轉移財產的事。一般來說，地主富豪把所有值錢的東西都隱藏到「貧困的親戚、朋友、佃戶和長工家裏」。每當農會幹部發現了這些藏匿的財產，受到牽連的農民就得「挨一頓毒打」，

166 《彭燕郊溆浦土改日記》，一九五二年一月二十九日，第一四九頁。

而且本人的財產也要全部或部分被沒收掉。老鄉們管這樣的人家叫作「防空洞」。[167]

有的地主將財產藏在地裏。貧雇農就挖地找財。一九四七年夏秋間，東北解放區就掀起了「砍挖運動」，貧苦農民在黨的號召下，「砍大樹、挖財寶」。據《東北日報》報導，東北的地主們隱藏財物的方法有十多種。地主藏財的辦法多，農民挖財的手段也高。[168]

在溆浦土改中，有的地主看到財產將要沒收，就浪費揮霍掉。七區均坪十保就有這樣「破壞土改」的階級敵人：

地主經過一年準備，破壞土改的勁頭更瘋狂。有個女地主把蓋房的木（材）在先一天都燒了，大吃大喝，一天吃三擔穀，七八個人，吃七八個菜，二十三戶地主有十五戶破壞。富農由於去年搞了一部分東西，又聽說「今年搞富農」，也分散（財產），大吃大喝。[169]

有的本屬中農，夠不上劃地主標準，但被升級劃為地主後，家裏沒有什麼值錢的財產，就將日常使用的衣服、被子等寄存到親朋好友家。

土改打地主，分田，抄家。農會幹部將地主家裏有東西全沒收，將地主的房屋有的作為農會的辦公室，有的分給貧雇農住。我們家裏的衣服、帳子、被子等東西就連夜寄存到附近的親戚家，後來風頭過了，問他們要，他們都不肯退了。[170]

167 〔美〕韓丁著《翻身——中國一個村莊的革命紀實》，韓倞等譯，北京出版社一九八〇年版，第一八四頁。
168 羅平漢著《土地改革運動史》，福建人民出版社二〇〇五年版，第九十三——一〇五頁。
169 《彭燕郊溆浦土改日記》，一九五二年一月二十九日，第一五四頁。
170 二〇〇七年二月十日筆者湖南長沙調查訪談記錄。

我將結婚時（一九四八年）時的八條布（三丈六尺算一條）寄給村裏的一個叔叔向宗長家裏。過了一年多，再去取布時，向宗長不肯退了，後來退了三條布。[171]

有的地主將金銀、花幣埋在地下隱藏。但農會幹部可以採用種種肉刑迫使地主「自動交代」：

馬田坪萬水一個地主，將三桶花幣（光洋）藏在他自己的中堂屋地下，民兵找不到，就將地主捆起來，兩隻手各捆一個手指，兩隻腳各捆一個腳趾，這樣四腳四手吊起來，拉上樑，叫「搬罾」。地主痛得哇哇叫，叫爹叫娘，受不了了，自動交代藏在哪裡。[172]

有的地主兒子在農會幹部的宣傳教育下，當眾揭發地主隱藏的財產：

地主階級基本上打垮了，表現在一連串的鬥爭會上，絕大部分農民把隱藏東西交出來了。地主還沒有完全規規矩矩。（地主）陳必富向兒子叩頭（兒子供出其有光洋），喊兒子爺爺，說沒有光洋。[173]

農會幹部通過宣傳教育，使那些寄存地主財產的人主動交出來地主寄存的東西。縣委書記任之在總結土改運動的報告中強調過這一點：

171 二〇〇七年九月二十三日筆者湖南漵浦調查訪談記錄。
172 二〇〇七年九月二十三日筆者湖南漵浦調查訪談記錄。
173 《彭燕郊漵浦土改日記》，一九五二年一月二十九日，第一四六頁。

（這一期土改）獲得了比去年更多的勝利果實。雖然去年經過反霸小土改，並不是地主沒有東西了，不但不是沒有，而且比去年還要多。許多同志以為今年土改沒有什麼油水了，沒有信心。證明我們只要能艱苦深入從思想上把群眾發動好，只要對地主階級展開了反霸的、群眾性的、合理合法的鬥爭，地主階級是可以把分散隱藏的東西拿出來的。

穀子最多的一個保到兩千擔，去年最多的是一千三百幾十擔。一般的在四五百擔，最少的有二三百擔（連農會收租在內）。[174]

一九四九年以後，中國進入了群眾運動和群眾專政的時期。這個長期生活在傳統皇權專制下的民族，也將飽嚐現代群眾權力崛起之苦。[175]勒龐（Gustave Le Bon，一八四一—一九三一）在一八九五年出版的研究群眾心理學的名著中指出：「當我們悠久的信仰崩塌消亡之時，當古老的社會柱石一根又一根傾倒之時，群體的勢力便成為唯一無可匹敵的力量，而且它的聲勢還會不斷壯大。我們就要進入的時代，千真萬確將是一個群體的時代。」他預感到：「群眾的神權就要取代國王的神權了」，而取代國王專制的群眾專政，「十有八九會讓我們付出更慘重的代價」。[176]

174 《彭燕郊漵浦土改日記》，一九五二年二月二日，第二〇一頁。
175 〔德〕埃利亞斯．卡內提著《群眾與權力》，馮文光、劉敏、張毅譯，中央編譯出版社二〇〇三年版。
176 〔法〕古斯塔夫．勒龐著《烏合之眾——大眾心理研究》，馮克利譯，中央編譯出版社二〇〇五年版，第二、四、一五五頁。

五、小結

一九五〇年代初的土改運動，是共產黨執政後發動的、與鎮壓反革命交織在一起的第一場全國性的「群眾政治運動」。它不僅是第一次大範圍的國家整合，而且是長達三十年之久的『階級鬥爭』制度的發端。[177]土地改革與其說是一場「改革」，毋寧說是一場「革命」。在這場革命中，當權者與窮人結成利益同盟，以消滅剝削的名義，共同剝奪和消滅富人。土改實質上是國家發動的一場針對地主富農等農村階級敵人的人民戰爭。

自從一七八九年法國大革命後，世界範圍的革命浪潮就席捲而來。[178]似乎每個古老的民族都要經歷一場驚心動魄的革命洗禮後才能重獲新生。從法國大革命、俄國十月革命到中國革命，革命勝利後都不可避免地經歷了血雨腥風的恐怖時期。

人除了是一個慾望的動物外，也是一個觀念的動物。觀念之對於人腦猶如軟體之對於電腦。某種神聖的觀念一旦注入人的大腦並被大腦接收時，這種觀念就將強烈地牽引著整個肉體為之運轉。勒龐指出：「人一旦受到信仰的催眠，就會變成一個信徒，隨時準備為了信仰而犧牲自己的利益、幸福乃至生命。」[179]當暴力革命成為知識精英和政治精英的共同信仰，革命的機器就將發動起來。操縱革命機器的必然是一位克里斯瑪（charisma）

177 張小軍〈陽村土改中的階級劃分與象徵資本〉，載黄宗智主編《中國鄉村研究》第二輯，商務印書館二〇〇三年版，第九十六頁。

178 〔法〕古斯塔夫·勒龐著《革命心理學》，佟德志、劉訓練譯，吉林人民出版社二〇〇四年版，第三頁。

179 同上，第六頁。

型的領袖人物，否則革命的機器就不能照常運轉下去。[180]因為革命的基礎是群眾，群眾的頭腦是領袖。沒有狂熱的群眾和克里斯瑪型領袖，革命將偃旗息鼓。[181]

革命具有嚴重的傳播性，人類社會一旦爆發革命，革命就會廣泛地傳播開來。二十世紀作為一個革命的世紀，從西方傳播到東方。中國革命正是世界革命潮流的產物，同時又構成了世界革命潮流的重要組成部分。[182]經過暴力革命洗禮的社會，就像經過洪水肆虐的大地一樣，必然要在經歷一場痛苦的浩劫之後，才能緩慢重現生機。

（一）兩極社會催生社會暴力

革命生長於貧富差距懸殊的兩極社會。幾千年來，中國是一個貧富嚴重對立和官民嚴重對立的「雙重兩極社會」。「雙重兩極社會」的要害在於「權利缺失與失衡」。傳統中國缺乏有效協調貧富對立以及官民對立的能力和制度安排，結果使窮人和富人、官員與民眾，都成為「雙重兩極社會結構」的犧牲品。誠如托克維爾所言：「在專制國家，人們的命運沒有保障，官員的命運並不比私人的命運有保障。」[183]密爾（John Stuart Mill，一八〇六—一八七三）也注意到：「中國的一個大官和一個最卑下的農夫一樣，同是一種專制政體的工具和僕役。」[184]在雙重兩極社會結構中，必然催生多重的暴力，從而形成一個惡性循環的暴力社會。富者為富不仁，欺壓窮人，對

180　〔美〕威廉・H・布蘭察德著《革命道德——關於革命者的精神分析》，戴長徵譯，中央編譯出版社二〇〇四年版。
181　〔法〕古斯塔夫・勒龐著《革命心理學》，佟德志、劉訓練譯，吉林人民出版社二〇〇四年版，第四十二頁。
182　張灝《中國近百年來的革命思想道路》，載張灝著《幽暗意識與民主傳統》，新星出版社二〇〇六年版，第二三七—二五一頁。
183　〔法〕托克維爾著《論美國的民主》上卷，董果良譯，商務印書館一九八八年版，第二三三頁。
184　〔英〕約翰・密爾著《論自由》，程崇華譯，商務印書館一九五九年版，第一二二頁。

窮人濫用暴力；貧者共同仇富，殺富濟貧，對富人濫用暴力；官吏民脂民膏，對百姓濫用暴力；民眾逼上梁山，痛殺貪官污吏，對官吏濫用暴力。這是傳統中國不能解決的暴力社會結構圖。

中國在由傳統國家向現代國家轉型中，內憂外患。國家喪失了對社會進行有效整合的機制和能力。在傳統禮治秩序崩潰而現代法治秩序缺失的湘西，「霍布斯主義的叢林法則」盛行一時，土匪燒殺劫掠，官兵蹂躪城鄉，民眾苦不堪命，任由強者宰割。一個國家，如果它不能保障窮人的權利，也就不能保障富人的權利；如果它不能保障民眾的權利，也就不能保障官吏的權利；如果它不能保障弱者的權利，也就不能保障強者的權利。反之亦然，即如果富人的權利不保，窮人的權利也難保；官吏的權利不保，民眾的權利也難保；如果強者的權利不保，弱者的權利也難保。如果一個國家只保障某個階層或部分的人權利，那就是一個特權的社會，特權社會必然潛伏不可化解的治理危機——在現代社會尤其如此。

在傳統「雙重兩極社會」中，其常態是富人、強者和官吏搜括、剝削和掠奪貧者、弱者和百姓。其非常態則是農民的叛亂和起義，此時，替天行道、殺富濟貧、殺戮官吏甚至誅殺暴君等等就具有了合法性。韓丁也發現，中國農民起義的暴力「具有極端的、並且經常是盲目的性質，這說明農民作為一種政治力量有著基本的弱點。」因此人們不難理解，只有當農民被逼得「忍無可忍」時，他們才會「行動起來」。不過，一旦行動起來，他們就要「走向殘忍和暴力的極端」。他們如果要動手，就要往死裏打，因為普通常識和幾千年的痛苦教訓告訴他們，「如果不是這樣，他們的敵人早晚要捲土重來，殺死他們。」[185]

雙重兩極社會也是產生民粹主義的肥沃土壤。[186]以「人民崇拜」為標籤的民粹主義，「不是農民的思想，而

185 〔美〕韓丁著《翻身——中國一個村莊的革命紀實》，韓倞譯，北京出版社一九八〇年版，第六十頁。

186 有關民粹主義的文獻，參見林紅著《民粹主義——概念、理論與實證》，北京：中央編譯出版社二〇〇七年版；〔英〕保羅・塔格特著《民粹主義》，袁明旭譯，吉林人民出版社二〇〇五年版。

是自認為代表農村群眾利益說話的知識份子的反抗思想。」[187]著名的馬克思主義學者莫里斯・邁斯納指出，毛澤東與民粹主義共有的東西「未被承認和未受到注意」，在中國共產主義理論和實踐中，「毛澤東主義裏的民粹主義成分」被輕易地假定為純粹的「列寧主義」性質的東西。事實上，「毛澤東主義把馬克思主義和民粹主義結合起來，乃是一個受到外國資本主義政治和經濟力量威脅的、經濟上落後和基本上是農民的國家裏，馬克思主義出現的一個合乎邏輯的結果。」[188]共產黨領導的革命是一場新型的農民革命，一場窮人反對富人、弱者橫掃強者的革命。與傳統的弱勢階層的反抗不同，共產黨革命有一個系統論證的宏大的馬列主義意識形態作為理論武器，有一個高度組織化的強大的無產階級政黨作為先鋒隊。中國的「雙重兩極社會」為共產主義思想的傳播和擴展提供了最肥沃的土壤。「共產主義對於頭腦簡單和頭腦複雜的人都同樣具有吸引力：每一種人都會從它那裏獲得一種方向感，一種滿意的解釋和一種道義的自信。」[189]當源自俄國的馬列主義革命學說、中國本土的農民起義傳統以及民粹主義的傾向緊密結合在一起時，一場摧枯拉朽的農民革命的洪流就將徹底沖刷神州大地。

這種革命必然是空前暴烈的革命。倡導暴力革命的列寧指出：「革命無疑是天下最權威的東西。革命就是一部分人用槍桿、刺刀、大炮，即用非常權威的手段強迫另一部分人接受自己的意志。獲得勝利的政黨迫於必要，不得不憑藉它的武器對反動派造成的恐懼，來維持自己的統治。」[190]

187 〔美〕莫里斯・邁斯納著《馬克思主義、毛澤東主義與烏托邦主義》，張甯、陳銘康等譯，中國人民大學出版社二〇〇五年版，第九十六頁。
188 同上，第九十五—九十六頁。
189 〔美〕茲・布熱津斯基著《大失敗——二十世紀共產主義的興亡》，軍事科學院外國軍事研究部譯，軍事科學出版社一九八九年版，第三頁。
190 《列寧選集》第三卷上，人民出版社一九七二年版，第二二四頁。

中國的暴力革命直接來源於俄國布林什維主義的「榜樣」。列寧領導的布爾什維克黨在俄國將「大規模的社會暴力制度化」，將有組織的暴力變成解決問題的「主要手段」。「暴力首先被用來解決政治問題，繼而又被用來解決經濟問題，最後還被用來解決社會或文化問題。」[191]正如愛德華・伯恩施坦指出的那樣，布爾什維克「把暴力看成萬能的東西」，從而將馬克思的學說「變得粗糙」和「野蠻」化，使自己最終與「赤裸裸的東方暴君專制並列」。[192]

在中國，革命暴力同樣得到了革命者的極力推崇：「革命不是請客吃飯，不是做文章，不是繪畫繡花，不能那樣雅致，那樣從容不迫，文質彬彬，那樣溫良恭儉讓。革命是暴動，是一個階級推翻一個階級的暴烈的行動。」[193]革命的首要問題是「分清敵友」，分清敵友的目的是團結「真正的朋友」，以攻擊「真正的敵人」。[194]整個社會就被革命者劃分了「敵」和「友」兩個生死對立的陣營，使革命有了明確的鬥爭目標和鬥爭對象。殘酷的暴力不僅是中國革命的一個突出特徵，也是世界共產主義革命的主要特徵。[195]革命暴力必然蔑視和踐踏傳統、道德、法律和良知。[196]「任何暴力行為都是重返野蠻主義的表現」。[197]革命暴力的結果，使社會土壤經受一次次血雨腥風的沖洗，從而大大腐蝕社會趨向合作與和諧的土壤機能。

191 〔美〕茲・布熱津斯基著《大失敗——二十世紀共產主義的興亡》，軍事科學院外國軍事研究部譯，軍事科學出版社一九八九年版，第二十一——二十二頁。
192 《伯恩施坦言論》，北京：生活・讀書・新知三聯書店一九六六年版，第四五七、四五六、三九五頁。
193 毛澤東〈湖南農民運動考察報告〉（一九二七年三月），《毛澤東選集》第一卷，人民出版社一九九一年版，第十七頁。
194 毛澤東〈中國社會各階級分析〉（一九二五年十二月一日），《毛澤東選集》第一卷，人民出版社一九九一年版，第三頁。
195 〔南〕密洛凡・德熱拉斯著《新階級——對共產主義制度的分析》，陳逸譯，世界知識出版社一九六三年版，第二十頁。
196 〔法〕古斯塔夫・勒龐著《革命心理學》，佟德志、劉訓練譯，吉林人民出版社二〇〇四年版，第十頁。
197 〔法〕喬治・索雷爾著《論暴力》，樂啟良譯，上海人民出版社二〇〇五年版，第一四八頁。

兩極社會潛伏著深刻的暴力危機。早在兩千多年前的亞里斯多德通過對希臘各城邦國家政體的研究後發現：「在群眾意志超越法律權威的平民政體中，平民英雄們便習於分裂城邦為兩方，率領著平民這一方，攻擊富戶那一方」。[198]英國古典政治經濟學創始人威廉·配第（William Petty，一六二三—一六八七）也指出：「國家的財富集中在極少數人手中，同時國家又沒有某種辦法保證任何人都不變成乞丐、盜賊或者都不被迫去做士兵。也就是說，國家一方面允許某些人窮奢極慾，另一方面又不得不眼看著某些人饑寒交迫，這也是爆發內戰的一個原因。」威廉·配第得出了與亞里斯多德幾乎一樣的結論，即貧窮而又思想單純的民眾，「最容易被少數陰謀家所利用」，「他們會成為內戰的導火索。」[199]在兩極社會中，當國家喪失了和平解決貧富對立和官民對立的機制和能力時，野蠻的暴力就會成為社會各方的共同選擇。梁漱溟就對中國「武力橫行、法律無效」歎息不已：「武力本來是最後的手段，而中國此刻幾乎變成最初的手段，一上來就是武力。社會的秩序性已降至最低度。」[200]暴力的盛行，造成了「暴力最強者說了算」的「元規則」。[201]

土地改革作為國家發動貧雇農對地主富農的戰爭，是以國家政權為後盾的群眾暴力的廣泛運用，一種「集體暴力的政治」被空前型構。[202]貧雇農在黨的領導下，空前廣泛徹底地瓜分了地主富農的土地和其他財產。新政權第一次在全國農村完全平分了土地，實現了「耕者有其田」的革命理想。一個平均主義的農村被強力建構出來。

在這個革命平均主義的運動中，地主、富農不但失去了他們幾乎所有的私有財產，也失去了人身自由、安全乃至生命。土改中，「大批地主，大概有一百萬到兩百萬被處於死刑」，發動起來的群眾「經常對地主實施

198 〔古希臘〕亞里斯多德著《政治學》，吳壽彭譯，商務印書館一九六五年版，第二七四頁。
199 〔英〕威廉·配第著《賦稅論》，邱霞、原磊譯，華夏出版社二〇〇六年版，第十—十一頁。
200 梁漱溟著《鄉村建設理論》，上海人民出版社二〇〇六年版，第二五九頁。
201 吳思著《隱蔽的秩序——拆解歷史弈局》，海南出版社二〇〇四年版，第四一〇頁。
202 〔美〕查理斯·蒂利著《集體暴力的政治》，謝嶽譯，上海人民出版社二〇〇六年版，第四頁。

無節制的野蠻暴力」，結果導致一些「額外死亡事件。」[203]土改運動從根本上徹底消滅了地主富農階級。在革命的漫長歲月裏，這個民族將不斷地為各種暴力付出慘重的代價。

土改以極端的暴力方式解決了中國農村綿延下來的貧富之間的嚴重對立，但它只是暫時解決了「雙重兩極社會」矛盾中的一重矛盾，即貧富對立的矛盾，而官民對立的矛盾並未予以解決。[204]同時，在以後的社會重建中，如果國家缺乏新的再分配能力，兩極分化導致貧富對立的矛盾又將重新出現。這正是市場化改革後中國農民問題出現的一個新表徵。

（二）革命專政排斥人權法治

在馬列主義者看來，既然國家是一個階級鎮壓另一個階級的機器，那麼無產階級一旦建立自己的國家政權，就要毫不含糊地實行無階級專政。

在列寧心目中，無產階級專政被視為「馬克思主義在國家問題上一個最卓越最重要的思想」。[205]在列寧看來，「只有承認階級鬥爭、同時也承認無產階級專政的人，才是馬克思主義者。」[206]承認無產階級專政，就是

203 〔美〕費正清等主編《劍橋中華人民共和國史》（一九四九—一九六五），王建朗等譯，上海人民出版社一九九〇年版，第九十一頁。

204 劉少奇對官民對立的矛盾有過清醒的認識：「人民內部的矛盾，現在是大量地表現在人民群眾同領導者之間的矛盾上。更確切地講，是表現在領導上的官僚主義與人民群眾的矛盾這個問題上。」參見劉少奇《如何正確處理人民內部矛盾》（一九五七年四月二十七日），載《劉少奇選集》下卷，人民出版社一九八五年版，第三〇三頁。

205 《列寧選集》第三卷上，人民出版社一九七二年版，第一九〇頁。

206 同上，第一九九頁。

「承認不與任何人分掌而直接憑藉群眾武裝力量的政權。」[207]列寧還指出：「無產階級的革命專政是由無產階級對資產階級採用暴力手段來獲得和維持的政權，是不受任何法律約束的政權。」[208]「如果法律妨礙革命的發展，那就得廢除或修改。」[209]無產階級專政實質上是一黨專政。[210]在這種無產階級專政下，就沒有人權保障的可能。列寧也承認：「凡是實行鎮壓和使用暴力的地方，也就沒有自由，沒有民主。」[211]愛德華・伯恩施坦指出，這種「莫斯科式的無產階級野蠻暴力專政的道路」是一條「破壞的道路」，而「只有建設的道路才能穩妥地通往社會主義」。[212]

專政（dictationship）原意是無限的權力，與獨裁出於同一詞源，在政治學中，專政與獨裁同義而通用，指高度集權的個人統治或黨派統治。[213]令人不可思議的是，一批批最堅決地反對專制獨裁的革命者，當他們面對在「獨裁、專制」前面添加一個「無產階級」的修飾辭彙時，他們竟百分之百地服膺了。從公開反對專制獨裁，到公開宣揚「無產階級獨裁（專政）」，馬列主義的信奉者們輕而易舉地實現了難以置信的自我超越。

在中國，無產階級專政又稱為人民民主專政。毛澤東在執政前夕對外界坦承：「『你們獨裁。』可愛的先生們，你們講對了，我們正是這樣。中國人民在幾十年中積累起來的一切經驗，都叫我們實行人民民主專政，

207《列寧選集》第三卷上，人民出版社一九七二年版，第一九一頁。
208《列寧全集》第三十五卷，人民出版社一九七二年版，第二三七頁。
209《列寧全集》第二十七卷，人民出版社一九五八年版，第四八五頁。
210〔德〕愛德華・伯恩施坦著《社會主義的前提和社會民主黨的任務》，殷敘彝譯，生活・讀書・新知三聯書店一九六五年版，第二七四頁。
211《列寧選集》第三卷上，人民出版社一九七二年版，第二四七頁
212〔德〕愛德華・伯恩施坦著《社會主義的前提和社會民主黨的任務》，殷敘彝譯，生活・讀書・新知三聯書店一九六五年版，第四七五頁。
213《中國大百科全書・政治學》，中國大百科全書出版社一九九二年版，第六一一頁。

或曰人民民主獨裁，總之是一樣，就是剝奪反動派的發言權，只讓人民有發言權。」毛澤東進一步解釋說，對一切反動派「實行專政，實行獨裁，壓迫這些人。」對人民內部，則「實行民主制度，人民有言論集會結社等項的自由權。選舉權只給人民，不給反動派。這兩方面，對人民內部的民主方面和對反動派的專政方面，互相結合起來，就是人民民主專政。」[214]這種對獨裁或專政的公開讚揚和崇拜，也直接來源於列寧的思想遺產：「當有人責備我們是一黨專政……我們就說：『是的，是一黨專政！我們所依靠的就是一黨專政，而且我們絕不能離開這個基地。』」[215]

對於階級敵人，毛澤東在提出要「壓迫他們」的同時，還強調只許他們「規規矩矩」、「老老實實」，不許他們「亂說亂動」。令人深思的是，中國傳統的政治精英將「老實」作為對其國民的一項基本政治要求。在權力面前「老老實實」而不是在法律面前「自由發展」，成為中國傳統政治的一大特色。在傳統政治家看來，似乎只有國民個個「老老實實」，政權才能「堅如磐石」。

在傳統中國政治社會，國民不能馴服權力，反而被權力所馴服，日積月累形成了中國特有的「老實政治文化」，每個人都被戴上了「權力的枷鎖」，成為「老實的政治動物」。幾千年來，中國農民被規訓為「忠厚老實」的共同性格。在權勢面前，普通百姓只有「老實低頭」才能生存下去，而陰謀家也只有先披上「老實」的外衣才能尋找到政治投機的縫隙。「老實政治學」既使民族喪失了創造活力與勃勃生機，也使政治生活充斥著陰險和殘忍。人們常常看到，「老實」掛在了每個人的臉上，而「誠實」卻從人的心靈深處消遁。

214 毛澤東〈論人民民主專政〉（一九四九年六月三十日），載《毛澤東選集》第四卷，人民出版社一九九一年版，第一四七五頁。毛澤東〈為什麼要討論白皮書〉（一九四九年八月二十八日），載《毛澤東選集》第四卷，人民出版社一九九一年版，第一五〇二—一五〇三頁。

215 《列寧全集》第二十九卷，人民出版社一九五八年版，第四八九—四九〇頁。

革命專政必然排斥民主法治。在實行革命專政中，專政的對象往往被扣上階級敵人或人民敵人的政治帽子。一方面，一旦某一類人被扣上階級敵人或人民敵人的帽子，這一類人中不管是守法的還是不守法的，不管是在傳統價值觀念中被視為好人或壞人，都將一律受到殘酷無情地鎮壓和批鬥。像地富階級中，既有作惡多端者，也有守法為善者；既有為富不仁的，也有急公好義的。而在貧苦農民中，既有忠厚老實守法者，也有行兇作奸犯科者。但在專政理論中，地主富農階級則一律列為革命專政的對象。國家不再保護守法的階級敵人，也不再懲罰犯法的革命群眾。專政必然是人治的而非法治的。專政環境中此起彼伏的狂熱政治運動，會使任何一個國家的法治秩序都無法建立。[216]

托克維爾曾精闢地指出：「司法工作的最大目的，是用權利觀念代替暴力觀念，在國家管理與物質力量使用之間設立中間屏障。」[217]在革命專政的政治環境中，司法不再是社會公平與正義的最後防線，也不再具有和平的性質，而不折不扣地淪落為革命專政的暴力工具。在一切實行革命專政的政權中，「法院的任務只是證明當權者需要證明的罪行，或者說，法院的任務只是為被告的『敵對活動』的政治性判決披上一件法律的外衣。」[218]革命專政還將死刑作為一種日常的鬥爭工具加以運用，誰若被劃分為「階級敵人」，誰的生命權也就沒有了任何保障。列寧將死刑視為革命政權的一個重要武器，他提出：「任何一個革命政府沒有死刑是不行的，

216 亞里士多德在兩千多年前就深刻地指出，要是把全邦的權力寄託於任何一個人，這總是「不合乎正義的」。至於誰說應該「讓一個人來統治，這就在政治中混入了獸性的因素。」常人不能完全消除獸欲，最好的人們（賢良）也同樣如此。而「法律恰恰正是免除一切情欲影響的神祇和理智的體現。」顯然，在一個國家的治理中，「法治應當優於一人之治」。而法治應當有兩重意義：「已成立的法律獲得普遍的服從，而大家所服從的法律又應該本身是制定得良好的法律。」〔古希臘〕亞里斯多德著《政治學》，吳壽彭譯，商務印書館一九六五年版，第一六七—一六九、一九九頁。

217 〔法〕托克維爾著《論美國的民主》上卷，董果良譯，商務印書館一九九七年版，第一五六頁。

218 〔南〕密洛凡·德熱拉斯著《新階級——對共產主義制度的分析》，陳逸譯，世界知識出版社一九六三年版，第八十頁。

問題僅僅在於該政府用死刑這個武器來對付哪一個階級。」[219]在列寧熱衷於倡導運用死刑來實現革命目標之前的一七六四年，義大利法學家貝卡里亞（Cesare Beccaria，一七三八—一七九四）在《論犯罪與刑罰》中卻正式提出廢除死刑。廢除死刑的提出及其以後的踐行，對人類文明進程產生了革命家想像不到的巨大推動作用。[220]

革命專政摧毀法治秩序還在於專政對象的不確定性。就是說，專政對象將視革命鬥爭的需要而不斷更新。在土改中，專政的對象是地富反壞四類分子，此後，在集體化運動中，不加入集體化的農民就成為新的專政對象，再以後，在歷次政治運動中，專政的對象不斷刷新，四清運動中的基層幹部，反右運動中的知識份子，反右傾運動直到文化大革命中的黨的幾乎所有的高級幹部包括國防部長彭德懷、國家主席劉少奇，都成為革命專政的對象。「毛澤東主義時期的主要傾向是大力堅持意識形態教育，並把所有政治矛盾都解釋為意識形態鬥爭，而把偏離毛澤東的人都當作階級敵人。……他們總說『人民』占人口的百分之九十以上，而通常說的敵人只是一小撮。然而，一再宣稱的人民的團結顯然帶有強制和不可靠的性質，因它靠的是把任何一個持反對立場的人逐出社會等級的威脅。那些被打成敵人的人失去了參加政治社團、表述和捍衛自己觀點的權利。換言之，

219 《列寧全集》第三十卷，人民出版社一九九六年版，第九頁。

220 貝卡里亞認為濫施死刑「從來沒有使人改惡從善」，死刑是「一場國家同一個公民的戰爭」。用死刑來向人們證明法律的嚴峻是「沒有益處的」。「體現公共意志的法律憎惡並懲罰謀殺行為，而自己卻在做這種事情；它阻止公民去做殺人犯，卻安排一個公共的殺人犯。我認為這是一種荒謬的現象。」參見（意）貝卡里亞著《論犯罪與刑罰》，黃風譯，中國法制出版社二〇〇五年版，第五十六—六十四頁。一九八九年十二月十五日，聯合國大會通過《旨在廢除死刑的公民權利與政治權利國際公約第二項任擇議定書》，指出廢除死刑有助於提高人的尊嚴和促進人權的繼續發展，深信廢除死刑的所有措施應被視為是人類在享受生命權方面的巨大進步。該《議定書》要求各締約國在其管轄範圍內，對任何人不得判處死刑，每一締約國應採取一切措施廢除死刑。據統計，到二〇〇一年六月止，全世界對所有犯罪廢止死刑的國家和地區七十五個，對普通犯罪廢止死刑的國家和地區十四個，事實上沒有執行死刑的國家至少二十個，這樣在法律上或事實上廢止死刑的國家和地區一〇九個，而保留死刑的國家和地區八十六個。參見李步雲主編《人權法學》，高等教育出版社二〇〇五年版，第一二六頁。

不允許他們在思想上或在政治上破壞人民的團結。儘管少數被打成了敵人，但在原則上每個人都可能被逐出人民之列。劉少奇、林彪、『四人幫』和其他高級領導人的被清洗，活生生地證明了這種對政治集團的意識形態定義所產生的不確定性。」[221]「革命專政已專政到了連施行專政的人都被置於專政的恐怖之中。「革命不但吞噬了它自己的兒女，而且可以說是吞噬了它本身。」[222]

令人扼腕和深思的是，共產黨接管政權後第一批到達漵浦開展建政、清匪、反霸、鎮反和土改的南下幹部，絕大多數成為此後歷次政治運動中的專政對象。一九四九年南下來到漵浦並擔任第一任縣長和縣委書記的任之，一九五九年在任株洲市委書記時被打成「反黨分子」，一九六二年被迫害去世，年僅四十五歲。[223]據統計，在首批南下漵浦的二十二名青年知識份子幹部中，有十六人在歷次政治運動中被扣上「右派分子」、「反黨反社會主義分子」、「特嫌」等政治帽子而遭到批鬥和迫害。[224]曾經對地主富農等階級敵人實行殘酷專政的當權者，後來在歷次政治運動中卻成為被同樣殘酷專政的對象。這似乎應驗了一條「善惡報應」的古老詛咒：善有善報，惡有惡報，不是不報，時辰未到。

這些革命人士的命運似乎也為阿倫特（Hannah Arendt，一九〇六—一九七五）的一個判斷提供了佐證：「在革命洪流的風口浪尖上，誕生了革命的行動者，他們忘乎所以，難以自制，直到回頭浪將他們吞沒，與他們的敵人

221　〔美〕詹姆斯・R・湯森、布蘭特利・沃馬克著《中國政治》，顧速、董方譯，江蘇人民出版社二〇〇四年版，第一一五頁。
222　〔南〕密洛凡・德熱拉斯著《新階級——對共產主義制度的分析》，陳逸譯，世界知識出版社一九六三年版，第一四七頁。漢娜・阿倫特也指出：「革命，在它馬不停蹄地將自己的孩子吞噬之前，先撕下他們的假面具。到處揭發，直至已經沒有哪個主要人物不成為被告。」〔美〕漢娜・阿倫特著《論革命》，陳周旺譯，鳳凰出版傳媒集團、譯林出版社二〇〇七年版，第八十四頁。
223　漵浦縣政協文史資料研究委員會編《漵浦文史》第四輯《南下紀實》，一九九一年十二月，第四十八—五十三頁。
224　同上，第四十八—五十三頁。

——反革命者同歸於盡。」[225]路易士・博洛爾（Lous Proal）在反思法國大革命的恐怖統治時也指出：「政治犯罪，就像其他犯罪一樣，不可能不受懲罰。馬基雅維利的信徒們出於政治上的考慮，對無辜者處以極刑，而自己最終常會落得悲慘結局……羅伯斯庇爾和他的朋友們把許多受害者送上斷頭臺，最後也輪到他們自己被送上斷頭臺。」[226]

現代國家的構建是一個權力不斷集中化的過程，國家權力的集中化將造就無與倫比的權力「巨無霸」。如果沒有相應的現代立憲規則的約束和傳統道德秩序的引導，走向瘋狂的「巨無霸」式的國家權力足以毀滅人類自身。吉登斯（Anthony Giddens，一九三八—）所稱的「萬劫不復的極權主義」，也只有在現代國家才可能產生。[227]著名社會學家鮑曼（Zygmunt Bauman，一九二六—）深刻地指出，大屠殺並不只是猶太人歷史上的一個悲慘事件，而是現代性本身的固有可能。「人類記憶中最聳人聽聞的罪惡不是源自於秩序的渙散，而是源自完善無缺、無可指責且未受挑戰的秩序的統治。它並非一群肆無忌憚、不受管束的烏合之眾所為，而是由身披制服、循規蹈矩、惟命是從並對指令的精神和用語細緻有加的人所為。」[228]二十世紀的人類悲劇表明，「暴力和大屠殺背後往往存在著觀念的問題」。[229]因此，如何認識和對待各種流行的觀念，如何強化對國家權力的有效控制，就成為人類政治文明的核心主題。[230]那些不懂得以及無力控制國家權力的民族，即不能建立有效立憲政體的

225 〔美〕漢娜・阿倫特著《論革命》，陳周旺譯，鳳凰出版傳媒集團、譯林出版社二〇〇七年版，第三十七頁。

226 〔法〕路易士・博洛爾著《政治的罪惡》，蔣慶、王天成、李柏光、劉曙光譯，改革出版社一九九九年版，第二十一頁。

227 〔英〕安東尼・吉登斯著《民族—國家與暴力》，胡宗澤、趙力濤譯，生活・讀書・新知三聯書店一九九八年版，第三五三頁。

228 〔英〕齊格蒙・鮑曼著《現代性與大屠殺》，楊渝東、史建華譯，鳳凰出版傳媒集團、譯林出版社二〇〇二年版，第一九九頁。

229 〔美〕唐納德・坦嫩鮑姆、大衛・舒爾茨著《觀念的發明者——西方政治哲學導論》，葉穎譯，北京大學出版社二〇〇八年版，第三七二頁。

230 〔美〕斯科特・戈登著《控制國家——從古代雅典到今天的憲政史》，應奇、陳麗微、孟軍、李勇譯，江蘇人民出版社

國家，都將飽嚐那高高在上而不受制約的國家權力的恣意蹂躪之苦。

土改中的地主階級，只不過是排斥人權法治而一路高歌猛進的革命政權全面開動專政機器的第一批對象物和犧牲品。

（三）階級成分取代公民身分

格羅斯（Feliks Gross）認為國家有兩種基本類型，一種是部族國家，它建立在血緣基礎上，在激進而極端的形式下發展為歧視少數民族；另一種是公民國家，它以地域原則為基礎，把公民權和平等的權利擴大到具備資格的所有居民，而不論其出身、族屬和宗教。[231]其實，至少還有一種類型的國家不屬於以上兩種類型中的任何一種，也許可以將它看著是上述兩種類型中從部族（或家族）國家過渡到公民國家的過渡性國家，這就是階級國家，它以階級為基礎（在一定的地域內），將權利賦予一部分所謂革命的、先進的階級，而剝奪它不喜歡的所謂反動的、落後的階級的幾乎所有的權利。

一九四九年共產黨建立的新國家，是一種典型的階級國家，即「以工人階級（經過共產黨）領導的以工農聯盟為基礎的人民民主專政」的國家。這個國家公開聲稱是為無產階級服務的，權利「只給人民，不給反動派。」對於敵人和一切反動派，不僅不給予其任何權利，還要對之進行殘酷無情的「專政」。[232]

231　〔美〕菲利克斯・格羅斯著《公民與國家——民族、部族和族屬身分》，王建娥、魏強譯，新華出版社二〇〇三年版，第八頁。

232　毛澤東《論人民民主專政》（一九四九年六月三十日），載《毛澤東選集》第四卷，人民出版社一九九一年版，第一四八〇、一四七五頁。

二〇〇五年版。

在農村，通過劃分階級成分，實現了農民身分的階級化，製造了農村革命階級和反動階級兩個對立的、不平等的階級身分。革命階級享有「人民的權利」，反動階級則被剝奪任何權利。黨通過階級的劃分，賦予農村人口不同的階級身分，強化其階級認同和對黨的認同。在現代國家，個人與國家的聯繫，是通過公民權來實現的，換言之，公民權是個人與國家聯繫的紐帶。而在階級國家中，國家（由黨所創立和控制）將其所轄的國民劃分了不同的階級，階級身分掩蓋和排斥了公民身分，個人對國家的認同被置於對領袖認同、政黨認同和階級認同之下。

考察當代中國農民公民權問題，土改運動是其邏輯的起點。正是在土改中通過劃分階級成分，將農村（或農民）內部劃分為兩種身分和權利完全不同的人。被劃為階級敵人的人，在新政權中喪失了基本的人身權利和財產權利，他們除了任由當權者批鬥和鎮壓外，不再有別的選擇。這份政治遺產至少要存續三十年之久。「使用階級敵人這個範疇的目的，是為了讓政府可以自由地規定和處理政治罪犯——事實上，他們在中華人民共和國不屬於人民。然而，它妨礙一個以公民為基礎的、真正普遍的國家和法律體制的建立。」[233]直到一九七九年國家為地主富農摘帽以前，地主富農及家庭成員是政治、經濟和社會各個方面被歧視被排斥的階層。李強將中國農村的階級劃分稱之為政治分層，政治分層的後果是政治權利的不平等。

作為公民國家的公民權制度，被稱為人類社會的一項重要政治發明。公民國家是一個權利平等而具有包容性的國家。國家與個人的關係，是檢驗政治制度的試金石。在公民國家，國家與個人之間建立了一種偉大的聯繫紐帶，其法律體現就是公民權。公民權是人類政治文明的一個光輝成果。羅馬是早期公民國家的典範，到西元三世紀，羅馬帝國境內的所有居民，不分人種、族屬和宗教身分如何，一律被授予羅馬公民權。二十世紀下半葉的美國是現代公民國家的一個典範。[234]

---

233 〔美〕詹姆斯・R・湯森、布蘭特利・沃馬克著《中國政治》，顧速、董方譯，江蘇人民出版社二〇〇四年版，第六十九頁。

234 〔美〕菲利克斯・格羅斯著《公民與國家——民族、部族和族屬身分》，王建娥、魏強譯，新華出版社二〇〇三年版，

平等對待一國的所有公民被認為是「至上的美德」。在著名法理學家德沃金（Ronald Dworkin，一九三一——）看來，「宣稱對全體公民擁有統治權並要求他們忠誠的政府，如果它對於他們的命運沒有表現出平等的關切，它也不可能是個合法的政府。平等的關切是政治社會至上的美德——沒有這種美德的政府，只能是專制的政府。」[235]被各國共產黨奉為革命導師之一的恩格斯也指出：「一切人，或至少是一個國家的一切公民，或一個社會的一切成員，都應當有平等的政治地位和社會地位。」[236]但在相當長的革命鬥爭時期，中國人不可能理解和接受「平等的公民身分」、「法律的平等保護」以及「正當法律程式」等法治原則對一個國家治理和民眾幸福的真正價值。早在一八六八年七月二十八日批准生效的美國憲法第十四修正案第一款規定：「任何人，凡在合眾國出生或歸化合眾國並受其管轄者，均為合眾國及所居住州的公民。任何州不得制定或執行任何限制合眾國公民特權或豁免的法律。任何州，未經正當法律程序，均不得剝奪任何人的生命、自由或財產；亦不得對其管轄下的任何人，拒絕給予法律和平等保護。」這一憲法修正案對美國的文明進步發揮了不可或缺的重要作用。[237]國家如何平等地對待自己的國民，是中國政治發展面臨的一個核心問題。

歷史經驗表明，要平等地對待每一個公民，首先就要賦予每一個公民平等的公民身分或公民資格（citizenship）。公民身分或公民資格被視為是「擁有權利的權利」。一九九〇年代以來，公民身分或公民資格理論成為政治理論家關注的重點。[238]公民身分是現代國家構建的基礎和核心。共產黨執政後，一開始就引入了階級理論而不是公民理論。在農村，國家不是賦予每個人平等的公民身分，而是建構等級差別和生死對立的階級身分。

第六十六、一八四、七頁。

235 〔美〕羅奈爾得・德沃金著《至上的美德——平等的理論與實踐》，馮克利譯，江蘇人民出版社二〇〇三年，第一頁。

236 《馬克思恩格斯全集》第二十卷，人民出版社一九六五年版，第一一三頁。

237 邱小平著《法律的平等保護——美國憲法第十四修正案第一款研究》，北京大學出版社二〇〇五年版。

238 〔加〕威爾・金里卡著《當代政治哲學》下，劉莘譯，上海三聯書店二〇〇四年版，第五一八、五一四頁。

通過劃分階級成分，新政權就可以對地主富農的人身權利和財產權利進行正當性的暴力剝奪。這種現象在中國歷史上成為可能，除了國際大環境即由莫斯科操控的國際共產主義運動潮流外，還蘊涵著下列幾種重要的內部因素：

一是謀求不受任何限制的絕對權力的願望。傳統中國政治是一種典型的零和博弈政治，政治競爭缺乏妥協與合作的機制，對立雙方不是一方吃掉另一方，就是一方被另一方吃掉。一旦一方奪得最高權力，就成為不受任何限制的絕對權力。在傳統政治觀念中，人們總認為那些代表反動階級利益的權力應當要受到人民的監督，否則人民就將深受其害。而聲稱代表人民根本利益的權力，則無需再予以制衡。因為受到掣肘的「權力之手」，總沒有無拘無束那樣揮灑自如。況且為人民謀利益的權力一旦受到制約，就不能最大限度地服務於人民。所以，「必須建立農民的絕對權力」，「一切權力歸農會」。[239]共產黨的軍事勝利，使宣稱代表無產階級根本利益的黨絕對地控制了國家的權力。被無產階級政黨所控制的國家權力，公開而果斷地推行一系列代表無產階級利益的法規政策。這被認為是正當的。奪得勝利的政治精英和知識精英，不會理解和顧及著名政治哲學家密爾在近百年前所告誡的「階級立法的危險」性。[240]在土改運動中，一大批農會幹部和積極分子，對有血債的「惡霸地主」、對雙手沾滿「人民鮮血」的階級敵人，懷有不共戴天的深仇大恨，但他們卻對自己那雙沾滿「階級敵人鮮血」的雙手感到心安理得，進而引以為榮。[241]缺乏基本的人權觀念，是傳統中國官方和民間的共同

---

239 毛澤東《湖南農民運動考察報告》（一九二七年三月），載《毛澤東選集》第一卷，人民出版社一九九一年版，第十七、十四頁。

240 〔英〕J・S・密爾著《代議制政府》，汪瑄譯，商務印書館一九八二年版，第九十八——一百頁。

241 勒龐指出：「革命原則的巨大力量就在於它們放縱了野蠻的原始本能，而在此之前，這些本能一直受到環境、傳統以及法律的約束。」參見〔法〕古斯塔夫・勒龐著《革命心理學》，佟德志、劉訓練譯，長春：吉林人民出版社二〇〇四年版，第四十一頁。

交集。「學術超男」易中天（一九四七—）就指出：「中國歷史上所有的造反行為都有一個共同的特徵，就是一定要將雙方的地位顛倒過來，使統治者變成被統治者，專政者變成被專政者。極端一點的，還要將對方『打翻在地，再踏上一隻腳』。客氣一點的，也至少要讓自己從依附者變成被依附者，所以又叫『翻身』，也就是把人身依附關係『翻過來』。」[242]

二是公共規則制定的精英單邊主義的傾向。在中國，為民作主的強烈抱負始終激勵著新的政治和知識精英。他們習慣性地依據傳統的政治和公共決策邏輯，單方面制定政治和公共事務的遊戲規則。上級制定規則，下級只能被動執行；精英制定規則，大眾只有被動服從。諸如事關地主、富農根本人身權利和財產權利的國家重大決策，作為利益攸關方的地主、富農，卻既不能參與公共政策的討論與制定，也無權提出任何異議。排除利益攸關方的民主參與和對話協商，是中國傳統政治運行中的一個嚴重弊端。地主、富農只不過是規則單邊主義政治運行邏輯的新的犧牲品。顯然，在這種體制下受害的不僅僅是某個個人、某個家庭或某個階級，整個國家和民族都將為此付出沉重的代價。

三是認為多數剝奪少數具有正當性。新的革命政權建立後，加入以蘇聯為首的「陣營」與以美國為首的「陣營」進行長期的意識形態對抗。在蘇聯模式影響下的黨的宣傳機構和國家的教育機構，向國民灌輸著這樣的觀念，即：從共時上看，這個世界上被劃分為兩大陣營，以蘇聯為首的共產黨執政的國家是「社會主義國家」，具有無比的「優越性」；以美國為首的非共產黨執政的國家都是「資本主義國家」，是少數人剝奪多數人的政權，充斥著剝削、壓迫和罪惡。國際共產主義運動的目標就是要「解放全人類」，在全世界實現「共產主義」。從歷時上看，一切歷史被解釋為「階級鬥爭的歷史」，史達林主義的五種社會形態說被移植到中國，以此來看待中國歷史上的政權就是奴隸主義、封建主義和資本主義的政權，是少數人剝奪和壓迫多數人的政

242　易中天著《帝國的終結——中國古代政治制度批判》，復旦大學出版社二〇〇七年版，第二二六頁。

權。只有無產階級的革命政權才是代表多數人利益的政權，是對少數人實行專政的政權。毫無疑問，少數人剝奪多數人的社會是非正義性的，但對於一個文明的社會來說，多數人暴力剝奪少數人的社會同樣是非正義的。約翰·羅爾斯認為：「正義否認為了一些人分享更大利益而剝奪另一些人的自由是正當的，不承認許多人享受的較大利益能綽綽有餘地補償強加於少數人的犧牲。所以，在一個正義的社會裏，平等的公民自由是確定不移的，由正義所保障的權利絕不受制於政治的交易或社會利益的權衡。」[243]少數人的無限權威形成的「個人的專制」，給國家帶來的是一場災難；而多數人的無限權威所形成的「多數的暴政」，[244]對國家的危害同樣具有毀滅性。一個組織良好的社會，它不僅被設計得旨在推進它的成員的利益，而且也有效地受著一種公開的正義觀的指引。[245]

共產黨政權以空前強大的力量，摧毀了舊社會「政權、族權、神權、夫權」這四條束縛農民的「極大的繩索」。[246]事實上，國家權力並沒有被消滅，只是實現了權力的轉移，即從舊政權轉移給了新的革命政權，至於傳統的族權、神權、夫權則基本上被消滅了，農民從族權、神權和夫權的支配和束縛中解放出來。但是，由於公民社會的缺失，被消滅的傳統族權、神權、夫權卻被現代國家政權集於一身。農民在擺脫了對小共同體依附的同時，轉向了對大共同體即國家政權的依附。[247]空前強大的國家權力前所未有地深入到鄉村社會，中國形成了政

243 〔美〕約翰·羅爾斯著《正義論》，何懷宏、何包鋼、廖申白譯，中國社會科學出版社一九八八年版，第三—四頁。
244 〔法〕托克維爾著《論美國的民主》上卷，董果良譯，商務印書館一九八八年版，第二八七、二九九、二五二、四六一頁。
245 〔英〕約翰·密爾著《論自由》，程崇華譯，北京：商務印書館一九五九年版，第四、六十八頁。
246 〔美〕約翰·羅爾斯著《正義論》，何懷宏、何包鋼、廖申白譯，中國社會科學出版社一九八八年版，第五頁。
毛澤東〈湖南農民運動考察報告〉（一九二七年三月），載《毛澤東選集》第一卷，人民出版社一九九一年版，第三十一頁。
247 秦暉著《傳統十論——本土社會的制度、文化及其變革》，復旦大學出版社二〇〇五年版，第六十一—一二五頁。

治學家鄒讜所說的「全能主義國家」和社會學家孫立平等人所說的「總體性社會」。[248]

新政權取代以至囊括了幾乎所有的社會權力，一雙不受控制的「權力之手」時刻在農民面前左右揮舞。翻了身的貧苦農民被置於國家權力的強大支配之下。被新政權指定要為「萬惡的舊社會」承擔全部責任的地主階級，作為階級已被徹底消滅，地主富農的倖存者及其子女則長期處於被改造被歧視的地位，他們一瞬之間從「天堂」墜入「地獄」，在日後的蹉跎歲月裏淪落為新的「貧苦農民」。

248 全能主義國家的基本特點是，一個社會中沒有一個政治權力機構不能侵犯的領域。參見鄒讜著《二十世紀中孫立平、李強、沈原〈社會結構轉型：中近期的趨勢與問題〉，載《戰略與管理》一九九八年第五期。

第三章 集體化、城鄉隔離與農民結構化

上一章，筆者考察了新政權通過土改劃分階級成分，在農村劃分地主、富農和貧農、中農、雇農等階級成分，地主、富農屬於成分不好的階級敵人，貧雇農屬於成分好的革命群眾，從而在整個農村內部製造了身分和權利不平等的兩種人。地主富農的土地產權和其人身權利被雙重剝奪。

在本章中，筆者將要討論的是，國家為了追求蘇聯模式的社會主義和國家工業化目標，一方面，在農村強行推行集體化運動，剝奪了所有農民的土地產權，並將農民強制組織在集體單位之中，使之成為被集體單位所強力支配的社員，從而實現農民從階級身分向社員身分的轉換；另一方面，又通過城鄉隔離的制度安排，在整個社會製造了農業人口和非農業人口兩種人，將農民限制和束縛在農村，使之成為被戶籍制度所羈絆的鄉里人。作為農業人口的農民，在被剝奪了土地私有產權的同時，又被剝奪了憲法規定的平等權利，從而淪落為備受制度歧視的「二等公民」。

國家通過農業集體化和城鄉二元社會的構建，將農民結構化為集體的成員和鄉村的成員，從而實現了農民身分的結構化。農民身分的結構化，疏離了農民與國家的聯繫，農民對集體和對鄉村的服從，阻隔了對國家的認同。這與現代國家普遍確立的公民對國家的認同明顯悖離。國家未能有效地賦予農民的公民身分，不可避免

地削弱了現代國家的治理功能和整合能力。

一、強制集體化：從階級身分到社員身分

（一）集體化：社會主義道路

稱雄於二十世紀大半歷史的共產主義，把財產私有制看作「萬惡之源」，認為徹底消滅私有財產就能實現真正的正義並使人性盡善盡美。[1]這種誘人前景得到了當時絕大多數精英階層和人民大眾的共同信仰和追求。

中國共產黨在取得政權後，立志在中國大陸建立以蘇聯模式為範本的「經典社會主義體制」，[2]以實現共產主義作為「最高理想」。「社會主義」被認為是「共產主義」的低級階段。黨的領導人一致地認為蘇聯模式是世界上唯一正宗的「社會主義」。[3]毛澤東在開國前夕就向全黨提出：「蘇聯共產黨就是我們最好的先生，我們必須向他們學習。」[4]黨動員全社會的政治口號是：「蘇聯的今天，就是我們的明天。」走蘇聯的道路，成為黨

1 〔美〕茲・布熱津斯基著《大失敗——二十世紀共產主義的興亡》，軍事科學院外國軍事研究部譯，軍事科學出版社一九八九年版，第二頁。
2 〔匈牙利〕雅諾什・科爾奈著《社會主義體制：共產主義政治經濟學》，張安譯，中央編譯出版社二〇〇七年版。
3 秦暉〈全球化中的「中國因素」與世界未來〉，載《領導者》二〇〇八年第二期（總第二十期）。
4 毛澤東〈論人民民主專政〉（一九四九年六月三十日），載《毛澤東選集》第四卷，北京：人民出版社一九九一年版，第一四八一頁。

的領導人的政治共識。早在革命戰爭時期，毛澤東就指出：「中國革命的終極的前途，不是資本主義的，而是社會主義和共產主義的。」[5]為此，毛澤東將中國革命分為兩步走，第一步是新民主主義革命，改變「殖民地、半殖民地、半封建的社會形態，使之變成一個獨立的民主主義的社會。」第二步，「使革命向前發展，建立一個社會主義的社會。」[6]

土地改革後，中國農業要進行社會主義改造，中國農民要走社會主義道路，這在黨內是「沒有爭論的」。[7]

那麼，什麼是社會主義呢？依據其經典定義，社會主義的核心特徵是「以集體的或者國家的所有權取代了私有所有權。」[8]一九五三年九月八日，時任政務院總理的周恩來在中國人民政治協商會議第一屆全國委員會第四十九次常務委員會擴大會議上，對社會主義作了符合當時政策需要的解釋：「什麼叫做社會主義？社會主義最基本的就是完成了社會主義改造，就是取消了生產資料的私人資本主義所有制，歸國家所有了，就是農業、手工業集體化了。」[9]黨堅定地相信蘇聯模式的公有制和計劃經濟是社會主義的「本質特徵」。在傳統社會主義者看來，「資本主義是萬惡之首，而計劃經濟是各種善的化身。」在他們眼中，「一切醜惡、可笑的事情都是資產階級的，而一切美好、高尚的東西都是無產階級的。」[10]

---

5 毛澤東〈中國革命和中國共產黨〉（一九四〇年一月），載《毛澤東選集》第二卷，人民出版社一九九一年版，第六五〇頁。

6 毛澤東〈新民主主義論〉（一九三九年十二月），載《毛澤東選集》第二卷，人民出版社一九九一年版，第六五〇頁。

7 薄一波《若干重大決策與事件的回顧》上卷，中共中央黨校出版社一九九一年版，第一九四—二一一頁。

8 〔美〕詹姆斯・布坎南著《財產與自由》，韓旭譯，中國社會科學出版社二〇〇二年版，第四十九頁。

9 周恩來〈過渡時期的總路線〉（一九五三年九月八日），載《周恩來選集》下卷，人民出版社一九八四年版，第一〇五頁。

10 〔奥〕路德維希・馮・米塞斯著《官僚體制・反資本主義心態》，馮克利、姚中秋譯，新星出版社二〇〇七年，第一五三、一五五頁。

二戰後，整個地球已被人為地從意識形態上劃分為「資本主義」和「社會主義」兩極對峙的世界，中國義無反顧的選擇是「只能走蘇聯社會主義道路，不能走美國資本主義道路。」對馬列主義理論的教條崇拜和對蘇聯模式實踐的盲目崇拜，緊緊地糾纏著中國政治精英和知識精英的頭腦。他們不僅自己對蘇聯模式頂禮膜拜，而且還要強制他們的同胞像他們一樣地服膺蘇聯模式。在中國，共產主義被迅速確立為一種「集體信仰」。[11]長期照搬蘇聯模式對中國人頭腦所造成的深刻禁錮，將成為日後中國啟動和推進改革的重大思維障礙。在後來的改革年代，改革者只有首先祭起「解放思想」的旗幟，才有可能為改革開闢新的道路。[12]

在農村，小農經濟被認為是封建統治的經濟基礎，以集體所有制改造小農，就成為馬列主義的一個基本原理。馬克思是集體所有制概念的首創者，而集體所有制的政治實踐則是蘇聯的創舉。一八七四年馬克思在〈巴枯寧《國家制度與無政府狀態》一書摘要〉中寫道：「凡是農民作為土地私有者大批存在的地方，凡是像古西歐大陸各國那樣農民甚至多少還佔據多數的地方，凡是農民沒有消失，沒有像在英國那樣為僱農所代替的地方，就會發生下列情況，或者農民會阻礙和斷送一切工人革命，就像法國到現在所發生的那樣；或者無產階級將以政府的身分採取措施，一開始就應當促進土地私有制向集體所有制過渡，讓農民自己通過經濟的道路來實現這種過渡；但是，不能採取得罪農民的措施，例如宣佈廢除繼承權或廢除農民所有權。只有租佃資本家排擠了農民，而真正的農民變成為同城市工人一樣的無產者、僱傭工人，因而直接地而不是間接地變成了同城市工人有共同利益的時候，才能夠廢除繼承權或廢除農民所有制。」[13]

---

11 楊繼繩著《墓碑——中國六十年代大饑荒紀實》，香港天地圖書有限公司二〇〇八年版。

12 鄧小平以解放思想來啟動改革，他認為：「不打破思想僵化，不大大解放幹部和群眾的思想，四個現代化就沒有希望。」參見鄧小平〈解放思想，實事求是，團結一致向前看〉（一九七八年十二月十三日），載《鄧小平文選》第二卷，人民出版社一九九四年版，第一四三頁。

13 《馬克思恩格斯全集》第十八卷，人民出版社一九六四年版，第六九四——六九五頁。

很明顯，馬克思這段話既提出了農民土地私有制向集體所有制過渡的命題，但也明確界定了這種過渡的條件和方式。恩格斯在去世的前一年即一八九四年撰寫了《法德農民問題》，提出在「我們奪得國家權力」後如何對待小農的問題：「我們預見到小農必然滅亡，但我們無論如何不要以自己的干預去加速其滅亡。」恩格斯還明確主張：「當我們掌握了國家權力的時候，我們絕不會用暴力去剝奪小農（不論有無報償，都是一樣），像我們將不得不如此對待大土地佔有者那樣。我們對於小農的任務，首先是把他們的私人生產和私人佔有變為合作社的生產和佔有，但不是採用暴力，而是通過示範和為此提供社會幫助。」[14]馬克思主義經典作家雖然對集體所有制和合作社懷有個人偏好，但尊重農民意願、不搞強迫命令以及暴力強制，則是馬克思和恩格斯的共同態度。

列寧去世後，蘇聯根據史達林（一八七九—一九五三）的理論強制推行工業化和農業集體化。一九二七年聯共（布）十五大決議提出：「在目前時期，把個體小農經濟聯合並改造為大規模集體經濟這一任務應該作為黨在農村中的基本任務。」[15]一九三〇年一月聯共（布）中央提出在「十五」計畫期間完成「絕大多數農戶集體化的任務」，規定了從限制富農到消滅富農的政策，決定將集體農莊作為集體經濟的基本形式。

蘇聯推行全盤農業集體化運動的主要特徵，就是違背農民意願的強制和國家暴力的濫用。蘇共中央將富農分為三類，分別實行處以極刑、驅逐到邊遠地區、遷移到本地區特定地段。富農不准加入農莊，並被沒收財產。遭到沒收財產的有八百五十萬至九百萬人，占農戶總數的百分之六到百分之七，有的地方高達百分之十五。有五百萬人被強迫遷往西伯利亞和北極地區，其中有四分之一的人在途中死去。到一九三七年，蘇聯有百分之九十三的農戶和百分之八十七·四的播種面積實行了集體化。蘇聯強制性的農業集體化，造成了五百萬

14 《馬克思恩格斯選集》第四卷，人民出版社一九七二年版，第三一〇頁。
15 《蘇共決議彙編》第三分冊，人民出版社一九五六年版，第四〇二頁。

農民的非正常死亡（大約每二十五個俄國農民中就有一人死亡），也使蘇聯農業和生產力遭到了重大和長期性的破壞，到一九五三年蘇聯糧食產量仍然低於一九一三年時的俄國。[16]事實表明，蘇聯的農業集體化是「一場駭人的毀滅性戰爭」。[17]

通過殘酷的國家暴力，蘇聯在所有制方面消滅了私有制，實行了單一的公有制。一九三六年《蘇聯憲法》第五條規定：「蘇聯社會主義所有制表現為兩種形式：國家財產（全民財產）；合作社集體農莊財產、各合作社財產）。」全民所有制被認為是社會主義所有制的高級形式，集體所有制是低級形式，低級形式要過渡到高級形式。

農業集體化是蘇聯的強制性創造。經濟學家周其仁通俗易懂地解釋了集體化的意蘊：「集體化者，消滅農民的土地私有產權、把農民勞力集中在集體農莊裏聽從國家計畫命令的體制也。」[18]將中國農民納入蘇聯模式的集體化道路上去，是毛澤東這樣一位出身農民的馬列主義革命家試圖「造福農民」所堅定不移的信念。在執掌全國政權之前，毛澤東就認為：「在農民群眾方面，幾千年來都是個體經濟，一家一戶就是一個生產單位，這種分散的個體生產，就是封建統治的經濟基礎，而使農民自己陷入永遠的窮苦。克服這種狀態的唯一辦法，就是逐漸地集體化；而達到集體化的唯一道路，依據列寧所說，就是經過合作社。」[19]土地改革後，毛澤東就急於推進集體化，向社會主義過渡。在毛澤東看來，「對於農村的陣地，社會主義如果不去佔領，資本主義就必然

---

16 黃宗良、孔寒冰主編《世界社會主義史論》，北京大學出版社二〇〇四年版，第三一七—三一八頁。〔美〕費正清等主編《劍橋中華人民共和國史》（一九四九—一九六五），王建朗等譯，上海人民出版社一九九〇年版，第四〇六頁。

17 〔南〕密洛凡・德熱拉斯著《新階級——對共產主義制度的分析》，陳逸譯，世界知識出版社一九六三年版，第五十一頁。

18 周其仁著《收入是一連串事件》，北京大學出版社二〇〇六年版，第一二七頁。

19 毛澤東〈組織起來〉（一九四三年十一月二十九日），載《毛澤東選集》第三卷，人民出版社一九九一年版，第九三一頁。

會去佔領。」[20]從農業合作化運動、大躍進運動、人民公社化運動到文化大革命運動，中國農村在國家主導下實行了一次次激烈的強制性制度變遷。

農業合作化被分為互助組（臨時互助組和常年互助組）、初級社和高級社三種依次發展的三種形式。[21]毛澤東將互助組稱為社會主義的萌芽形式，將以土地入股為特點的農業生產合作社即初級社稱為半社會主義的合作社，將集體農莊即高級社稱為完全社會主義的合作社。[22]

在高度中央集權的單一制國家，中國的地方政權只是中央政權的代理人和執行者。對於來自中央的任何決策，只要中央一聲令下，向中央表示絕對政治忠誠的地方及其各級領導幹部，無不爭先恐後「積極貫徹執行」，他們唯恐自己行動遲緩而被歸為「落後」之列。不但土改運動和合作化運動是這樣，緊接而來的人民公社化運動、大躍進運動、反右運動、反右傾運動以及文化大革命運動等等，莫不如此。

漵浦縣的黨員領導幹部與全國各地一樣，既有被無所不在的宣傳機器所鼓動起來的「社會主義建設熱情」，也有習慣成自然的「強迫命令作風」。一九五二年冬到一九五六年，全縣開展了大規模的社會主義改造運動。

一九五二年一月，漵浦縣橋江章池村夏應望等十戶農民創辦以工換工的臨時互助組。中共漵浦縣委和縣人民政府派幹部幫助他們鞏固完善，並逐漸推及全縣。一九五二年底，全縣已建互助組四五一七個，參加農戶一八二八三戶，占總農戶的百分之三十三。一九五四年，全縣互助組達八千八百五十四個，加入的農戶四萬

20 毛澤東〈關於農業互助合作的兩次談話〉（一九五三年十月、十一月），載《毛澤東選集》第五卷，人民出版社一九七七年版，第一一七頁。
21 高化民著《農業合作化運動史》，中國青年出版社一九九九年版，第四十六頁。
22 毛澤東〈關於農業互助合作的兩次談話〉（一九五三年十月、十一月），載《毛澤東選集》第五卷，人民出版社一九七七年版，第一一二頁。

表3-1 溆浦縣生產互助組歷年情況

	1952年	1953年	1954年	1955年
農業生產互助組數（個）	4517	6904	8854	8385
參加互助組農戶數（戶）	18263	32249	49609	-
互助組農戶占總農戶比例（%）	19.4	33	50	-
臨時組占互助組比例（%）	-	72.7	56.7	40.3
常年組占互助組比例（%）	-	27.3	43.3	59.7

資料來源：《溆浦縣誌》，社會科學文獻出版社1993年版，第221-222頁。

九千六百零九戶，占總農戶的百分之五十。互助組分為臨時互助和常年互助，臨時互助主要是根據生產季節或臨時生產需要，調劑勞力、畜力、農具等；常年互助組則是比較穩定的常年分工互助。溆浦縣生產互助組歷年情況，見表3-1。

一九五四年一月，中共溆浦縣委選擇花橋的堰塘、橋江的獨石、水東的桂花園、龍潭的山下塘四個常年互助組試辦四個「半社會主義性質」的初級農業生產合作社（初級社）共三十六戶。初級社實行土地入股，耕牛、大型農具折價入社。分配按入社土地和參加勞動日數比例分紅，有的「地四勞六」，有的「地五勞五」。一九五五年春，初級社發展到一一八個，入社農戶一七四六戶，占總農戶的百分之一·七四。一九五五年十月，中共七屆六中全會通過〈關於農業合作化問題的決議〉後，全國掀起辦社的高潮。到一九五六年春，溆浦縣初級社擴大到一千九百五十六個，入社農戶達八萬六千九百五十六戶，占總農戶的百分之八十五。

一九五六年春，中共溆浦縣委試辦三六個高級農業生產合作社，取消土地報酬，貫徹「各盡所能，按勞取酬」的分配原則，實行生產資料集體所有制。入社農戶六千八百四十三戶。從七月中旬到八月中旬，初級社全部轉為高級社，高級社猛增到五百四十九個，入社農戶達九萬九千七百二十五戶，占總農戶的百分之九十七·三。高級社平均達一百八十餘戶。到一九五七年春，高級社發展到六百三十四個，入社農戶十萬一千三百二十三戶，占總農戶的百分之九十九・六。在普遍的行政命令和強迫中，全縣完成了農業社會主義改造的歷史任務，宣佈走上了「社會主義道路」。漵浦縣初、高級社發展情況，見表3-2。

根據毛澤東和黨中央「一化三改」的總路線，漵浦縣對個體手業和資本主義工商業進行了激烈的社會主義改造。漵浦縣一九五三—一九五六年私營商業改造情況，見表3-3。

一九五八年五月黨的八大二次會議通過「鼓足幹勁、力爭上游、多快好省地建設社會主義」的總路線，隨即在全國掀起大躍進運動狂潮。八月，中央政治局北戴河會議作出〈關於在農村建立人民公社問題的決議〉，會後，「全國農村一哄而起，大辦人民公社。」[23]

中共漵浦縣委根據中共中央〈關於在農村建立人民公社問題的決議〉精神，於一九五八年九月十五日建成全縣第一個人民公社——低莊人民公社。經過短短半個月的高效工作，到九月底，全縣將六百三十四個高級社合併組成江口、思蒙、龐陽水、觀音閣、低莊、譚家灣、祖市殿、橋江、江東、水東、兩丫坪、小橫壟、黃茅園、龍潭十四個人民公社。十月一日，縣委召開萬人大會，自豪地宣佈全縣實現了人民公社化。

一九六一年五月，中共漵浦縣委根據中共中央關於對國民經濟實行「調整、鞏固、充實、提高」的「八字」方針，停辦全縣五千七百二十九個農村公共食堂。十月，縣委貫徹〈農村人民公社工作條例（試行草案）〉，將原十四個農村人民公社調整為四十六個農村人民公社。翌年，改公社所有為公社、生產大隊、生產隊三級所有，以生產隊為基本核算單位。一九八四年，全縣人民公社體制被鄉村建制所取代。

23 胡繩主編《中國共產黨的七十年》，中共黨史出版社一九九一年版，第三五三—三五四頁。

表3-2　溆浦縣初、高級社發展情況

		1954年1月	1955年春	1956年春	1956年8月	1957年春
初級社	個數（個）	4	118	1569	-	-
	入社戶數（戶）	36	1746	86956	-	-
	占總農戶比例（%）	-	1.74	85	-	-
高級社	個數（個）	-	-	36	549	634
	入社戶數（戶）	-	-	6843	99725	101323
	占總農戶比例（%）	-	-	6.7	97.3	99.6

資料來源：《溆浦縣誌》，社會科學文獻出版社1993年版，第221-222頁。

表3-3　1953-1956年溆浦縣私營商業改造情況

地區	原有私營商業戶（戶）	納入改造形式								
		合計數（戶）	轉國營戶數（戶）	公私合營		合作店（組）		經銷代銷戶（戶）	自營戶數（戶）	轉其他行業戶數（戶）
				個數（個）	戶數（戶）	個數	戶數（戶）			
合計	1647	1647	39	16	416	58	749	268	205	-
縣城	-	585	39	9	197	10	104	157	88	-
農村	1062	1062	-	7	219	48	645	81	117	-

資料來源：《溆浦縣誌》，社會科學文獻出版社1993年，第225頁。

（二）社員：農民身分的結構化

在被毛澤東視為「千載難逢」的土地改革中，[24] 農民被劃分階級成分，地主、富農作為剝削階級，是無產階級專政的對象，從而喪失了基本的平等權、人身權和財產權。在集體化運動中，農民的身分實現了新的轉換，即從階級身分轉換為社員身分，從而被結構化了。

在集體化運動中，農民身分的結構化是國家主導下的雙重身分建構過程。一重是農民作為社員被國家固定在一個集體的單位組織之中，受到集體的強力控制，從而失去了意志自主權、私有財產權和自由選擇權等基本權利和自由；另一重是農民作為農業人口被國家固定在農村這個天地之間，受到了城市的強力排斥，從而失去了平等權、遷徙自由權、社會福利權和追求幸福的權利。

農民從階級身分轉換為社員身分，有兩種路徑，一是階級成分好的貧下中農直接加入合作社，自動獲得社員身分。二是成分不好的地主、富農和反革命分子的身分的轉換，則需經過批准。一九五五年十月，毛澤東在中共七屆六中全會上提出以「表現好壞」作為地主、富農和反革命分子入社轉換身分的重要衡量指標：

> 以縣和鄉為單位（縣為單位還不夠，因為一個縣基本上合作化了，但是也可能有些鄉還沒有合作化），一個縣，一個鄉都基本上合作化了，就是百分之七十到八十的農戶入社了，那個地方已經鞏固了的合作社就可以開始分批分期地按照地主富農的表現怎麼樣來處理。有一些表現歷來都很好，老實，歸附國法，可

24 一九五一年一月十九日，毛澤東在與各中央局及大城市黨委從事統戰工作的人士談話時說：「土改一項從堯、舜、禹、湯、文武、周公、孔子直到孫中山都沒有做過」，「狀元三年一考，土改千載難逢。」參見《中共黨史教學參考資料》第十九冊，國防大學出版社一九八六年版，第二三五、四頁。

以給以社員的稱號。有一些可以在社裏頭一起勞動，也分取報酬，但是不叫社員，實際上是候補社員；如果他們搞得好，也可以變成社員，讓他們有個奔頭。第三部分人，暫時不許入社，等到將來再講，分別解決。所有這些地主富農入社後，不要擔任合作社的職務。至於某些經過考察的地主富農家庭出身的青年知識份子，在農村裏頭，是不是可以吸收一些擔任文化教員之類的工作？有些地方別的知識份子很少，有這麼一種需要，讓他們在黨支部、合作社管理委員會的領導和監督之下擔任文化教員的工作……至於擔任會計這樣的事情就比較危險了。[25]

毛澤東上述關於地主富農入社及身分置換的講話精神，寫進了一九五六年一月中共中央政治局提出的〈一九五六年到一九六七年全國農業發展綱要（草案）〉，〈綱要（草案）〉規定：

（四）對於過去的地主分子和已經放棄剝削的富農分子要求入社的問題，在一九五六年內應當著手解決。解決的辦法是：（1）表現較好，勤勞生產的，可以允許他們入社，做為社員，並且允許他們改變成分，稱為農民。（2）表現一般，不好不壞的，允許他們入社，做為候補社員，暫不改變成分。（3）表現壞的，由鄉人民委員會交合作社管制生產；有破壞行為的，還應當受到法律的制裁。（4）過去的地主富農分子，無論是否已經取得社員的稱號，在入社以後的一定時期內，都不許擔任社內任何重要職務。（5）合作社對於過去的地主富農分子在社內的勞動，應採取同工同酬的原則，給他們以應有的勞動所得。（6）地主富農的子女，如果在土地改革的時候，他還是年齡不滿十八歲的少年兒童和在學校讀書的青年學生；或

25 毛澤東〈農業合作化的一場辯論和當前的階級鬥爭〉（一九五五年十月十一日），載《毛澤東選集》第五卷，人民出版社一九七七年版，第二一一——二一二頁。

者在土地改革以前，他就參加勞動，並且在家庭中居於被支配的地位，這種人不應當當作地主富農分子看待，而應當允許他們入社，做為社員，稱為農民，並且根據他們的條件，分配適當的工作。（五）對於農村中的反革命分子，應當按照以下的規定加以處理：（1）進行破壞活動的分子和在歷史上有嚴重罪行民憤很大的分子，逮捕法辦。（2）只有一般的歷史罪行，沒有現行破壞活動民憤不大的分子，由鄉人民委員會交合作社管制生產，勞動改造。（3）只有輕微罪行，現在已經悔改的分子，刑滿釋放表現好的分子，以及雖有罪行，但是對於鎮壓反革命立場有顯著功勞的分子，可以允許他們入社，並且根據他悔改的程度和功勞的大小，有的做為社員，摘掉反革命帽子，稱為農民；有的做為候補社員，暫不給以農民的稱號。但是，無論是否已經取得社員的稱號，在入社以後的一定時期內，都不許擔任社內任何重要的職務。（4）對於交合作社管制生產的反革命分子，合作社應當採取同工同酬的原則，給他們以應有的勞動所得。（5）對於反革命分子的家屬，只要他們沒有參與犯罪行為，應當允許他們入社，並且應當同一般社員同等待遇，不要歧視他們。[26]

一九五六年六月三十日，第一屆全國人大三次會議通過〈高級農業生產合作社示範章程〉，對地主、富農和反革命分子的入社問題作了類似規定。根據中央的政策法規，一九五六年，全國除少數省、市外，大多數地區的地主富農分子和反革命分子差不多都加入了農業生產合作社，一些「表現壞的分子」交給合作社進行管制。全國地主富農分子及反革命分子被評為社員的人數比例情況，見表3-4。

26 〈一九五六年到一九六七年全國農業發展綱要（草案）〉（一九五六年一月二十三日中共中央政治局提出），載《中華人民共和國法規彙編（一九五六年一月十六月）》，法律出版社一九五六年版，第二—三頁。

表3-4 全國地主富農分子及反革命分子被評為社員的人數比例

分類	正式社員	候補社員	管制生產
老解放區	50%	40%	10%
新解放區	20%	60%	20%

資料來源：高化民著《農業合作化運動始末》，中國青年出版社1999年版，第407頁。

蘇聯強制推行的全盤集體化運動，將支持還是反對集體農莊視為是站在富農一邊還是站在蘇維埃一邊的區分標準，當時提出的著名口號是：「誰不加入集體農莊，誰就是蘇維埃政權的敵人。」黨組織還要求農村黨員首先加入集體農莊，否則就不能留在黨內。因此，許多黨員和幹部唯恐被打倒、被清除，寧可在運動中搞得過火而不敢落後。對普通農民的威脅手段有劃為富農、逮捕關押、開除村社等。[27]在蘇聯農業集體化運動中，「為了完成來自上面的書面的，時常是口頭的指示，幾乎所有州和共和國的黨政機關不得不對農民搞強迫命令，甚至對基層蘇維埃和黨的工作人員也採取強迫命令。」[28]

中國在入社的中央文件中，雖有「入社自願、退社自由」的規定，強調各級幹部不得「強迫命令」。[29]但是在實際工作中，入不入社成為檢驗農民是走社會主義道路還是走資本主義道路的政治標誌。加入合作社，就是跟毛主席走、跟共產黨走，就是走社會主義道路；不加入合作社，就是跟蔣介石走、跟國民黨走，就是走資本主義道路。幹部和群眾都面臨著走社會主義道路還是走資本主義道路的巨大政治壓力。為了迅速完成入社的政治任務，各地幹部對農民的

27 程又中著《蘇聯模式的興衰》，湖北人民出版社二〇〇〇年版，第一二五—一二六頁。

28 〔蘇〕羅•亞•麥德維傑夫著《讓歷史來審判——斯大林主義的起源及其後果》上，趙洵、林英譯，人民出版社一九八三年版，第一四七頁。

29 〈高級農業生產合作社示範章程〉（一九五六年六月三十日第一屆全國人大三次會議通過），載《人民日報》一九五六年七月一日第二版，引自《人民日報》（一九四六—二〇〇六）圖文電子版。

強迫命令就不可避免。農村基層幹部在集體化運動中盛行的對農民「強迫命令」的思維方式和工作方法，至今仍是農村基層工作的一項重要遺產，成為國家推行依法行政的主要障礙。

除了極少數反動分子不准其入社外，剛剛參與和目睹了殘酷無情批鬥地主階級的普通農民，在巨大的政治壓力面前大都「積極要求」入社以求自保，極少數因種種原因暫未入社的，也面臨著來自各方面的壓力和歧視。據調查，漵浦縣譚家灣鄉白岩農業社就有四戶這樣的單幹農民：

（一九五七年）四月九日，我們去譚家灣鄉白岩農業社進行了調查。白岩農業社一〇三戶，六四九畝田。現還有四戶（兩戶老上中農、一戶老下中農、一戶現中農）單幹戶沒有入社。

老上中農江祖富五口人，五・八畝田，一個半勞動力，耕牛傢俱齊全，怕四分柑橘園入社上當，不願入社。老上中家江力生，四口人，耕牛半頭，缺少犁耙，本人做岩匠，怕入社受限制。老下中農江時六，一口人，七十五歲，怕入社按勞取酬，不能維持生活，田全部由兒江祖富耕種。現貧農江時尊七十八歲，一口人，喪失了勞動力，怕「五保」講得好、辦不到，不願入社，一・五畝田由侄兒江祖富代耕，他們都是一貫從事生產的勞動農民。（四戶共十一・五畝田）。

幹群對單幹農民的看法：

由於農業高級合作化以來，百分之九十五的農民參加了農業社，鄉社幹部沒有認識到單幹農民目前不願入社是暫時的思想落後，從各方面教育他們團結他們做得很差，相反是對單幹農民採取歧視的態度。在該社工作已有五個月時間的鄉幹部李梅英同志，至今還不知道單幹農民住在哪裡，同時還感到自己工作的社裏有單幹戶「不光榮」，希望他們搬走。社幹普遍認為單幹戶思想頑固，還不如地主……對他們生產和生活上也從未過問過，明知江時尊一貫生活困難，也沒有救濟。（相反），政府的派購和公債任務，而（卻）是往單幹戶頭上壓。去年（一九五六年）全社九十元公債任務，就給江祖富、江力生兩戶分配了三十五元。

社員群眾也處處諷刺單幹戶，有些社員見了單幹戶就是說：「生產搞單幹，有了困難喊皇天。」[30]

強大的政治壓力環境，使農民既不可能自主選擇入社或不入社，也不可能自由選擇退社，在集體單位中社員也沒有生產和生活的自由選擇。社員的一切言行，都受到了無所不在的監視，任何偏離或超越集體化程序的言行——不管是公開的或私下的——都將面臨政治批鬥的危險。每個社員事實上成了福柯（Michel Foucault，一九二六—一九八四）所指稱的被權力「規訓的肉體」。[31]

（三）幹部與社員：支配與服從

馬克思在論述法國的小農時，曾將單個的分散的原子化的小農比喻為「好像一袋馬鈴薯」，這樣的小農，「不能以自己的名義來保護自己的階級利益，無論是通過議會或通過國民公會。他們不能代表自己，一定要別人來代表。他們的代表一定要同時是他們的主宰，是高高站在他們上面的權威，是不受限制的政府權力，這種權力保護他們不受其他階級侵犯，並從上面賜給他們雨水和陽光。所以，歸根到底，小農的政治影響表現為行政權力支配社會。」[32]

傳統中國的小農與法國小農有相似之處，但也有不同之點。其最大的不同在於傳統中國農民基於血緣和地緣因素被組織在具有極大向心力和凝聚力的宗族和家族之中。如果說中國歷史上缺乏市民社會的話，那麼傳統

30　徐澤民《譚家灣鄉白岩農業社四戶單幹農民情況的調查》（一九五七年四月十日），來源：漵浦縣檔案館。
31　〔法〕蜜雪兒・福柯著《規訓與懲罰》，劉北成、楊遠嬰譯，生活・讀書・新知三聯書店二〇〇七年版，第一五五—一五六頁。
32　《馬克思恩格斯選集》第一卷，人民出版社一九七二年版，第六九三頁。

中國並不缺乏民間社會。作為傳統中國民間社會重要因素的宗族家族制，既對農民個體形成支配，同時也為個體農民提供庇護。宗族家族制度在一定程度上構成了對國家權力的緩衝和阻擋——雖然這種緩衝和阻擋不是絕對的。歷代王朝既需要利用宗族家族制度來加強對農民的統治，又不斷地通過打擊豪強大族來削弱宗族勢力對國家權力的威脅。

共產黨革命摧毀了族權、神權、紳權和夫權對農民的「束縛」，但卻將被摧毀的所有舊的社會權力全部集中到新政權手中。農民面對集政權、族權、神權、紳權和夫權以及經濟和意識形態權力於一身的全能主義的新政權，是一個歷史上從未有過的強大「利維坦」。新政權在城市通過單位制度，[33]將城鎮居民組織在單位制度之中；在農村，新政權通過合作化運動和人民公社化運動，徹底乾淨地剝奪所有農民的私有財產權，將農民組織在由國家控制的集體組織之中，農民成為國家製造的集體單位中的成員即社員。社員則由國家的代理人即合作社幹部和人民公社幹部所控制和支配。以剝奪農民私有產權和自由選擇權為特徵的強制集體化，並沒有將馬克思指涉的分散的小農有效地組織起來。國家強制組織的農村集體單位，只不過為一個個分散的「馬鈴薯」提供了一個「密不透風的袋子」。社隊幹部就成為根據上級政策要求不斷「紮緊馬鈴薯口袋」的代理人。

馬克斯・韋伯將支配分為基於利害狀況（基於獨佔地位）的支配和基於權威（命令權力與服從義務）的支配，前者最純粹的類型乃是市場的獨佔性支配，後者則為家長權力、官職權力或君侯權力的支配。[34]易中天將

---

33 Andrew G.Walder, *Communist Neo—traditionalist: Work and Authority in Chinese Industry*,University of California Press,1986. 路風〈單位：一種特殊的社會組織形式〉，載《中國社會科學》一九八九年第一期；路風〈中國單位體制的起源和形成〉，載《中國社會科學季刊》一九九三年十一月冬季卷總第五斯；李猛等〈單位：制度化組織的內部機制〉，載《中國社會科學季刊》一九九六年八月夏季卷總第十六期；楊曉民、周翼虎著《中國單位制度》，北京：中國經濟出版社一九九九年版；劉建軍著《單位中國：社會調控體系重構中的個人、組織與國家》，天津人民出版社二〇〇〇年版。

34 〔德〕馬克斯・韋伯著《支配社會學》（韋伯作品集三），康樂、簡惠美譯，廣西師範大學出版社二〇〇四年版，第四頁。

傳統帝制中國的社會支配與服從結構形象地概括為「小人服從大人，女人服從男人，民間服從官方，全國服從皇帝。」[35]在農村集體化中，社員處在社隊幹部的嚴厲控制和支配之下。在集體單位中，除了受到政治歧視的地主、富農、反革命分子和壞分子及其家屬外，整個集體成員就只剩下兩種人：社員和幹部。在社員眼中，幹部是管理自己的領導；在幹部眼裏，社員是自己管理的群眾——雖然有的幹部自身也屬於社員，比如生產隊和大隊幹部。

從文本上考察，國家對初級社、高級社和人民公社中社員的權利和義務都作了規定，並強調了「自願」和「互利」的原則。

一九五五年十一月九日，第一屆全國人民代表大會常務委員會第二十四次會議通過〈農業生產合作社示範章程草案〉，〈章程草案〉規定農業生產合作社要按照「自願和互利的原則組織起來」，認為農業合作社是「使勞動農民永遠擺脫貧窮與剝削的唯一的光明道路」，並將農業合作社分為初級和高級兩個階級，初級社屬於「半社會主義性質」，高級社屬於「完全的社會主義性質」。〈章程草案〉第二章對社員入社資格及社員的權利和義務作了規定，要求在合作社初成立的幾年內，「不接受過去的地主分子和富農分子入社」。社員的權利和義務情況，見表3-5。

一九五六年六月三十日，第一屆全國人大三次會議通過的〈高級農業生產合作社示範章程〉第二章對社員資格的取得及社員的權利和義務同樣作了明確規定，見表3-6。

一九六二年九月二十七日中共八屆十中全會通過的〈農村人民公社工作條例修正草案〉對社員的權利義務也作了明確規定，見表3-7。

[35] 易中天著《帝國的終結——中國古代政治制度批判》，復旦大學出版社二〇〇七年版，第一二二頁。

表3-5　農業生產合作社（初級社）社員的權利和義務

社員的權利	社員的義務
第十三條　每個社員在社內都有以下權利： （一）參加社內的勞動，取得應得的報酬。 （二）參加社務活動，提出有關社務的建議和批評，對社務進行監督。選舉合作社的領導人員和被選為合作社的領導人員。擔任合作社的職務。 （三）在不妨礙參加合作社勞動的條件下，經營家庭副業。 （四）享受合作社舉辦的各項公共事業的利益。 過去的地主分子、富農分子，在入社以後的一定時期內，不許擔任社內任何重要的職務。 第十五條　社員有退社的自由。社員退社的時候，可以帶走還是他私人所有的生產資料，可以抽回他所交納的股份基金和他的投資。	第十條　每個社員在社內都有以下義務： （一）遵守社章。執行社員大會和管理委員會的決議。 （二）遵守合作社的勞動紀律。按時完成分配給他的工作任務。 （三）愛護國家的財產、全社公有的財產和社員私有而交給合作社公用的財產。 （四）鞏固全社的團結，同一切破壞合作社的活動作堅決的鬥爭。

資料來源：〈農業生產合作社示範章程草案〉（載國家農業委員會辦公廳編《農業集體化重要文件彙編》（1949-1957）上冊，中共中央黨校出版社1981年版，第479-501頁。

表3-6　高級農業生產合作社社員的權利和義務

社員的權利	社員的義務
第九條　每個社員同樣地有以下權利： （一）參加社內的勞動，取得應得的報酬。 （二）提出有關社務的建議和批評，參加社務的討論和表決，對社務進行監督。 （三）選舉合作社的領導人員，被選舉為合作社的領導人員。 （四）在不妨礙合作社生產的條件下，經營家庭副業。 （五）享受合作社舉辦的文化、福利事業的利益。 過去的地主分子、富農分子和反革命分子，在入社以後的一定時期內，沒有被選舉權，不能擔任社內的任何重要職務；做候補社員的，並且沒有表決權和選舉權。 第十一條　社員有退社的自由。要求退社的社員一般地要到生產年度完結以後才能退社。社員退社的時候，可以帶走他入社的土地或者同等數量和質量的土地，可以抽回他所交的股份基金和他的投資。	第十條　每個社員同樣地有以下義務： （一）遵守社章，執行社員大會、社員代表大會和管理委員會的決議。 （二）積極地參加社內勞動，遵守勞動紀律。 （三）愛護國家的財產和合作社的財產。 （四）鞏固全社的團結，同一切破壞合作社的活動作堅決的鬥爭。

資料來源：〈高級農業生產合作社示範章程〉載《人民日報》1956年7月1日第二版，引自《人民日報》圖文電子版（1946-2006）。

表3-7　人民公社社員的權利和義務

社員的權利	社員的義務
四十四　人民公社社員，在社內享有政治、經濟、文化、生活福利等方面一切應該享受的權利。人民公社的各級組織，對於社員的一切權利，都必須尊重和保障。 　要保障社員個人所有的一切生活資料，包括房屋、傢俱、衣被、自行車、縫紉機等，和在銀行、信用社的存款，永遠歸社員所有，任何人不得侵犯。 　要保障社員自有的農具、工具等生產資料，保障社員自有的牲畜，永遠歸社員所有，任何人不得侵犯。 　要關心社員的身體健康，保護社員勞動中的安全。 　對於社、隊的生產、分配、生活福利、財務開支等方面，社員有提出建議、參加討論和表決、進行批評和監督的權利。 　對於社、隊幹部違法亂紀行為，社員有向任何上級控告的權利。 四十五　社員的房屋永遠歸社員所有。社員有買賣或者租賃房屋的權利。 　任何單位、任何人，都不准強迫社員搬家。	四十六　人民公社社員，都應該提高社會主義覺悟、在公社內必須履行自己一切應盡的義務，每一個社員都要遵守國家的政策、法令，執行社員代表大會和社員大會的決議。 　每一個社員都必須愛護集體，自覺遵守勞動紀律，同損害集體經濟和破壞勞動紀律的現象作鬥爭。 　每一個社員必須完成應該做的基本勞動日，完成規定的交售肥料的任務。 　每一個社員都要愛護國家和社、隊的公共財產，積極地保護這些財產不受損害。 　人民公社社員，都要提高革命警惕性，防止封建勢力復辟和反革命分子的破壞活動。

資料來源：〈農村人民公社工作條例修正草案〉，載國家農業委員會辦公廳編《農業集體化重要文件彙編》下冊，中共中央黨校出版社1981年版，第628-649頁。

〈農業生產合作社示範章程草案〉和〈高級農業生產合作社示範章程〉沒有提及社隊幹部，〈農村人民公社工作條例修正草案〉則對幹部的有關問題專列一章予以規定，但除了規定社隊幹部的人數配備及因公誤公補貼外，只規定幹部的各項義務和紀律要求，沒有規定幹部的權利。

> **四十八**　人民公社各級的幹部，都要樹立為人民服務的思想，都應該是誠誠懇懇的人民勤務員。
>
> 　要關心群眾生活，處處為群眾打算。要和群眾同甘共苦，反對特殊化，不許貪污私分，不准多吃多占。
>
> 　人民公社各級幹部，要正確地理解國家利益和群眾利益的一致性，把對上級負責和對群眾負責正確地結合起來。執行上級指示的時候，如果確實有困難，可以提出自己的意見，報請上級處理。

人民公社各級幹部，都必須認真執行「黨政幹部三大紀律、八項注意」。三大紀律是：（一）認真執行黨中央的政策和國家的法令，積極參加社會主義建設。（二）實行民主集中制。（三）如實反映情況。

八項注意是：（一）關心群眾生活。（二）參加集體勞動。（三）以平等的態度對人。（四）工作要同群眾商量，辦事要公道。（五）同群眾打成一片，不特殊化。（六）沒有調查，沒有發言權。（七）按照實際情況辦事。（八）提高無產階級的階級覺悟，提高政治水平。

四十九　人民公社各級的幹部，都必須堅持民主作風，反對強迫命令。必須在民主的基礎上，建立正確領導，反對放任自流。不許壓制民主，不許打擊報復。要平等地和群眾討論，使有各種不同意見的人都能暢所欲言；對於持不同意見的社員，只許採用商量的辦法、不許採用強制的辦法對待，不許亂扣帽子。嚴禁打人罵人和變相體罰，嚴禁用「不發口糧」、亂扣工分和不派農活的辦法處罰社員。[36]

〈農村人民公社工作條例修正草案〉還規定社隊幹部要同社員一起參加勞動，公社幹部參加集體勞動最少的全年不能少於六十天，生產大隊和生產隊的幹部都要以一個普通社員的身分參加勞動，同社員一樣評工計分。生產大隊的幹部參加集體勞動的天數，最少的全年不能少於一百二十天。

如果僅從上述文本上分析，似乎社員的權利有充分的保障，而幹部的作風有嚴格的約束。實際情況常常是，明確規定的社員權利往往得不到保障，而嚴格禁止的幹部特權卻處處受到追逐。文本與現實的強烈反差，是中國社會的顯著特徵之一。既不能有效保障國家賦予國民的基本權利，又不能有效約束國家明令禁止的官吏

[36] 〈農村人民公社工作條例修正草案〉（一九六二年九月二十七日，中國共產黨第八屆中央委員會第十次全體會議通過），載國家農業委員會辦公廳編《農業集體化重要文件彙編》下冊，中共中央黨校出版社一九八一年版，第六四五頁。

行為，始終是中國政治運行中的一大頑症。

歷史經驗表明，中國政治的最大難題，不在於如何治民，而在於如何治吏。治吏在這裏有兩重意涵，一是整個民族國家通過憲政制度安排，對中央國家公職人員的規範和約束，這是現代國家確立的立憲政治秩序；二是中央國家依據憲法和法律，有效規範和約束地方公職人員的行為，這是現代國家遵循的依法治理規則。一九五〇年代以後的農村集體化，再一次驗證了中國國家治理的這一歷史難題。

突破基本權利底線，將社員置於幹部的任意支配之下，是集體化運動的顯著特點之一。作為「權力的攀登者」[37]，扮演國家意志代理人的社隊幹部，既有積極甚至過火執行國家意志以示政治忠誠的一面，又有以國家名義為旗號攫取個人私欲的衝動。

在傳統的專制政治環境中，腐化的社會風潮會把一大批卑鄙無恥之徒推上各種權力的寶座。馬克斯・韋伯在對中國的研究中就發現：「那些最成功的人，往往都不是最好的人，而是『壞蛋』，不僅用某種『奴隸道德』來衡量是這樣，而且用統治階層自己的標準來衡量也是這樣。」[38]

在集體單位中，喪失了私有產權和人身自由的社員，完全處於社隊幹部的強力支配之中。幹部對社員人身的支配以及對社員思想的支配，幾乎無所不在，集體單位內部形成了強大的支配與服從結構。早在一九三七年，托洛茨基（一八七九—一九四〇）就指出：「在一個政府是唯一的雇主的國家裏，反抗就等於慢慢地餓死。『不勞者不得食』這個舊的原則，已由『不服從者不得食』這個新的原則所代替。」[39]向幹部徹底地低頭表示服從，是社員謀求生存的唯一出路，有時，甚至簡單的服從也不能完全確保社員的安全

37 〔美〕安東尼・唐斯著《官僚制內幕》，郭小聰等譯，中國人民大學出版社二〇〇六年版，第九十三—一一九、八十二頁。

38 〔德〕馬克斯・韋伯著《儒教與道教》，王容芬譯，商務印書館一九九五年版，第十四頁。

39 轉引自〔英〕弗里德里希・奧古斯特・哈耶克著《通往奴役之路》，王明毅、馮興元等譯，中國社會科學出版社一九九七年版，第一一六頁。

無虞。基層幹部在土改中普遍採取的針對地主富農這些階級敵人的暴力專政的鬥爭方式，開始用來對付自己的革命同志——普通社員了。劉少奇就發現有些同志對「人民群眾」實行專政的問題：「他們常常用專政的手段，用強制和壓服的辦法，去對待人民群眾，去解決人民內部問題，而不是在人民內部實行民主，用民主和說服的辦法，用服從多數的辦法，去解決人民內部的問題。他們不只是對人民的敵人實行專政，他們對人民群眾有時也實行專政。」[40]

一九五七年十月三十日，一份上報中共漵浦縣委的調查報告就揭示了社隊幹部對社員恣意濫用暴力的問題：

我們於本月（十月）二十九日到水隘鄉檢查工作，發現該鄉在糧食辯論中，部分社對少數社員思想不通，採取「打一驚百」的鬥爭方式去解決和為了制止社員浪費糧食同家禽破壞生產，規定社員一律不准養雞養鴨，逼使社員把雞鴨殺光賣光，造成群眾思想混亂，對社不滿，特將情況報告如下：

（一）

該鄉十四個社的糧食辯論於本月二十五日左右轉入辯論口糧標準，鄉委會就向各社發出通知，要摸出指名批判和大會辯論的對象材料報鄉批准，這樣就有十一個社報上十八個對象（其中地主六人，老上中農七人，新上中農二人，貧農三人），經鄉委批准，大會指名批判的九人。截止二十九日有七個社白天召開了全社群眾和聯社辯論大會，辯了十二個對象，其中八個被鬥，三個被捆，一個被吊起來用刑。如大橋、田家溪、塘灣三個社七百多群眾於二十九日白天集中在大橋社舉行了聯社鬥爭大會，開始鬥地主張宏才當偽鄉長壓迫老百姓，今年六月鬧糧荒要退社，出工不積極等破壞事實，張不肯承認，塘灣社主任周仁貴就動手吊起來用刑。這樣便接著鬥老上中農楊本遠、貧農張桂英等四人，（他們）害怕上了台，坦白了

---

40 劉少奇〈在擴大的中央工作會議上的講話〉（一九六二年一月二十七日），載《劉少奇選集》下卷，人民出版社一九八五年版，第四三二—四三三頁。

自己破壞糧食政策，破壞森林等錯誤，才沒有被吊。喬子公社召開全社群眾大會，辯論老中農蔣傳和，他不肯認錯，社主任蔣傳章拿繩子去吊他，他同社主任打起來了，五個社幹一齊動手，才把他捆起。

鬥爭以後，群眾對糧食辯論思想不通的也跟著大家一邊倒，不敢提意見，怕鬥爭。如大橋社兩百一十三戶鬥爭以前有七十戶硬將口糧標準低了，鬥爭以後都講夠吃了，社員張良（？漏一字）說：「現在那（哪）還敢提意見，提得冒（冇）好，又要鬥爭。」沙灣社鬥爭以後社員朱家順說：「我早就曉得冒（冇）鬥幾條作榜樣，糧食工作是搞不好的。」

（二）

該鄉在糧食辯論中出現的第二個問題是有社幹怕社員飼養家禽浪費糧食、破壞生產，規定社員私人一律不准養雞鴨。現有大橋、田家溪、塘灣、鐵山溪、茫溪口五個社在社員中貫徹執行，其他九個社正在計畫這樣搞，逼使社員把家裏現有雞鴨殺光、賣光。據大橋一個社員瞭解，二十四日在群眾中貫徹後，三日之內全社兩百一十三戶社員就有一百八十戶社員賣掉了雞鴨八百二十隻。四隊社員王身團一次就殺掉了十隻雞鴨。市場雞價由陸角捌分跌到三角貳分（一斤）還沒有人買。群眾對此規定，極為不滿。大橋社二隊社員田治堂把全家八隻雞挑出賣時問社主任，如冒（冇）誰養雞鴨，我們以後呷鹽也沒有錢。其他各社目前雖未形成大殺大賣運動，但打雞打鴨現象是普遍存在的。[41]

在集體單位中，每個社員的生產勞動及生活中的一言一行，都處在幹部的監視和控制之中，恐怖的政治氣氛，使社員幾乎人人自危。溆浦縣觀音閣鎮山腳下村周高喜回憶說：

41 〈水隘鄉在糧食辯論中出現兩個問題的報告〉（一九五七年十月三十日）。來源：溆浦縣檔案館。

集體化時，大隊幹部搞「劃行器」插田。秧苗要插在「劃行器」縱橫劃定的交叉點上，社員如栽得不符合尺寸，就要重新返工。這樣反覆折騰，栽田搞你不死。天麻麻亮，生產隊長張英成就打喊「出工了」。等打完喊，他自己回去睏眼閉（按：睡覺）了，社員不敢說他。社員出工上廁所如遲到一點就要扣工分。

那時要早請示，晚彙報。由大隊幹部領頭集合。早請示，就是清早大家起來到操場集合，一起高喊毛主席萬歲！萬歲！萬萬歲！林副主席身體健康！永遠健康！

晚彙報，就是做完一天的勞動後，又到操場集合，立正，清點好人數後，開始喊毛主席萬歲！萬歲！萬萬歲！林副主席身體健康！永遠健康！

大隊幹部可以搞特殊化，我那時當了一年的生產隊長。大隊幹部通知我們晚上去開會，實質上是利用晚上我們多吃餐飽飯。[42]

溆浦縣觀音閣鎮山腳下村向志英回憶說：

毛主席哪能管得這麼寬？都是土霸王害死人，紅嘴巴狗、朽包腦殼害人。一點點兒小事，幹部就要開會批鬥人。

（集體時期）有一次，我們一個隊的社員文菊林（張英東愛人）被抽調到外社勞動回來後說：「明年不想到麻陽水（按：另一個公社）搞『雙搶』去了，太辛苦了，連水都冇得喝。幹部不重視我們社員。」

42 二〇〇七年四月二十三日筆者湖南溆浦調查訪談記錄。

我當時就附和一句：「啊，不去就不去吧。」沒想到，就有人告黑狀將我們說的話報告了幹部。晚上睡覺後，生產隊幹部張青家派人將我叫到生產隊，質問我說了什麼話。我說沒有說什麼話呀。幸好當時文菊林也在場，她當時證明說：「別人（向志英）一點都沒有說什麼。」這個文菊林還算是好人。那時，哪個人敢說什麼話？馬上就有人報告。

俗話說：「公公講得好跟公公睏，娘娘講得好跟娘娘睏。」隊上幹部自己懶死了，大清早天沒亮，隊長就打喊「出工了，出工了。」等大家出工了，他自己藏起來了，不見了，睏眼閉去了。要你們大家去做工。

公社幹部向萬召在我們三隊蹲點，天天晚上開會。他說，現在是過「古兒岩」，以後過社會主義。「古兒岩」過過去了，就過社會主義的幸福日子，「樓上樓下，電燈電話。」每日清早「一碗豆漿，兩根油條」。「古兒岩」冇過過去，等於死條狗。

在毛主席時代，連話都不敢講。早請示，晚彙報。回娘家要請假批准。[43]

集體化時期，社員處在集體和幹部的嚴格支配之下，喪失了基本的私有產權、人身自由和思想自由。杜潤生在回憶集體化時指出：「人民公社具有政權職能，上面的高指標、高徵購，到了下邊就可以搞行政強制、瞎指揮，甚至打人、批鬥人，侵犯人身權利。」[44]

43　二〇〇七年二月十五日筆者湖南長沙調查訪談記錄。
44　杜潤生著《杜潤生自述：中國農村體制變革重大決策紀實》，人民出版社二〇〇五年版，第七十八頁。

支配社員的幹部，雖然在行使權力時不受法律和社員的約束，但並不說他們就可以完全無法無天、為所欲為。因為他們要受到上級組織和領導的制約。這種自上而下的制約，取決於領導人的個人意志，其方式也是政治運動式的整治。一九六三年開始的「四清運動」，就是自上而下發動的主要針對農村幹部和群眾的一場政治運動。一些農村幹部在「四清運動」中飽嚐了自己被當作階級敵人無情批鬥的個中滋味。

一九六三年七月至九月，中共黔陽地委和中共漵浦縣委聯合組成工作組，在漵浦馬田坪人民公社進行「小四清」試點工作。一九六四年一月至四月，縣委按照「兩個十條」精神，在水東公社進行社會主義教育試點。後由黔陽地委統一組織安排，從漵浦抽調一千五百多名幹部赴黔陽縣開展社教運動，縣內社教運動未普遍開展。在兩次試點中，鬥爭了一批地、富、反、壞分子，查處一些幹部多吃多占、敵我不分、貪污盜竊等問題。試點中，共處分幹部二十二人（其中，開除公職十一人，開除黨籍二人，其他處理九人），一九七九年後複查，對處分過重的十二人予以糾正（恢復公職九人，恢復黨籍二人，撤銷其他處分一人）。[45]四清運動一直持續到文革爆發，此後，全體幹部群眾又在黨的號召下熱火朝天地投入到文化大革命的運動之中。

支配與服從或許在任何政治共同體中都是不可避免的，但傳統中國政治文化特別強調上級對下級的支配和控制以及下級對上級的服從與忠誠。在人支配人的等級結構中，幾乎每個人既是支配人的支配者，又是被人支配的服從者。這種看似穩固的人對人的支配與服從的政治社會結構，排斥了正義與法律對人的心靈的征服，勢必蘊涵著不可預期的各種風險，最終將支配者與被支配者一同吞噬。

中國歷史上就充斥著舉不勝舉的人對人的支配所釀成的悲壯故事。支配者在支配他人時頤指氣使、趾高氣揚，被支配者則表現得唯唯諾諾、俯首貼耳，但一旦時機驟變，支配者與被支配者的命運也將發生逆轉。不過傳統政治

45 《懷化地區志》上卷，生活・讀書・新知三聯書店一九九九年版，第二十八頁；《漵浦縣誌》，社會科學文獻出版社一九九三年版，第三十、一三一頁。

文化中支配者與被支配者命運的逆轉，只是改變了原來的支配者與被支配者的空間位置，而不可能改變整個支配結構的性質。托克維爾在考察美國民主制度時發現：「在美國絕不是人服從人，而是人服從正義或法律。」[46]

二、城鄉隔離：農民與市民的制度分野

（一）統購統銷：農民與市場的割裂

共產黨政權與歷史上任何一個政權不同的是，它絕不滿足於其控制下的國民向其繳稅納糧並表示政治服從，它還要按照自己的遠大抱負「打破一個舊世界，建設一個新世界。」打破一個舊世界，就是要徹底摧毀一切「封建主義」和「資本主義」的統治及其殘餘，掃蕩「萬惡的舊社會」。

在農村，土地改革運動就是一場「打破舊世界」的運動。建設一個新世界，就是要實現共產主義的「美好社會」。共產黨在執政前夕，就確立了建設「新社會」的兩個具體抱負：實現工業化和建設社會主義。[47]執政後，黨豪情滿懷地將自己的革命理想付諸實踐。在當時，蘇聯模式被中國政治領導人普遍認為是世界上「唯一

46　〔法〕托克維爾著《論美國的民主》上卷，董果良譯，商務印書館一九八八年版，第一〇五頁。

47　一九四九年三月五日毛澤東在中共七屆二中全會的報告中提出：「使中國穩步地由農業國轉變為工業國，把中國建設成一個偉大的社會主義國家」，並認為「我們不但善於破壞一個舊世界，我們還將善於建設一個新世界。」參見毛澤東〈在中國共產黨第七屆中央委員會第二次全體會議上的報告〉（一九四九年三月五日），載《毛澤東選集》第四卷，人民出版社一九九一年版，第一四三七、一四三九頁。

正確」和「正宗」的社會主義模式，是中國建設社會主義的當然選擇。蘇聯模式在經濟上的突出表現就是公有制、計劃經濟和按勞分配。

土地改革完成後，黨的最高領導人毛澤東就急於帶領農民群眾走「社會主義道路」，他不顧《共同綱領》對「新民主主義」社會的規定，提出向社會主義過渡的問題。一九五三—一九五六年的農業集體化運動，就是黨「帶領農民群眾走社會主義道路」的產物。

將中國由落後的農業國轉變為先進的工業國，實現社會主義工業化，是黨急於要實現的另一個偉大目標。當時的執政者依據蘇聯史達林主義的模式，認為資本主義國家是通過對外掠奪殖民地來實現工業化資金的原始積累，中國要實現國家工業化，對外沒有殖民地可以掠奪，就只能與蘇聯一樣，通過對內剝奪農民來實現「社會主義的原始積累」。「統購統銷」和「剪刀差」等剝奪農民的政策正是蘇聯史達林主義的國家工業化的直接產物。

一九五三年，國家開始實行蘇聯模式的社會主義改造，在農村開展了農業集體化運動。同年，中國照搬蘇聯模式實行第一個五年計劃（一九五三—一九五七年）。這一年，在農村實行糧食徵購及在城市實行糧食配給的統購統銷政策開始出臺。

作為統購統銷政策的主要謀劃者，陳雲很清楚剝奪農民對糧食自由支配權的後果：「逼死人或者打扁擔以至暴動的事，都可能發生。」[48]儘管如此，國家還是決定實行統購統銷，這不僅是因為在執政者看來「徵購利多害少」，[49]更根本的在於人口占絕大多數的農民，在政治共同體中缺乏參與和討論制定涉及切身利益的公共政策的制度渠道。

一九五三年十月十六日，中共中央政治局擴大會議通過〈中共中央關於糧食統購統銷的決議〉；十一月

48 陳雲《實行糧食統購統銷》（一九五三年十月十日），載《陳雲文選》第二卷，人民出版社一九九五年版，第二〇八—二一一頁。薄一波著《若干重大決策與事件的回顧》上卷，中共中央黨校出版社一九九一年版，第二五五—二八三頁。

49 薄一波著《若干重大決策與事件的回顧》上卷，中共中央黨校出版社一九九一年版，第二六三頁。

十九日政務院第一九四次政務會議通過〈關於實行糧食的計畫收購和計畫供應的命令〉。糧食統購統銷政策包括計畫收購、計畫供應、由國家嚴格控制糧食市場、中央對糧食實行統一管理四個組成部分。十二月初，中國大陸除西藏外，全國城鄉開始實行糧食的統購統銷。合作化後，政務院於一九五六年十月六日作出〈關於農業生產合作社統購統銷的規定〉，以社為單位實行糧食統購統銷。「國家在農村統購統銷的戶頭，就由原來的一億幾千萬戶農戶簡化成了幾十萬個合作社。」[50]

統購統銷政策的實行，關閉了糧食自由市場，割裂了農民與城鄉市場的聯繫，農民失去了自由支配糧食的權利。在糧食徵購中，「國家徵購過頭糧的現象比較普遍，農民生產的糧食，大多都給收購上去了，所剩無幾。」地方幹部一邊向上浮誇虛報產量，一邊向農民強迫徵購「過頭糧」，「國家同農民的關係是緊張的，強迫命令、亂批亂鬥、逼死人命等現象都發生過。」[51]

在溆浦縣，糧食歷來由市場自由買賣和調劑，官府不加干預。一九五〇—一九五三年，溆浦縣按新的農業稅政策徵收公糧，同時由糧食部門每年在市場設點收購農民手中的餘糧。一九五三年冬，溆浦縣按照國家統購統銷政策實行糧食統購，全縣入庫徵購糧二・六七萬噸（折合稻穀，下同），比一九五二年增加百分之七十八，占全年糧食總產量的百分之二十一・四，農業人口每人平均負擔六十三・五公斤，徵購後人平口糧二一八・五公斤。

一九五五年實行「三定」（定產、定購、定銷）到戶，全縣入庫徵購糧二・一一萬噸。一九五七年「三定」到六百三十四個高級農業社，入庫徵購與超產超購糧食二・三二萬噸。一九五八年後，按高級農業社的任務計算到公社，再由公社定任務到大隊，任務「一定三年」。在一九五九—一九六一年「三年困難時期」，全

50　同上，第二七七頁。
51　同上，第二八二、二七一頁。

縣糧食大減產，但徵購任務未減少，反而增加。一九六〇年全縣糧食總產量十二・一五萬噸，比一九五九年減產二・二六萬噸，但徵購入庫糧食三・六五萬噸，占全年糧食總產量的百分之三十。

一九六五年起實行徵購任務「一定五年」，並繼續實行超產、超購、超獎的「三超」辦法，超購糧食按統購價加百分之三十計價，徵購任務五年不變，超購糧食逐年增加，一九七一年三千噸，一九七五年增至五千兩百噸，五年增長百分之七十三。同一時期全縣糧食總產量只增加百分之十六。

一九八〇年後，實行聯產承包責任制。一九八五年，國家改糧食統購為合同定購，全縣糧食總產量二十八・一四萬噸，定購三・〇九萬噸，入庫二・九三萬噸，農業人口平均負擔四十二・三公斤，人均口糧三百二十五公斤。

一九五三—一九八五年，全縣累計入庫徵購糧一百零六・一七萬噸（年均二・九五萬噸），其中徵糧九十二・〇七萬噸，超購糧八・六萬噸，議購三・六萬噸，市場收購糧一・九萬噸。[52]食油、棉花等主要農副產品都列為統購的項目。一九五〇—一九八五年漵浦縣農副產品收購情況，見表3-8。

（二）剪刀差：農民的額外「貢稅」

新政權除了向農民照常徵收農業稅外，還通過「剪刀差」形式向農民暗中「抽血」，史達林稱之為國家強制向農民徵收所謂的額外「貢稅」。

「剪刀差」一詞是史達林主義的產物。所謂「剪刀差」，是指工農產品不等價交換的剪刀狀差距，也就

52 《漵浦縣誌》，社會科學文獻出版社一九九三年版，第四一六—四一七頁。

表3-8 1950-1985年溆浦縣農副產品收購情況

年度	收購總額（萬元）	其中					
		糧食（萬噸）	食油（噸）	生豬（頭）	棉花（噸）	茶葉（噸）	柑橘（噸）
合計	79055	92.07	37048.8	1753113	10262	9791	159390
1950	120	1.14	52	-	1	-	26
1951	220	1.53	172	-	6	-	42
1952	350	1.50	277	-	30	62	437
1953	449	2.67	501	106	37	84	1280
1954	762	2.89	1053	8657	90	120	1765
1955	661	2.11	831	18357	116	146	2482
1956	752	1.79	723	20220	95	216	3014
1957	912	2.31	960	22322	213	171	5124
1958	935	2.82	956	30725	151	139	5483
1959	1558	3.28	1138	34443	226	143	6190
1960	1277	3.65	703	28820	162	176	4377
1961	880	2.64	322	4343	152	131	3108
1962	1002	2.71	368	5987	66	116	4742
1963	1274	3.12	645	9072	109	163	4225
1964	1565	3.39	718	19755	201	207	7334
1965	1698	3.03	614	29271	190	201	8426
1966	1802	2.08	499	27105	219	221	11875
1967	1752	1.88	546	28973	201	238	10354
1968	1350	2.67	661	36851	254	177	11034
1969	1620	1.88	556	38819	152	145	9193
1970	1581	2.28	386	52669	114	191	4398
1971	2201	2.56	690	51914	193	174	5719
1972	1917	2.52	841	55618	182	230	7400
1973	2569	2.99	932	57948	301	260	8469
1974	2440	2.47	685	71074	447	300	405
1975	2460	2.51	338	78331	340	287	7072
1976	2433	2.22	325	86433	433	282	9238
1977	2257	2.26	384	89300	345	372	100
1978	2575	2.12	1848.8	88700	294	375	447
1979	3400	2.22	2035	88100	392	399	825
1980	3853	2.14	1670	114900	625	444	1860
1981	4841	2.90	2989	116900	572	570	806
1982	5305	2.70	3258	114300	695	695	2308
1983	5780	3.86	1927	124700	933	711	1822
1984	6999	4.00	2590	131800	954	917	3820
1985	7832	2.93	3855	66600	771	728	4190

資料來源：《溆浦縣誌》，社會科學文獻出版社1993年版，第416-417頁。

是工農業產品交換中價格與價值相背離，農產品價格低於價值，工業品價格高於價值的不等價交換。[53]因用圖表示呈剪刀張開形態而得名。如果工農產品價格背離價值的差額越來越大，就是擴大「剪刀差」；反之，叫縮小「剪刀差」。用史達林直白的話說，「剪刀差」就是要讓農民「在購工業品時多付些錢，而在出賣農產品時少得一些錢。」[54]史達林提出：「農民不僅向國家繳納一般的稅，即直接稅和間接稅，而且他們在購買工業品時還要因為價格較高而多付一些錢，這是第一；而在出賣農產品時要少得一些錢，這是第二。這是為了發展為全國（包括農民在內）服務的工業而向農民徵收的一種額外稅。這是一種類似『貢稅』的東西。」如果「不向農民徵收這種額外稅，那我們就不成其為布爾什維克了。」[55]史達林承認，「農民繳納的這種超額稅實際上是存在的」，對這種超額稅，「我們還把它叫做『剪刀差』，叫做為迅速發展我國工業使資金從農業『流入』工業。」在史達林看來，國家通過「剪刀差」方式剝奪農民，「並不是出於本意，而是由於需要。」[56]

針對聯共（布）黨內例如布哈林（一八八八－一九三八）將「剪刀差」政策視為國家對農民實行「軍事封建剝削」的指責，史達林再三聲稱「社會主義國家是不剝削農民的」，[57]但他卻極力辯解「剪刀差」是「國家工業化所必需的然而是暫時的一種手段。」[58]就制度自身的運行邏輯來說，任何一種制度一旦建立，就會形成日益強大的制度慣性和制度利益。事先承諾「暫時的」制度安排，到頭來就會形成牢固的制度利益，非以新的巨大代價，很難輕易廢除。

53 李炳坤編著《工農業產品價格剪刀差問題》，農業出版社一九八一年版，第七、十──十一頁。
54 《斯大林全集》第十二卷，人民出版社一九五五年版，第四十五頁。
55 《斯大林全集》第十一卷，人民出版社一九五五年版，第一三九──一四〇頁。
56 《斯大林全集》第十二卷，人民出版社一九五五年版，第四十五頁。
57 《斯大林全集》第十一卷，人民出版社一九五五年版，第一四一頁。
58 《斯大林全集》第十二卷，人民出版社一九五五年版，第四十七頁。

在中國，執政後的毛澤東雖然認識到蘇聯史達林把「農民挖得很苦」，極大地損害了「農民的生產積極性」，並且還生動地指出：「你要母雞多生蛋，又不給它米吃，又要馬兒跑得好，又要馬兒不吃草。世界上哪有這樣的道理！」[59]但是，中國當時毅然決然地選擇了照搬蘇聯模式追求工業化目標，就不可能革除與蘇聯模式密不可分的通過剝奪農民以積累工業化資金的「剪刀差」政策。「剪刀差」政策事實上成為國家「挖農補工」戰略的重要組成部分。

黨在實行高度集中的計劃經濟過程中，實行「明稅輕、暗稅重」的政策，即對農民徵收的明稅——農業稅採取較輕的政策，所以農民幾十年來並不感到農業稅「不堪重負」，而對農民徵收的暗稅——剪刀差即史達林稱之為的額外「貢稅」——則採取較重的攫取方式，但這由於是採取工農產品的不等價交換方式徵收的，故農民除了感到工業品太貴而農產品太便宜外，沒有覺得自己在默默地向國家繳納「貢稅」。

國家正是對工農產品價格實行嚴格的計畫管理，人為地抬高工業產品的價格、壓低農產品價格，以「剪刀差」形式剝奪農民，從農民身上獲取巨額利益的。「剪刀差」的實質是國家對農民的超經濟剝奪。一九五三年實行統購統銷後，糧食購銷價格完全由國家控制。

國家以行政權力取代市場機制，強化的是國家權力的壟斷性和專斷性，取消的是價值規律的自發調節功能。專斷的行政權力和僵硬的市場，勢必損害社會自身的運行機制，導致社會再生活力的窒息。漵浦縣主要地方工業產品和主要農產口成本與銷價（收購價）情況，見表3-9與表3-10。

59 毛澤東〈論十大關係〉（一九五六年四月二十五日），載《毛澤東選集》第五卷，人民出版社一九七七年版，第二七四頁。

表3-9 漵浦縣1960年主要地方工業品成本、銷價情況

單位：元、%

企業名稱	產品	單位	實際成本	稅金	利潤	出廠價	出廠價高於成本的比例
低莊煤礦	煙煤	噸	8.850	1.36	7.790	18.000	103.39
大江口煤礦	無煙煤	噸	7.000	1.04	5.760	13.800	97.14
楠木洞石灰廠	石灰	噸	11.220	0.96	6.820	19.000	69.34
曾家溪鎢礦	鎢精砂	噸	1274.680	577.14	2777.390	4629.130	263.16
山門磺礦	硫酸	噸	416.780	37.83	80.310	535.000	28.37
西坪磷肥礦	磷肥	噸	121.170	3.75	-49.920	75.000	-38.10
耐火材料廠	標準磚	噸	29.320	8.51	38.710	76.540	161.05
大江口鍋廠	鐵鍋	噸	382.770	26.26	114.890	520.000	35.85
漵浦電廠	水電	千瓦時	0.104	0.11	0.011	0.225	116.35
龍潭電廠	火電	千瓦時	0.179	0.21	0.022	0.426	137.99
建築隊	青磚	萬塊	284.710	35.55	-0.260	320.000	12.40
馬田坪聯合廠	白砂糖	百斤	34.080	27.97	0.950	63.000	84.86
罐頭廠	水果糧	百斤	43.400	47.80	16.800	108.000	148.85
	紅燒豬肉	500克	1.450	0.20	0.300	1.950	34.48
	桔片	500克	1.100	0.14	0.160	1.400	27.27

說明：出廠價高於成本的比例筆者者所加。

資料來源：《漵浦縣誌》，社會科學文獻出版社1993年版，第493頁。

表3-10 1963年漵浦縣主要農產品成本與收購價情況

品名	數量（斤）	生產成本價（元）	收購價（元）	收購價高於成本比例（%）
稻穀	100	7.44	7.8	4.84
紅桔	100	4.48	12.7	183.48
廣柑	100	11.34	14.2	25.22
甘蔗	100	0.66	1.5	127.27
棉花	100	72.61	90.0	23.95
菜子	100	23.23	22.5	-3.14

說明：收購價價高於成本的比例係筆者重新計算。

資料來源：《漵浦縣誌》，社會科學文獻出版社1993年版，第494頁。

從表3-9看，十五項地方工業品的出廠價高於成本價的平均比例為百分之八十五・四九，高於下表（表3-10）中六種主要農產品平均收購價高於成本價百分之六十・二七的水平。這只是地方工業品與農產品一個側面的情況，不足以全面反映整個工農產品價格剪刀差狀況，因為主要的工業品主要由大中型國營企業生產和銷售。

據《溆浦縣誌》所載，一九四九年以後溆浦縣主要農產品與工業品的比價比民國時期有所縮小，且此後歷年主要農產品與工業品的比價也呈「不斷縮小的趨勢」。如果這些資料可信的話，也不能得出工農產品價格剪刀差「消失」或「逐漸消失」的結論。因為「剪刀差」始終存在。溆浦縣主要農產品與工業品比價表，見表3-11。

據專家研究，就全國總體上來說，工農產品價格剪刀差呈不斷擴大的趨勢。許多學者對一九四九年以來的剪刀差進行了量化研究，雖然結果不完全一致，但國家通過剪刀差形式剝奪農民利益的結論是一致的。一九五二—一九七八年農民以剪刀差方式向國家提供的資金數量，見表3-12。

另有學者計統計，從一九五二年到一九八六年的剪刀差總額為五八二三・七四億元，加上收繳的農業稅一〇四四・三八億元，兩項合計六八六八・一二億元，約占農民所創造價值的百分之十八・五。[60]

許多人誤以為一九八五年國家取消統購統銷後，剪刀差就自動消失了。其實不然，長期的工農產品的不等價交換，形成了新的既得利益集團及其對制度的依賴，工農產品不等價交換的慣性在持續發展。改革以來中國剪刀差每年呈不斷擴大趨勢，特別是一九八五年取消統購統銷後，剪刀差不僅沒有縮小，反而擴大了。一九七九—一九八五年，剪刀差絕對額以平均每年百分之九・五的速度遞增；取消統購統銷後的一九八六—一九九一年，剪刀差絕對額以百分之十六・九的速度遞增。從一九八七年開始，剪刀差絕對額每年在一千億元

60 郭書田〈再論當今的中國農民問題〉，載《農業經濟問題》一九九五年第十期。

表3-11 相關年份溆浦縣主要農產品與工業品比價表

農產品（100斤）	工業品	1950年	1957年	1962年	1965年	1970年	1975年	1980年
稻穀	白布（尺）	17.37	20.00	26.44	27.46	32.20	33.93	41.25
	毛巾（條）	7.24	8.48	11.82	12.27	14.39	14.62	17.77
	毛線（斤）	0.31	0.33	0.45	0.56	0.65	0.66	0.80
	膠鞋（雙）	1.15	1.27	1.77	1.90	2.27	2.30	2.80
	煤油（斤）	6.86	9.66	13.45	14.73	20.21	25.00	30.39
	食鹽（斤）	20.84	29.47	41.05	42.63	55.88	57.58	77.00
	熱水瓶（個）	2.10	2.28	3.17	3.29	3.99	4017	5.07
	面盆（個）	1.48	1.77	2.84	2.95	3.51	3.65	4.44
棉花	白布（尺）	241.57	295.00	280.00	305.08	345.76	274.29	473.21
	毛巾（條）	100.65	125.15	125.15	136.36	254.55	161.23	203.85
	毛線（斤）	4.33	4.82	4.82	6.18	7.01	7.30	9.23
	膠鞋（雙）	15.96	18.73	18.73	21.13	24.40	25.38	32.08
	煤油（斤）	95.36	142.41	142.41	163.64	217.02	275.79	348.68
	食鹽（斤）	289.88	434.74	434.74	473.68	600.00	635.15	883.33
	熱水瓶（個）	29.22	33.58	33.58	36.59	42.86	45.96	58.11
	面盆（個）	20.59	26.06	30.04	32.73	37.64	40.31	50.96
茶油	白布（尺）	127.67	176.79	233.90	233.90	233.90	321.43	421.43
	毛巾（條）	53.19	75.00	104.55	104.55	104.55	138.46	181.54
	毛線（斤）	2.29	2.89	4.02	4.74	4.75	6.27	8.01
	膠鞋（雙）	8.44	11.22	15.65	16.20	16051	21.79	27.85
	煤油（斤）	50.39	85.34	118.97	125.45	146.81	236.84	302.63
	食鹽（斤）	153.20	260.53	363.16	363.16	405.88	545.45	766.67
	熱水瓶（個）	15.44	20.12	28.05	28.05	28.99	39.47	50.44
	面盆（個）	10.88	15.61	25.09	25.09	25.46	34.62	44.23
生豬	白布（尺）	95.73	107.14	152.54	152.54	152.54	150.71	203.57
	毛巾（條）	39.89	53.79	68.18	68.18	68.18	69.23	87.69
	毛線（斤）	1.72	2.07	2.62	2088	2.38	3.13	3.97
	膠鞋（雙）	6.33	8.05	10.20	10.56	10.77	10.90	13.80
	煤油（斤）	37.79	61.21	71.59	31.82	95.74	118.42	150.00
	食鹽（斤）	114.88	186.84	236.84	236.84	264.71	272.73	380.00
	熱水瓶（個）	11.58	14.43	18.29	18.29	18.91	19.74	25.00
	面盆（個）	8.16	11.20	16.36	16.36	16.61	17.31	21.92

說明：棉花是指三級七毫米的棉花，生豬指三等生豬。

資料來源：《溆浦縣誌》，社會科學文獻出版社1993年版，第496-497頁。

表3-12 1952-1978年農民以剪刀差方式向國家提供的資金數量

單位：億元

年份	剪刀差	年份	剪刀差	年份	剪刀差	年份	剪刀差
1952	24.56	1959	114.41	1966	149.44	1973	205.52
1953	36.21	1960	127.23	1967	125.45	1974	199.15
1954	43.40	1961	71.59	1968	106.20	1975	223.82
1955	41.82	1962	73.92	1969	127.18	1976	207.17
1956	51.32	1963	88.81	1970	163.02	1977	228.15
1957	49.32	1964	110.06	1971	178.68	1978	253.86
1958	91.66	1965	122.31	1972	185.91	合計	**3400.17**

資料來源：馮海發等〈我國農業為工業究竟提供了多少積累〉，載《調研世界》1993年第3期。

表3-13 1378-1991年中國工農產品價格剪刀差

年份	農產品價格低於價值幅度（%）	工業品價格高於價值幅度（%）	剪刀差絕對額（億元）	農村人口每人平均（元）
1978	33.15	19.58	409.5	50.5
1979	29.12	17.52	439.9	54.1
1980	28.12	17.09	503.1	61.4
1981	24.33	14.93	479.1	58.0
1982	22.08	13.77	486.0	58.1
1983	21.30	12.85	532.6	63.3
1984	19.86	11.68	566.0	67.6
1985	22.76	12.33	771.3	92.4
1986	22.10	11.32	855.0	100.8
1987	22.35	10.80	1008.4	117.4
1988	23.00	10.64	1301.6	150.1
1989	25.12	11.06	1590.8	181.1
1990	21.90	9.87	1450.7	169.8
1991	24.96	10.63	1852.6	205.0

資料來源：李茂嵐主編《中國農民負擔問題研究》，太原：山西經濟出版社1996年版，第99頁。

以上，農民通過剪刀差向國家繳納的「暗稅」——剪刀差（貢稅）遠遠大於向國家繳納的明稅——農業稅。[61]一九七八—一九九一年我國工農產品價格剪刀差總額達一二二四六・六億元。見表3-13。

在市場化改革中，農民已切身感到農業生產資料價格的猛漲，超過了農民實際的經濟支付能力。有學者計算，在一九七九—一九九四年的十六年間，國家通過工農產品價格剪刀差從農民那裏掠奪了大約一萬五千億元的收入，同期農業稅收總額一千七百五十五億元，各項支農支出三千七百六十九億元，政府通過農村稅費制度提取農業剩餘約一萬兩千九百八十六億元，農民平均每年的總負擔高達八百一十一億元。[62]

（三）戶籍牆：農民與城市的阻隔

一九五〇年代，中國將全體國民劃分為農業戶口和非農業戶口，確立「城鄉分治、一國兩策」的治國方略，[63]使農業戶籍身分的農民及其子女，喪失了憲法賦予的平等的公民權利。長此以往，中國構建了以戶籍制度為基礎的城鄉二元社會結構。在城市與農村、市民與農民之間，樹立了一堵不可跨越的制度之牆——戶籍牆。

當代中國城鄉隔離的制度有三重意涵，一是通過統購統銷和剪刀差等制度安排，掠奪農民的利益；二是通過限制農民進城的戶籍制度安排，剝奪農民的遷徙自由權和對幸福生活的追求權；三是通過以戶籍制度為基礎的一系列制度安排，剝奪農民的平等權、福利權和發展權。中國逐步形成的城鄉隔離制度，造成了城市與鄉村

61 李茂嵐主編《中國農民負擔問題研究》，山西經濟出版社一九九六年版，第九十九—一百頁。
62 轉引自徐冰〈城鄉差距：世紀難題求解〉，載《中國經濟時報》二〇〇五年三月九日。
63 陸學藝〈走出「城鄉分治，一國兩策」的困境〉，載陸學藝著《「三農論」——當代中國農業、農村、農民研究》，社會科學文獻出版社二〇〇二年版，第二三四—二四二頁。

的「空間分層」和城鎮人口與農村人口的「身分分層」的社會分層結構。[64]

新政權在城鄉之間築建的「戶籍之牆」，是以戶籍制度為核心不斷加強對人口的控制開始的。一九五〇年八月公安部制定〈關於特種人口管理的暫行辦法（草案）〉，加強對所謂「特種人口」的管理，其實質是為了肅清反革命和國民黨反動派的需要。同年十一月，第一次全國公安工作會議決定先在城市開展戶籍管理工作。一九五一年七月政務院批轉公安部頒佈實施〈城市戶口管理暫行條例〉，[65]第一次將「戶口」與「管理」連用，使戶口開始脫離「計家曰戶，計人曰口的本義。」[66]不過這些戶口管理制度只是體現了新政權出於控制人口的需要，尚未專門針對農民。專門針對和限制農民的戶籍管理制度的出臺，是與國家在農村強制推行集體化同步的。

一九五三年四月十七日，政務院發佈〈關於勸阻農民盲目流入城市的指示〉，將農民自由遷徙到城市貶稱為「盲流」，從此開始逐步將農民阻隔和限制在城市之外，亦即將農民固定在農村。一九五六年十二月三十日，國務院總理周恩來簽署和發佈〈國務院關於防止農村人口盲目外流的指示〉，將因集體化造成生活困苦而自由遷徙到城市謀求生存的農民視為「盲目外流」，提出要對農民和幹部進行「思想教育」，對流入城市的農民進行處理。[67]一九五七年三月二日，國務院又發出〈關於防止農村人口盲目外流的補充指示〉，九月十四日國

64 陸益龍著《超越戶口——解讀中國戶籍制度》，中國社會科學出版社二〇〇四年版，第七十三頁。
65 〈城市戶口管理暫行條例〉（一九五一年七月十六日），載《公安法規彙編（一九五〇—一九七九）》，群眾出版社一九八〇年版，第一三五—一三七頁。
66 俞德鵬著《城鄉社會：從隔離走向開放——中國戶籍制度與戶籍法研究》，山東人民出版社二〇〇二年版，第十三頁。
67 一九五六年急速完成農業集體化後，農民的生活陷入困境，各地農民、復員軍人和社隊幹部出於生存本能的慾望紛紛流入城市尋求出路，但卻遭到了政府的圍追堵截。〈國務院關於防止農村人口盲目外流的指示〉稱：「今年秋季以來，安徽、河南、河北、江蘇等省災區和非災區的農民、復員軍人和鄉、社幹部盲目外流的現象相當嚴重。」參見〈國務院關於防止農村人口盲目外流的指示〉（一九五六年十二月三十日），載《中華人民共和國法規彙編（一九五六年七月—十

務院再次發佈〈關於防止農民盲目流入城市的通知〉。政府雖然連發「四道金牌」「勸阻」和「防止」農民進城謀生，但農民求生的本能卻在不斷地衝破著政府的限制性規定。

面對農民自發進入城市謀求生存和出路的潮流，執政者不是順從民意因勢利導，而是不斷加大限制農民進城的「工作力度」，以使民意必須服從政府的意志。一九五七年十二月十八日，中共中央和國務院聯合發出〈關於制止農村人口盲目外流的指示〉，〈指示〉指出「不能允許農村人口盲目流入城市」，為此作出了如下規定：

（一）在農村中，應當加強對群眾的思想教育。說明盲目外流對本人、對農業生產、對國家建設都是有害的。（二）在鐵路沿線或交通要道，應當加強對於農村人口盲目外流的勸阻工作。對於試圖乘車船流入城市的農村人口，勸阻機構應當將其收容起來迅速送回原籍。（三）在城市和工礦區，對於盲目流入的農村人口，必須動員他們返回原籍，並且嚴禁流浪乞討。（四）各企業、事業部門和機關、部隊、團體、學校等一切用人單位，一律不得擅自招用工人或臨時工。（五）對於外地流入本地農村的人，也應動員他們返回原籍。（六）遣返農村外流人口，應當實行一次遣返到家的辦法，防止中途流回城市。（七）各有關部門要相互配合，組成以民政為主有公安、鐵道、勞動、交通、商業、糧食、監察等部門參加的專門機構負責處理農民進城，共青團、婦聯和工會組織也要協助動員盲目流入城市的青年、婦女農民返回原籍。[68]

幾年之內，限制農民進城的工作強度日漸增強，從「勸阻」到「防止」，再到果斷「制止」。這似乎還不夠，一九五八年一月九日，第一屆全國人大常委會第九一次會議通過〈中華人民共和國戶口登記條例〉，正

二月）》，法律出版社一九五七年版，第二二五—二二六頁。

68 〈中國共產黨中央委員會、國務院關於制止農村人口盲目外流的指示〉（一九五七年十二月十八日），載《中華人民共和國法規彙編（一九五七年七月—十二月）》，法律出版社一九五八年版，第二二九—二三二頁。

式以國家法律的形式將農民限制在農村。該〈條例〉第十條第二款規定：「公民由農村遷往城市，必須持有城市勞動部門的錄用證明，學校的錄取證明，或者城市戶口登記機關准予遷入的證明，向常住地戶口登記機關申請辦理遷出手續。」[69]這實質上是以法律的形式剝奪了農民遷入城市的權利，即剝奪了一九五四年《憲法》規定的公民享有居住和遷徙自由的權利。這是國家《憲法》屈服於具體法規的典型個案。上位法不能有效控制下位法，成為國家背離法治軌道的重要表徵。該〈條例〉的通過，標誌著中國城鄉隔離的二元戶籍制度正式確立。

此後，政府各職能部門以二元戶籍制度為基礎，紛紛出臺了一系列歧視農民和維護城鎮居民特權利益的政策法規制度，這些制度主要有糧食供應制度、副食品與燃料供應制度、住宅制度、生產資源供應制度、教育制度、就業制度、醫療制度、養老保險制度、勞動保護制度、人才制度、婚姻制度、生育制度等十多項，形成了當今世上絕無僅有的二元社會結構。這些制度從根本上限制了農民作為共和國公民應當享有的基本權利，人為地將農民降為被歧視的二等公民地位。從此，整個國家被人為的制度安排劃分為權利和義務截然不同的兩部分，在空間上，國家被劃分為城市與農村兩大塊；在身分上，公民被劃分為農民與市民兩種人。中國由此構建了舉世罕見的城鄉二元社會結構。與市民相比，農民被人為地降為公民權利被限制和被剝奪的二等公民。

即使在農村改革後的一九八〇年代到一九九〇年代初期，城鄉隔離的二元戶籍制度不僅沒有得到有效的改革，相反，政府卻進一步加強了對農民的戶籍身分控制。一九八〇年十月，全國城市規劃會議確定城市發展的基本方針為「控制大城市規模，合理發展中等城市，積極發展小城市。」這個方針的實質是嚴格控制農民進城。一九八一年十二月三十日，國務院發出〈關於嚴格控制農村勞動力進城做工和農業人口轉為非農業人口的通知〉，進一步嚴格控制「農轉非」。一九八九年十月三十一日，國務院繼續發出〈關於嚴格控制「農轉非」

69 〈中華人民共和國戶口登記條例〉，載《公安法規彙編（一九五〇—一九七九）》，群眾出版社一九八〇年版，第一四二—一四六頁。

表3-14　漵浦縣1969-1985年招收全民工情況

單位：人

年份	合計	其中從農村招收	年份	合計	其中從農村招收
1969	123	123	1978	715	600
1970	256	107	1979	746	478
1971	1610	472	1980	463	410
1972	149	137	1981	420	310
1973	615	-	1982	786	708
1974	396	178	1983	665	184
1975	62	60	1984	552	88
1976	636	490	1985	1165	367
1977	102	-	-	-	-

說明：從農村招收的全民職工包括部分從城鎮下放農村的知識青年。

資料來源：《漵浦縣誌》，社會科學文獻出版社1993年版，第172頁。

過快增長的通知〉。這些政府文件說明，執政者仍然習慣性地在不斷強化城鄉二元社會結構的舊思維軌道上運行。這其間罕有的改革亮點或許是一九八四年中央「一號文件」允許農民進入縣城以下的集鎮自理口糧落戶。但嚴格限制農民進入城市仍然是政府工作的主流政策導向。

漵浦縣農民與全國農民一樣，在二元制度環境中失去了憲法賦予的遷徙自由權和平等的社會福利權。一九五〇年漵浦縣開始對城鎮和鄉村戶口進行全面登記，此後，按照國家的有關戶籍政策法規，嚴格限制農村人口進入城鎮，並對「農轉非」政策實行嚴格控制。一九五五年，全縣原私有企業的職業轉為全民職業三十九人，其中工人三十一人。到一九五六年，原私有企業職業轉為全民職業的增加到三百七十二人。一九五八年全縣大辦工業，由國家下達招工指標招收全民所有制固定工，是年全縣職工增加到七千四百四十四人。一九六〇年開始大幅裁減職工人數，到一九六二年共減少全民職工五千八百八十九人，其中回農村四千四百四十三人。一九六四年試辦亦工亦農的勞動制度，工廠、企業需要勞動力時，經勞動部門批准，與農村社隊簽定招用臨時工合同。臨時工旺季進廠，淡季回鄉務農。是年全縣臨時工為四百零四人。

一九六六年至一九六八年的文革前三年，全縣停止招工。一九六九年後，全縣按照上級指示每年招收新工人和臨時工。一九七一年，根據黔陽地區下達的指標，全民將全民所有制企業單位的五百五十二名臨時工轉為正式固定工。一九七五年開始執行全民所有制職工退職退休時可以招收其一名符合招工條件的子女頂職的規定。這是農業戶口的農民及其子女，除通過考上大專院校實現戶籍身分轉換外的兩條狹窄的進入城鎮的制度縫隙。漵浦縣一九六九—一九八五年招收全民職工情況，見表3-14。

城鄉之間戶籍牆的構建，剝奪了農民應當享有的憲法規定的居住和遷徙自由權及平等權。農民作為共和國公民不能與城鎮居民一樣平等地享有工作權、就業權、受教育權、醫療保健權、社會保障權等各種公民權利。

在正常情況下，人口城市化與國家工業化同步發展，但中國人為構建的二元社會結構，人為地阻滯了人口城市化進程，將大量的農村人口長時期地限制在農村，造成了最為驚人的人力資源浪費，也造成了各種嚴重的政治經濟和社會文化問題，成為日後「三農」問題的一個重要根源。

三、大饑荒：公民權缺失綜合症

（一）農民與饑荒

在一個經濟上以農業為本而政治上又是專制的社會來說，饑荒幾乎是不可避免的。幾千年來，中國是農業社會和專制社會二者緊密結合的典型國度，因而週期性的饑荒就成為中國歷史的一大特點。馬婁里（W. H. Mallory）

在一九二六年出版的研究中國饑荒的經典著作《中國：饑荒的國度》一書中，就發現饑荒確實是中國的一大特色。從西元前一〇八年到西元一九一一年間，所知的饑荒就有一八二八次。在某些省份，幾乎每年都有一次饑荒。[70]中國學者鄧雲特（即鄧拓，一九一二—一九六六）的研究表明，中國歷史上，「水、旱、蝗、雹、風、疫、地震、雪等災害頻繁，自西曆紀元前一七六六（商湯十八年）至紀元後一九三七年止，計三七〇三年間，共達五二五八次，平均約每六個月強罹災一次。」[71]

托尼（Tawney）對中國農村的饑荒和農民生活的脆弱性有過生動的描述：

> 饑荒總是存在的，只是程度不同。在出現足以引起人們驚恐的徵兆之前，劫難很早就蔓延開了。如果說災難是指由於缺少糧食而使成千上萬的人餓肚子的話，那麼，全國幾乎沒有地方能逃此厄運……有些地方，農村人的處境就像永遠站在齊脖子深的水裏，只要微風吹起一點漣漪，就能把他們淹死。[72]

饑荒的頻繁發生，使傳統中國很早就有了賑災組織，一方面官府設立糧倉如常平倉、義倉賑濟災民，另一方面民間也設有日常救濟的族田義莊。[73]備荒和賑災成為中國歷代王朝官僚制度的組成部分。毋庸置疑，傳統國家的賑災努力也產生過一定的功效，[74]但卻無法消除饑荒對百姓生命的吞噬，特別是戰亂年代，饑荒常常造成

70 W. H. Mallory, *China:Land of Famine*, New York: American Geographical Society, 1926. p.1-2.

71 鄧雲特著《中國救荒史》，上海：上海書店一九八四年版，第五十一頁。

72 R. H. Tawney, *Land and Labour in China*, London:George Allen and Unwin, 1932, p.77.轉引自〔美〕彭尼•凱恩著《中國的大饑荒（一九五九—一九六一）——對人口和社會的影響》，鄭文鑫、畢健康、戴龍基等譯，中國社會科學出版社一九九三年版，第三十二—三十三頁。

73 李文治、江太新著《中國宗法宗族制和族田義莊》，社會科學文獻出版社二〇〇〇年版。

74 〔法〕魏丕信著《十八世紀中國的官僚制度與荒政》，徐建青譯，江蘇人民出版社二〇〇六年版，第三一六頁。

「餓殍遍野」，甚至「人相食」之悲慘景象也不絕於史籍。[75]饑荒的一個顯著特點是，種糧人反而無糧，餓死的常常是種田的農夫。

一九五九—一九六一年持續三年之久的饑荒，是共產黨接管中國政權後發生的一場空前未有的大饑荒。這場大饑荒造成的人口非正常死亡之巨大，中外罕見。中國政府從未正式公佈大饑荒中的死亡人數。國家統計局原局長李成瑞（一九二一—）指出，有關「大躍進」和「大饑荒」時期的戶口登記數字，特別是一九六〇年全國人口比一九五九年淨減一千萬的資料，在長期被當作「絕密資料」而不准公佈。直到一九八三年的《中國統計年鑒》才第一次公佈了一九四九年至一九八二年各年度人口數字。[76]

美國著名人口學家科爾（Ansley J.Coale）根據中國官方公佈的人口數位資料，於一九八四年出版《從一九五二年到一九八二年中國人口的急劇變化》一書，估算一九五八年至一九六三年中國非正常死亡人數約為兩千七百萬。[77]《劍橋中國史》一書採用的非正常死亡人數「估計有一千六百萬到兩千七百萬。」[78]國外另一項研究表明，在一九五九—一九六一年大饑荒中，「約三千萬以上人口的死亡及約有三千三百萬應出生人口沒有出生或延後出生」。林毅夫認為「這無疑是人類歷史上最慘重的災難」。[79]

---

75 據粗略統計，兩漢四二六年中，受災面積超過十個州、十個郡國以上的有五十餘次，發生「人相食」的有四十餘次。參見劉澤華、汪茂和、王蘭仲著《專制權力與中國社會》，天津古籍出版社二〇〇五年版，第二五七頁。

76 李成瑞〈「大躍進」引起的人口變動〉，載《中共黨史研究》一九九七年第二期。

77 轉引自李成瑞〈「大躍進」引起的人口變動〉，載《中共黨史研究》一九九七年第二期。

78 〔美〕R·麥克法夸爾、費正清編《劍橋中華人民共和國史》上卷（革命中國的興起：一九四九—一九六五），中國社會科學出版社一九九〇年版，第三三九頁。

79 林毅夫〈集體化與中國一九五九—一九六一年的農業危機〉，載林毅夫著《制度、技術與中國農業發展》，上海三聯書店、上海人民出版社二〇〇五年版，第二頁。

表3-15　溆浦縣1958-1963年人口變化表（一）

單位：戶、人

年份	總戶數	總人口	出生人口	死亡人口
1958	106631	453054	12411	5215
1959	112041	455821	11349	8130
1960	108636	446327	10054	11844
1961	114471	450959	3793	8790
1962	116414	460766	16896	5143
1963	115879	478500	21048	5069

資料來源：《溆浦縣公安志》，1995年10月，第198-199頁。

中國學者蔣正華（一九三七－）估算一九五八年至一九六三年中國非正常死亡人數約為一千七百萬。[80]金輝通過仔細推算，認為，在一九六〇——一九六一年的兩年中，全國非正常死亡人數可能高達四千三百一十九萬人；而在一九五九——一九六一年三年中，僅中國農村的非正常死亡人數就可能達四千零四十萬人。由此，在三年災害中，中國大陸人口非正常死亡的絕對數字，低限值也在四千萬之巨。這相當於四百三十九枚廣島原子彈殺死的人口。在「基本上風調雨順的歲月裏」，在國家「和平的年代」，造成四千萬以上人口的非正常死亡，這是「中國歷史和世界歷史上最為淒慘的一幕悲劇」。[81]

溆浦縣在一九五九——一九六一年三年大饑荒中到底造成多少人口的非正常死亡，官方沒有正式公佈統一的數字。不過，從溆浦縣公安局和溆浦縣統計局提供的全縣每年死亡人口的統計資料可作分析時參考，雖然兩種資料資料並不完全一致。

80 蔣正華〈中國人口動態估計的方法和結果〉，載《西安交通大學學報》一九八六年第三期。李成瑞對科爾和蔣正華兩位學者的研究作了介紹和比較研究，參見李成瑞〈「大躍進」引起的人口變動〉，載《中共黨史研究》一九九七年第二期。

81 金輝〈「三年自然災害」備忘錄〉，載《社會》一九九三年第四、五期。楊繼繩著《墓碑——中國六十年代大饑荒紀實》，香港天地圖書有限公司二〇〇八年版。

表3-16 漵浦縣1958-1963年人口變化表（二）

單位：戶、人

年度	總戶數	總人口	出生人口	死亡人口
1958	106631	453054	12399	5290
1959	107212	455821	11361	8134
1960	104456	446327	7082	16509
1961	114471	450959	12607	7986
1962	116414	460766	16913	7795
1963	115879	478500	21040	4274

資料來源：漵浦縣統計局。

從漵浦縣一九五八—一九六三年人口變化表（一）中以及《漵浦縣公安志》提供的其他年代人口死亡資料，可以看出，漵浦縣每年正常死亡人口大約在五千人左右。從上表中可知，一九五九—一九六一年三年全縣共死亡人口為兩萬八千七百六十四人。如果以每年五千人為正常死亡人口，那麼一九五九—一九六一年三年非正常死亡人口為一萬三千七百六十四人。

漵浦縣統計局提供的人口變化資料，見表3-16。

根據漵浦縣統計局提供的人口變化資料（見表3-16），一九五九—一九六一年三年全縣共死亡人口為三萬兩千六百二十九人，如果仍以每年五千人為正常死亡人口，那麼一九五九—一九六一年三年非正常死亡人口為一萬七千六百二十九人。綜合上述兩種資料，漵浦縣三年大饑荒中非正常死亡人口大致在一萬五千人左右。

從圖3-18看，在一九五九—一九六一年三年間，漵浦人口出生率驟然下降，死亡率驟然上升，人口自然增長率大幅度下降，在一九六〇年下降到最底谷。

從表3-18中可以看出，在死亡率最高的一九六〇年，漵浦縣人口死亡率高達千分之三十六・三，比懷化地區人口死亡率的千分之三十・二八高出六・〇二個千分點，比全國人口死亡率的千分之二十五・四三高出十・八七個千分點。

表3-17 溆浦縣1950-1963年人口增長情況

單位：人、‰

年度	總人口	比上年淨增減	出生率	死亡率	自然增長率
1950	392530	7851	32.5	12.1	20.4
1951	400540	8010	33.7	13.3	20.4
1952	408176	7636	30.4	11.3	19.1
1953	414878	6702	31.7	15.3	16.4
1954	424724	9846	34.5	10.8	23.7
1955	429928	5204	28.7	16.5	12.2
1956	438725	8797	32.0	13.2	18.8
1957	448691	9966	35.0	10.6	24.4
1958	453054	4363	27.5	11.6	15.9
1959	455821	2767	25.0	17.9	7.1
1960	446327	-9494	15.7	36.3	-20.9
1961	450959	4632	28.1	17.8	10.3
1962	460766	9807	37.1	17.1	20.2
1963	478500	17734	44.8	9.1	35.7

資料來源：《溆浦縣誌》社會科學文獻出版社1993年版，第590頁。

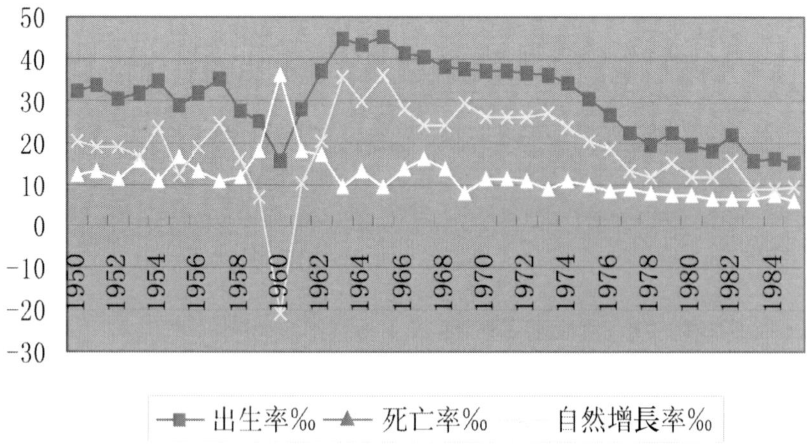

資料來源：《溆浦縣誌》，社會科學文獻出版社1993年版，第590頁。

圖3-18 溆浦縣1950-1985年人口增長情況

表3-18 1957-1965年溆浦縣、懷化地區和全國人口變化情況

單位：%

年份	溆浦縣			懷化地區			全國		
	出生率	死亡率	自然增長率	出生率	死亡率	自然增長率	出生率	死亡率	自然增長率
1957	35.0	10.6	24.4	32.09	9.67	22.42	34.03	10.80	23.23
1958	27.5	11.6	15.9	30.11	11.06	19.05	29.22	11.98	17.24
1959	25.0	17.9	7.1	23.21	13.15	10.06	24.78	14.59	10.19
1960	15.7	36.3	-20.9	18.08	30.28	-12.20	20.86	25.43	-4.57
1961	28.1	17.8	10.3	9.51	19.16	-9.65	18.02	14.24	3.78
1962	37.1	17.1	20.2	40.07	10.40	29.67	37.01	10.02	26.99
1963	44.8	9.1	35.7	49.32	10.76	38.56	43.33	10.04	33.33
1964	43.2	13.2	30.0	45.60	15.16	30.44	39.14	11.50	27.66
1965	45.1	9.2	35.9	47.21	12.62	34.59	37.88	9.50	28.38

資料來源：《溆浦縣誌》社會科學文獻出版社1993年版，第590頁；《懷化地區志》上卷，生活·讀書·新知三聯書店1999年版，第376-377頁；《中國統計年鑒》（1984），中國統計出版社1984年版，第83頁。

（二）天災與人禍

一九五九—一九六一年大饑荒，是一場典型的制度性災難。但在當時以及此後相當長的時期裏，官方將這場人為造成數千萬人口非正常死亡的大饑荒歸咎於「自然災害」，對此統稱為「三年自然災害」或「三年困難時期」。[82]

在鄉村社會中，幹部群眾已被完全剝奪了談論大饑荒的權利。在黨的高層領導人中，則出現過國家主席劉少奇的「三分天災，七分人禍」說。一九六二年一月，劉少奇在七千人大會上將一九五八年大躍進以來的三年經濟困難歸結為「三分天災，七分人禍」。[83]這對於黨內習慣於將工作缺點和成績進行「三七開」以及用「一個指頭和九個指頭的關係」比喻工作的不足和成績的成規來說，無疑構成了不小的衝擊。

82 陳東林〈從災害經濟學角度對「三年自然災害」時期的考察〉，載《當代中國史研究》二〇〇四年第一期。

83 《劉少奇選集》下卷，人民出版社一九八五年版，第三三七、四二一頁。

顯然，在「一把手絕對真理，二把手相對真理，三把手沒有真理」的政治環境中，劉少奇「冒犯」了最高領導人毛澤東。此後，劉少奇「不經意中已在好幾個問題上招引毛的忌恨。」[84]這為毛澤東發動文化大革命「打倒劉少奇」埋下了隱患。[85]一九七〇年十二月二十八日，毛澤東在與美國記者斯諾的談話中承認他早在一九六四年底就下決心「必須把劉少奇這個人從政治上搞掉」。[86]這是一個以權力的中心兼併真理的中心、以權力的等級決定真理的等級的時代。

在七千人大會之後時隔半年多的中央工作會議及黨的八屆十中全會上，毛澤東由防守轉向主動出擊，開始批判「黑暗風」，並重新強調階級鬥爭。[87]從此，造成大饑荒的「人禍」也就再無人敢於提及。「三年自然災害」就成了大饑荒的官方定論。直到一九八一年六月，中共十一屆六中全會通過《關於建國以來黨的若干歷史問題的決議》，才重新認定造成大饑荒的主要原因在於「大躍進」和「反右傾」的錯誤。[88]

時隔三十多年後，有學者研究後發現，所謂「三年自然災害」的一九五九—一九六一年，不僅沒有大的自然災害，而相對於中國這個多自然災害的國家來說，那三年卻是「風調雨順的三年」。[89]

漵浦縣屬大陸性、多變性季風氣候，光、熱、水在年內變化大，災害性天氣較多。全縣出現過的災害性天氣主要有低溫、暴雨、乾旱、冰凍、冰雹、風災。其中乾旱和暴雨是最常見的自然災害。

---

84 高華〈一九六四—一九六五年毛澤東與劉少奇的爭執〉，載《二十一世紀》一九九八年四月號。
85 王光美、劉源等著《歷史應由人民書寫：你所不知道的劉少奇》，香港：天地圖書有限公司一九九九年版，第七十七頁。
86 《建國以來毛澤東文稿》第十三冊，中央文獻出版社一九九八年版，第一七三頁。
87 薄一波著《若干重大決策與事件的回顧》下卷，中共中央黨校出版社一九九三年版，第一〇二六—一〇二七、一〇七〇—一一〇四頁。
88 《中國共產黨中央委員會關於建國以來黨的若干歷史問題的決議》，人民出版社一九八一年版，第十九頁。
89 金輝〈風調雨順的三年——一九五九～一九六一年氣象水文考〉，載《方法》一九九八年三期。

表3-19　1955-1980年漵浦縣乾旱情況

乾旱程度	無旱	小旱	中旱	大旱	特大乾旱
發生年數	7	3	9	4	3
發生年份	1958、1967 1968、1969 1973、1975 1977	1962 1965 1967	1955、1956 1957、1959 1960、1961 1970、1978 1979	1971 1982 1974 1980	1963 1964 1966
機率	26.9	11.5	34.6	15.4	11.5

資料來源：《漵浦縣誌》，社會科學文獻出版社1993年版，第81頁。

據統計，在一九五五—一九八〇年的二十六年間，平均每年降暴雨三點九次，一九七七年多達九次。日降雨量在一百毫米以上的大暴雨十二次。一九六五年七月六日的一場大暴雨，日降雨量達一四三點一毫米。一九七〇年以後全縣洪、澇災害明顯增多。二十六年中出現連續乾旱三十天以上不同程度乾旱的有十九年。一九五五—一九八〇年漵浦縣乾旱情況，見表3-19。

從表3-19中可知，在所謂「三年自然災害」的一九五九—一九六一年，漵浦縣只發生了中等程度的乾旱。而大旱和特大乾旱均發生在一九六三年之後。一九四九—一九八五年漵浦縣發生的各種災害情況，見表3-20。

表3-20　1949-1985年漵浦縣自然災害年表

年度	月	日	災害類型	災害嚴重程度
1951	6	-	蟲	11、13區尤甚，受災稻田面積80000多畝。
	7-8	-	大旱	受災稻田面積113656畝。
1953	5	22	大水	全縣受災13個區，淹沒田土22860多畝，沖走房屋27棟，死6人。
1954	6	17	大水	13個區、123個鄉受災，毀田土47830畝，沖走房屋1775間，死53人、耕畜378頭。
	12	-	冰凍	持續11天，最低溫度零下6.8ºC。凍死柑橘樹37000多株，凍傷40000多株，損失慘重。
1955	8	-	大水	受災9個區、84個鄉，死1人。
1957	5	10	風雹	損失油菜籽、大小麥7950擔，秧穀種45擔，倒塌房屋44棟，打爛房屋2500多棟，死2人、傷12人。
1960	7-9	-	中旱	受災家長作物面積321093畝，減產糧食1530.254萬公斤。
1963	6-8	-	大旱	全縣14.7萬畝中稻減產，44600畝失收。
1964	6	18	大水	毀田土6605畝，柑橘34畝，死4人。
1965	7	6	大水	毀稻田74000多畝，房屋194棟，死20人。
1969	1-2	-	冰凍	最低溫度零下7.1ºC。全縣50%的柑橘樹被凍死凍傷。
1972	5-8	-	大旱	連續乾旱90多天。
1976	8	-	地震	震級3.2級，震中在祖師殿公社柳溪大隊。
1977	1	30	冰凍	極端最低溫度零下12.6ºC，全縣除少部分地區外，柑橘幾乎全部凍死，損失慘重。
	4	13	冰雹	受災13個公社、578個大隊，最大1顆冰雹重達1公斤，為史所罕見。毀農作物35000多畝，打爛房屋960棟，傷567人、豬牛159頭，打死山羊19頭。
1979	6	19	大水	毀稻田45000多畝，房屋80棟，死6人。
	6	28	大水	縣城街道水深2米，毀田土50000多畝，房屋96棟，死7人。
1983	4	25-27	風雹	受災66814戶，倒塌房屋300多棟，損害房屋25371棟，損害秧苗12335畝、麥收作物122357畝，樹木40萬棟，死8人、傷164人。
1985	-	-	旱	春、夏、秋連旱，歲歉。

資料來源：《漵浦縣誌》，社會科學文獻出版社1993年版，第84頁。

從上表中可以看出，一九五九—一九六一年，漵浦縣只於一九六〇年發生了中等程度的乾旱，其他兩年均未列入縣自然災害年表，說明並未因乾旱造成什麼重大的損失。至於一九六〇年全縣糧食減產一千五百三十多萬公斤，這不可能是自然災難的直接結果，而是大躍進以來的「人禍」直接造成了糧食減產。

在當時高壓的政治氛圍和狂熱的革命幹勁中，漵浦縣的黨政領導當然並不比全國其他各地的領導更清醒更冷靜，他們同樣真誠地希望自己能夠把黨的總路線、大躍進和人民公社這「三面紅旗」更高高地「舉起」。以「高指標」、「瞎指揮」、「強迫命令」、「浮誇風」和「共產風」為標誌的「左」傾潮流在全國氾濫成災時，漵浦縣正是參與和掀起這場氾濫潮流的一股重要支流。

（三）權利與剝奪

對源自於大躍進和人民公社化運動而造成幾千萬人口非正常死亡的一九五九—一九六一年大饑荒的原因，官方長期以來將其統一鎖定在「自然災害」之中。現在，「越來越多學者認識到這場饑荒是中國遭遇的最慘烈的政治悲劇之一」。

美國哥倫比亞大學的白思鼎（Thomas P.Bernstein）一九八四年發表〈史達林主義、饑荒和中國農民：大躍進中的糧食徵購〉一文，對中國大饑荒作了開創性的研究。白思鼎認為，農村集體化剝奪了農民的私有產權，地方幹部在政治壓力中投機逢迎，虛報糧食產量，從而不斷加大糧食徵購數量。[90]大躍進運動中，全國糧食產量

---

[90] Thomas P.Bernstein, *Stalinist, Famine, and Chinese Peasants: Grain Procurement Dureing the Great Leap Forward*, Theory and Society,vol.13,No.3,1984. 美國學者凱恩在研究中國的大饑荒中也發現：「大躍進下人們養成的欺上瞞下的習慣積習難改，一些地方遭受水災旱災，卻仍然宣稱得到了大豐收，所以政府認為莊稼幾乎沒有遭災。領導人仍然相信，農村地區貯藏了大量的糧食，可以挖掘出來支援那些被認為遭災歉收的地區。」「國家收購糧食以後，有的地方農民食不裹腹。」但

不斷下降而糧食徵購卻不斷攀升。在白思鼎看來，徵收「過頭糧」是導致大饑荒的主要原因。[91]

林毅夫一九九〇年在美國發表〈集體化與中國一九五九—一九六一年的農業危機〉，提出了一個廣為人知的解釋，即農民退社自由權被剝奪是導致一九五九—一九六一年農業生產滑坡從而出現饑荒。從博弈論（game theory）的觀點來看，退社權的被剝奪，使合作社的組織性質從一種重複博弈（repeated game）轉變為一次性博弈（one-time game），而在一次性博弈中，一個自我強制實行的協議是無法維持的。[92]

楊大利一九九六年在美國出版了比較全面研究中國大饑荒的專著《中國的災難和改革：國家、農村社會和大躍進饑荒以來的制度變遷》，楊大利認為，大饑荒是由公共食堂這個非理性的社會制度所引發的。在楊大利看來，人民公社的最大特點是廢除農民的私有產權。私有產權的廢除和公共食堂的建立，導致人類不可避免的「公地悲劇」（The Tragedy of the Commons）。最終致使糧食耗盡，爆發饑荒。[93]

在對饑荒成因的研究中，印度經濟學家、一九九八年諾貝爾經濟學獎獲得者阿馬蒂亞・森（Amartya sen，一九三三——）具有獨特的不可取代的學術地位。在以往的幾乎所有關於饑荒起因的研究中，比較一致的解釋

「這一真實情況在當時沒有暴露出來」。參見〔美〕彭尼・凱恩著《中國的大饑荒（一九五九—一九六一）——對人口和社會的影響》，鄭文鑫、畢健康、戴龍基等譯，中國社會科學出版社一九九三年版，第一五九頁。

91 Thomas P.Bernstein, *Stalinist, Famine,and Chinese Peasants: Grain Procurement Dureing the Great Leap Forward*, Theory and Society, vol.13, No.3, 1984.

92 Yifu Lin, *Collectivization and China's Agricultural Crisis in 1959-1961*, Journal of Political Economy, vol.98, No.6, 1990.該文的中譯版參見林毅夫〈集體化與中國一九五九—一九六一年的農業危機〉，載林毅夫著《制度、技術與中國農業發展》，上海三聯書店、上海人民出版社二〇〇五年版，第一—二十九頁。

93 Dali Yang, *Calamity and Reform in China:State, Rural Society,and Institutional Chang Since the Great Leap Famine*.Stanford: Stanford University Press,一九九六.另參見楊大利〈從大躍進饑荒到農村改革〉，載《二十一世紀》一九九八年八月號。有關近年來中國大饑荒研究的綜合評論，參見龔啟聖〈近年來之一九五八—六一中國大饑荒起因研究的綜述〉，載《二十一世紀》一九九八年八月號。

是糧食供給下降。對於這個長期流傳和廣泛盛行的成見，遭到了阿馬蒂亞・森的質疑。阿馬蒂亞・森運用權利的方法對貧困和饑荒作了引人注目的開創性研究，他的研究表明，權利的剝奪才是饑荒的真正原因。阿馬蒂亞・森指出，在飢餓和饑荒的權利分析方法中，人們普遍關注的是通過社會現有的合法手段支配食物的能力。這些手段包括生產機會、交易機會、國家賦予的權利以及其他獲得食物的方法。飢餓現象基本上是人類關於食物所有權的反映，對食物的所有權是最基本的權利之一。[94]

超越國力的對外過度援助，是造成中國大饑荒的另一個直接原因。毛澤東熱衷於推行世界革命，對世界各共產黨國家的援助「慷慨大方」。在中國爆發大饑荒的一九五八年和一九五九年兩年中，中國竟然出口糧食高達七百萬噸。世界上最富裕國家的對外援助極少有超過國民生產總值千分之五，像美國這樣的富裕國家，在二十世紀末的對外援助也低於千分之〇・一。而毛澤東時代的中國外援竟高達財政支出的百分之六・九二（一九七三年）。因而有學者指出：「如果沒有出口，中國人一個也不會餓死。」[95]

在集體化時期，農民被剝奪了私有產權、自由選擇權、市場交易權、言論自由權、公共政策參與權等基本的權利和自由。對農民基本權利和自由的剝奪，實質上是對社會生存機制的扼殺。剝奪了農民的基本權利和自由，也就剝奪了他們的生存權利和謀生機會。饑荒中的一個普遍現象是，生產糧食的農民饑腸轆轆，而支配糧食的幹部則腦滿腸肥。

大饑荒的倖存者，都不會忘記那九死一生的劫難歲月。漵浦縣觀音閣鎮山腳下村的向志英回憶說：

> 呷食堂飯時，每家每戶屋裏不准出煙子。社員按口糧吃飯。我的大女兒一歲多，一日分得二兩米，我自己一日分得五兩米。一個月到隊上秤得將近三斤米，送回娘家給爹爹、媽媽呷。

94 〔印度〕阿馬蒂亞・森著《貧困與饑荒——論權利與剝奪》，王宇、王文玉譯，商務印書館二〇〇一年版，第六十一、九頁。
95 張戎、喬・哈利戴著《毛澤東：鮮為人知的故事》，張戎譯，開放出版社二〇〇六年版，第三三三、三八三頁。

幹部和在食堂煮飯的人，都呷飽得脹死了。（他們）呷得一個個肥胖子。我們隊上大家冇生孩子，只有二個幹部和一個在食堂煮飯的人生了兒子：大隊書記向啟友老婆、二隊幹部張英成老婆、小砣（四隊）在食堂煮飯的舒清龍老婆都生了兒子。她們都在食堂做事，肥成豬了。其他社員都乾了（按：枯萎了），性命難保，哪有孩子生？我自己一九五八年農曆三月生大女兒，中間隔五年冇有孩子生，到一九六三年農曆四月才生第二個女兒。

二隊餓死人了，活活地餓死了。二隊的「連蹦子」（呂家婆爹爹張克連）餓死了。我們呷息煙時（按：勞動中間休息一會兒）抽空去看了。他睏在稻草上，稻草已經睏得稀爛稀爛的。沒有被子。（他）就像一條狗一樣睏在稻草上，稻草都（被）睏得爛糊了。可憐了，真是可憐了。五十多歲死了。

隊上統一餵豬，豬都（被）餵死了，（因為）豬食都被人呷掉了。

沒有飯呷，就呷甘蔗渣滓。我的愛人到漿池灣糖房（按：榨甘蔗的糖廠）擔甘蔗渣滓回來，將甘蔗渣滓分成細細條條，再炒脆，用磨磨成粉，將磨成的粉和些少量飯，一起呷。

呷食堂飯時，我娘屋媽媽餓得全腫起來了。全身都腫起來了，腳、手都腫了，亮汪亮汪的，叫水腫病。

（如果）食堂慢放十日，我的娘、弟弟都要全餓死。

人全受不了了，劉少奇放了食堂。如慢放十日食堂，我們都要餓死。

放食堂後同樣苦，因還沒有見收。就呷糠，將糠炒脆，再用磨子磨成粉，然後做成糠巴巴呷。

放食堂後允許開荒，我愛人就開了很多荒。以前不許家裏開煙火。那時候好苦，是苦呀。沒有燈，用竹片、木棍子當火把。

該村的另一位村民周高喜回憶說：

大饑荒時，就是向上多報產量。上面來人檢查食堂時，將五兩米飯實質上加成六兩米，上面以為你呷飽了。那時，主要勞力每餐五兩米飯，婦女四兩米飯。一日只有兩餐。很多人得水腫病。那時沒飯呷，就呷玉米葉、甘蔗渣滓、枇杷樹皮啦。吃甘蔗渣滓，就是將它曬乾、火焙，推磨推成粉做糍粑呷，或者用水攪著呷。呷進去後屙不出來，就用手去扣肛門。只有那枇杷樹皮磨成水做糍粑難呷得，特別的澀口。那時的人，比現在的畜牲還呷得差。現在的狗有飯呷，給它白米飯它還不肯呷。

又一個農民回憶說：

在隊上做事，種綠豆子，看到隊長不注意，就趕緊抓一把綠豆子塞進嘴裏偷偷呷。肚子都冇得飽。餓著肚子做事。

盧峰鎮橫岩村的李佑良回憶說：

三年困難時期，我當生產隊長，到縣裏去開會，縣委書記孫旭濤在報告中講，桐木溪公社塘灣大隊餓死人最多，一個生產大隊就餓死三百七十多人。是全縣餓死人最多的大隊。

有一戶姓戴的，一屋九條人餓死八條。他們原住在思蒙公社九家溪大隊，全家九條人住在山上，塘灣有人到那裏砍柴，勸他一家搬到塘灣大隊去，那時塘灣田多。姓戴的一家就搬到塘灣住。在三年困難時期他們全家餓死八條人，剩下一條人搬回九家溪去了。這在全縣有名。

盧峰鎮中林大隊也餓死八、九十條人。有的農民將餓死的人抬出去埋，挖墳坑時挖著挖著自己就倒下去死了。

我們橫岩大隊的米昭順，在困難時期冇飯呷，就捉癩頭蛤蟆呷，身上長了一身的蛤蟆瘡。那時講（我們）虧蘇聯的賬，（糧食）還蘇聯賬去了。[96]

阿馬蒂亞·森指出，飢餓的直接原因是「個人交換權利的下降」，而交換權利不僅依賴於「市場交換」，而且還依賴於「國家所提供的社會保障」。當飢餓發生時，社會保障系統「尤為重要」，如果沒有社會保障系統，「今天美國或英國的失業狀況會使很多人挨餓，甚至有可能發展成饑荒。因此，成功地避免了饑荒發生，靠的不是英國人的平均高收入，也不是美國人的普遍富裕，而是由其社會保障系統所提供保證的最低限度的交換權利。」[97]

中國災難性的大饑荒，一方面緣於國家強制剝奪農民私有產權和自由交換權利，另一方面國家又沒有建立涵蓋農民的社會保障制度。這無異於捆綁起農民的手腳而又拒不給農民送飯，其悲慘的結局是不可避免的。楊繼繩（一九四〇—）指出，當災難發生時，處身於壟斷全部資源的全權國家控制下的老百姓，喪失了基本的「自救能力」，只能「坐以待斃」。[98]

中國長期沒有建立包括農民在內的社會保障制度。在農村，國家通過民政部門提供有限的社會救濟。但從漵浦縣歷年提供的社會救濟情況來看，除了一九六一年政府提供過杯水車薪的四七七六斤救濟糧（大米）外，從一九五三年到一九八五年內，政府再沒有發放一粒救濟糧。社會救濟在大饑荒這樣的非常時期幾乎沒有發揮什麼真正有意義的作用。

96 二〇〇七年九月二十三日筆者湖南漵浦調查訪談記錄。

97 〔印度〕阿馬蒂亞·森著《貧困與饑荒——論權利與剝奪》，王宇、王文玉譯，商務印書館二〇〇一年版，第九、十二—十三頁。

98 楊繼繩著《墓碑——中國六十年代大饑荒紀實》，香港天地圖書有限公司二〇〇八年版。

在大饑荒中，不僅官方的新聞媒體未對之進行公開報導，即使普通社員私下議論幾句，都要遭到殘酷無情的批鬥。

> 記得有一次，張旺家說：「毛老兒好是好，就是飯冇得飽。」馬上有人將這句話向幹部報告。幹部就針對張旺家這句話，將他捆起來批鬥，罰跪。將他整個半死。
>
> 那時候根本不敢說話。本來是差的要說好。講實話絕對不行。只要有點點問題就給你戴高帽子。人人都不敢亂說話。[99]

連私下的言論都要遭到無情的批鬥，那麼在這個國家就不可能指望還有什麼誠實正直的新聞報導。官方媒體在連篇累牘地重複吹噓假大空的「巨大成就」時不知疲憊，而對任何被認為可能會「損害社會主義光輝形象」的現實問題則諱莫如深。

在有關中國饑荒的研究文獻中，印度的讓・德雷茲和阿馬蒂亞・森坦率地指出：「缺乏對抗性政治和公開的新聞界這一顯著特徵，可能對中國一九五八—一九六一年饑荒的發生、規模與持續時間都產生了影響。」當饑荒構成威脅時，中國所缺少的是「一種存在對抗性新聞界與反對勢力的政治體制。饑荒在中國肆虐了三年，但這一事實甚至都沒有得到公開承認，更不必說對威脅採取充分的政策應對了。」[100]阿馬蒂亞・森指出，在中國大饑荒的多方面原因中，「缺少民主是相當關鍵的一條。」[101]

99 二〇〇七年四月二十三日筆者湖南漵浦調查訪談記錄。
100 〔印度〕讓・德雷茲、〔印度〕阿馬蒂亞・森著《飢餓與公共行為》，蘇雷譯，社會科學文獻出版社二〇〇六年版，第二二〇—二二一頁。
101 〔印度〕阿馬蒂亞・森、讓・德雷茲著《印度：經濟發展與社會機會》，黃飛君譯，社會科學文獻出版社二〇〇六年

阿馬蒂亞·森對比研究了中國與印度的饑荒後發現：「獨立後的印度實際上就沒有遭受大規模的饑荒，這一事實恰與中國經歷形成鮮明的反差。」在印度，相對自由的報紙等媒體與反對派領導的「敵對性參與」，構成了印度饑荒預防體系的一個重要組成部分。一九四七年獨立後的印度建立的民主制度，確保了任何當權的政府——無論地方政府還是中央政府，在饑荒發生時都幾乎不可能「僥倖逃避採取及時且廣泛的反饑荒措施」。[102]

四、民意表達成本：以武文俊信訪案為例

（一）聯繫群眾與民意表達

「一切為了群眾，一切依靠群眾，從群眾中來，到群眾中去」的群眾路線，被共產黨確定為自己的工作「法寶」，也被官方確定為「毛澤東思想的活的靈魂」之一。密切聯繫群眾，就被認為是黨一貫堅持和發揚的「優良作風和政治優勢」。黨雖然始終強調奉行群眾路線，但鮮有人認真地去思考和理解黨執政以前與執政以後在聯繫群眾上會有什麼根本的不同。

在執政以前，黨沒有掌握國家權力，只是作為革命黨生活在群眾之中，它能夠通過聯繫群眾瞭解群眾疾苦和需要，從而不必顧忌地為群眾鼓與呼，給當時執政的國民黨和國民政府施加政治壓力。群眾自然會切身地認

102 〔印度〕讓·德雷茲、〔印度〕阿馬蒂亞·森著《飢餓與公共行為》，蘇雷譯，社會科學文獻出版社二〇〇六年版，第二一七—二二〇頁。

版，第八十九—九十頁。

為共產黨的呼聲代表了群眾的心聲，從而相信「只有共產黨才能救中國」。這是共產黨通過聯繫群眾、瞭解群眾訴求、代表群眾利益從而贏得群眾支持的根源。黨執政以後，事實上掌握了全部的國家權力，各級黨的領導幹部事實上代表黨和國家行使各種國家權力。在此執政的背景下，黨在革命時期形成的積極有效的群眾路線的法寶就會面臨著「法寶失靈」的嚴重困惑。這是因為，群眾的不滿和意見，對準的不再是以前的「國民黨反動派」，而是共產黨自身。來自群眾的不滿，涉及到黨的政策的實施後果，以及官與民的邏輯衝突和社會各階層利益之間的衝突。如何化解官民矛盾、協調社會衝突，達到有效整合和治理現代社會的目的，這是對任何一個執政黨和國家提出的基本要求。

作為政黨，黨儘可以繼續保持密切聯繫群眾的「優良傳統」；但作為國家，如沒有建立起民意表達的制度渠道，將面臨著現代國家治理的深刻危機。自上而下的聯繫群眾，與自下而上的民意表達，構成了現代國家與民眾良性互動的政治體系輸入模式。這對共產黨執政以後的思維方式和工作方法提出了前所未有的挑戰。很顯然，黨沒有適時實現從革命黨向執政黨的轉變，沒有及時實現聯繫群眾方式的創新，沒有在執政的前提下有效構建民意自由表達的制度管道。

一九四九年以後，民意的自主性表達渠道幾乎被封死。黨被認為是代表民意的政治組織——它在革命時期或許如此。在執政後，黨也當仁不讓地認為只有自己才能擔負起「全心全意為人民服務」的神聖職責，也只有自己才是民意的集中代表者。黨通過聯繫群眾的工作方法獲取民意，通過信訪制度收集民意。在此政治環境中，農民自身的利益訴求已經喪失了自主表達的空間，而其他任何自稱代表民意或反映民意的所謂「農民代言人」，都將面臨巨大的政治風險。

梁漱溟（一八九三—一九八八）或許是共產黨執政後第一個被最高權力「一劍封喉」的著名「農民代言人」。作為鄉村建設派的主要代表人物，梁漱溟在國民政府時期大力推行他的鄉村建設主張。他認為處在農業社會發展階段中的中國只有「職業分立」，而沒有西方工業社會中的資本家與勞工兩階級的尖銳對立。「倫理本位、職業分立」八個字是中國傳統社會結構的基本特徵。梁漱溟認為中國歷來政治，「以不擾民為一大信條」。在他看來，「中國鄉村之破壞完全在於政治」。[103]

一九五一年十月，梁漱溟被增補為全國政協委員。一九五三年中國開始照搬蘇聯模式實行計劃經濟，並在農村進行蘇聯模式的社會主義改造即推行集體化。農民問題開始凸顯。一九五三年九月十一日，作為長期研究中國鄉村的學者和全國政協委員，梁漱溟在第一屆全國政協第十九次常委擴大會議上作了影響他後半生政治命運的發言，他在這個發言中提到的「九天九地說」成為他「資產階級反動思想」的重要證據：

> 過去二十年的革命全在於發動農民，依靠農民。依靠農民革命所以成功在此，而農民在革命中亦有成長，但進入城市後，工作重點轉移到城市，成長起來的農民亦都隨著到了城市。一切較好幹部都來做城市工作，此無可奈何者。……今建設重點在工業，精神所注更在此。生活之差，工人九天，農民九地。農民往城裏跑，不許他跑。人才財力集中都市，雖說不遺棄吧，恐多少有點。
>
> 然而農民就是人民，人民就是農民。對人民照顧不足，教育不足，安頓不好，建國如此？當初革命時農民受日本侵略者，受國民黨反動派暴虐，與共產黨親切如一家人，今日已不存在此形勢。[104]

毛澤東對梁漱溟的發言大為惱怒。九月十二日，毛澤東在中央人民政府委員會第二十四次會議上對梁漱溟進行批判：「有人竟班門弄斧，似乎我們共產黨搞了幾十年農民運動，還不瞭解農民。笑話！」[105]顯然，這個農

103 梁漱溟著《鄉村建設理論》，上海人民出版社二〇〇六年版，第十三、三十、三十三頁。
104 梁漱溟〈一九五三年九月十一日政協擴大會議上的發言草稿〉，載《梁漱溟全集》第七卷，山東人民出版社一九九三年版，第五—六頁。
105 轉引自汪東林著《梁漱溟問答錄》，湖南人民出版社一九八八年版，第一七三頁。《毛澤東選集》第五卷收錄的毛澤東

民出生的兒子，「始終認為自己最瞭解農民，最瞭解農村，當然也就最明白如何進行農業建設。」[106]在毛澤東看來，任何人都沒有資格在共產黨和他本人面前談農民問題。毛澤東還專門區分了「小仁政」和「大仁政」。在毛澤東看來，有的人看到農業稅收重了，就要求「施仁政」，好像「他們代表農民利益似的」。毛澤東提出，抗美援朝是「最大的仁政」，發展工業也是「施仁政」。「小仁政」要服從「大仁政」。施行「大仁政」，「就要有犧牲，就要用錢，就要多收些農業稅。」[107]

毛澤東以「大仁政」之論壓倒了黨內外要求同情農民的「小仁政」。在九月十六日至十八日的中央人民政府委員會第二十七次會議上，毛澤東對梁漱溟進行了全面系統的大批判，毛澤東認為梁漱溟提出的「工人在九天之上，農民在九天之下」的言論，是「完全的徹底的反動思想」，斥責梁漱溟對於「農民問題的見解比共產黨還高明」是不知羞恥的「班門弄斧」，從而將梁漱溟扣上「野心家」、「偽君子」、「殺人犯」、「反動派」等政治帽子。[108]

毛澤東憑藉自己握有的絕對權力，將梁漱溟這樣一位傾注於中國鄉村建設和農民問題研究的著名學者打壓下去。毛澤東打壓的當然不只是梁漱溟一人，而是整個試圖為農民說話的知識份子。一九五七年毛澤東又掀起

在中央人民政府委員會第二四次會議上的講話未見上述內容。

106 滿妹著《思念依然無盡——回憶父親胡耀邦》，北京出版社二〇〇五年版，第一三〇頁。

107 毛澤東〈抗美援朝的偉大勝利和今後的任務〉（一九五三年九月十二日），載《毛澤東選集》第五卷，人民出版社一九七七年版，第一〇四—一〇六頁。

108 毛澤東〈批判梁漱溟的反動思想〉（一九五三年九月十六日—十八日），載《毛澤東選集》第五卷，人民出版社一九七七年版，第一〇七—一一五頁。據稱，收入《毛澤東選集》第五卷對梁漱溟批判文章的內容與當時毛澤東的口頭批判有些出入，公開出版的文章對當時的口頭批判作了增刪。鄭大華著《梁漱溟傳》，人民出版社二〇〇一年版，第四二九—四四一頁；（美）艾愷著《最後的儒家——梁漱溟與中國現代化的兩難》，江蘇人民出版社二〇〇四年版。

了主要針對知識份子的反右運動。二十餘年後，全國公職人員被改正的右派達五十五萬兩千八百七十七人、占一九五七年國家幹部總人數的百分之五・八。[109]

一九五七年十月，漵浦縣根據上級指示精神開展反右鬥爭，到次年結束時全縣共有一百七十三人被劃為右派分子。從此，用來稱呼壞人的「地、富、反、壞」四類分子增加為「地、富、反、壞、右」五類分子。

中國知識份子自古以來就有孔子所說的「士志於道」的價值定位和人格追求，[110]傾向於為民請命。批判梁漱溟和緊接著的反右運動，打倒的不只是知識份子，而是一個民族和國家的社會良知。薩義德（Edward W.Said，一九三五—二〇〇三）指出：「知識份子活動的目的是為了增進人類的自由和知識。」[111]任何一個國家，如果它肆意摧毀了作為良知守護者和社會批判者的知識份子，整個民族必將在無知、盲從、野蠻、虛偽和醜惡氾濫中忍受長期的煎熬。法國的路易士・博洛爾（Louis Proal）曾指出：「在一個國家裏，政府的品質總是影響並成為該民族性格品質的模型。一個無法無天、胡作非為的政府會在社會上傳播暴戾恣睢的習氣……一個公道的政府會激發人們的正義感……如果一個政府是高壓和專橫的，它就會使整個國家謹小慎微、了無生機、相互猜忌和奴性十足。」[112]

梁漱溟被政治批判後，整個國家幾乎再也沒有知識份子和黨外人士敢於直面農民的困苦和正視農民問題——即使在餓死幾千萬人的大饑荒歲月中。

在知識份子和黨外人士「萬馬齊喑」之時，作為黨內的高級領導幹部，時任中共中央政治局委員、國防部長的彭德懷（一八九八—一九七四）面對農民的苦難再也不能讓良心長久安睡了。一九五八年十二月，彭德懷

109 鍾康模〈論胡耀邦在撥亂反正平反冤假錯案中的膽識和貢獻〉，載《嶺南學刊》二〇〇四年第六期。
110 《論語・里仁》。余英時著《士與中國文化》，上海人民出版社二〇〇三年。
111 〔美〕愛德華・W・薩義德著《知識份子論》，單德興譯，生活・讀書・新知三聯書店二〇〇二年版，第一〇四頁。
112 〔法〕路易士・博洛爾著《政治的罪惡》，蔣慶、王天成、李柏光、劉曙光譯，改革出版社一九九九年版，第二八三—二八四頁。

到自己家鄉——湖南省湘潭縣烏石和韶山、平江等地調查。在烏石，他瞭解到基層幹部打罵、體罰農民的現象相當嚴重；到「幸福院」看望老人，得知他們每餐只有二三兩米；在他曾領導過的平江起義舊址，發現幹部嚴重弄虛作假。一九五九年七月十四日，參加「廬山會議」的彭德懷，對當時那些「左」的現象非常焦慮，就給毛澤東寫了一封長信，稱「浮誇風氣較普遍地滋長起來」，而「小資產階級的狂熱性，使我們容易犯『左』的錯誤」。彭德懷希望通過自己的信來認真總結大躍進和人民公社化運動的經驗教訓。

但這封信不但沒有達到總結大躍進和人民公社化經驗教訓目的，反而遭來毛澤東嚴厲的政治批判。八月十六日，中共八屆八中全會通過〈關於以彭德懷同志為首的反黨集團的錯誤的決議〉和〈為保衛黨的總路線、反對右傾機會主義而鬥爭〉的文件。在繼為農民代言的知識份子梁漱溟遭到批判之後，彭德懷——這位耿直的黨內高級領導幹部因為農民代言而被打倒。看來，毛澤東不但認為黨外人士沒有資格與他談論農民問題，他也不能容忍黨內高級領導幹部與他談論農民問題。

費正清敏銳地指出，中國人不像英美人那樣「把對元首的忠誠和對元首現行政策的不滿區分開來」，因而不可能有「忠誠的反對意見」。[113]在相當長的時期內，中國人不能正確區分對黨、國家的忠誠和對領導人個人的忠誠，也不能區分對領導人個人的忠誠與對其推行的具體政策的支持。換言之，反對某一具體政策被視為反對黨的領導人，反對黨的領導人就是反對黨，而反對黨則是最大的政治犯罪。長期以來，「反黨反社會主義」這頂政治帽子像達摩克利斯之劍一樣，懸掛在每個中國人的頭上，誰都可能在一夜之間被扣上「反黨反社會主義」的政治帽子而遭滅頂之災。在「政治上持不同意見等於犯了叛國罪」的年代，[114]提出不同意見的彭德懷，顯然不是被扣上「反黨」政治帽子而慘遭不幸的第一個，也不是最後一個。

113　〔美〕費正清著《觀察中國》，傅光明譯，世界知識出版社二〇〇三年版，第一二〇頁。
114　同上，第二七九頁。

「廬山會議」後，全黨開展了一場聲勢浩大的「反右傾」鬥爭運動，全國有三百多萬敢於講真話、敢於反映實際情況、敢於提出批評意見的黨員幹部受到批判和處分。漵浦縣在開展「反右傾」鬥爭中，共有二四三名黨員幹部受到批判和處分。

薄一波（一九〇八—二〇〇七）認為，「反右傾」鬥爭造成的嚴重後果，一是「反右傾」鬥爭與大躍進、人民公社化運動直接造成了導致幾千萬人餓死的大饑荒；二是「反右傾」鬥爭在政治上將階級鬥爭引入黨內乃至黨的高級領導層。[115]

需要特別加以補充的是，「反右傾」鬥爭造成的另一個嚴重後果，就是全黨將敢於提意見、說真話的人視同為「右傾」而予以打擊。[116]這就從根本上進一步摧毀了「講真話」的社會環境。「人們認識到，批評當權者會使自己和親屬陷入無盡的地獄。惟有沈默和諂媚才是安全的。」[117]從此，浮誇和謊言像瘟疫一樣更加大肆氾濫開來。在以後的社會重建中，這個偉大的民族必將長期承受謊言的折磨，「講真話」將成為他們熱切渴望卻難以尋覓到的稀缺之物。

幹部浮誇說謊易，農民無米下鍋難。為謊言政治付出慘重代價的，是百姓的無數性命和國家的巨大創傷。一九五九—一九六一年持續三年之久、導致四千萬農民非正常死亡的大饑荒，是世界上只有謊言政治才會造成的人間悲劇。一九六二年一月，身為國家主席的劉少奇在「七千人大會」上提出「三分天災、七分人禍」作為判定大饑荒的起因後，雖然在當時他沒有受到什麼批判，但在半年之後的批判「黑暗風」中，劉少奇不得不向

115 薄一波《若干重大決策與事件的回顧》下卷，中共中央黨校出版社一九九三年版，第八四五—八八二頁。

116 一九六二年一月，劉少奇在七千人大會上的報告中指出：「有些黨組織，不容許黨員提出不同的意見，把敢於提意見的人，隨便說成是有思想問題，甚至指為『反黨分子』。……有些黨組織，甚至把黨員對具體工作的具體意見，錯誤地說成是政治問題和路線問題，把黨員對黨組織領導人員的批評，錯誤地說成是反對黨的領導。」參見劉少奇〈在擴大的中央工作會議上的報告〉（一九六二年一月二十七日），載《劉少奇選集》下，人民出版社一九八五年版，第四〇九頁。

117 〔美〕弗里曼、畢克偉、塞爾登著《中國鄉村，社會主義國家》，陶鶴山譯，社會科學文獻出版社二〇〇二年版，第二九一頁。

毛澤東作自我批評。僅僅幾年之後，共和國的一代開國元勳、黨內第二號人物劉少奇，就被毛澤東發動的「文革」徹底打倒，於一九六九年在迫害中去世。

這似乎造成了一個特有的現象：為農民說話的人幾乎都將慘遭滅頂之災。

（二）信訪制度與武文俊上書

信訪制度是中國特色的產物和反映。共產黨執政後開始正式建立信訪制度。一九五一年五月十六日，毛澤東在中央辦公廳秘書室的一次工作報告上批示：「必須重視人民的通信，要給人民來信以恰當的處理，滿足群眾的正當要求，要把這件事看成是共產黨和人民政府加強與人民聯繫的一種方法，不要採取掉以輕心置之不理的官僚主義態度。如果人民來信很多，本人處理困難，應設立適當人數的專門機關或專門的人處理這些信件。如果來信不多，本人或秘書能夠處理，則不要另設專人。」[118]毛澤東的這個批示，成為信訪工作的指導思想。一九五一年六月七日，政務院根據毛澤東的批示，發出了〈關於處理人民來信和接見人民工作的決定〉。這個僅有六條內容的簡要「決定」，成為一九四九年後中國建立信訪制度的第一個重要文獻。

長期以來，中國奉行依據領導批示、講話和政策治國，法治不張，人治盛行，導致中國的「信訪潮」此起彼伏。據統計，一九四九年中央辦公廳受理來信四四五七件，一九五〇年和一九五一年分別達到兩萬六千兩百一十九件和三十四萬六千八百六十五件。[119]一九五六年來京上訪人數共四萬兩千人次，一九五七年一月達六千人次，是一九五六年同期的百分之三百。來訪者以復員軍人最多，其次是農民，再次是被清洗、開除的職工和考

118 中央辦公廳信訪局、國務院辦公廳信訪局編《信訪學概論》，華夏出版社一九九一年，第一三〇頁。

119 刁傑成編著《人民信訪史略》，北京經濟學院出版社一九九六年版，第二十三—二十五頁。

不上學校的學生，另外還有一部分機關幹部。[120]針對全國第一次「信訪高潮」，一九五七年五月第一次全國信訪工作會議討論通過了〈中國共產黨各級黨委機關處理人民來信、接待群眾來訪工作的暫行辦法〉。一九七八年八月召開了第二次全國信訪工作會議，之後又形成了一次「信訪高潮」。據統計，一九七九年在北京的上訪群眾最多的時候一天達一萬人，中央辦公廳信訪局和國務院辦公廳信訪局一九七九年共收到人民來信一百零八萬件。[121]

信訪制度是執政黨和政府聯繫群眾的一項制度安排，也是一項中國特色的政治參與制度。在集體化時期和以階級鬥爭為綱的時代，梁漱溟、彭德懷等高級知識份子和黨的高級領導幹部通過聯繫群眾、瞭解群眾疾苦、反映群眾呼聲的努力卻無一倖免地遭到政治批判。

在社會底層，民眾通過信訪渠道的自主性表達同樣可能面臨滅頂之災。劉少奇曾特別清醒和正確地指出：「同志們應該記住，我們黨是掌握了全國政權的執政黨，許多黨員是國家政權的各級領導人。處於這樣執政黨的地位，很容易滋長命令主義和官僚主義的作風。事實上，這些脫離群眾的作風，在有些地方、有些部門、有些同志身上，表現得相當嚴重。黨和國家的一切機關，都應該密切聯繫群眾，嚴肅地處理關係廣大群眾利益的問題，認真地對待人民群眾的來信、來訪。有的同志，對於群眾向黨、向中央反映情況，不看作是黨和群眾之間的一種必要的聯繫，而看作是告自己的狀，這是極端錯誤的。有的地方、有的單位，公然扣壓群眾來信，甚至追究反映真實情況的人，對他們實行打擊報復，這是黨的紀律和國家法律所絕對不能容許的。還有少數地方，使用對付階級敵人和壞分子的專政工具，任意扣押、監禁群眾，甚至對群眾施行肉體上的處罰，這更是嚴重的犯罪行為。」[122]

120 中央辦公廳信訪局、國務院辦公廳信訪局編《信訪學概論》，華夏出版社一九九一年版，第一三五頁。
121 同上，第一四一頁。
122 劉少奇〈在擴大的中央工作會議上的報告〉（一九六二年一月二十七日），載《劉少奇選集》下卷，人民出版社一九八五年版，第四〇一頁。

在漵浦縣就發生過一起通過信訪渠道表達民意卻慘遭殺害的悲劇。這就是武文俊上總理書案件。

出生於農民家庭的武文俊，時在漵浦縣低莊公社楊和坪大隊小學當公辦教師。面對農民的苦難和國家的混亂，他憂心忡忡，決計通過信訪渠道給時任國務院總理的華國鋒（一九二一—二〇〇八）寫信，以表達自己對當時社會各種問題的思考和看法，希望能推進中國的改革。

一九七六年四月十二日武文俊開始醞釀起草上總理書信件，四月十八日至二十二日寫成，四月二十四日從漵浦縣城投寄『國務院總理親收』。三個月後的七月二十五日夜，武文俊被捕。一九七七年一月九日上午，武文俊以「現行反革命罪」被槍殺在縣城對河的沙坑裏，時年四十歲。

下面是讓武文俊付出生命代價的給總理信的全文。從中可以看出這位憂國憂民的普通教師對農民苦難生活的同情、對殘酷無情的階級鬥爭的反思和對國家前途命運的憂慮和希望。

十化宗主閣下：

上次來函，想必一定收到，此事宜早圖之，愈快愈好，遲則有變，反害自身，則禍必臨頭耳！須知，熊精特性，最善蠱惑人心，籠絡人心，軟化人心，熊乃丁火所化，即是最堅硬的金屬，亦能被軟化，他迎人則抓住不放，笑不休，笑後則吃人。它所寵信的人，也可說是最倒楣的人。曾有熊精的故事，說人熊感受宇宙陰陽之氣，變化成精，能托胎於人，又能借屍還魂，世人不識。它宣揚專替人民辦好事，騙得多人信服，好認人作親屬朋友，但一旦真正與它親密接觸，就會被它吃掉。它自謂窮通宇宙哲理，有通天之術，可以引導人民進入「天堂」，騙得五湖四海人們的信任。於是它把舌頭伸出，變成了一座「天橋」，指揮人們上「天橋」，進入「天堂」，於是人們受騙，沒有認清本質，不識真偽，人們絡繹不絕竟不辭勞苦地披星戴月地忍饑挨餓地上「天橋」，豈知有去無歸。原來「天堂」是個死胡同，都進入了熊精的咽喉，被吞吃。眼看人民就會遭受滅族之禍。幸好，天帝知道了此事，即降賢士於人間。賢士拔劍斬精，才拯救了人們。

歷史到了現代，熊精又借屍還魂了，它不斷地把寵信的人做為梯子，踏著梯子使它可以不斷上升。做梯子者，自然是被踐踏者。最初還以為是榮幸，認為地位提高了，其實是個夢中犧牲者。曹操好夢中殺人，實際操刀不在夢中，被殺者在夢中也。還是那句老俗話，良禽擇木而棲，賢臣擇主而事，得寵應當思辱，居安應當慮危，上臺之時，須考慮下臺之日。現在既做了它足下之梯，那就不能不認真對付，無能無為，會被踏碎，有偏有倚，亦會踏扁，須知熊精變化多端，要人倒地，鬼神莫測，若稍有不慎，就會遭險。它打著「為人民服務」旗號，掛著「為人民造福」的牌子，騙取了五湖四海的人信任之後，因而也就有了殺人之權，置人於死地，只要一句話。經常思考著殺人之術，治人之道，整人之法，竭力煽動鼓勵人們之間鬥爭，說是階級鬥爭，使人們自己打自己，自己消滅自己，這就是它經常宣揚的「鬥爭哲學」，也是它全部學說的宗旨。所謂革命，按照它的打算，先革有產者之命，後革無產者之命，一時運用這股力量，打倒一方，一時運用那股力量打倒另一方，以逐步達到消滅人民之目的，確實沒有哪一股政治力量能夠與它共事始終。不主張公理、正道，惟我獨尊，至高無上，毀滅人類文明、自由、民主幸福，實行野蠻、殘暴、滅絕人性的社會奴隸主義制度，它是真正的拉歷史倒車，使中國由封建社會進入到萬惡的社會奴隸主義制度（林說它是社會封建主義，這種說法不當）。

下面只簡舉數例，證明它不如封建社會進步，而是倒退到奴隸社會去了。

一、經濟不如封建社會富裕，外面光華，內部空虛，國家和人民都很貧困。就拿農民的勞動和收入來說，現在農民一年三百六十天，天天勞動，起早摸黑，比封建社會給地主做長工辛苦得多，可是收入很少，只能維持半飽的生活，吃自己的飯，每個勞動日的工資不到一升大米，與奴隸生活水平差不多。以前給地主打長工，一日三餐飯是吃地主家的，有時還有點酒肉葷菜，每月工資兩擔稻穀，一年就有二十四擔稻穀餘著，折合市斤就有兩千多斤。打零工是每日工資三到五升大米，一天三餐飯還是吃主人家的。插田打禾時的零工工資，每天可達一斗五升左右的稻穀，三餐飯是吃主人的。手工業每天工資有五到八升大米，一日三餐吃主人的。其他行業人員的工資就更不用說了，要比農民高得多。封建社會人們的勞動量又沒有現在這麼大，勞動時間沒有這麼多，種植面積也不及現在的一半。「楊立貝、白毛女、祥林嫂」畢竟還是加了浪漫色彩的創作小說，不是真人真事。當然不能否認以前的封建社會沒有弱點。但是現在不許寫陰暗面，若允許寫的話，又何止千萬個比祥林嫂、白毛女更慘的人呢？這證明現代社會不如封建社會，是奴隸社會。

二、關於婦女的「解放」，若說婦女現在得到了「解放」，不如說是用繩子把婦女穿了鼻栓。看農村婦女，除了負擔家務勞動外，又還要參加田間勞動，婦女的勞動量、勞動時間超過了男人，變成了女奴隸。以前說婦女整天繞著鍋灶轉，沒有得到解放，現在才是「解放」了，勞累得要死。又說老人和兒童「解放」了，不看別的地方，就看大寨的老年和兒童就知道，一個個都被整彎了腰。當然，要人民勞動並不錯，不過，所付出的勞力和所得的收入，對比一下，不及封建社會，與奴隸社會差不多。

三、人民沒有政治地位，連買個東西也要講情面，講人熟。沒有政治權力，沒有言論自由。特別是學術界，不能發揮才能，都被認為是毒草，要進行批判，於是沒有人敢寫書了，只有熊精的邪說獨盛，盈櫃滿架。這種奴隸主義社會，阻礙了人們的思想進步和學術的發展。

四、一切人的行動都不自由。就是當官的也不見得比老百姓自由多少，都被當做奴隸一樣管得死死的。利用奴隸管奴隸，這是一種巧妙的奴隸制度，人們都成了奴隸。在封建社會人們的行動還比較自由。

五、職業不自由，不能由自己選擇職業。人身不自由，處處有約束，連勞動生產都不自由（反對生產自由種植，反對勞力自由支配），生活不自由，生存不自由，生育不自由（要把生有兩、三個以上小孩的二、三十歲的男女青年，強迫實行閹割結紮生殖器）。它沒有後代，痛恨人民有後代，要減少人口，實行截代滅種之法，完全把人民當作牲畜，侮辱殘害，明殺人，暗殺人，數目之多，無可統計。

六、徭役賦稅之多，史無前例。徵收公糧，按單位畝積計算，比封建社會所交公糧多十幾倍到二十倍；按總斤額計算，比封建社會多四十倍左右。與農民以前給地主交的租穀差不多（每畝田土交稻穀兩百斤左右）。「收租院」是演的現實，不是演的歷史。各種稅收繁多，什麼都要交稅，真是熊精「萬稅」，人們常常喊「萬稅，萬萬稅」！還有其他派購、統購、徭役、義務工、積累工等等，人民總負擔量，超過封建社會若干倍，農民貧困，又不許搞點副業收入，說是資本主義道路，要退賠，要批判，真是連吃鹽的錢也沒有。農村忙碌不休而生活苦，城市蕭條而頹廢，工人生活水平亦不高。

七、專門吹噓成績，鼓吹這種社會奴隸主義制度的「優越性」，從不承認自己的缺點錯誤，五九年到六一年那一階段更苦，確實餓死不少人。可是把錯誤加到別人頭上，說是蘇修掐我們的脖子，要我們還債，又說是劉少奇路線搞的，又說是下面幹部的「五風」，又說是天老爺不下雨。就不承認自己有錯。報刊廣播，都是講的「大好形勢，而且越來越好」，從來沒有講過半點缺點錯誤，使人們看透了這種虛偽的實質，因而產生反感，都不相信。

它否認了一切學術思想，獨尊熊精的思想和個人的主義，完全違背了人民的意志願望。以上只是隨便略舉數例，說明熊精的倒行逆施，由封建社會復辟倒退到奴隸主義制度，至於社會上的其他（利弊、舞弊）弊病，不勝枚舉，現在全國絕大多數人民有所覺悟，民心背向，只是怒不能言。人民跟著它，遭受了多少劫難，多少苦難。現在熊精的天下快要滿了，有童謠云：「王不像王尾巴長，四成幸運被水淌，十田交了八丘糧，熊精二十八筆（必）亡。」

閣下若有智勇，成全大事，除卻大害，拯救人民，拯救中國，定天下不難，我們當助一臂之力。否則，若苟且拖延，受它籠套，必為所害。前車是鑒，不可重蹈覆轍。

若能成全大事，下面附有建國條例商討：[123]

一、中國進入資本主義不是復辟倒退，而是封建社會發展的必然規律。熊精的所謂「社會主義」實際上是社會奴隸主義，才是真正的復辟倒退。

二、煽動鼓勵人民之間鬥爭，說是階級鬥爭，其目的是為了鞏固它的奴隸主義制度。

三、國家應為社會契約產物，國家機構設中央、省（市）、縣、鄉、里等級，國家應民主產生，為全國大多數人服務（為勤勞、正直、善良的老百姓服務），國家機關的負責人員，應由人民逐級普選產生，真正代表人民利益，並且每四年一改選，連選可以連任，但最多只能連任三屆（即十二年）。

三、國家政策由人民討論制訂，逐級匯總上報中央，最後頒佈確定。

四、建立一定軍隊，防禦外敵侵略，建立少量地方治安，解決民事糾紛和刑事犯罪。軍人來源由基層人民選送，服役期三年。願繼續服役者，根據情況加級加薪。

五、提倡言論、學術、出版自由，人民可以登報批評政府，提出建議，獎勵科技和對國家有貢獻的人材。

六、發展工農業生產。

七、財產問題，凡國有企業、工廠等仍為國家所有，集體財產仍為集體所有，給予獎勵，不願集體化者，由人民討論，財產平均分配（但不予獎勵），不許以強凌弱，侵犯他人財產和利益。

八、對原來幹部、除少數確有作惡利（作）弊者外，其餘一律不予追究。

九、國家徵收的賦稅，根據國家實際需要，稍有餘地地來決定人民的負擔（儘量精簡機構、減輕負擔）。

十、大赦天下，釋放囚犯。

123 以下實有十一條，「三」為原文重複。

建國宗旨：創民主，除獨裁，立自由，滅殘暴，興文明，破野蠻，建幸福，濟貧窮，天下必群起而服之，定無反心。

知內者草

這封帶有中國傳統知識份子心憂天下而又憤世嫉俗的信，充滿了對現實問題的深刻見解和對改革的種種期盼。但是，作為人民中的一分子，武文俊或許沒有想到，他這封寫給「人民總理」的信，將使他付出生命的悲慘代價。

（三）公安六條與革命審判

洛克指出：「哪裡沒有法律，哪裏就沒有自由。」[124]文化大革命時期，國家法制遭到最徹底地破壞。無產階級專政已經氾濫到對幾乎每個人都可能實行專政的地步——平民與高官幾乎都不能倖免。公安和法院成為對國民濫施專政的瘋狂工具。無產階級專政的國家機器成了令人人恐怖的「絞肉機」。一九六七年一月十三日，中共中央、國務院發佈〈關於在無產階級文化大革命中加強公安工作的若干規定〉，這就是被稱之為「恐怖的《公安六條》」。文件全文如下：

無產階級文化大革命，是毛澤東思想統帥下的、無產階級專政條件下的大民主運動，它把廣大群眾的革命積極性調動起來了。形勢大好。沒有無產階級專政，就不可能實行人民群眾的大民主。公安機關是無

124 〔英〕洛克《政府論》下篇，葉啟芳、瞿菊農譯，商務印書館一九六四年版，第三十六頁。

產階級專政的重要工具之一。必須適應無產階級文化大革命形勢發展的需要，採取恰當的方式，加強對敵人的專政，保障人民的民主權利，保障大鳴、大放、大字報、大辯論、大串連的正常進行，保障無產階級的革命秩序。為此，特規定：

（一）對確有證據的殺人、放火、放毒、搶劫、製造交通事故進行暗害、衝擊監獄和管制犯人機關、裏通外國、盜竊國家機密、進行破壞活動等現行反革命分子，應當依法懲辦。

（二）凡是投寄反革命匿名信，秘密或公開張貼、散發反革命傳單，寫反動標語，喊反動口號，以攻擊誣衊偉大領袖毛主席和他的親密戰友林彪同志的，都是現行反革命行為，應當依法懲辦。

（三）保護革命群眾和革命群眾組織，保護左派，嚴禁武鬥。凡襲擊革命群眾組織、毆打和拘留革命群眾的，都是違法行為。一般的，由黨政領導和革命群眾組織進行批判教育。對那些打死人民群眾的首犯，情節嚴重的打手，以及幕後操縱者，要依法懲辦。

（四）地、富、反、壞、右分子，勞動教養人員和刑滿留場（廠）就業人員，反動黨團骨幹分子，反動會道門的中小道首和職業辦道人員，敵偽的軍（連長以上）、政（保長以上）、警（警長以上）、憲（憲兵）、特（特務）分子，刑滿釋放、解除勞動教養但改造得不好的分子，投機倒把分子，和被殺、被關、被管制、外逃的反革命分子的堅持反動立場的家屬，一律不准外出串連，不許改換姓名，偽造歷史，混入革命群眾組織，不准背後操縱煽動，更不准他們自己建立組織。這些分子，如有破壞行為，要依法嚴辦。

（五）凡是利用大民主，或者用其他手段，散佈反動言論，一般的，由革命群眾同他們進行鬥爭。嚴重的，公安部門要和革命群眾相結合，及時進行調查，必要時，酌情處理。

（六）黨、政、軍機關和公安機關人員，如果歪曲以上規定，捏造事實，對革命群眾進行鎮壓，要依法查辦。以上規定，要向廣大群眾宣傳，號召革命群眾協助和監督公安機關執行職務，維護革命秩序，保證公安機關人員能正常執行職務。這個規定可在城鄉廣泛張貼。

武文俊給總理的信沒有署上自己的真實名字。說明他內心充滿恐懼。根據《公安六條》的第二條，武文俊屬於「投寄反革命匿名信」的「現行反革命行為」，「應當依法懲辦」。

據武文俊同鄉、也曾在漵浦縣某小學任教的資深記者向繼東（一九五三——）回憶：

我與武文俊同鄉，同是湘西漵浦人。那時，武文俊在該縣低莊公社楊和坪大隊小學當公辦教師，我在與低莊相鄰的雙井公社寶塔小學當民辦教師。我們彼此並不相識，只是這個案子破獲後，我才知道有個叫「武文俊」的人（破案時，每人上交一個筆記本，還要另寫一張紙的字，弄得風聲鶴唳，人人自危，心怕筆跡錯對到自己頭上說不清）。一九七七年一月九日上午，武文俊因「現行反革命罪」被槍殺在縣城對河的沙坑裏，時年四十歲。所謂「現行反革命罪」，就因為他給當時的國務院總理華國鋒寫了一封匿名信。關於匿名信的內容，當時只聽說它「反黨反社會主義反毛澤東思想」，提出了「重新建黨建國建軍十大綱領」。

武文俊蒙冤二十五年後（二〇〇三年），我又踏上那塊土地，武文俊的妻子劉滿英流著淚對我說：「他本來最膽小怕事的，也不管閒事的，教書回來，要麼幫著做點家務，要麼就在木樓上讀他的書。那次，他也是鬼迷住了……」與武文俊一起任教楊和平小學的同村人武思月說：「武文俊是個好人。他善良，從不與人爭吵，做事都考三慮四的。還有，他膽子小，出點事就嚇死了。他還比較孤僻，有書呆子氣，書讀得多，社會上的事也想得多，但平時開會討論什麼，大家七嘴八舌，他不吱聲的。到出事時，我們都不相信那信會是他寫的。」

武文俊冤死二十五年了，至今無人寫過關於他的文字。也許，他太平凡了，他一介小學教員而已。是的，他一九五八年芷江師範畢業後幾乎一直是個小學教員（一九七〇年至一九七三年曾在溆浦四中當過中學教員），並且是個不太聽話的小學教員，一九五九年他要求調動工作，發牢騷，講怪話，說「教師不能像板凳那樣，放在那裏就不能動」，不能調動就認為是「不自由」，因此，在學區挨過批判，寫過檢討。一九七二年為了申請福利補助，他把自己家裏寫得很苦，「表現為不滿現實」，又受到批判。但是，也正是他，在虛幻的「大好形勢」下，看到了別人沒有看到的問題，說出了別人沒有說、或者不敢說的真話——儘管他是匿名的，但被捕後，他坦承了全部事實。

在那個黑白顛倒的年代，殉難者的名單可以開出長長的一列，遇羅克的死是為了讓「出身不好的人」有同樣的「平等參加革命」的權利；張志新的死是為「被打倒的走資派鳴冤叫屈」；李九蓮的死是因「懷疑文革、為劉少奇鳴冤」；林昭則是為了反對「現代迷信」……可以這樣說，他們的死，都是灑向共產主義祭旗上的血，而武文俊似乎不在他們的價值體系之內。我想，那時如允許個人思考的話，武文俊是看出「革命」後果的人，他也許會像顧准那樣走向「經驗主義」的。

在獄中審訊時，問他寫信的目的是什麼。他說，「長期以來的階級鬥爭抓得過死了。」並說寫信「給中央領導，如果領導對結紮、民主、自由等問題能考慮一下更好，能否改革一下。」而那時的時代語是「無產階級專政下的繼續革命」，他卻希望「改革一下」，當然與那個時代就格格不入了。

同事武思月說武文俊「有書呆子氣」，我是相信的。不然，他不會一進監獄就被「坦白從寬、抗拒從嚴」的教悔感化了，並在「交代書」中一再詛咒自己「沒良心」。他這樣做，是想「從寬」，能活下去——既為自己，也為了孩子們。也許他想到了，假如自己死了，受苦的就是孩子們，因為「其父系現行反革命分子」的帽子會讓他們永世抬不起頭來。一九七六年七月三十日上午，在第三次庭審中，審訊者問他「打算怎麼辦」，他說「老老實實交代自己的罪惡，徹底改造自己的資產階級思想。如果黨允許我再活下去的話，就是給了我第二次生命。因為我的罪惡是死而有餘，槍斃都還太輕了。我如能活下去的話，一定重新做人」。他還說，「我家四個孩子……還小，我愛人思想也很進步，她們都是革命的。」同年十一月九日最後一次提審，問他「還有什麼話要說」，他說，「我請求政府給我一條生路。」但是，無產階級專政的「鐵拳」是毫不留情的。[125]

一九七七年一月四日，漵浦縣人民法院下達死刑判決書稱：「武犯自一九五八年參加教師工作後，資產階級思想極為嚴重，經常發洩不滿言論，曾受到學區重點批判，但仍不思悔改，發展到仇視我黨和社會主義制度，思想極為反動。挖空心思、絞盡腦汁，書寫了一封三千餘字的反革命匿名信，一九七六年四月二十四日投寄『國務院總理親收』。利用古今中外最惡毒的語言，極其惡毒地攻擊我們偉大領袖和導師毛主席，攻擊我們當之無愧的英明領袖華主席，攻擊社會主義制度，妄圖復辟資本主義。反革命氣焰極其囂張，罪行嚴重，民憤極大。本院為了保衛毛主席的無產階級革命戰線，保衛以華國鋒主席為首的黨中央，保衛揭批『四人幫』的偉大鬥爭深入發展，保衛無產階級專政，保衛『農業學大寨』和『工業學大慶』，堅決打擊現行反革命分子的破壞活動。特依法判處武犯文俊死刑，立即執行。」[126]

125 二〇〇三年三月三十日筆者湖南長沙調查訪談記錄。另參見向繼東〈一封信和一個人之死〉，載《書評週刊》二〇〇三年七月第三期。

126 一九七七年一月九日，與武文俊同時被槍斃的共有五人，其中有二個殺人犯、一個強姦犯（醫生強姦病婦），另一個以「現行反革命罪」被槍斃的肖和清，三十四歲，係漵浦縣洑水灣公社楓香大隊第九生產隊的農民，成分為富農，初小文化。一九七六年九月十七日晚，蕭和清在去生產大隊隊部路邊的電線桿上張貼了兩張「反革命傳單」。就是這兩張簡簡單單的傳單，使蕭和清付出了生命的代價。兩張「反革命傳單」是：（一）「當代的秦始皇、匪霸，他的綱領是對人民沒有利益的，整個人民都為他一人服務，使人民轉變成古代的奴隸。」（二）「死得早，死得最好。人民心裏歡天喜地，像春天的百花，新鮮開放。」二〇〇七年七月十二日筆者湖南長沙調查訪談記錄。

判決書最後稱「如不服判決，可在接到判決書之日起三天內向本院提出上訴」。但武文俊沒有上訴。三年後他的親人開始上訴，要求複查此案。一九八二年五月十八日，懷化地區中級人民法院終審裁定武文俊屬「有罪錯殺」。鑒於其家庭生活困難，特給予其家屬生活補助費八百元。

據武文俊的妻子劉滿英回憶，武被槍斃時其最小的孩子只有九個多月大，當時低莊公社到她家裏抄家，沒收了武的所有書籍資料。法院還強求劉滿英離婚，以與「現行反革命分子」劃清階級界限。被法院判決離婚後的劉滿英，事實上並未改嫁，她艱難地將四個備受社會歧視的孩子撫養成人。武文俊平反後，劉滿英懇求組織解決一個小孩的工作問題，但未如願。[127]

在以階級鬥爭為綱的歲月裏，像武文俊那樣向領導人上書或向報刊投書表達民意而被槍殺或判刑的不計其數。一九七〇年五月，湘西自治州大庸縣楓香崗公社大溶溪大隊年僅二十四歲的姑娘丁祖曉，就因給自治州黨委機關報《團結報》投寄了一封質疑和反思個人崇拜的信以及在縣城散發相關傳單而以「現行反革命罪」被槍殺。[128]因言或因文獲罪，三千年來始終是中國政治社會的一條悲劇性特徵。[129]這個古老而偉大的民族雖然懂得「兼

127 二〇〇四年五月二十五日筆者湖南溆浦調查訪談記錄。

128 湘西土家族苗族自治州委信訪科（吳兆麟、田大業執筆）《巾幗雄傑》，載中共湖南省委信訪辦公室編印《信訪案例選編》，一九八一年十二月，第八十四—九十八頁。一九七七年二月二十二日，中共中央以「中發（一九七七）六號」文件轉發鐵道部二月中旬下達的《全國鐵路工作會議紀要》，提出：「對攻擊毛主席、華主席和以華主席為首的黨中央的現行反革命分子，要堅決鎮壓。」「對極少數罪大惡極、證據確鑿、不殺不足以平民憤者，則殺之。」一九七七年十二月十四日上午，江西女青年李九蓮被認為「惡毒攻擊英明領袖華主席，攻擊以華主席為首的黨中央」而構成「現行反革命罪」被槍殺。槍殺前，李九蓮的下鄂和舌頭被用尖銳的竹籤穿在一起，與瀋陽張志新被割破喉管、長春史雲峰被縫起嘴唇一樣，防止其呼喊口號。李九蓮被槍殺後拋屍荒野，並被姦屍、刈去雙乳。在胡耀邦的支持下，李九蓮被平反。全國因「惡毒攻擊英明領袖華主席」而被處死的五十多人得到了平反。戴煌著《胡耀邦與平反冤假錯案》（修訂版），中國工人出版社二〇〇四年版，第一七五—一九七頁。

129 謝蒼霖、萬芳珍著《三千年文禍》，江西高校出版社一九九六年版；楊乾坤著《中國古代文字獄》，陝西人民出版社一

聽則明」、「忠言逆耳利於行」的人生格言，但它卻不能將之有效地運用於政治公共生活。在政治公共生活中，對當局一味地表示「贊同」與「擁護」受到格外地強調與嘉獎，而任何異議甚或反對的意見則可能被視為「站在敵對立場上的反動言論」而受到打擊。

就事物的性質來說，「贊同」與「反對」如同一枚硬幣的兩面而不可分割。歷史與現實已充分揭示，不少在當時看似「大逆不道」的不同意見或反對聲音，事後證明其常常與真理靠得更近，對人類文明的昭示與推動的貢獻往往更大。但傳統專制政體無法容納異議和反對的聲音，那些因言和因文獲罪者，其最好的結果就是事後得到平反昭雪。雖然受害者可能得到平反，而製造冤獄的人卻鮮有承擔應有的罪責，尤其是生產冤獄的制度更難以得到根本的改進或廢除。在傳統中國社會，國家缺乏構建根除因言或因文獲罪的制度能力，就是說它無法將言論自由制度化，亦無法建立容納多元化的政治體系。

在現代民主政治中，言論自由受到憲法的保障，而互相衝突的觀念和派別活動則被納入到具有包容性的政治體系之中。「民主政治需要有支援衝突和歧見的組織機構，也需要有維護合法性和共識的組織機構。」[130]中國在由傳統國家向現代國家轉型過程中，不難理解和建立「維護合法性和共識的組織機構」，但最缺乏的是理解和構建「支持衝突和歧見的組織機構」。著名歷史學家黃仁宇（一九一八—二〇〇〇）因而建議現代中國可以從一七世紀的英國擷取靈感，研究相互衝突的觀念如何在法律體系下融為一體。[131]

在政治現代化進程中，一個國家如未能建立容納不同意見和反對聲音的體制，言論自由不能確立為一種基本的信仰，那麼可以肯定，這個民族將不斷地承受將其民族的先知和良心當著「罪犯」懲處後的心靈傷痛。在

九九九年版。

130 〔美〕西摩・馬丁・李普塞特著《政治人——政治的社會基礎》，張紹宗譯，上海人民出版社一九九七年版，第三九〇頁。

131 黃仁宇著《黃河青山》，張逸安譯，生活・讀書・新知三聯書店二〇〇一年版，第五〇九頁。

表達自由得不到法律保障的傳統專制體制中，[132]人們今天或許為歷史上的一樁文字獄平反，而明天卻又可能製造一樁新的文字獄。

現代民主政治的一個標竿在於，民眾對政府及政治領導人的公開或私下批評，不再是一種政治錯誤和刑事犯罪，而是公民的一項基本權利和公共責任。

五、小結

在本章中，筆者考察了強制集體化運動和城鄉隔離制度對農民公民權的影響。如果說消滅地主富農階級的土改運動是新政權「破舊」之功的話，那麼強制推行集體化運動則是新政權基於共產主義理想的「立新」之舉。試圖在一張白紙上描繪「最新最美圖畫」的執政者，[133]將農民強制組織在集體單位之中。在繼地主富農被剝奪私有產權和人身權之後，所有農民又被剝奪了土地私有產權，並在集體單位的強力支配下失去了基本的人身自由和意志自主。城鄉隔離的二元制度安排，使農民進一步失去了平等的公民權利和遷徙自由權。中國在繼在土改中將農村人口劃分為權利不平等的兩種人後，接著在集體化和國家工業化建設中將全體國民劃分為市民和農民兩種人。處身於集體單位結構和二元社會結構之中的農民的身分被結構化了。

132　邱小平著《表達自由——美國憲法第一修正案研究》，北京大學出版社二〇〇五年版。

133　毛澤東認為新中國是「一張白紙，沒有負擔，好寫最新最美的文字，好畫最新最美的圖畫。」參見毛澤東〈介紹一個合作社〉（一九六八年四月十五日），載《毛澤東著作選讀》（甲種本），人民出版社一九六六年版，第三八一頁。

（一）強迫農民意願的理想追求

人類的頭腦中始終存在著一種追求理想社會的強烈渴望。中國儒家始祖孔子將大同社會視為理想社會。幾千年來，大同社會成為中國仁人志士的理想追求。康有為（一八五八—一九二七）專著《大同書》，認為「民權之起，憲法之興，合群均產之說，皆為大同之先聲也。」康有為主張世界「無邦國，無帝王，人人相親，人人平等，天下為公，是謂大同。」[134]

在西方，對理想社會的追求也源遠流長。古希臘哲學家柏拉圖（Plato，西元前四二七—西元前三四七年）建構的「理想國」，就是一種實行財產公有的「共產主義制度」。在「理想國」中，柏拉圖詳細記述了蘇格拉底（Scocrates，西元前四六九—西元前三九九年）在與人對話中所闡述的達到社會正義、實現社會理想的各種見解，其中即有任何人都不得擁有私人財產、食物統一分配、取消家庭、實行公妻制、婦女和兒童都實行公有等共產主義的主張。[135]這對以後的共產主義思想產生了極大的影響。

英國的湯瑪斯・莫爾在一五一六年出版的《烏托邦》一書中，第一次描繪了社會主義的藍圖。在湯瑪斯・莫爾看來，私有制是萬惡之源，只有在財產公有、產品平均分配的社會，人們才能過上幸福的生活。十八世紀法國的馬布利（Mably，一七〇九—一七八五）在其設想的「美好社會」裏，「人人都是富人，人人都是窮人，人人平等，人人是兄弟，這個共和國第一條法律就是禁止財產私有。」[136]倡導消滅私有制、實行財產公有思想的巔峰，無疑是德國學者馬克思、恩格斯創立的共產主義理論。馬克思、恩格斯在《共產黨宣言》中將「消滅私有制」作

134 康有為著《大同書》，上海古籍出版社二〇〇五年版，第七十—七十二頁。
135 〔古希臘〕柏拉圖著《理想國》，郭斌和、張竹明譯，商務印書館，一九八九年版，第一九〇—一九一、三一二頁。
136 《馬布利選集》，何清新譯，商務印書館，一九六〇年版，第一七〇頁。

為共產黨人的理論核心。[137]消滅私有制、實行公有制，成為人類追求理想社會生活的一條重要的思想源流。

卡爾·曼海姆（Karl Mannheim）指出：「一種思想狀況如果與它所處的現實狀況不一致，則這種思想狀況就是烏托邦。」[138]烏托邦理想本身並不可怕，可怕的是國家為了實現烏托邦目標而對其國民的強制駕馭。一旦國家傾向於強制其國民實現烏托邦的理想，那麼其國民就必將被國家權力所駕馭，從而失去個人自由和意志自主。哈耶克（F.A.Hayek，一八九九—一九九二）指出，當一個人的行為並非為了他自己的目的，而是為了別人的目的，服從於另一個人的意志時，強制就產生了。[139]強制的本質是使一個人受到另一個人的威脅，從而成為強制者的工具。[140]

在人類歷史上，全面強制和駕馭其國民以實現烏托邦理想的激進實踐，始於一九一七年俄國布爾什維克黨人所推行的共產主義試驗。在這種試驗中，強制性的全盤集體化運動造成了五百萬蘇聯農民的死亡。一九九一年蘇聯解體，標誌著蘇聯共產主義試驗的徹底失敗。[141]美國前總統尼克森（Richard Nixon，一九一三—一九九四）曾在對美、蘇進行對比分析時指出，美國人的信仰是個人高於一切，而蘇聯人的信仰是國家高於一切；美國的社會制度在不妨礙公共秩序和不影響他人權利的條件下給個人以最大的行動自由，而蘇聯則把最富有創造力的人都禁錮起來；美國建立了一種動態的體制——這一體制最受人們推崇的不是它的產品，而是它的自由，而蘇聯則建立了一個被官僚主義窒息了的停滯的社會。蘇聯體制的僵硬性使他堅信：「我們將不戰而

137　《馬克思恩格斯選集》第一卷，人民出版社一九七二年版，第二六五頁。
138　〔德〕卡爾·曼海姆著《意識形態與烏托邦》，黎明、李書崇譯，商務印書館二〇〇〇年版，第一九六頁。
139　〔英〕弗雷德里希·奧古斯特·哈耶克著《自由憲章》，楊玉生、馮興元、陳茅等譯，中國社會科學出版社一九九九年版，第一八九頁。
140　〔法〕雷蒙·阿隆著《論自由》，薑志輝譯，上海譯文出版社二〇〇七年版，第六十四頁。
141　〔美〕茲·布熱津斯基著《大失敗：二十世紀共產主義的興亡》，軍事科學院外國軍事研究部譯，軍事科學出版社一九八九年版。

勝，贏得自由。」[142]蘇聯的解體，最終使飽受集權統治之苦的蘇聯人民得以「奔向自由」。[143]

其實，早在古希臘，亞里斯多德就睿智地指出，通過消滅私有制來達到消滅社會罪惡的想法行之不通。在亞里斯多德看來，社會的罪惡不是導源於私有制，而是導源於人類的罪惡本性，即使實行公有制也無法補救。[144]

大衛・科茲（David M.Kotz）和弗雷德・威爾（Fred Welr）在總結蘇聯體制失敗時指出：「讓蘇聯走到盡頭的，是一種特殊的社會主義類型——即那種非民主的、強制性的、經濟組織高度集中的社會主義。」蘇聯體制有三個主要的缺陷：「第一，與成為一個工人國家的要求相反，蘇聯是由一個特權精英階層來統治的；第二，通過精英統治的國家是一個專制的國家，否定公民權和人們的自由；第三，政治和經濟機構都是中央集權化的，等級森嚴，所有的重要決策都是由處在中心的少數高級官員做出的，而其他的人只是簡單地執行他們的命令。」衛・科茲（David M.Kotz）和弗雷德・威爾（Fred Welr）從蘇聯體制中得出三個主要教訓：「第一，一個必須可行的社會主義制度包括一個民主的政體，尊重個人的公民自由；第二，集權化和等級制必須由可供選擇的體制所替代；第三，社會主義必須擁有預防特權和統治精英滋生的體制。」[145]

美國學者巴林頓・摩爾提出和討論了人類社會在由農業社會向工業社會過渡中存在著三條政治現代化的道路，即以英、法、美為代表的議會民主道路，以德、日、意為代表的法西斯主義道路，以俄國、中國為代表的

142 〔美〕理查・尼克松著《一九九九：不戰而勝》，楊魯軍、周衛青、陸建中、陸國星、陸世綸、陳承蔚譯，上海三聯書店一九八九年版，第三一三、三一七頁。

143 〔俄〕俄羅斯社會經濟和政治國際基金會（戈巴契夫基金會）編《奔向自由——戈巴契夫改革二十年後的評說》，李京洲等譯，中央編譯出版社二〇〇七年版。

144 〔古希臘〕亞里斯多德著《政治學》，吳壽彭譯，商務印書館一九六五年版，第六十五頁。

145 〔美〕衛・科茲、弗雷德・威爾著《來自上層的革命——蘇聯體制的終結》，曹榮湘、孟鳴歧等譯，中國人民大學出版社二〇〇二年版，第十、三〇五、三〇六頁。

共產主義道路。[146]巴林頓・摩爾認為，在中國，農業社會結構以及農民與上層階級的微弱聯繫，農業官僚體制和立足於以中央政權榨取農業剩餘產品的社會結構，容易受到農民起義的侵擾。[147]二十世紀中國的農民在革命中的作用超過了俄國。「面對現代世界的入侵，農民階層備受壓迫，戴上新的枷鎖。」他們在「共產主義者」的領導下，「為最終摧毀舊秩序提供了炸藥」。與此同時，他們也「成了第一批犧牲品。」[148]由於沒有經歷資產階級革命，農民革命「反過來起著打開通向極權主義現代化道路的作用。」[149]

被視為極權主義原型之一的史達林主義的顯著特點，就是以國家政權為後盾的恐怖主義的暴力強制。卡爾・波普爾（Karl Poppre，一九〇二－一九九四）指出，人類懷抱建立「人間天堂」的美好願望，卻成功地製造了「人間地獄」。[150]以革命的方式試圖建立一個盡善盡美的社會，這曾經是人類歷史上流行了幾百年的「時代潮流」。但正如斯科特指出的那樣：「無論是哪種革命的成功——我並不想否認這些成果——通常都會導致一個更具強制力的國家機器，它比其前任更有效地壓榨農民以養肥自己。」在農民革命取得勝利的國家，「農民卻發現自身處於一個非常有諷刺意味的位置上，他們幫助統治集團獲得了權力，但統治者推行的工業化、稅收制度和集體化卻與他們想像的為之抗爭的目標大相徑庭。」[151]

146 〔美〕巴林頓・摩爾著《民主與專制的社會起源》，拓夫、張東東、楊念群、劉鴻輝譯，華夏出版社一九八七年版，第一一七、三三四—四一二頁。
147 同上，第一六九—一七〇、三七三頁。
148 同上，第五、一八一頁。
149 同上，第一八二頁。
150 〔英〕卡爾・波普爾著《開放社會及其敵人》第一卷，陸衡、張群群、楊光明、李少平等譯，中國社會科學出版社一九九九年版，第五、三二五、三一四—三一五頁。
151 〔美〕詹姆斯・C・斯科特著《弱者的武器》，鄭廣懷、張敏、何江穗譯，譯林出版社二〇〇七年版，第二、三十五頁。

中國共產黨執政後，「一邊倒」式地全面倒向蘇聯。在國家經濟建設中，中國以蘇聯模式為藍本，將計劃經濟、公有制、按勞分配等視為社會主義的本質特徵。毛澤東認為只有實現社會主義和共產主義，中國農民才能過上「幸福的生活」。正是基於對社會主義和共產主義「美好生活」的嚮往，毛澤東才迫不及待地推行農業的社會主義改造，加速農業集體化，接連掀起合作化運動、大躍進運動、人民公社化運動。在執政者看來，「共產主義是天堂，人民公社是金橋。」農民要過上「幸福的生活」，必須按照黨設計的路線加速前進，「跑步進入共產主義」。

黨為農民設計了天堂般的「烏托邦」理想，並不容置疑地驅趕著農民朝向「烏托邦」的目標奔跑。[152]這是中國農村集體化的基本意蘊。

在中國傳統政治文化中，有一種老子所說的「無為而治」的政治理想。[153]不擾民，使民休養生息，成為歷代開明政治家的一個基本共識。中國傳統儒家政治哲學還強調執政者要做到「民之所好好之，民之所惡惡之。」[154]就是

152 張灝〈轉型時代中國烏托邦主義的興起〉，載張灝著《幽暗意識與民主傳統》，新星出版社二〇〇六年版，第二六八—三〇四頁。

153 中國的老子提出了一系列防止國家積極權力干預民眾生活的政治哲學思想。很可惜後世的中國學者未能充分從政治哲學上發掘和弘揚老子的思想。老子很早就提出了中國的自然法政治理論，他主張大道自然、無為而治，遵從自然法則，對國家權力保持警惕。在老子看來，「我無為而民自化，我好靜而民自正，我無事而民自富，我無欲而民自朴」。「民之難治，以其上之有為，是以難治。」這種要求國家權力「無為」的政治哲學，與西方後來發展進來的自由主義有很多相通之處。相關論述參見《老子》二章、三章、五章、十章、三十五章、四十八章、四十九章、五十七章、五十八章、七十五章等。被歷史學家唐德剛（一九二〇—）戲稱為中國「自由男神」的胡適（一八九一—一九六二），稱老子為中國「爭取思想自由第一人」。參見胡適〈自由主義〉，載歐陽哲生編《胡適文集》（十二），北京大學出版社一九九八年版，第八〇六頁。另參見仇婷婷〈胡適自由主義人權觀研究〉，載徐顯明主編《人權研究》第六卷，山東人民出版社二〇〇七年版，第一—九十七頁。

154 《禮記・大學》。

說，執政者要以民意為依歸。農民「納完糧，自在王」，除了向朝廷繳納「皇糧國稅」和服徭役外，農民的經濟活動和個人生活相對來說不受國家權力的干預，換言之，傳統國家與農民的關係主要是基於利益的榨取和掠奪。

新政權則不然，它除了徵收甚至比傳統國家更多的「皇糧國稅」外，它還時刻要求農民按照自己的宏大理想「馬不停蹄運轉」。如此以來，官就不再是以民意為依歸，相反，民則要以官意為依歸。民意要順從官意轉，就邏輯地催生出強制，強制民意就成為追求「烏托邦」理想的日常政治邏輯。盧梭式的「強迫自由」，[155]在中國的政治實踐中不斷地拓展為以「強迫農民走社會主義道路」、「強迫農民幸福」、「逼迫農民致富」等為表徵的強制政治經濟學。強制農民意願的普遍現象，實質上也正是歐克肖特（M.Oakeshott，一九〇一——一九九〇）揭示的「理性主義政治」思潮的產物。[156]

實施強制農民意願的宏偉目標，不僅代價慘重，而且往往導致事與願違的最終失敗。一九五〇年代以來中國農村集體化運動的慘敗證實了這一結論。詹姆斯・C・斯科特指出，集體化是國家「強迫農民穿上國家所設計的制度緊身衣」。[157]強制推行蘇聯模式的計劃經濟，在哈耶克看來，它不僅不是一條走向自由幸福的道路，相反卻是一條「通往奴役之路」。[158]鮑曼也指出：「正是人類手段不斷增長的力量，以及人們不受限制地決定把這

155　嚮往自由的盧梭認為「人是生而自由的」，任何人要「放棄自己的自由，就是放棄做人的資格，就是放棄人類的權利，甚至就是放棄自己的義務。」同時，盧梭又提出「公意」這一重要概念，並認為「任何人拒不服從公意的，全體就要迫使他服從公意。這恰好就是說，人們要迫使他自由。」參見〔法〕盧梭著《社會契約論》，何兆武譯，商務印書館一九八〇年版，第八、十六、二十九頁。「強迫自由」被認為是盧梭思想中存在的可能導致極權主義的重要因素。雨果說「在羅伯斯庇爾的背後看到了盧梭」，羅素則認為「希特勒是盧梭的一個結果」。這是追求自由的盧梭自己所始料未及的。

156　〔英〕邁克爾・歐克肖特著《政治中的理性主義》，張汝倫譯，上海譯文出版社二〇〇四年版，第二十、二十五、一九五頁。

157　〔美〕詹姆斯・C・斯科特著《國家的視角——那些試圖改善人類狀況的項目是如何失敗的》，王曉毅譯，社會科學文獻出版社二〇〇四年版，第二九二頁。

158　〔英〕弗里德里希・奧古斯特・哈耶克著《通往奴役之路》，王明毅、馮興元等譯，中國社會科學出版社一九九七年

種力量應用於人為設計的秩序這兩者之間的結合，才使得人類的殘酷打上了獨特的現代印記，而使得古拉格、奧斯維辛和廣島事件成為可能，甚或不可避免地會發生。」[159]

農業集體化運動使農民成了政治精英追求社會理想而駕馭的工具。在這裏，國家的職能不是提供公共物品，而是驅趕著農民朝向政治精英設計的烏托邦目標邁進。只要國家熱衷於某一高尚的目標而駕馭農民，農民就不會有屬於自己的意志自主，國家也不會有真正構築在民心基礎上的繁榮富強。[160]強制集體化運動的慘痛教訓在於：「烏托邦式的社會工程與複雜的人類環境水火不相容；只有當政治權力受到制約時，社會的創造性才能得到最大限度的發揮。」[161]

（二）剝奪公民權利的發展觀念

一九四九年三月五日，毛澤東在中共七屆二中全會上提出，在革命勝利以後，「使中國穩步地由農業國轉變為工業國，把中國建設成為一個偉大的社會主義國家。」[162]共產黨執政後，即以蘇聯模式為藍本，[163]確立國家工業化

159 〔英〕齊格蒙・鮑曼著《現代性與大屠殺》，楊渝東、史建華譯，南京：鳳凰出版傳媒集團、譯林出版社二〇〇二年版，第二八三頁。

160 〔德〕威廉・馮・洪堡著《論國家的作用》，林榮遠、馮興元譯，中國社會科學出版社一九九八年版，第三——六頁。

161 〔美〕茲・布熱津斯基著《大失敗——二十世紀共產主義的興亡》，軍事科學院外國軍事研究部譯，軍事科學出版社一九八九年版，第三〇五頁。

162 毛澤東〈在中國共產黨第七屆中央委員會第二次全體會議上的報告〉（一九四九年三月五日），載《毛澤東選集》第四卷，人民出版社一九九一年版，第一四三七頁。

163 一九五三年二月，毛澤東號召全國上下「掀起一個學習蘇聯」的熱潮。後來毛澤東承認我們「幾乎一切都抄蘇聯，自己的創造很少。」但他又強調照抄蘇聯是「完全必要的」。參見《毛澤東著作選讀》下冊，人民出版社一九八六年版，第一〇一、四、七十三頁。

尤其是重工業優先發展戰略。這種發展觀實質上是剝奪農民公民權利的發展觀。這種發展觀毫無疑問也立足於追求發展，但其發展的路理卻建築在剝奪農民公民權利的基礎上，其結果，不僅使農民喪失了作為現代國家公民應當享有的基本權利和自由，也使國家背離了基於社會正義的行為邏輯。

剝奪農民的私有產權是這種發展觀的起點和基礎。無疑，農民之所以稱之為農民，乃是其基於土地的生產生活。土地無疑是農民的最大財產。但是，蘇聯模式的社會主義，秉承「私有制是萬惡之源」的教條，充滿著對公有制和計劃經濟的崇拜。他們不但自己狂熱地崇拜蘇聯模式，而且要將之強加於人，從而使以建立「美好社會」的名義剝奪農民私有產權就具有了正當性。但實踐經驗表明，企圖通過廢除私有產權來消滅人間罪惡的努力，導致了事與願違的結果，它不但沒有消除人間的罪惡，相反還製造了普遍的貧窮、空前的極權和新的奴役。[164]

事實上，亞里斯多德就洞察到以實行財產公有來消滅罪惡的觀念之謬：「人們聽到財產公有以後，深信人人都是各人的至親好友，並為那無邊的情誼而歡呼，大家聽到現世種種罪惡，比如違反契約而行使欺詐和偽證的財物訴訟，以及諂媚富豪等都被指斥為導源於私產制度，更加感到高興。實際上，所有這些罪惡都是導源於人類的罪惡本性。即使實行公產制度也無法為之補救。那些財產尚未區分而且參加共同管理的人們間比執管私產的人們間的糾紛實際上只會更多——但當今絕大多數的人都生活在私產制度中，在公產中生活的人卻為之很少。於是我們因少見那一部分的罪惡，就將罪惡完全歸於私產制度了。」[165]

摩爾根（Lewis H. Morgan，一八一八—一八八一）通過對人類文明演進的考察後發現：「對財產的慾望超乎其他一切慾望之上，這就是文明伊始的標誌。這不僅促使人類克服了阻滯文明發展的種種障礙，並且還使

八三一頁。

164 〔英〕F・A・哈耶克著《致命的自負——社會主義的謬誤》，馮克利、胡晉華等譯，中國社會科學出版社二〇〇〇年版，第八十七頁。

165 〔古希臘〕亞里斯多德著《政治學》，吳壽彭譯，商務印書館，一九六五年版，第五十六頁。

人類以地域和財產為基礎而建立起政治社會。」[166]摩爾根認為財產觀念的發展是人類進步的表現。恩格斯也感歎「財富，財富，第三還是財富，——不是社會的財富，而是這個微不足道的單個的個人的財富，這就是文明時代唯一的、具有決定意義的目的。」[167]可以說，財產幾乎成為人類政治、經濟和社會活動的中心內容。財產的匱乏、財富的增長、對財產的佔有和分配，成為困擾人類自身的重大難題。「人類的智慧在自己的創造物面前感到迷惘而不知所措了」。雖然如此，摩爾根還是相信：「終有一天，人類的理智一定會強健到能夠支配財富，一定會規定國家對它所保護的財產關係，以及所有者的權利範圍。」[168]

洛克認為私有財產權是人類自由與尊嚴的保障。在洛克看來，財產權與生命權、自由權一道構成三項最基本的天賦人權。「人們聯合成為國家和置身於政府之下的重大的和主要的目的，是保護他們的財產。」[169]對於財產權的性質，洛克認為「未經本人同意，不能剝奪任何人的財產」。[170]

米瑟斯（Ludwig von Mises，一八八一—一九七三）認為，私有財產制度為個人創造了一個不受國家控制的領域，它對政府的意志加以限制，成為所有不受國家和強權控制的生活基礎，成為自由、個人自治賴以植根和獲取養料的土壤。那些想以其他的生產和分配方法取代私有財產的每次嘗試，都總是很快就被證明是荒謬的。[171]哈耶克認為，私有財產是自由的最重要的保障，這不單是對有產者，而且對無產者也是一樣。[172]哈耶克斷言：

166 〔美〕路易士·亨利·摩爾根著《古代社會》上，楊東純等譯，商務印書館一九七七年版，第六頁。
167 《馬克思恩格斯選集》第四卷，人民出版社一九七二年版，第一七三頁。
168 〔美〕路易士·亨利·摩爾根著《古代社會》下，楊東純等譯，商務印書館一九七七年版，第五五六頁。
169 〔英〕洛克著《政府論》下篇，葉啟芳、瞿菊農譯，商務印書館，一九六四年版，第七十七頁。
170 同，第一一八頁。
171 〔奧〕路德維希·馮·米瑟斯著《自由與繁榮的國度》，韓光明等譯，中國社會科學出版社，一九九四年版，第一〇四—一〇五頁。
172 〔英〕哈耶克著《通往奴役之路》，王明毅、馮興元等譯，中國社會科學出版社，一九九七年版，第一〇一頁。

「如果沒有一個把保護私有財產作為自己主要目標的政府，似乎不太可能發展出先進的文明。」[173]在法治國家，私有財產具有不受政治權力侵犯的神聖性。「風能進，雨能進，國王不能進。」哪裡沒有私有財產權，哪裡就沒有自由、繁榮和社會正義。[174]

諾思與湯瑪斯在《西方世界的興起》中指出：「有效率的經濟組織是經濟增長的關鍵，一個有效率的經濟組織在西歐的發展正是西方興起的原因所在。有效率的組織需要在制度上作出安排和確立財產所有權，以便造成一種刺激，將個人的經濟努力變成私人收益率接近社會收益率的活動。」[175]為保持經濟組織效率，需要在制度上作出安排，其中最重要最基本的安排就是確立私有財產權。集體化運動剝奪農民的私有產權，不僅使農民長期在貧困、飢餓甚至死亡中經受折磨，也使國家的經濟到了「崩潰的邊緣」。

控制了農民的土地產權，實質上就控制了農民的人身自由和意志自主。在強大的集體化運動中，農民不能自由選擇加入集體單位，也不能自由選擇退出集體單位。在集體單位之中，農民也不能自由表達對集體單位的任何評價——任何非議集體化的言論，都被視為階級敵人而被列為無產階級專政的對象。在消滅農村第一批階級敵人——地主富農和反革命分子之後，階級敵人的涵義和對象在不斷地刷新，只要當局願意，誰都可能是階級敵人當之無誤的候選人。

城鄉二元體制的建立，剝奪了農民平等的公民權利和遷徙自由權。人作為能夠四處走動的動物，具有遷徙自由的本能要求。遷徙自由體現了將人視為可運動的動物而不是靜止的植物的基本觀念。自由的遷徙，不僅是人的本質要求，也是每一種動物的生命本能現象，是動物之所以為動物的最基本的生命特徵。但是，在剝奪公民權利的發展觀看來，如不限制和剝奪農民的公民權，就不能實現「國家工業化的目標」。所以國家給每一個

173 〔英〕哈耶克著《致命的自負》，馮克利、胡晉華等譯，中國社會科學出版社，二〇〇〇年版，第三十二頁。
174 劉軍寧〈風能進，雨能進，國王不能進〉，載公共論叢《自由與社群》，三聯出版社一九九八年版，第一三八——一六二頁。
175 〔美〕道格拉斯・C・諾思、羅伯斯・托馬斯著《西方世界的興起》，厲以平、蔡磊譯，華夏出版社一九九九年版，第五頁。

農民及其子孫後代人人都繫上一條「戶籍之繩」，將其牢牢捆綁在農村這個天地間。農民嚮往城市生活的慾望被扼殺，追求幸福生活的權利被剝奪。整個社會就像被截斷了水源流進又流出的水塘，靜止、腐臭以及喪失生機後的死亡就會悄悄降臨。中國古語云：「流水不腐，戶樞不蠹。」水不流動，就會腐臭。人不流動，就會喪失生機與活力，國家也將陷入貧窮和靜止的境地。

以限制和剝奪農民基本權利和自由的發展觀念，長期以來構成中國現代化建設中的一個顯著特點，也是中國現代化建設屢遭挫折和國家進步遲緩的關鍵因素。著名的諾貝爾經濟學獎獲得者、印度經濟學家阿馬蒂亞・森認為，以人為中心，最高的價值標準就是自由。「對進步的評判必須以人們擁有的自由是否得到增進為首要標準」。阿馬蒂亞・森正確地指出，「自由不僅是發展的首要目的，也是發展的主要手段。」[176]剝奪自由，不僅使發展失去意義，也使發展陷於停滯，並製造出社會不能控制的邪惡。阿馬蒂亞・森的研究還表明，一個保障自由的民主社會能十分有效地克服「饑荒」。[177]

城鄉二元社會結構的構建，正是剝奪公民權利發展觀的邏輯結果和典型體現。在城鄉隔離的二元社會結構中，農民喪失了與市民平等的公民身分，農民不僅沒有享受平等的權利，相反卻承擔著不平等的義務。就是說，國家沒有構建一個確保農民獲得法律平等保護的制度環境。[178]眾所周知，平等是現代政治文明的核心價值之一，對公民的平等關切被視為「至上的美德」。[179]在現代社會，尊重、保障和實現每一個公民的平等權利，是現代政府合法性的基石。法國思想家皮埃爾・勒魯（Pierre Leroux，一七九七—一八七一）一百六十多年前在《論平等》一書中寫道：「一部分人享有權利，另一部分人卻沒有權利，這是一種特權制度，這樣就確立了人的兩種截然不同

176 〔印〕阿馬蒂亞・森著《以自由看待發展》，任賾、于真譯，中國人民大學出版二〇〇二年版，第二、七頁。
177 同上，第一七七、一七九、一七五、十一—十二頁。
178 邱小平著《法律的平等保護——美國憲法第十四修正案第一款研究》，北京大學出版社二〇〇五年版。
179 〔美〕羅奈爾得・德沃金著《至上的美德——平等的理論與實踐》，馮克利譯，江蘇人民出版社二〇〇三年，第一頁。

的種類和狀況，並由此會派生出一系列別的種類和狀況，它必然形成城邦內外人們之間的等級和差異，城邦外的人喪失一切權利，城邦內的人卻能享有一切權利。」[180]皮埃爾・勒魯富有洞見地指出：「從這些等級中的某一等級升到另一等級，並使自己進入城邦之內，這就成為人類活動的目的。因此，引起了種種革命。」[181]

在城鄉隔離的二元社會結構中，農民喪失了政治、經濟、社會、文化的平等權利和發展的平等機會。同時，農民卻要承擔比城鎮居民更多的義務，國家除了通過向農民徵收歷朝歷代都徵收的農業稅外，還以實現工業化的名義通過糧食的統購統銷、剪刀差等手段持續不斷地榨取農民的利益。

剝奪公民權利的發展觀，實質上是以犧牲一部分人的利益來滿足另一部分人的需要或滿足所謂的社會利益的需要，但這種發展觀是非正義的。[182]在恩格斯看來，那種「幾乎把一切權利賦予一個階級」，而將「幾乎一切義務推給另一個階級」的社會是非正義的，[183]一個正義的社會必須「結束犧牲一些人的利益來滿足另一些人的需要的狀況」。[184]

（三）超越憲法規則的權力運行

馬克斯・韋伯給權力下了一個廣為人知的定義：「權力意味著在一種社會關係裏哪怕是遇到反對也能貫徹自己意志的任何機會，不管這種機會是建立在什麼基礎上。」[185]羅素（Bertrand Russell，一八七二—一九七〇）指

180 〔法〕皮埃爾・勒魯著《論平等》，王允道譯，商務印書館二〇〇五年，第八十頁。
181 同上，第八十頁。
182 〔美〕約翰・羅爾斯著《正義論》，何懷宏、何包鋼、廖申白譯，中國社會科學出版社一九八八年版，第三—四頁。
183 〔美〕羅奈爾得・德沃金著《認真對待權利》，中國大百科全書出版社一九九八年版，第二五五、二七〇頁。
184 《馬克思恩格斯全集》第二十一卷，人民出版社一九六五年版，第二〇二頁。
185 〔德〕馬克斯・韋伯著《經濟與社會》上卷，林榮遠譯，商務印書館一九九七年版，第八十一頁。

出，「權力慾」是人類無限慾望中居於首位的慾望。因而「除非權力被馴服」，否則，「世界是沒有希望的」。[186]

在人類政治思想史中，有一條貫穿古今的思維進路，那就是對權力保持警惕。[187]警惕權力，並不是要取消權力，而是要馴服權力、約束權力、規範權力，確保權力在既定的規則內公開、理性、有序地運行，以克制權力作惡的傾向，發掘權力為善的功能，最終使政治共同體的成員能夠過上安全、有序、可預期的「優良生活」。

美國總統喬治・沃克・布希（George Walker Bush，一九四六—）二〇〇四年在國慶日的演說中說出了一句傳播

---

186 〔英〕羅素著《權力論——一個新的社會分析》，靳建國譯，東方出版社一九八八年版，第三、二十二頁。

187 在政治思想家中，警惕權力的作惡，與政治思想一樣古老。希羅多德就曾讓奧塔尼斯（Otanes）在他的論民主的著名演講中說：「即使將所有男子中最優秀者安排在這個職位上，它大概都會使他改變習慣的思維方式。」約翰・密爾頓注意到：「長期持續的權力可能會使最誠實最正直的人腐敗墮落。」See:The Ready and Easy Way,etc,in Milton's Prose,edited by M.W.Wallace,World's Classics,London,1925 p.459.孟德斯鳩（Montesquieu，一六八九—一七五五）提出了一個著名的權力定律：「一切有權力的人都容易濫用權力，這是萬古不易的一條經驗。有權力的人們使用權力一直到遇有界限的地方才休止。」「從事物的性質來說，要防止濫用權力，就必須以權力約束權力。」參見〔法〕孟德斯鳩著《論法的精神》上冊，張雁深譯，商務印書館一九六一年版，第一五四頁。阿克頓（Acton，一八三四—一九〇二）提出的權力定律同樣廣為人知：「權力導致腐敗，絕對權力導致絕對腐敗。」基於絕對權力的可怕，阿克頓提醒人們注意：「防止一個黨派在社會政治生活中占絕對支配地位，這種理念是亞里斯多德、波利比阿、西塞羅、斯多噶學派等人的政治學說本義。」鑒於對強權的恐懼和規避，阿克頓主張：「一個高尚的靈魂，寧願自己的祖國貧弱和微不足道但自由，也不願她強大富足卻遭受奴役。寧可做阿爾卑斯山間一個疆域狹小、對外界毫無影響的卑微共和國的公民，也不願做一個雄霸半個亞歐的強大獨裁國家的臣民。」參見〔英〕阿克頓著《自由與傳統——阿克頓勳爵論說文集》，侯健、范亞峰譯，商務印書館二〇〇一年版，第三四二、三四七、四十九頁。有關梳理學者論述權力弊端的文獻，參見〔英〕弗里德里希・奧古斯特・哈耶克著《自由憲章》，楊玉生、馮興元、陳茅等譯，中國社會科學出版社一九九九年版，第一九二頁。必須指出，權力可以為作惡於人類，也可以造福於社會。世界是有兩種對待國家權力的極端現象，一是根除權力，這就是無政府主義的主張；二是崇拜權力，這就是極權主義的實踐。哈耶克也指出，簡單化地談論權力的禍害，會使人誤入歧途，「那種作為達到所求目標之能力的權力並不壞，不好的權力是指實施強制的權力，是通過給他人造成損害的威脅迫使其屈從別人的意志的權力。」參見〔英〕弗里德里希・奧古斯特・哈耶克著《自由憲章》，楊玉生、馮興元、陳茅等譯，中國社會科學出版社一九九九年版，第一九二頁。

甚廣的名言：「人類千萬年的歷史，最為珍貴的不是令人炫目的科技，不是大師們浩瀚的經典著作，不是政客們天花亂墜的演講，而是實現了對統治者的馴服，實現了把他們關在籠子裏的夢想。因為只有馴服了他們，把他們關起來才不會害人。我現在就是站在籠子裏向你們說話。」

有史以來，中外的政治思想家對於如何規範和約束權力的運行，作了持續不斷的探索。人類社會馴服權力最成熟最有效的政治文明成果，就是憲政。憲政是對國家這個壟斷了合法暴力的巨大「利維坦」的法律控制。[188]憲政的理論和實踐將人類對權力的認識和約束發展到了有史以來的最高峰，成為人類謀求政治共同體優良生活最有效的政治設計，是人類探索政治文明最為輝煌的共同成果之一。作為法治最高形式以及法治原則在政治上最重要體現的憲政，就是「以憲法治國的政治體制」。[189]

毛澤東曾對憲政下了一個定義，即憲政「就是民主的政治」。[190]但這個定義被後來的學者認為是對憲政的「誤解」，因為憲政的核心價值是自由而不是民主。憲政是一種以法治為形式、司法為屏障，以民主為基礎、分權制衡為手段，以保障個人自由為終極目標的政治體制。[191]憲政的內涵在於對政府權力的約束，以保障人的權利和自由。鑒於「人類的本性是容易犯錯誤，採用嚴格的規則是合理的。」因此，「取代『一切權力歸人民』

188 〔美〕斯科特・戈登著《控制國家——從古代雅典到今天的憲政史》，應奇、陳麗微、孟軍、李勇譯，江蘇人民出版社二〇〇五年版。

189 張千帆著《西方憲政體系》（上冊：美國憲法），中國政法大學出版社二〇〇四年版，第二頁。

190 一九四〇年二月，毛澤東在延安各界憲政促進會成立大會上發表演講時指出：「中國缺少的東西固然很多，但是主要的就是少了兩件東西：一件是獨立，一件是民主。……沒有民主，抗日就抗不下去。有了民主，則抗他十年八年，我們也一定會勝利。憲政是什麼呢？就是民主的政治。……世界上歷來的憲政，不論是英國、法國、美國，或者是蘇聯，都是在革命成功以後，頒佈一個根本大法，去承認它，這就是憲法。」參見毛澤東〈新民主主義的憲政〉（一九四〇年二月二十日），載《毛澤東選集》第二卷，人民出版社一九九一年版，第七三一——七三二、七三五頁。

191 王怡著《憲政主義：觀念與制度的轉捩》，濟南：山東人民出版社二〇〇六年版，第四頁。

這一流行口號的憲政口號是『一切權力不歸任何人』。即使是最高尚的道德理想也不能被賦予無限的權力。」[192]美國著名法學家伯納德・施瓦茨（Bernard Schwartz）認為：「美國對人類進步所作的真正貢獻，不在於它在技術、經濟或文化文化的成就，而在於發展了這樣的思想：法律是制約權力的手段。」[193]美國的憲政制度將權力運行納入法治的軌道，它不僅保障了平民與總統的個人權利和自由，而且奠定了美國繁榮和強盛的制度基礎。[194]

實施憲政的基礎是憲法（不管是成文憲法還是不成文憲法）。蔡定劍（一九五六—二○一○）對憲法和憲政作了精到的解釋，他認為憲法的核心內容是界定、規範政府權力，規定政府權力產生的合法程式及其運行，這是第一位的；第二位才是規定保障公民的基本權利。從憲法精神上說，憲政的目的是保障公民的基本權利，但保障公民權利要先從規範政府權力入手。憲政就是國家的權力要受到憲法的約束，政府只能行使憲法明確授予的權力，且必須遵循憲法規定的權力範圍和權力行使的方式。憲政的基本原理是，人民制定一個根本的法律來約束政府，然後政府才根據此精神來制定法律來管理社會。政府的權力受到憲法的約束，人民的行為受到法律的約束。因此，憲法是唯一一個人民制定用來約束政府的法律，而其他法律則是政府根據憲法精神制定的用以管理社會和公民的。[195]憲法是現代民族國家的總規則，而「有共同遵守的準則的政治生活就是憲政」。[196]

192 〔美〕斯蒂芬・L・埃爾金、卡羅爾・愛德華・索烏坦編《新憲政論——為美好的社會設計政治制度》，周葉謙譯，生活・讀書・新知三聯書店一九九七年版，第一○七頁。

193 〔美〕伯納德・施瓦茨著《美國法律史》，王軍等譯，中國政法大學出版社一九九七年版，第二頁。

194 資中筠〈論美國的強盛之道〉，載《學術界》二○○一年第一期。

195 蔡定劍〈關於什麼是憲法〉，載《中外法學》二○○二年第一期。

196 胡適〈我們能行的憲政和憲法〉，載歐陽哲生主編《胡適文集》（十一），北京大學出版社一九九八年版，第七七○頁。胡適認為：「不但政府的許可權要受約法的制裁，黨的許可權也要受約法的制裁。如果黨不受約法的制裁，那就是一國之中仍有特殊階級超出法律的制裁之外，那還成『法治』嗎？」參見胡適〈《人權與約法》的討論〉，載歐陽哲生主編《胡適文集》（五），北京大學出版社一九九八年版，第五三一頁。

中國百年立憲史表明，中國不是沒有成文憲法，而是沒有有效實施憲法的機制。就是說，憲法沒有切實「運轉起來」。[197]經驗表明，「如果不能被獨立的司法機構所實施，憲法就只能是一紙空文而已。」[198]一九四九年以來，執政者行使權力最突出的特徵在於超越憲法規則的約束，政治領導人普遍缺乏對憲法基本價值的信仰和踐行。[199]中國古語云：「上樑不正下樑歪」、「上有好者，下必甚矣。」在專制主義文化傳統的濃厚的東方社會，若最高政治領導人不遵從和捍衛憲法，各級地方官吏勢必在盲目服從上級領導意志以示政治忠誠的同時公然蔑視和踐踏法律，社會將墮落成盧梭所說的人只受「慾望」和「意志」驅使的「動物園」：在那裏，「臣民除了君主的意志以外沒有別的法律；君主除了他自己的慾望以外，沒有別的規則。」[200]沒有憲法和法律，放縱的權力橫行勢必氾濫成災，人類文明的普世價值將被野蠻地打翻在地，整個國家和民族都將任由專橫權力的百般蹂躪。

幾千年來，中國人不能馴服權力，卻反被權力所馴服，這是這個古老而偉大的民族倍受磨難的主要因素。因為抽象的權力掌握在領導手中，所以中國人特別害怕官、特別恭維官、特別想當官。整個政治社會實質上只有兩種人：主子和奴才。在領導面前，每個人都自動喪失了獨立的人格和思考能力。每一個領導也都具有典型的雙重人格，在下級面前趾高氣揚，在上級面前則卑躬屈膝。誰奪得最高權力，誰就是最大的主子。在權力的階梯上拼命往上爬，以成為地位更高的主子，就成為中國人夢寐以求的人生理想。在對權力的瘋狂爭奪中，誰最卑鄙無恥，誰就可能奪得權力並抓住權力。如此惡性循環，形成「淘汰清官、選擇惡棍」的「惡政」。[201]正如

197 徐祥民著《中國憲政史》，青島海洋大學出版社二〇〇二年版。
198 張千帆著《西方憲政體系》（上冊：美國憲法），中國政法大學出版社二〇〇四年版，第七頁。
199 胡弘弘〈論憲法信仰〉，載《社會科學》二〇〇一年第三期。
200 〔法〕盧梭著《論人類不平等的起源和基礎》，李常山譯，商務印書館一九六二年版，第一四五——一四六頁。
201 吳思著《隱蔽的秩序——拆解歷史弈局》，海南出版社二〇〇四年版，第四十二頁。

莫斯卡（Gaetano Mosca，一八五八—一九四一）所言：「權力通常屬於反應最快和最狡猾的人，屬於那些最會掩飾和良心最壞的人。」[202]

從合作化運動、人民公社運動到文化大革命運動，執政者將自己制定的《共同綱領》和《憲法》棄之不顧，治國不是依憲，而是以最高領導人的激情和意志為轉移，以講話、文件、會議為手段，以階級鬥爭為保障，輔以強大的政治運動和意識形態動員，這不僅使農民不可能有屬於自己的自由選擇，也會使一切保障公民權利的憲法和法律自動失效。一九四九年九月通過的起臨時憲法作用的《中國人民政治協商會議共同綱領》第三條規定「保護工人、農民、小資產階級和民族資產階級的經濟利益及其私有財產」，第二十七條規定「必須保護農民已得土地的所有權」。但執政者在未修改憲法性文件的前提下，突破了《共同綱領》的規定，先以「消滅剝削階級」的名義，打倒地主富農，剝奪了地主富農的財產；接著又以「走社會主義道路」的名義，將全部農民的土地及其他生產資料收歸集體所有。土改運動結束後，政府發給每家每戶農民的土地所有權證書，在集體化運動中卻成為一張毫無用處的廢紙。一九五四年《憲法》規定的公民的基本權利，在超越憲法的權力運行邏輯中，也被毀於一旦。

如果政治領導人漠視憲法規定的公民權利，任由不受約束的權力「信馬由韁」，遭受權力蹂躪之苦的將不僅僅是平民百姓，還將包括政治領導人自身。被稱之為「共和國最大冤案」的劉少奇被迫害致死，對此提供了最傷痛的例證。中國共產黨在後來總結自己的歷史經驗教訓時承認，毛澤東和黨都犯了嚴重的左傾錯誤：「毛澤東同志的左傾錯誤的個人領導實際上取代了黨中央的集體領導，對毛澤東同志的個人崇拜被鼓吹到了狂熱的程度。」[203]莫里斯・邁斯納在評述毛澤東的個人崇拜和劉少奇的悲劇命運時指出：「一九四二—一九四四年的整

202 〔義大利〕加塔諾・莫斯卡著《統治階級》，賈鶴鵬譯，譯林出版社二〇〇二年版，第二六三頁。
203 《中國共產黨中央委員會關於建國以來黨的若干歷史問題的決議》（一九八一年六月二十七日中國共產黨第十一屆中央委員會第六次全體會議一致通過），人民出版社一九八一年版，第二十六頁。

風運動，把毛澤東的著作確立為中國共產黨的正統思想。黨的歷史學家們開始重寫革命史。……一九四五年召開的第七次黨的代表大會，不僅使毛澤東的最高政治領導地位得到鞏固，而且也使『毛澤東思想』被奉為黨的政策和行動的唯一指導思想。的確，這次大會在很大程度上是歌頌毛澤東的領導的大會，會上所有的發言人都大肆吹捧毛澤東和毛澤東思想。不過，具有諷刺意味的是，沒有人比劉少奇更為熱衷這一活動，他公開讚揚毛澤東是『中國有史以來最偉大的革命家和政治家』，也是中國『有史以來最偉大的理論家和科學家』。他告訴與會代表，『現在的重要任務，就是動員全黨來學習毛澤東思想，宣傳毛澤東思想』。」邁斯納進一步揭示：「劉少奇在形成對毛澤東的個人崇拜的過程中起過不小的作用，但此後不到二十年，就是這種個人崇拜使他在政治上一敗塗地。」[204]

毛澤東的個人迷信是史達林個人迷信在中國的翻版。[205]「史達林的個人迷信通過共產國際很快開始灌輸到各國共產黨內，這不能不影響到外國各共產黨的工作作風和工作方法。聯共（布）的榜樣促使許多黨建立對自己的領導人的個人迷信。」[206]各國共產黨內的極左思想和極左路線同樣來自蘇聯史達林主義的思維框架與「榜樣示範」。李銳

204 〔美〕莫里斯・邁斯納著《馬克思主義、毛澤東主義與烏托邦主義》，張甯、陳銘康等譯，中國人民大學出版社二〇〇五年版，第一三九—一四〇頁。

205 高華認為，作為中共歷史上第一次全黨範圍政治運動的延安整風，是毛澤東運用其政治優勢徹底改組中共上層機構，重建以毛為絕對主宰的上層權力再分配過程，同時也是將中共改造成為毛澤東的中共的過程。毛澤東在整風運動中運用他創造的思想改造和審幹、肅反兩種手段，沉重打擊了黨內存留的五四自由民主思想的影響和對蘇俄盲目崇拜的氣氛，建立起一整套烙有毛澤東鮮明個人印記的中共新傳統，這在一九四九年後改變了幾億中國人的生活和命運。毛通過修訂「歷史決議」，重新建構以毛澤東為中心的中共黨史體系。相關討論，參見高華著《紅太陽是怎樣升起的——延安整風運動的來龍去脈》，香港中文大學出版社二〇〇〇年版。

206 〔蘇〕羅・亞・麥德維傑夫著《讓歷史來審判——斯大林主義的起源及其後果》上，趙洵、林英譯，人民出版社一九八三年版，第二四三頁。

（一九一七—）指出，中共歷史上最難改的錯誤就是一個字「左」！[207]左傾的實質是濫用權力踐踏人權，極左則是極端濫用權力極端踐踏人權。[208]阿夫托爾漢諾夫指出：「刑事犯罪和政治結合在一起，產生了獨一無二的史達林主義。」[209]歷史證明，受到從莫斯科輸入的史達林主義影響的各國共產黨，無一例外地在本國重演了史達林主義的制度性災難。

在當今世界，判斷政治家是否有功於他的國家和人民的一個基本標準，不在於他是否「著作等身」，不在於他是否表現得「文武全才」或表現出如何「雄才大略」，也不在於他用公費樹立了多少尊「個人塑像」或出版了多少卷「偉大著作」，而在於他是否維護和捍衛了旨在保障公民基本權利和自由的國家憲法的尊嚴。

一般人總誤認為憲法只與國家政治領導人有關而與平民百姓無涉。其實，憲法與每一個公民息息相關。農民的生活幸福與否，與國家的憲法緊密相聯。若執政黨不依法執政，國家不依憲治國，政府不依法行政，政治家不尊重憲法和憲法規定的權利，公民不能通過憲法而保障個人的基本權利和自由，那麼，無論高官富商，抑或平民百姓，都可能面臨個人權利的隨意剝奪而救濟無門，專橫權力所造成的苦難將接連不斷地降臨。在中國，如沒有憲法的權威，就沒有公民的尊嚴；沒有國家的善治，就不可能有鄉村的善治。

超越憲法的權力也必然是不負責的權力。在大饑荒中造成幾千萬農民非正常死亡，但從大隊支書到黨和國家最高領導人，公共權力的行使者幾乎沒有一個人因為權力行使不當而被問責。在所謂的極左傾政治運動中，雖然也有不少領導幹部受到了嚴重的打擊和迫害，但這不是基於法律的行政問責，而是緣於政治的權力鬥爭。

---

207 李銳著《李銳反「左」文選》，中央編譯出版社一九九八年版，第二頁。

208 在中國所謂「左傾錯誤」氾濫成災的文化大革命中，湖南省道縣奪得了殺人之最的「桂冠」。從一九六七年八月十三日到十月十七日，在僅僅六十六天的時間裏，全縣十個區、三十六個公社、四百六十八個大隊、一千五百九十個生產隊中，有二千七百七十八戶四千五百一十九人被殺或被迫自殺（其中被殺四千一百九十三人，被迫自殺三百二十六人）。道縣所在的零陵地區在文革中被殺的七千六百九十六人，被迫自殺的一千三百九十七人，被致殘致傷的兩千一百四十六人。文聿著《中國「左」禍》，北京：朝華出版社一九九三年版，第四百四十四頁。

209 〔蘇〕阿・阿夫托爾漢諾夫著《蘇共野史》（上），晨曦、李蔭寰、關益譯，湖北人民出版社一九八二年版，第二十三頁。

權責不對稱，濫施權力卻不負責任，是全能主義政治的基本特徵之一。俄國的阿爾巴托夫（一九二三—）指出，蘇聯極權專制制度使「領導人不負責的現象成為不可避免。最高領導人統治一切，迫使人們服從其意志，因而對什麼都不負責任；而其他領導人不負責是因為他們只是別人命令的執行者。他們都很有權，但都可以不負責任。」[210]

中國照搬蘇聯模式建立的全能主義國家，將一切社會權力集中到國家手中，國家權力無所不在、無所不包、無所不為卻又無所負責。整個社會的舞臺上就只上演政治權力自編自導自演和自我稱讚的「權力獨角戲」。全能主義國家好似一棵削砍了所有枝葉而獨留主幹的光桿大樹，雖主幹獨秀而貌似雄偉，但沒有枝葉的大樹終因無法進行天然的光合作用而將逐漸喪失生機。經過全能主義統治的國家，猶如遭受一場特大火災肆虐後的山頭，面對一片燒焦了的土地，只有經過一場春雨的洗禮，才能使一切重獲生機。

210　〔俄〕格・阿・阿爾巴托夫著《蘇聯政治內幕：知情者的見證》，徐葵、張達楠等譯，新華出版社一九九八年版，第三二九—三三〇頁。

第四章　家庭承包、社會發育與公民權生長

共產黨執政以來，經過了兩個鮮明對比的三十年。前一個三十年，即從一九四九年以來的第一個三十年，是革命的三十年，是以階級鬥爭為綱的三十年，這是革命的時代。一九七八年以後，中國進入了共產黨執政的第二個三十年，這是改革的三十年，是以經濟建設為中心的三十年，是改革的時代。如以土地制度的變革為視角，改革以來可稱為家庭承包責任制時期，這是一九四九年以來中國土地制度的第三次重大變革。[1]本章將以家庭承包制為基礎，考察農民公民權的生長和演變。

中國改革實質上是對蘇聯模式社會主義體制的修正與突破，其目標在於建立中國特色社會主義體制。中國特色社會主義的邏輯起點，就是逐步放棄和改變蘇聯模式。改革三十年來，如果借用亨廷頓（Samuel P.Huntington，一九二七—二〇〇八）的術語，中國改革先後掀起了「三大波」，[2]相應地產生了三代改革者。

1　張紅宇著《中國農村的土地制度變遷》，中國農業出版社二〇〇二年版，第五十三—七十五頁。

2　〔美〕撒母耳・亨廷頓著《第三波——二十世紀後期民主化浪潮》，劉軍寧譯，上海三聯書店一九九八年版。

改革第一波自一九七八—一九八八年十年，這是以推行家庭承包責任制以及農民內部身分平等為特徵的改革第一階段。改革者肯定和推行家庭承包責任制，給地富反壞右分子「平反」與「摘帽」，給農民「鬆綁」，農民從高度集中控制的人民公社體制中解放出來，獲得了土地承包經營權和人身自由，實現了農民階層內部身分的平等化，這可稱之為「帕累托改進」。以鄧小平（一九〇四—一九九七）、胡耀邦（一九一五—一九八九）、趙紫陽（一九一九—二〇〇五）等為代表的第一代改革者掀起的改革第一波，使中國從革命時代轉向改革時代。[3]這也是農民獲利最多、身心最愉快的時期。第一波改革是經濟改革與政治改革並進的時期。一九八九年六四事件後，第一波改革驟然而止。一九八九—一九九一年的三年成為改革的「回潮期」。

改革第二波自一九九二年至二〇〇二年十年，這是明確以社會主義市場經濟為取向的改革第二階段。第一代改革者鄧小平一九九二年初發表南方談話，重新啟動和掀起了第二波改革。第二代改革者在經濟上以建立社會主義市場經濟體制為目標取向，在政治上奉行「穩定壓倒一切」的方針政策，中國在消解計劃經濟體制的同時，一種被稱之為「壞的市場經濟」的現象出現了，拜金主義氾濫，社會道德淪喪，各級政府公共管理部門紛紛加入市場化大合唱，逐利卸責，中國迅速演變為唯利是圖的市場社會。這一時期，農民遭遇了權力與資本的雙重掠奪，開始從第一波改革中的受益者日益淪落為泛市場化運動和權貴資本主義的受害者，成為最龐大的社會弱勢階層。如果說改革以前的中國全能主義體制上演的是「權力的獨角戲」的話，那麼一九九〇年代以來，中國則上演了權力與資本攜手聯歡的「雙簧戲」。第二波改革是市場化的經濟改革高歌猛進而政治改革被凍結的時期。

改革第三波自二〇〇三年以來，這是改革的第三階段。二〇〇二年中共十六大和二〇〇三年十屆全國人大一次會議使第三代改革者登上中國的改革舞臺。以胡錦濤（一九四二—）、溫家寶（一九四二—）等為代表

3　田紀雲〈經濟改革是怎樣搞起來的——為紀念改革開放三十週年而作〉，載《炎黃春秋》二〇〇八年第一期；田紀雲〈對外開放是怎樣搞起來的——為紀念改革開放三十週年而作〉，載《炎黃春秋》二〇〇八年第二期。

的第三代改革者提出以人為本的科學發展觀，著力構建和諧社會與服務型政府。以統籌城鄉發展、城市支持農村、工業反哺農業為政策取向的新農村建設開始全面推行。改善民生成為第三波改革中的關鍵字，公平正義開始受到第三代改革者的突出強調。以取消農業稅為起點的新農村建設，將農村改革推進到一個新的起點上。如果說第一波、第二波改革重在革除計劃經濟體制的弊端的話，那麼，第三波改革則面臨著計劃經濟體制遺留的舊問題與市場經濟改革造成的新問題的雙重困境。換言之，中國的改革面臨著既要規範和約束權力的濫用，又要規範和約束資本的橫行的雙重使命。第三波改革進入了一個社會改革被提上日程的時期。

如果以改革對農民造成的實際後果為視角，大致可以說，第一波改革以給農民鬆綁為特徵，第二波改革以搜刮農民為特徵，第三波改革以改善民生為特徵。第一波改革與第二波改革之間產生了「斷裂」，第三波改革與第二波改革之間發生了「扭轉」。在中國改革的三十年中，農民公民權的演進邏輯是本章考察和討論的主要內容。

一、平反與摘帽：農民內部身分的平等化

一九四九年以後，中國建立的全能主義國家，既消滅了市場經濟，又吞噬了市民社會，使國家與社會關係的結構失衡達至極限。一方面，國家通過在農村的集體化運動和在城鎮的工商業改造，消滅了城鄉私有產權，以公有制取代私有制，以計劃經濟體制取代市場機制，從而消滅了市場經濟；另一方面，國家以農村的人民公社體制和城鎮的單位體制，將分散在社會中的獨立個人全部納入國家行政框架，使個人成為受到國家權力全面支配的「單位人」，從而吞噬了市民社會。

現代國家的成長必然伴隨著市場經濟和市民社會的發育與生長。市場經濟為市民社會的發育提供了基礎，

市民社會與政治國家的二元分化，為市民社會提供了生長空間。市場經濟與市民社會的發育與生長，使政治民主化成為可能。在公共領域與私人領域二元框架中，作為政治設置的公共空間由國家佔據，國家的成長，則是中國政治民主化的過程；作為個人私域及非官方公域則由社會自主，社會的生長，則是中國市民社會的建構過程。[4]中國現代國家的構建與現代社會的建構二者同為中國現代化建設缺一不可的重要環節。[5]

中國的改革使全能型國家權力從對經濟和社會領域的深度干預中逐步收縮退出，從而使中國的市場經濟和市民社會得以發育和生長。

（一）轉折：經濟建設置換階級鬥爭

一九七六年九月九日，毛澤東去世。「毛澤東的逝世是中國政治的一個轉捩點，它標誌著革命時代的結束和向一個新的現代化模式轉變的開始。」[6]

準確地說，從毛澤東去世到改革啟動的兩年多的時間，屬於從革命時代向改革時代轉型的過渡時期。革命運動如同宇宙中的任何物質運動一樣，也具有不可克制的慣性力，當駕馭革命航船的舵手撒手離去時，革命的航船仍然會在慣性的作用下向前運行一段時間和距離後才能停止下來，其餘波則可能延伸得更久遠。

一個人、一個家族或一個黨派壟斷國家權力，是傳統中國政治的要害之一。一個人壟斷權力，其突出表徵就是職務終身制。終身制領導人嗜權如命，絕不會自願鬆開那緊緊抓住權力的雙手——權力的轉移不是被政敵

4　鄧正來、景躍進〈建構中國的市民社會〉，載《中國社會科學季刊》一九九二年十一月總第一期（創刊號）。
5　周建明、胡鞍鋼、王紹光主編《和諧社會構建：歐洲的經驗與中國的探索》，清華大學出版社二〇〇七年版。
6　〔美〕詹姆斯・R・湯森、布蘭特利・沃馬克著《中國政治》，顧速、董方譯，江蘇人民出版社二〇〇四年版，第二五二頁。

逼宮或暴力奪走，就是待到生命的盡頭將其交給指定的接班人。一個家族壟斷權力，其突出表徵是家族王朝政治，從秦漢到滿清，中國兩千多年的家族王朝政治，正是家族對國家權力壟斷的突出表現。家族壟斷權力的內在邏輯是家天下，改朝換代成為家族政治學中權力轉移的基本定律。個人壟斷權力與家族壟斷權力是結合在一起的。羅素發現：「在人類無限的慾望中，居首位的是權力慾和榮譽慾。」[7]只要權力存在壟斷，充斥血腥暴力的爭權奪利就不會終結。

一個人或一個家族壟斷權力的政治後果，不僅表現在對國民和國家的不負責任，其嚴重的後果還在於其對自己和子孫後代的不負責任。在中國歷史上，一個王朝開國之君的豪情與亡國之君的痛楚如同一枚硬幣的兩面。明朝開國之君朱元璋（一三六八—一三九八在位），豈能規避其子孫後代崇禎帝（一六二八—一六四四在位）煤山上吊的厄運。

中國國民黨終結了中國家族壟斷國家權力的王朝政治，但卻開創了中國政黨壟斷國家權力的先河。[8]誰想暴力壟斷權力，誰就可能被暴力奪走權力。國民黨就飽嚐了這一政治定律的全部滋味。一方面，國民黨品嚐了暴力推翻壟斷權力的滿清王朝的個中滋味；另一方面，奪得國家權力而又試圖壟斷權力的國民黨，又嚐到了被共產黨奪走權力的一杯苦酒。國民黨雖然是以現代政黨的身分登上中國歷史舞臺，但它卻遵循著傳統專制政治的運行邏輯，其不幸的結果註定是不可避免的。

傳統專制政治無法跳出其權力壟斷所帶來的悲劇命運。在人類政治文明進程中，除了民主政治，人們似乎還沒有找到其他更有效的規避人類政治生活中的血腥風險。一九八〇年代後期，敗退臺灣的國民黨在蔣經國（一九一〇—一九八八）執政晚期，主動放棄臭名昭著的一黨專政，解除戒嚴，開放黨禁、報禁，開啟了臺灣

7 〔英〕羅素著《權力論——一個新的社會分析》，靳建國譯，東方出版社一九八八年版，第三頁。

8 中國國民黨係孫中山創立，歷經興中會、同盟會、國民黨、中華革命黨、中國國民黨，名稱多有變更，為簡便起見，概稱中國國民黨。

從威權體制向民主政治的和平轉型之路。[9]二〇〇〇年臺灣在全民直選的基礎上首次實現了政黨輪替及政權的和平轉移，國民黨的執政地位被民進黨取而代之。但與一九四九年在大陸失去執政地位導致無數人頭落地完全不同，國民黨這一次的下臺，不僅沒有因下臺而掉下一顆腦袋，而且從此實現了鳳凰涅槃式的再生，從一個奉行一黨專政的獨裁政黨，和平轉型為具有競爭性的民主政黨。國民黨主動的民主轉型，既規避了因下臺而被政敵殘酷清算的歷史宿命，又為中國人探索民主政治提供了難得的可資經驗。

無疑，在民主選舉中下臺的國民黨，仍有可能在憲政體制的框架內通過民主選舉而重新執政。事實證明，歷史並沒有對國民黨關緊大門。二〇〇八年三月二十二日，國民黨總統候選人馬英九（一九五〇—）在臺灣民主選舉中勝選，使在野八年的國民黨又重新成為臺灣合法的執政黨。一黨獨裁遍地災，踐行民主天地寬。今日國民黨在臺灣的和平下臺上臺，與其曾在大陸血腥的暴力上臺下臺已不可同日而語。臺灣的民主化，已經並將繼續證明民主並非與中國「水土不服」。從大歷史的視角看，民主化的臺灣，是中國人最難能可貴的民主政治試驗「特區」。如果海峽兩岸的中國人，能夠在中華文化的基礎上，在憲政民主的框架中，實現和平統一，那必定是中華民族之福。

美國學者卡爾・科恩（Carl Cohen）指出：「如果可以說沒有任何政體是沒有嚴重缺陷的，而民主則係所有政體中危險最小、壞處最少的。」[10]當人們說「民主是個好東西」時，[11]並不意味著民主就盡善盡美，而是因為民主能將人類從長期相互殘殺的血腥政治的惡性循環中拯救出來。

眾所周知，共產黨在革命年代以追求和宣揚民主政治為己任。在執政前，共產黨對國民黨一黨專政的揭露與批判、對民主政治的倡導和追求，充滿了激情與執著。[12]抗戰勝利前夕，作為中共領袖的毛澤東，在諸多公開

9　孫代堯著《臺灣威權體制及其轉型研究》，中國社會科學出版社二〇〇三年版。
10　〔美〕科恩著《論民主》，聶崇信、朱秀賢譯，商務印書館一九八八年版，第二一〇頁。
11　閆健編《民主是個好東西——俞可平訪談錄》，社會科學文獻出版社二〇〇六年版。
12　一九二八年十一月，毛澤東在寫給中共中央的報告中提出共產黨要避免像「國民黨直接向政府下命令的錯誤辦法」。參

講話中反覆申明「中國的缺點就是缺乏民主」，並聲稱對「民主的美國影響」表示「歡迎」。毛澤東很清楚：「中國農民不是傻瓜，他們是聰明的，像別人一樣關心自己的權力和利益。」[13]

毛澤東等共產黨精英在執政以前認識到中國的缺點在於缺乏民主，認識到「一黨獨裁，遍地是災。」[14]這無疑是極其正確的。但執政後如何建設和發展民主，對中國共產黨及其領導人來說，則是一場前所未有的政治考驗。事實表明，陷入蘇聯模式思維之中的毛澤東及其開國元勳們，不可能為自己的國家構建一個建基於本國傳統而又符合世界文明潮流的民主政治架構，這給他們的國家和民族帶來了深重的災難，也為他們自己的人生製造了令人扼腕長歎的悲劇命運。

經過長期「寧左勿右」的政治薰陶，左的思維和行為方式成為絕大多數中國人的日常工作生活習性。鄧小平指出：「『左』帶有革命色彩，好像越『左』越革命。」[15]癡迷於極左思維範式的極左人士或許沒有認識到，極左的可怕之處不僅在於將「階級敵人」肆意「打倒在地並踏上一隻腳」，極左的可怕之處還在於那些熱衷於

見毛澤東〈井岡山的鬥爭〉（一九二八年十一月二十五日），載《毛澤東選集》第一卷，人民出版社一九九一年版，第七十三頁。一九四一年四月，鄧小平發表文章稱：「『以黨治國』的國民黨遺毒，是麻痹黨、腐化黨、破壞黨、使黨脫離群眾的最有效的辦法。我們反對國民黨以黨治國的一黨專政，我們尤要反對國民黨的遺毒傳播到我們的黨內來。」參見鄧小平〈黨與抗日民主政權〉（一九四一年四月十五日），載《鄧小平文選》第一卷，人民出版社一九九四年版，第十二頁。

13 參見〈我們並不害怕民主的美國影響，我們歡迎它——一九四四年毛澤東與謝偉思等人的談話〉，載《黨史通訊》一九八三年第二十一——二十一期。轉引自笑蜀編《歷史的先聲——半個世紀前的莊嚴承諾》，汕頭大學出版社一九九九年版，第一〇四頁。

14 《新華日報》一九四六年三月三十日社論，轉引自笑蜀編《歷史的先聲——半個世紀前的莊嚴承諾》，汕頭大學出版社一九九九年版，第三二〇——三二三頁。

15 鄧小平〈在武昌、深圳、珠海、上海等地的談話要點〉（一九九二年一月十八日十二月二十一日），載《鄧小平文選》第三卷，人民出版社一九九三年版，第三七五頁。

極左的人也大都成為極左政治的犧牲品。中國許多極左人士的命運軌跡，無非是以殘暴踐踏同胞的人權開始，以自己的人權被同樣踐踏而結束。一九七七年八月中共十一大宣告歷時十年的文化大革命「已經結束」。

一九七八年十二月中共十一屆三中全會決定「及時地、果斷地結束全國範圍的大規模的揭批林彪、『四人幫』的群眾運動」，全會停止使用「以階級鬥爭為綱」的口號，認為「大規模的急風暴雨式的群眾階級鬥爭已經基本結束」，全黨工作的著重點從一九七九年「轉移到社會主義現代化建設上來」。全會認為，「必須首先調動我國幾億農民的社會主義積極性，必須在經濟上充分關心他們的物質利益，在政治上切實保障他們的民主權利。」會議還在中共執政以來的歷史上罕有地提出「憲法規定的公民權利，必須堅決保障，任何人不得侵犯。」這次會議被認為揭開了中國改革開放的序幕，黨的官方教科書稱之為「黨的歷史上具有深遠意義的偉大轉折」。[16]中國改革掀起了第一波，從此，中國以經濟建設為中心取代了以階級鬥爭為綱，改革的話語逐漸取代了革命的話語。

在黨國體制中，黨就像火車頭，牽引著國家和人民前進。沒有火車頭的調整，後面的車箱再多，也只能跟著火車頭的方向或進或轉或止。在共產國際支配下創建的世界各國共產黨，都是按照列寧主義的民主集中制原則建立起來的，實行嚴格的集中制和鐵的紀律。一九三八年十月，毛澤東在中共六屆六中全會上將黨的紀律概括為四條：「（一）個人服從組織；（二）少數服從多數；（三）下級服從上級；（四）全黨服從中央。誰破壞了這些紀律，誰就破壞了黨的統一。」[17]黨的任何重大決策，都是通過自上而下的統一部署安排及下級層層學習貫徹和落實這一路徑展開的。顯然，黨的十一屆三中全會的「精神」也遵循著這一政治輸出路徑從北京貫徹到全國農村。

16　參見中共中央黨史研究室著《中國共產黨簡史》，中共黨史出版社二〇〇一年版，第一六九——一七〇頁。
17　《毛澤東選集》第二卷，人民出版社一九九一年版，第五二八頁。

一九七九年一月，中共黔陽地委（一九八一年六月三十日國務院批准黔陽地區更名為懷化地區）召開常委擴大會議，學習和貫徹中共十一屆三中全會精神。隨後在全區抓了「會議精神的落實」。一是組織幹部群眾學習十一屆三中全會文件，端正政治思想路線。春節後，全區以縣為單位，召開三級或四級幹部會議，著重學習和領會停止以階級鬥爭為綱的口號和把全黨的工作重點轉移到經濟建設上來的重大意義。二是進行真理標準問題討論的補課，破除「兩個凡是」的束縛。三是平反冤假錯案，解決歷史遺留問題。

一九七九年二月二日至九日，根據中共黔陽地委的部署安排，中共漵浦縣委召開有一千四百二十九人參加的三級幹部會議，「認真傳達貫徹」中共十一屆三中全會精神。但有「少數幹部」對停止使用「以階級鬥爭為綱」的口號等問題難以接受。九月，漵浦縣委又召開區、社（鎮）幹部會議，部署開展關於真理標準問題討論的補課教育。

黃河被認為是中華民族的母親河，龍則被視為中華民族的象徵。說來也真巧，中國政策的變動調整也正像黃河與舞龍燈一樣，呈現出某種屢試不爽的兩個「規律性」。一個是，凡是不利於國民利益的政策出臺，如果中央開了一寸的口子，到基層就會被撕裂到一丈寬，政策的執行就像黃河一樣，清澈的源頭到了下游就會驟然變得渾濁不堪進而氾濫成災。假如中央開口每個縣可以殺掉一百個地主，那麼各縣就會有成千上萬的人深受其害；如果中央開口向每個農民徵收十元的稅費，農民就將付出成百上千元的代價。另一個是，凡是有利於國民利益的政策出臺，從中央傳達到農村基層，猶如揮舞的龍頭經過龍身再波動到龍尾一樣，一種可稱之為「舞龍幅度遞減律」將展現在人們的面前：龍頭在高高揮舞，到龍尾就只剩下輕輕的一擺。

（二）平反：政治糾錯與權利救濟

在以階級鬥爭為綱的殘酷歲月裏，幾乎沒有人可以逃避被扣上階級敵人政治帽子而受到無產階級專政的厄運。一九四九年以後，無產階級專政的對象被恣意擴大，階級敵人的範圍從最初的地、富、反、壞分子開始一路擴展開來，直到彭德懷、劉少奇等大批黨的高級領導幹部亦未能倖免。在「文革」中，被明文列為無產階級專政對象的就有「二十一種人」。[18]專政權力的濫用，製造了空前的冤假錯案。

——在文化大革命運動中，中國被冤假錯案定罪、剝奪自由和奪去生命的人，高達八千萬人。[19]文革中經過法律手續錯判的「反革命」案件十七萬五千多個、十八萬四千多人。[20]

——在中共中央組織部接收的一七三四九卷三九一三六三件專案材料中，被審查的高級幹部有六百六十九人，其中被定為問題性質嚴重或敵我矛盾的有三百二十人，占被審查人數的百分之四十七・八。在這些人中，副省長、副部長兩百一十三人，中共中央委員和候補中央委員七十一人，中共中央政治局委員十人，中共中央書記處成員十人，國務院副總理七人。[21]

——在「文革」中，中國被立案審查的幹部占幹部總數的百分之十七・五；在中央國家機關副部長以上和地方副省級以上的高級幹部中，被立案審查的占總數的百分之七十五。據不完全統計，在「文革」中造成的冤

18　一九六七年一月十三日中共中央、國務院頒佈〈關於無產階級文化大革命中加強公安工作的若干規定〉，因其內容分為六條故簡稱「公安六條」，其中第四條首次提出了一個二十一種人的名單：地、富、反、壞、右分子，勞動教養人員和刑滿留場（廠）就業人員，反動黨團骨幹分子，反動會道門的中小道首和職業辦道人員，敵偽的軍（連長以上）、政（保長以上）、警（警長以上）、憲（憲兵）、特（特務）分子，刑滿釋放、解除勞動教養但改造得不好的分子，投機倒把分子，和被殺、被關、被管制、外逃的反革命分子的堅持反動立場的家屬。一九七九年二月十七日中共中央宣佈撤銷《公安六條》。

19　中共中央黨史研究室著《中國共產黨簡史》，中共黨史出版社二〇〇一年版，第一七九頁。胡應南、紀鴻朋著《胡耀邦改革開放思想初探》，香港：昆鵬出版有限公司二〇〇五年版，第一〇八、一二一——一二二頁。

20　轉引自戴煌著《胡耀邦與平反冤假錯案》（修訂版），中國工人出版社二〇〇四年版，第一五八頁。

21　滿妹著《思念依然無盡——回憶父親胡耀邦》，北京出版社二〇〇五年版，第二六四頁。

假錯案達兩百多萬件，涉及需要平反冤假錯案的人將近一億人。[22]

一九七〇年代末到一九八〇年代初，中國大規模的全面平反冤假錯案是與第一代改革者胡耀邦的名字緊密聯繫在一起的。[23]一九七七年三月，胡耀邦第二次復出後，即著手打破長期以來被官方稱之為的極左思想路線加在中國人們身心上的「精神枷鎖」和「組織枷鎖」。在胡耀邦看來，像中國這樣一個精神上、組織上被禁錮、被壓制的不自由的民族，怎麼可能與世界上發達國家競爭呢？為此，他以「我不下油鍋，誰下油鍋」的膽略和勇氣，衝破思想束縛，匡扶社會正義，組織、領導和推動了真理標準的討論和平反冤假錯案工作，[24]將一個滿目瘡痍、冤案如山的中國，推進到了一個重新認識和尊重人的價值和尊嚴的新起點上。

一九七八年九月二十日，胡耀邦在全國信訪工作會議上提出了著名的平反冤假錯案的「兩個不管」的基本方針：「凡是不實之詞，凡是不正確的結論和處理，不管是什麼時候、什麼情況下搞的，不管哪一級組織，什麼人定的、批的，都要實事求是地改正過來。」平反冤假錯案是中國改革第一波中的重大成果。

——到一九八二年底，約有三百多萬名幹部得到平反。[25]

——到一九八四年底，全國複查各類問題的案件涉及近五百萬人，屬於「文革」中立案審查的案件約兩百九十萬人，「文革」前的歷史遺留案件一百八十八萬件。平反糾正了約三百萬名幹部的冤假錯案，複查改正錯劃右派五十四・七萬人，糾正右傾機會主義分子十二・五萬人；為四十七萬多名中共黨員恢復黨籍，再加了

22 謝春濤主編《中國共產黨重大歷史事件紀實》，寧夏人民出版社二〇〇六年版，第三三六——三四〇頁。
23 李銳著《直言：李銳六十年的憂與思》，今日中國出版社一九九八年版，第四〇五頁。
24 紀實祥著《胡耀邦與真理標準問題討論》，江西人民出版社二〇〇五年版；戴煌著《胡耀邦與平反冤假錯案》（修訂版），中國工人出版社二〇〇四年版；滿妹著《思念依然無盡——回憶父親胡耀邦》，北京出版社出版社集團、北京出版社二〇〇五年版，第二五三——二八九頁。
25 中共中央黨史研究室著《中國共產黨簡史》，中共黨史出版社二〇〇一年版，第一七九頁。

數以千萬計的受牽連的幹部、群眾及親屬，平反冤假錯案工作解決了殃及一億人的問題。[26]

在中央高度集權的中國，政治的運行就像推磨，上面不推，下面不動。全國各地都在緊盯著從北京中南海伸出的權力之手，然後隨其左右揮舞而起伏波動。沒有中央的統一決定和部署，地方就不會主動去平反轄區內的冤假錯案——哪怕其轄區內已冤案如山。正因為中央政策的重大調整，才可能使地方按照中央的部署展開平反工作。

一九七九年一月二十日，中共黔陽地委作出〈關於解決「文化大革命」中幾個遺留問題的決定〉，平反了一批重大的冤假錯案。隨後，地委和各縣（市）均成立落實政策專門機構，抽調近萬名幹部組成專案組，集中力量對反右派、反右傾、「四清」、文化大革命等四個運動時期的案件及有申訴的歷史老案進行全面複查。

截止一九八七年，湖南懷化地區共為四・九五多萬幹部職工、知識份子、起義投誠人員、「三胞三屬」以及居民、農民落實了政策。其中錯判一・四三萬人，錯捕勞教一・六三萬人，錯開除公職一・三三萬人，錯開除中共黨籍三千兩百零一人；承認地下黨支部四個，黨員三十人；認定三千零九十名起義投誠人員身分，認定黨領導下的地方武裝一千一百五十四人，落實「三胞三屬」政策七百二十六人；清退「文革」中一萬兩千兩百八十戶被查抄的財物，補償人民幣一四四・五萬元；清退「文革」中兩千一百九十五戶被擠佔、沒收的私房，面積二十・一五萬平方米，補償金額八十六・七七萬元；補發「文革」中停發、扣發冤假錯案人員四千六百二十八人的工資七一五・九萬元。[27]

一九七九年二月，中共漵浦縣委根據中央和上級有關平反冤假錯案的精神及落實各方面政策的規定，成立落實政策專門機構，抽調幹部，對反右派、反右傾、社會主義教育運動、文化大革命和其他政治運動中的幹部、職工的冤假錯案進行全面複查，予以平反糾正。對錯誤判刑和開除公職的人員，糾正後尚能工作的恢復工

26　滿妹著《思念依然無盡——回憶父親胡耀邦》，北京出版社二〇〇五年版，第二八八頁。
27　《懷化地區志》上卷，生活・讀書・新知三聯書店一九九九年版，第四五二——四五三頁。

作，不能工作的則作退休退職處理，已死亡的給予撫恤。對因受株連由城鎮下放農村的家屬，准其遷回城鎮落戶；對落實政策後生活確有困難的六百三十六人，給予一次性補助十三・三八萬元；補發在文革中扣發的幹部職工工資五十・三五萬元；被紅衛兵查抄的現金、財物，經過清理，有原物的退還原物，無原物的則折價補償，共補償人民幣四十六・五九八萬元。到一九八五年底，落實政策的工作基本結束。[28]

漵浦縣公安局對一九五七年至一九七八年共三百三十起反革命案件進行全面複查，對原立、破反革命集團案七十起、五八一名成員，糾正定性三十四起，占百分之四十八・五七；成員四百二十五人，占百分之七十三・一五。立、破反革命煽動案（標語、傳單、信件、口號、謠言）兩百六十起，糾正一百五十九起，占百分之六十一・一，使兩百零一名幹部、教員、職工和群眾得到平反昭雪。[29]

平反是人治社會一種特殊的恢復社會正義的政治糾錯機制，其實質是以政治方式實現權利的事後救濟。吳思（一九五一—）指出：「倘若把三權分立看作彼此制衡的橫向糾錯機制，平反昭雪就是縱向的糾錯機制。」[30]在中國兩千多年的專制統治中，冤假錯案不絕於史。與製造冤假錯案相聯繫，中國歷史上出現了一個吳思稱之為的「平反週期率」。冤假錯案是人治社會普遍存在的權力濫用症。

人治社會之所以能夠製造冤假錯案，源於既不受制約又不負責的專橫權力壓倒了社會正義。「一切有權力的人都容易濫用權力，這是萬古不易的一條經驗。有權力的人們使用權力一直到遇到界限的地方才休止。」[31]在專制社會，不受制約與監督的權力運行，如同開動了一台巨型絞肉機，它會源源不斷地生產出打上「專制製造」商標的各種品牌的冤假錯案產品，向歷史與現實批發和零售。

28 《漵浦縣誌》，社會科學文獻出版社一九九三年版，第一三四頁。
29 《漵浦縣公安志》，一九九五年十月，第一〇七—一〇八頁。
30 吳思〈歷史上的平反週期率〉，載《炎黃春秋》二〇〇五年第四期。
31 〔法〕孟德斯鳩著《論法的精神》上冊，張雁深譯，商務印書館一九六一年版，第一五四頁。

平反之所以成為可能，在於正義永恆存在於社會之中。「正義對權勢無可奈何。權勢對時間無可奈何。後來的權勢又需要聲譽和穩定，正義與聲譽和穩定的鐵打關聯也讓人無可奈何。各方都追求自身利益，又都拿對手無可奈何，於是平反就成為各方博弈的一種均衡。」[32]

權力的濫用是人類政治生活中的一大頑症。如何才能防止權力的濫用呢？法國思想家孟德斯鳩奉獻了他傑出的智慧：「要防止濫用權力，就必須以權力約束權力。」[33]孟德斯鳩特別告誡人們，要想享有安全的政治自由，「就必須建立一種政府，在它的統治下一個公民不懼怕另一個公民。」[34]那麼如何建立這樣的政府呢？孟德斯鳩開出了一個被後人稱為三權分立制衡的「政治藥方」。

在現代法治國家，通過三權分立制衡的政治制度設計技術，基本排除了權力隨心所欲而製造冤假錯案的可能性。宣稱並奉行只對正義和法律負責的法院，享有獨立的法律地位，隨時可以對受到權力侵害的當事人給予及時而公正的權利救濟。國家通過相應的制度安排，使權利的受害者隨時能通過法律管道得到權利救濟，因而完全不必渴望和等待中央出現「清官」來為自己平反昭雪。所以生活在法治國家的人們認為「遲到的正義不是正義」。

但在人治的社會裏，國家的一切權力都掌握在一個人或一個組織手裏，社會無法馴服權力，人們對權勢無可奈何，只有眼睜睜地忍受專橫權力的蹂躪。但正義和良知又不會被專制權力永遠吞噬，平反冤假錯案就成為人治社會一種難能可貴的事後糾錯機制。對於非法治社會的權利受害者，只有等待有幸遭遇「清官」，才有申冤的可能。所以遲到的正義總比永無正義要好。[35]二〇〇四年筆者在湖南農村進行農民上訪問題調查時，一位多年上訪未果的農民說了一句使人刻骨銘心的話：「正義的事業無期限」。

32 參見吳思〈歷史上的平反週期率〉，載《炎黃春秋》二〇〇五年第四期。
33 〔法〕孟德斯鳩著《論法的精神》上冊，張雁深譯，商務印書館一九六一年版，第一五四頁。
34 同上，第一五六頁。
35 吳思〈歷史上的平反週期率〉，載《炎黃春秋》二〇〇五年第四期。

平反作為一種能夠帶來「遲到正義」的政治機制，是中國幾千年專制政治的副產品，一個相對而言難能可貴的副產品，一個專制和人治社會中生長出來的無可替代的權利救濟機制。英國諺語云「沒有救濟就沒有權利」。在人治社會中，不是沒有任何權利，而是一切權利都可能被踐踏；同理，在人治社會中，也不是沒有權利救濟，而是救濟常常遲到或者歸於無效。[36]

極左思想路線的實質在於放縱專橫的權力踐踏公民的基本權利和自由，摧殘人的尊嚴和價值。平反，似乎也是一種特有的對國家罪錯的回應。胡耀邦主導的平反冤假錯案，是共產黨執政以來「規模最大，影響最廣的一次權利救濟運動。」[37]無疑，數以千萬乃至上億計的官員和群眾在這次大規模的平反冤假錯案中得到了「遲到的正義」。但是，在人治社會中，冤案常有而平反不常有。只要存在不受約束的權力，只要人的尊嚴和價值還沒有成為執政者新的共同信念，只要有效防止冤假錯案的現代國家法治體系沒有真正建立和運行起來，那麼，任何平反冤假錯案的努力就都追趕不上製造冤假錯案的步伐。

追求現代化的中國，如果不能有效地建立起一個權力在陽光下運行的現代法治國家，它就不可能杜絕權力濫用症——冤假錯案的不斷發生。

（三）摘帽：從階級敵人到公社社員

許多人忽視了「摘帽」在中國第一波改革中的重要價值。事實證明，給地主富農分子摘帽是中國改革第一波中最具進步意義的重大成果之一，它歷史性地終結了土改以來的階級身分，實現了農民身分的平等化，為日

36 程燎原、王人博著《權利及其救濟》，山東人民出版社一九九三年版。
37 賀海仁〈平反冤假錯案與權利救濟：一九七八—一九八二〉，載《法學》二〇〇三年第十一期。

後農村改革奠定了最為重要的社會政治基礎。

一九七九年一月，中共中央發佈具有歷史意義的中發【一九七九】五號文件——〈中共中央關於地主、富農分子摘帽問題和地、富子女成分問題的決定〉，決定給地主富農摘掉政治帽子。文件內容如下：

> 黨的十一屆三中全會原則通過的〈農村人民公社工作條例（試行草案）〉，考慮到我國農村完成土地改革和實現農業集體化後，地主、富農分子已經經過了二十多年以至三十多年的勞動改造，他們當中的絕大多數已經成為自食其力的勞動者，因此對地、富分子的摘帽問題和地、富子女的成分，作了適合新的情況的相應規定。中央認為，各地在新「六十條」的討論和試行過程中，落實好這方面的規定，將有利於更好地調動一切積極因素，化消極因素為積極因素。為此，中央特作如下決定：
>
> 一、除了極少數堅持反動立場、至今還沒有改造好的以外，凡是多年來遵守政府法令、老實勞動、不做壞事的地主、富農分子以及反革命分子、壞分子，經過群眾評審，縣革命委員會批准，一律摘掉帽子，給予農村人民公社社員的待遇。
>
> 二、地主、富農家庭出身的農村人民公社社員，他們本人的成分一律定為公社社員，享有其他社員一樣的待遇。今後，他們在入學、招工、參軍、入團、入黨和分配工作等方面，主要應看本人的政治表現，不得歧視。
>
> 三、地主、富農家庭出身的社員的子女，他們的家庭出身應一律為社員，不應再作為地主、富農家庭出身。
>
> 四、各地應把地主、富農分子摘帽問題和地、富子女的定成分問題，作為一項重要工作認真做好。要從黨內到黨外，組織廣大幹部和群眾認真學習黨的政策，做好地、富、反、壞分子及其子女的思想教育工作。對確定摘帽子的地、富、反、壞分子和新定成分的地、富子女，要在公社和生產大隊範圍內張榜

公佈。同時，對至今確實沒有改造好的極少數地、富、反、壞分子，要繼續加強監督和改造，並實行給出路的政策，什麼時候改造好了，什麼時候就摘掉他們的帽子。

中共中央
一九七九年一月十一日[38]

黨的機關報《人民日報》一月二十九日對黨中央的這一重大決策作了報導，報導稱：「摘掉地主分子、富農分子、反革命分子、壞分子帽子的人，今後不要稱他們為摘帽的地主分子、富農分子、反革命分子、壞分子，而應依照他們的工作職業，相應地稱為社員、工人等，同人民群眾一樣享有公民權。」[39]值得注意的是，官方報導中罕見地出現了「公民權」三個字。

同一天的《人民日報》「社論」強調指出：「過去，我們對地、富、反、壞分子實行監督和改造，是完全必要的。……今天，……對摘帽問題實事求是作出相應的規定，是完全正確的。」[40]

長期的革命鬥爭，使中國出現了一個固定的話語範式：「以前打倒你是完全必要的，現在為你平反是完全正確的。」這種左右逢源的思維方式和政治邏輯，深深紮根於當權者的頭腦之中，其實質就是輕輕地抹去了權力所有者濫用權力的任何責任，甚至連良心的反省與自責都不必要了。在非法治的社會中，公權力無論怎樣隨心所欲，它似乎都能找到「高尚」的藉口。以此方式面對國家罪錯，不可能充分反思歷史的傷痛，而缺乏制度反省與心靈懺悔的民族，就可能再犯歷史的錯誤。

38 湖南省檔案館，檔號二一二—二—四六四，二〇〇七年八月二日筆者查閱。
39 〈中央決定給得到改造的四類分子摘帽〉，載《人民日報》一九七九年一月二十九日，第一—二版。
40 〈適應情況變化的一項重大決策〉，載《人民日報》一九七九年一月二十九日，第一版。

顯然，一九七九年一月黨給地富摘帽的決定具有重要的歷史進步意義，它使全國至少兩千萬的地、富、反、壞分子被摘掉了帽子，他們的子女也從此走出了其父輩的政治陰影而獲得了政治上的新生。同年十一月，全國有七十多萬名小商、小販、小手工業者及其他勞動者被從原工商業者中區別出來，恢復了勞動者成分，十六萬原私營工商業者被摘去資本家或資本家代理人的帽子。全國政治摘帽工作開始於給右派摘帽，一九七八年中共中央決定全部摘掉右派分子的帽子，到一九八一年六月，全國共有五十四萬多名右派得到改正，占原劃右派分子總數的百分之九十八。[41]

漵浦縣在鎮反和土改運動中「堅決鎮壓」了一批地主惡霸和反革命分子後，對於其餘的地、富、反、壞分子，根據中央的部署對之進行改造。一九五六年一月，中共中央政治局提出〈一九五六年到一九六七年全國農業發展綱要（草案）〉，〈綱要（草案）〉第四條、第五條對地主、富農和反革命分子入社的問題作了具體規定。[42]爭取獲得「社員身分」和「農民稱號」是地、富、反、壞分子的最大榮耀。

根據這個文件的規定，一九五六年三至六月，漵浦縣公安局在馬田坪茅坪、麻陽水大潭、新塘、仲夏、人民等地進行規劃地主、富農和反革命分子入社試點。八月，隨著第一批二十二個、第二批三百零一個、第三批二三四個高級社的建社進度，分批對地主、富農、反革命分子四千八百四十人規劃入高級社。其中地主三千一百四十五人、富農一千五百七十三人、反革命分子一百二十二人。在地、富和反革命分子中，改變成分稱社員的一千零八十四人，暫不改變成分作為候補社員的兩千三百三十六人，交社監督生產的一千四百二十人。對其改變成分的，按照國務院「關於改變地主成分的批准手續」的規定，由本人申請，群眾討論，鄉（社）人民代表會通過，報縣人民委員會審查批准，張榜公佈。稱社員的，可參加社員會，但在一定時期內不

41 董輔礽主編《中華人民共和國經濟史》（下卷），經濟科學出版社一九九九年版，第三十七頁；魏宏運主編《國史紀事本末》第六卷，遼寧人民出版社二〇〇三年版，第一〇五—一二二頁。

42 《農業集體化重要文件彙編》上冊，中共中央黨校出版社一九八一年版，第五二八—五三〇頁。

能擔任行政領導職務。候補社員，可列席一般社員會，但無選舉權和被選舉權，對其訂出勞動守法規約，使之爭取早日改變成分。對於監督生產的，訂出參加會議、彙報和改造制度，請假、來人來客報告制度，定期評審，按表現升、降或改變成分。

一九五七年漵浦縣公安局制定《對地主、富農、反革命分子教育改造暫行條例》，加強了對地主、富農和反革命分子改造的規範化。一九五八年九月至十一月，根據湖南省公安廳關於加強對地、富、反、壞分子進行社會改造的精神，漵浦縣分別在龍潭、小橫壟、兩丫坪、水東、橋江、花橋、麻陽水、江口等八個片集中三千七百三十一名地、富、反分子受訓，通過講形勢、講政策，開展交心交罪，挖出殘餘反革命分子一百三十三人（其中外逃十九人，逃內四人，殘餘在鄉一百一十人），破獲各種大小案兩千七百八十七起，交出步槍二支、短槍三支、土槍八支、手榴彈五十八枚、各種槍彈六千七百六十五發、兇器一百五十三件、血衣六件、變天賬兩百九十九本、反動證件一千三百一十三件、光洋一萬四千三百六十二元、金子六十六兩、大煙四百九十六兩。通過集訓，教育了群眾，震懾分化瓦解了敵人。秉著寬大與懲辦相結合的政策，對頑固抗拒而又罪惡較大的依法逮捕三人、管制七人、拘留十八人，由候補社員降為監督生產的三百一十五人，戴上帽子一百一十人，摘掉帽子二十五人，監督生產升為候補社員的一百三十五人。

黨的十一屆三中全會後，全縣進行撥亂反正，糾正錯劃錯戴帽子的一千三百五十六人。一九七九年一月，黨中央作出〈關於地主、富農分子摘帽問題和地富子女成分問題的決定〉，全縣對兩千八百五十二名分子進行全面評審摘帽。這標誌著人民政府依靠人民，從此完成了對地主、富農及反革命分子的改造。[43]

到一九八三年，全縣地、富、反、壞「四類分子」中除犯有新罪行判刑者外，其餘全部摘帽。作為新政權專政對象的地、富、反、壞「四類分子」的倖存者及其家屬，在經過了幾十年的磨難之後，終於被黨和人民政

43 參見《漵浦縣公安志》，一九九五年十月，第一七三——一七四頁。

府摘掉了階級敵人的帽子，成為普通老百姓中的一員。

通過對平反與摘帽的考察，我們發現，黨和國家將地、富、反、壞「四類分子」排除在「平反」的範圍之內，而只給他們「摘帽」。平反與摘帽的區別在於，平反是執政者承認革命專政中的過錯，並對被錯誤專政的對象予以恢復名譽、給予國家賠償；而摘帽只是對倖存下來的階級敵人專政的終止而不是對專政過錯的認可。

平反和摘帽的最大政治意義，在於國家結束了長達三十年之久的階級鬥爭和群眾專政，實現了中國農民階層內部身分的平等化。

二、承包責任制：農民身分的社會化

（一）包產到戶：回歸個體農民

中國農民經過蘇聯模式的「社會主義改造」，已經「從個體農民變成集體農民」。[44]在長達近三十年之久的強制性集體化運動中，農民付出了貧困、飢餓和死亡的慘重代價。但在意識形態剛性約束和政治高壓的環境中，農民出於生存本能的自主性選擇只要一冒頭，就會被立即扼殺在「萌芽狀態」。在安徽省小崗村包產到戶

[44] 彭真〈關於中華人民共和國憲法修改草案的報告〉（一九八二年十一月二十六日），載《彭真文選》，人民出版社一九九一年版，第四四一頁。

長成「正果」前，中國農民已經嘗試了五次包產到戶的生存努力，[45]但農民的每一次謀生努力，都被以正統社會主義者自居的所謂「左傾路線」的當權者打壓下去。全國因包產到戶而身敗名裂、家破人亡、慘遭迫害的幹部群眾不下四百萬人。[46]

毋庸置疑，中國人是聰明的，但聰明的中國人卻照搬蘇聯模式建立了束縛每個人自由而全面發展的全能體制。蘇聯體制不僅不能容納政治共同體成員的自主選擇和自由發展，相反它卻壓抑和摧殘一切進步的新生力量，它歡迎投機取巧和奸詐殘忍之輩，卻把忠厚正直和良善人士打入監牢。中國這個古老而偉大的民族，在追求現代化的目標中卻因蘇聯模式的輸入而備經挫折和磨難。[47]

經過蘇聯式全能主義統治的國家，任何社會的進步，似乎都首先取決於政治壓力的鬆動。羅伯特・吉爾平（Robert Gilpin）指出：「如果一個群體或國家完全控制社會了的話，這個社會就不可能發生變革。實際上，恰恰由於經濟、政治或技術力量游離於占統治地位的群體和國家的控制之外，社會才能變革。」[48]全能式國家從社會的部分撤退，使社會發育和生長成為可能。

其實，任何一個國家的國民中間自然蘊藏著追求社會正義和進步的力量，猶如大地自然富有生機一樣。傳統的壓制型政治體制如同一部不知疲憊的時刻守候在旁的除草機，一旦發現新草長出地面，就立即開足馬力予以剷除。但令人驚奇的是，正如「野火燒不盡，春風吹又生」的自然現象一樣，人類社會中也始終存在著一

45 陸益龍著《嵌入性政治與村落經濟的變遷——安徽小崗村調查》，上海人民出版社二〇〇七年版。
46 張紅宇著《中國農村的土地制度變遷》，中國農業出版社二〇〇二年版，第五十一頁。杜潤生著《杜潤生自述：中國農村體制變革重大決策紀實》，人民出版社二〇〇五年版，第八十四—九十五頁。
47 徐勇著《包產到戶沉浮錄》，珠海出版社一九九八年版。
48 〔美〕羅伯特・吉爾平著《世界政治中的戰爭與變革》，宋新甯、杜建平譯，上海人民出版社二〇〇七年版，第三十四—三十五頁。

種持續不斷地追求正義的社會現象。無論多麼殘暴的統治砍掉了多少顆正義的腦袋，新的正義的力量總會在新生的人的頭腦中重新成長起來。約翰・密爾就對「真理永遠戰勝迫害」這樣的說法表示懷疑，不過，密爾也發現，真理的真正力量在於它會不斷地被人「重新發現出來」。[49]

黨的政治風向的調整和國家權力的選擇性收縮，使家庭聯產承包責任制從一種「非法」的農民創造，成長為國家認可的重要的農村制度創新。[50]一九七八年十二月，安徽省鳳陽縣小崗生產隊十八戶農戶偷偷摸摸搞起的「大包幹」，被認為揭開了中國農村改革的序幕。[51]無疑，創造包產到戶的是農民——鄧小平就認為包產到戶的「發明權是農民的」，[52]但給包產到戶以合法性地位的則得益於第一代改革者的肯定與鼓勵。毫無疑問，包產到戶，是中國改革第一波中最為引人注目的重大成果之一。

作為邊遠山區的漵浦縣，經過了從聯產計酬責任制到聯產承包責任制的轉變。一九七九年，漵浦縣馬田坪公社中林大隊的六個生產隊推行劃分作業組聯繫產量計酬的責任制。到一九八〇年初，全縣六百三十四個大隊五千五百四十七個生產隊普遍實行了聯產到組的責任制。一九八〇年九月中共中央發出〈關於進一步加強和完善農業生產責任制的幾個問題的通知〉，對邊遠山區和貧困地區鬆開了包產到戶的政策口子。漵浦縣開始在旱土和各種經濟作物中試行大包幹生產責任制，部分生產隊開始將水田包產到戶。

49 〔英〕約翰・密爾著《論自由》，程崇華譯，商務印書館一九五九年版，第二十九—三十頁。

50 家庭承包制的名稱有一個不斷變化的過程。民間用語開始多為責任制、大包幹、分田到戶、包產到戶、包幹到戶等，一九八三年中共中央「一號文件」將農村各種生產責任制統稱為「家庭聯產承包責任制」，一九九八年中共十五屆三中全會將「聯產」和「責任」幾個字取消，正式定名為「家庭承包制」。

51 陳吉元、陳家驥、楊勳主編《中國農村社會經濟變遷（一九四九—一九八九）》，山西經濟出版社一九九三年版，第四八一頁。

52 鄧小平〈在武昌、深圳、珠海、上海等地的談話要點〉，載《鄧小平文選》第三卷，人民出版社一九九三年版，第三八二頁。

一九八一年二月，中共黔陽地委召開縣委書記、地直科局長會議，傳達中共中央總書記胡耀邦在湖南視察工作時提出「要敢搞包產到戶」的指示，確定對包產到戶「不堵不塞，任其選擇」的原則。在此政策放開的條件下，到四月，漵浦縣包產到戶的生產隊發展到占全縣生產隊總數的百分之九十三。這年，中共懷化地委書記吳彥凡對漵浦的大包幹責任制作了專題調查：

懷化地區漵浦縣農村去年（引者按：一九八〇年）開始實行「大包幹」責任制，目前採用這種責任制的生產隊，已占總數的百分之九十三。最近，我們到這裏進行了調查，深感「大包幹」的效果比原來預想的要大，問題比預想的要少，整個農村形勢比預想的要好。

漵浦縣的「大包幹」，是在統一種植計畫，統一經營山林和企業，統一管水和抗旱的前提下，將大田按人口（有少數地方按人勞比例）承包到戶，收穫後除完成國家任務，交足集體提留外，其餘全部歸己。這種辦法，既發揮了集體的優越性，又充分調動了社員的積極性。實行的時間雖然不長，卻有力地促進了生產的發展，突破了這個縣農業長期徘徊不前的局面。今年（引者按：一九八一年）全縣油菜籽比去年增長一．二倍，春糧增長兩成，早稻增長百分之二十一。中稻雖然部分受旱，預計總產仍可比去年增長百分之四．九。以上幾項都超過了歷史的最好水平，只有晚秋作物因遭受嚴重乾旱，收成尚未定局。

「大包幹」能夠取得如此明顯的效果，關鍵是它適合當前農村生產力的發展水平，充分調動了社員的積極性。目前大量農活還是手工操作，生產能不能發展，在很大程度上取決於有實效的投工數量和精耕細作的程度，取決於廣大社員對集體生產的責任感和積極性。我們過去組織集體生產，成績固然是肯定的，可是在「左」的錯誤影響下，對農民的干涉、限制過多，農民的負擔過重，少數幹部多吃多占，經濟帳目不清，農民的積極性受到壓抑。就拿漵浦縣來說，本來是土質、陽光、水利等自然條件較好的地方，但多年來，不論是人平產糧，還是人平口糧和純收入，都低於全省和全地區的平均水平。實踐證明，捆在一起吃大鍋飯的窮辦法，對農民是沒有任何吸引力的。而「大包幹」這種形式之所以不脛而走，是因為它比較徹底地克服了平均主義，能較好地貫徹按勞分配原則。廣大幹部和群眾體會較深的有三點：一是放得心，社員的勞動好壞同收入直接聯繫起來，心裏踏實了。二是有實惠，多勞能夠多得。三是有了真正的自主權。因此，今年春季縣委關於大田「大包幹」的禁令一撤，不到半年的時間，實行這種責任制的就達百分之九十以上，三十多萬農村勞動力的積極性一下子迸發出來，在全縣範圍內掀起了前所未有的三股熱潮：一股是嶄勁生產的熱潮。大忙期間，所有整半勞力和閒散勞力都被充分利用起來，七十多歲的老奶奶曬穀，十來歲的小娃娃拖草，全家起早摸黑地投入了生產，真正做到了「田平如鏡，泥爛如漿」，多年的「邊遠田」，「白水田」有了肥料，到處呈現出一派欣欣向榮的景象。一股是添置生產資料的熱潮。到現在為止，全縣新增的噴霧器、打稻機和曬墊分別比去年增長百分之十二、百分之七十和百分之四十一。不少社隊還爭相添購耕牛，僅低莊公社在今年頭五個月內就新增八百五十多頭。這表明農民是在真心實意地、千方百計地要把生產搞上去。一股是學習科學技術的熱潮。過去社員把學習科學技術當成是少數人的事，現在感到不學技術種不好田，吃不成飯，更談不上富裕起來。農業技術員，有經驗的幹部和老農，成了農村的忙人，到處有人請教。今年一至五月科學技術書籍銷售四萬三千多冊，比去年同期增加三倍多。

「大包幹」對生產的促進作用，不僅在生產水平很低的「三靠」地區和邊遠山區表現得較為明顯，就是中間社隊和一些生產水平較高的社隊也是這樣，因為總的講這些地方的生產力水平也不高，同樣有窩工浪費、負擔過重、幹部多吃多占的問題，同樣有增產的潛力。如該縣有個生產隊幹部原來反對搞「兩包」，今年插早稻時，組織一些社員放鐵炮，放三炮喊一聲「堅持社會主義」，再放三炮喊一聲「反對分田單幹」，又放三炮喊一聲「走共同富裕的道路」，並且給完成每天插秧任務的男女社員以物質獎勵。可是這樣作（做）也沒有能阻止群眾對「大包幹」的嚮往，不到一個月，這個隊也跟著搞起「大包幹」來了，而且搞了以後，效果同樣好。在事實面前，幹部和群眾一致稱讚：「大包幹」不僅是幫助窮隊治窮的好措施，而且是幫助富隊致富的好辦法。

漵浦縣「大包幹」責任制初步顯示的作用和效果，鼓舞和教育了各級領導幹部。就拿我自己來說，去年這個時候，還擔心「大包幹」會不會滑向單幹。今年四月，我到漵浦，雖然同意讓群眾自己選擇，但總有點不放心，這次一調查，心裏就踏實多了。「大包幹」儘管還有不夠完善的地方，總的效果卻是好的，是改變山區面貌的一種較好的責任制形式。縣委和基層社隊的同志，大多數也有同感。他們通過大半年的實踐，由原來的搞不通、看不慣變為想得通、看得慣；由原來的硬堵硬糾變為加強領導、積極做好完善工作；由原來的被動應付變為主動研究新情況、解決新問題。[53]

對農民來說，分田到戶後產生最明顯的效果有三樣：吃飽肚子、生產自主、人身自由。分田到戶使農民的生產積極性空前調動起來，全家男女老小一同到田間地頭勞動。當年見收後，一舉解決了困擾農民幾十年的飢餓問題。筆者記得自己小時經常吃雜糧薯米飯，當時最大的心願就是盼望吃上「白米飯」。這個願望在分田到戶的第一年實現了。

作為誘致性制度變遷，中國農村改革初期的家庭聯產承包責任制的積極意義是人所共知的。從集體化時期的普遍飢餓到聯產承包責任制後的基本溫飽，農民的生存狀況一舉發生了根本性的改變。土地還是那塊土地，農民還是那些農民，但體制不同兩重天。林毅夫的研究表明，制度改革對中國農業增長的貢獻最大。[54]制度改革的價值在於其尊重了農民的自由選擇。

53 吳彥凡〈關於漵浦縣實行幾統一「大包幹」的調查〉，載《新湘評論》一九八一年第十期。
54 林毅夫著《制度、技術與中國農業發展》，上海三聯書店、上海人民出版社二〇〇五年版，第八十——八十二頁。

包產到戶使農民從高度集中控制的人民公社體制中初步解放出來，農民獲得了空前的生產自主權和人身自由權。農民總結說：「辛辛苦苦三十年，一夜回到解放前。」幾十年為之辛苦的集體化無可奈何地走向了崩潰。回到所謂解放前的農民，實質上是從集體社員回歸到個體農民。包產到戶是農民掙脫集體化束縛的第一次成功的努力，國家承認包產到戶的合法性，實質上是鬆開了強加在農民身上的第一條制度繩索。

給農民「鬆綁」，讓農民自由選擇，農民就會利用獲得的自由之手，編織起自己的生活夢想。歷史和現實似乎都提供了證明：「只要給農民自由，農民就會創造出驚人的歷史奇蹟。」[55]

去集體化的家庭承包責任制，也使農民在身分上去結構化，農民成為享有空前人身自由的個體農民。農民開始由高度固定受控制的結構化身分逐漸轉向社會化。家庭承包責任制的推行，打開了中國農村變革的閘門，農民的私有產權得以重新發育和生長。此後中國農民的分化與流動，都是以此為起點而不斷擴展的結果。

應當特別指明的是，中國農村集體所有、家庭承包的土地制度雖然在第一波改革中產生了明顯的制度績效，但它畢竟只是在當時高度意識形態剛性約束下不觸及集體所有制這一「紅線」的產物，就是說，土地的集體所有制並沒有改變，農民獲得的只是在恪守集體所有制前提下的承包經營權。農村土地集體所有、家庭承包的改革，只是一種「半截子」的土地產權改革，農民並未獲得完整的土地財產權。在此後的市場化和城市化進程中，這種土地制度僵硬性的各種弊端日趨顯現，它既束縛了農民自由遷徙、制約人口城市化，又使農民在大規模圈地運動中蒙受重大的權益損害。同時，僵硬的農村土地所有制還嚴重抑制了農民依據土地交易和土地增值所能夠產生的巨大收益。土地問題已日益成為當前中國農民問題中的一個重要因素。能否把土地還給農民，賦予農民完整的土地財產權，成為第三波農村改革的重要考量。

55 張英洪〈給農民自由〉，載《改革與理論》二〇〇二年第二期。

（二）分化流動：形塑社會農民

農村改革促進了中國社會的全面轉型，即從農業社會、封閉社會轉向工業社會、開放社會。農民大規模的分化流動是市場化改革的必然產物，體現了社會文明進步的普遍趨勢。中國照搬蘇聯模式推行的工業化，將農民強行組織到合作社和人民公社的集體單位裏，猶如將馬克思比喻的一個個「馬鈴薯」，塞進了一只只密不透風的麻袋之中，由社隊幹部負責紮緊麻袋的口子，紮得越緊就越「革命」，也越體現「社會主義」。誰要是說給麻袋透風漏雨，那不是右傾，就是走資本主義道路，無產階級專政的鐵拳將立即將之砸得粉碎。被強行塞進麻袋的「馬鈴薯」，沒有陽光雨露和土壤，自然喪失了生機。一旦遭遇潮濕的天氣，就會發生大量的「黴爛」。大饑荒正是麻袋中的「馬鈴薯」遭遇「政治潮濕氣候」的一次「大黴爛」。

家庭承包責任制的推行，猶如打開了被紮緊幾十年的麻袋的口子，並將一只只麻袋推倒在地，從而使「馬鈴薯」得以滾出麻袋，散滿大地。接觸到土壤、呼吸到空氣、沐浴到陽光雨露的馬鈴薯自然而然地煥發出勃勃生機。這就是去集體化後中國農民分化流動的最初圖景。農民從人身被牢牢控制的結構化農民，逐漸形塑為社會化農民。

陳家驥（一九三二—）將農民的分化劃分為農民內部的分化和農民外部的分化。農民內部的分化就是在不改變農業勞動者的生產勞動條件和勞動對象的前提下，進行的新的分工分業或者由於生產過程中的地位轉換而形成的分化。它是農民沒有改變農民作為農業勞動者的分化，農民還是農民。農民內部分化又有收入的分化和技術的分化兩個層次，前一個層次的分化形成了農民內部的收入差異，由此會造成農民內部的貧富不均；後一個層次的分化形成了農業內部分工轉業的糧農、棉農、菜農、果農、漁農等農民類型。

農民外部的分化就是在改變農業勞動者的生產勞動條件和勞動對象的前提下，進行的新的分工，或者轉換生產過程中的地位而形成的分化。農民外部分化又有農村內部的職業分化、農村外部的職業分化和勞動性質分化三個層次。農村內部的職業分化是一種農民「離土不離鄉」的分化，鄉鎮企業職工是這種分化的重要結果。農民脫離了土地，但沒有離開農村。農村外部的職業分化則是一種「離土又離鄉」的分化，農民工是這種分化的主要表現形式。勞動性質的分化是指農民由一般的體力勞動者轉變為腦力勞動者的過程。[56]

在社會學上，社會流動是指社會成員從某一種社會地位轉移到另一種社會地位的現象。在一個既定的社會階層結構裏，如果流動的方向是由較低社會地位流動到較高社會地位，稱為向上流動，反之，則稱為向下流動，這兩種流動統稱為垂直流動。社會成員從一種職業轉移到另一種職業，如其收入、聲望和社會地位基本相同，這種在同一水平線上的流動稱為水平流動。在封閉社會裏，先賦性規則是社會流動的主要規則，而在開放社會裏，後致性因素則是社會流動的主要規則。[57]農民的社會流動可分為結構性流動和區域性流動，結構性流動是指農民在產業結構中的流動，區域流動是指農民在城鄉地域空間上的流動。[58]

農民分化和流動的過程，實質上是農民身分社會化的過程，即一個整體的、固定的、靜態的集體社員，逐漸地被分化、被解構、被啟動，一個自主性的社會得以發育。農民分化和流動的結果，將導致勞動力就業結構、人口城鄉結構和社會階層結構等變化。

溆浦縣作為傳統的農業大縣，農業人口占全縣人口的絕對多數。改革以來，農民的分化和流動加快。長期以來被人為切斷了的農民與市場之間的紐帶開始逐步聯結起來。興辦鄉鎮企業，成為農民分化流動的重要表徵。被鄧小平稱之為「異軍突起」的鄉鎮企業，吸納了大量的農村勞力，成為農民與市場聯繫的初步結晶。

溆浦縣的鄉鎮企業是在原社隊企業的基礎上發展起來的。在一九五五年的農村合作化運動中，溆浦縣組織手工業者入社，按行業建立工副業組織一百一十九個，其中種植業四十七個、養殖業十一個、加工業四十四

56 陳家驥主編《中國農民的分化與流動》，農村讀物出版社一九九〇年版，第十二—十八頁。
57 陸學藝主編《當代中國社會流動》，社會科學文獻出版社二〇〇四年版，第一—二頁。
58 陳家驥主編《中國農民的分化與流動》，農村讀物出版社一九九〇年版，第十八—二十頁。

個、製作業十四個、農藥廠三個，從業人員兩千三百八十四人，總收入一一七・一六萬元。一九五八年人民公社化運動後，將一些小企業「平調」為公社企業，並新建一批社隊企業，全縣社隊企業達八百三十七個，從業人員三・三四萬人。一九七三年成立縣社隊企業局，四十六個公社分別建立社隊企業管理站。全縣社隊企業達一千五百八十個，從業人員一萬三千八百三十八人，總收入五四二・九五萬元。[59]

一九八四年縣社隊企業局改為鄉鎮企業管理局。家庭承包責任制推行後，農民「離土不離鄉」的鄉鎮企業受到官學雙方的「讚譽」。一九八四年中共懷化地委書記、懷化行署專員親自帶領各縣（市）委書記到廣東、福建、浙江、山東、天津等沿海地區考察學習鄉鎮企業的經驗，之後，全地區鄉鎮企業很快出現鄉、村、聯戶、個體「四個輪子」一齊轉的「新局面」。

「異軍突起」的鄉鎮企業，在引起政府注意後就成為一項「政績性事業」。各級政府將發展鄉鎮企業指標納入政績考核的體系以示「高度重視」。但令人困惑的是，任何一項正常的事業和工作，一旦與領導的政績考核掛上鉤，就會被扭曲。弄虛作假幾乎是所有政績型工作的普遍特徵。各級領導抓好政績型工作的一個心照不宣的秘笈，就是在數字的誇大和縮小上做文章。鄉鎮企業產值中的水分是眾所周知的。著名歷史學家黃仁宇指出：「傳統官僚主義的作風，真理總是由上至下，統計數字反映著上級的要求和願望。」[60]眾所周知的「數位出官、官出數字」，正是中國式的政績政治學。

在「政績性事業」導向下，地方黨委政府成為發展鄉鎮企業的先鋒隊。政績導向和利益驅動是鄉鎮黨委政府熱衷於發展鄉鎮企業的兩個主要因素。美國斯坦福大學政治系教授戴慕珍（Jean C.Oi）通過對中國鄉鎮企業發展過程的研究，提出了「地方國家公司主義」的概念。地方國家公司主義對地方政府職能的公司化、地方官

59 《溆浦縣誌》，社會科學文獻出版社一九九三年版，第三二三—三二四頁。
60 黃仁宇著《中國大歷史》，生活・讀書・新知三聯書店一九九七年版，第二三六頁。

員角色的企業家化提供了一種解釋。[61]在地方國家公司主義中，GDP是公司化政府的營業額，財政收入則是其利潤，政府的公共服務責任則退居其次。[62]地方黨委政府積極投身於鄉鎮企業和其他經濟發展，在經歷了長期的計劃經濟的控制後，雖為農民走向市場「架起了一座橋樑」，[63]但其新的政治後果就是政企不分，政府職能企業化，這為接踵而來的政府制度性腐敗埋下了伏筆。溆浦縣鄉鎮企業發展情況，見表4-1。

與鄉鎮企業的發展緊密相聯的是小城鎮的興起。著名社會學家費孝通稱讚發展小城鎮是一個「大戰略」。其實，過於頌揚小城鎮是不明智的。改革以來中國小城鎮發展的制度背景是國家嚴格控制大城市規模，嚴格限制農民進城。戶籍制度的約束和大中城市對農民的制度性排斥，使發展小城鎮成為農民的現實選擇而非最佳選擇。顯然，小城鎮既是農民分化流動的產物，也為農民的分化流動提供了現實的棲居之所。溆浦縣一九四九—二〇〇六年城鄉人口的結構變化，參見表4-2。

溆浦縣人口的城市化進程相當緩慢的，從一九四九年的百分之五到二〇〇六年的百分之十一・一三，五七年間只增長了六・一三個百分點。這是人為的制度安排阻止農民進城的結果。

農民在農村內部主要分化為鄉鎮企業職業和小城鎮個體工商戶等，除了這兩種主要的「離土不離鄉」的分化外，農民還有兩種「離土又離鄉」的分化，一種是通過高考制度，被高等院校錄取的農民及其子女實現向上流動，並改變了農民的身分，成為非農業戶口的持有人，無論從職業、居住地還是戶籍身分，這部分人完完全全地加入了城鎮居民的行列並自然而然地成為其中的一員。一九七七年恢復高考制度以來，溆浦縣被大專院校錄取的人數達一萬七千兩百四十八人。溆浦縣一九七七—二〇〇七年大專院校招生錄取情況，見表4-3。

---

61 Jean C. Oi, *Fiscal Reform and the Economic Foundations of Local State Corporatism in China*, World Politics, Vol.45,No.1 (October,1992). Jean C.Oi，The Role of the State in China's Transitional Economy.The China Quarterly,1995.pp.1149-1332.

62 趙樹凱〈破除「地方政府公司主義」〉，載《中國改革》二〇〇六年第八期。

63 潘維著《農民與市場——中國基層政權與鄉鎮企業》，商務印書館二〇〇三年版。

表4-1 溆浦縣鄉鎮企業發展情況

年份	企業數（家）	從業人數（人）	總產值（萬元）	實現利潤（萬元）	上交稅金（萬元）
1983	1507	13975		230	86
1984	7175	27692		490	197
1985	7682	29383	3143	775	321
1986	8295	28544	6844	287	110
1987	9245	32126	8685	396	132
1988	10387	35058	9945	450	173
1989	10040	33792	11166	520	165
1990	10230	34551	12742	510	178
1991	10532	34419	13268	549	247
1992	15496	46617	26365	1048	389
1993	13906	53941	40714	1626	677
1994	16898	59189	62110	2293	890
1995	18461	63544	85352	2572	1636
1996	19212	68873	136009	7012	1866
1997	19022	72374	250116	2350	2033
1998	21671	85085	374899	3460	3887
1999	22419	96478	446631	4524	1932
2000	22247	93407	523881	1554	611
2001	17992	84794	346480	430	604
2002	18315	82319	375889	1086	1362
2003	18401	81729	406712	1211	1076
2004	18403	82109	440475	1299	1032

資料來源：溆浦縣鄉鎮企業局。

表4-2　1949-2006年溆浦縣城鄉人口的結構變化

單位：人、%

年度	總人口	農業人口	非農業人口	城鎮化比例
1949	384679	365445	19234	5.00
1959	455821	420368	35453	7.78
1969	568297	543766	24531	4.32
1979	704804	656311	48493	6.88
1980	713664	661867	51797	7.26
1981	723508	670334	53174	7.35
1982	734779	680883	53896	7.33
1983	738914	685248	53666	7.26
1984	743476	686023	57453	7.73
1985	749960	689603	60357	8.05
1986	756860	696298	60562	8.00
1987	766461	702585	63876	8.33
1988	790664	725436	65228	8.25
1989	801657	734707	66950	8.35
1990	805095	743177	61918	7.69
1991	812303	748414	63889	7.86
1992	814427	747499	66928	8.22
1993	816516	742232	74284	9.10
1994	823221	747048	76137	9.25
1995	827856	749108	78748	9.51
1996	830698	750415	80283	9.66
1997	833989	752688	81301	9.75
1998	835525	752252	83273	9.97
1999	839785	752765	87020	10.36
2000	840625	751927	88698	10.55
2001	842549	751957	90622	10.76
2002	841765	745679	96086	11.41
2003	845453	747480	97973	11.59
2004	845719	754767	90952	10.75
2005	855216	762653	92563	10.82
2006	871231	774242	96989	11.13

資料來源：溆浦縣統計局。

表4-3　漵浦縣1977-2007年大專院校招生錄取情況

單位：人

年份	大專院校錄取數	年度	大專院校錄取數	年份	大專院校錄取數
1977	83	1988	191	1999	789
1978	93	1989	185	2000	794
1979	46	1990	195	2001	761
1980	71	1991	219	2002	1124
1981	93	1992	240	2003	1593
1982	64	1993	337	2004	1873
1983	113	1994	367	2005	2027
1984	157	1995	415	2006	1663
1985	167	1996	401	2007	1859
1986	221	1997	448	合計：	17248
1987	143	1998	525		

資料來源：漵浦縣教育局招生辦。

表4-4　1978-2006年漵浦縣外出務工年末人數情況

單位：人

年份	外出務工人數	年度	外出務工人數	年份	外出務工人數
1978	9800	1988	66300	1998	120900
1979	16200	1989	72100	1999	124300
1980	18100	1990	79200	2000	130800
1981	22300	1991	84300	2001	134100
1982	28400	1992	91500	2002	142300
1983	34500	1993	95400	2003	148500
1984	41300	1994	100900	2004	154600
1985	47200	1995	105100	2005	160700
1986	53400	1996	111300	2006	166700
1987	60500	1997	115700		

資料來源：漵浦縣勞動和社會保障局。

農民「離土又離鄉」的另一種分化，就是進城打工。一九八〇年代以來，農民進城打工，形成了舉世罕見的民工潮現象、農民工階層和農民工問題。但在相當長的時期裏，農民工生活在一種制度性的歧視之中，受到政府全方位的圍追堵截。二〇〇六年三月二十七日國務院發佈〈關於解決農民工問題的若干意見〉，農民工的社會地位和作用開始得到政府的正面肯定，政府解決農民工問題的政策開始從長期的歧視和壓制，轉向引導和保護。農民工權益保護問題開始成為政府的關切。[64] 一九七八—二〇〇六年漵浦縣外出務工年末人數情況，見表4-4。

從某種意義上說，進城打工是繼包產到戶、鄉鎮企業、小城鎮之後，中國農民謀求生存出路、追求幸福生活的又一大創造。農民進城務工，是中國工業化、城市化的必然結果。但是進城的農民工是戴著「戶籍的枷鎖」進城的，農民的戶籍身分，使他們不能成為城市中的平等一員。西方諺語說「城市的空氣使人自由」。但在中國，進城的農民工卻在城市遭遇到了空前的權利侵害。

一方面，城市政府通過暫住證制度、收容遣送制度等一系列針對農民工的制度安排，歧視農民、掠奪農民和抓捕關押農民，使進城農民工的經濟利益、人身自由和生命安全受到嚴重危害。這是公權力對農民工權利的侵害。另一方面，私有企業主對農民工的剝奪和人身限制，農民工的基本權利和自由得不到基本的保障。這是資本對農民工權利的侵害。

中國傳統農業社會長期存在「貧富對立」與「官民對立」這個「雙重兩極社會」。市場經濟的發展將現代工業社會中的「勞資對立」納入了中國社會結構的衝突之中。當代中國農民工問題將傳統的農民問題與現代的勞資問題融為一體，成為中國社會轉型的一個社會焦點。

一九九〇年代以來，農民在進城打工中，還遭到社會黑惡勢力的控制和侵害。特別是被黑惡勢力操縱的農村女青年，被誘騙到城市後遭到了暴力強姦，有的被迫賣淫。漵浦縣低莊農村就成為一個遠近聞名的「被雞頭

64 參見《國務院關於解決農民工問題的若干意見》，北京：人民出版社二〇〇六年版。

改變的村莊」。

二〇〇二年十一月中旬，一名讀者向記者報料：湖南省溆浦縣有一批被稱作「雞頭」的人，他們拐帶女孩，強姦她們，並強逼她們賣淫。

幾年前當地一位名叫張希生的老人對「雞頭」現象進行了調查，掌握了大量事實並帶領一些受害女孩家長進行抗爭。但這些抗爭幾乎沒有任何作用。

在溆浦，張希生是個大大有名的人。村民們對他的評價是：嫉惡如仇，為人熱忱，好打抱不平。更難得的是，他懂政策和法律，所以村民們有事總愛找他。根據張妻的介紹，多年來張希生共協助當地警方破獲了三百多起案件。

（二〇〇二）年中，六十二歲的張希生在帶領一幫老人到有關部門反映情況時，因人群中出現過激行為而被抓。九月，張以聚眾衝擊國家機關罪被判七年徒刑。

張的兒子張妙林小心翼翼地從裏屋找出一個油紙口袋，低聲說：「這就是村民們反映的材料。」這本包裹得嚴嚴實實的厚厚材料，張希生花了幾個月時間才整理出來，它記錄了該鎮七名被騙外出賣淫少女及其家人的血淚控訴。這本能僥倖保留下來的控訴狀，真實記錄了發生在少女們身上的令人髮指的一幕：

一九九八年十二月二日。一個令低莊陽興村農家女小蓮（化名）終生難忘的日子。她和同村女孩小翠（化名）、荊湖村的小菊（化名）、月塘村的小梅（化名）——她們的年齡在十四歲至十六歲之間——在鄧娟等當地女孩「到外面玩玩」的遊說下，被從家門口帶離開。

後經證實，鄧娟等是受「雞頭」龔海建指示的。鄧娟早年被龔海建帶出去，後來成了「二雞頭」。第二天，在龔海建等人的帶領下，小蓮等四名女孩被騙到廣西貴港市一家旅社住下。當晚，在夜幕的遮掩下，罪惡上演了。借助小蓮、小翠等人的回憶，我們得以接近那個血淚斑斑的夜晚：「我聽到小翠的房間裏傳來劈劈啪啪的打鬥聲和哭聲，起身去看。原來張貽勝（龔海建同夥）摸到小翠的房間，捂住小翠的嘴，要強姦她；小翠不從，掙扎著跑到窗邊，說：『誰敢逼我，我就從樓上跳下去。』張貽勝走過去，劈劈啪啪就是幾個耳光，又兩腳踢在她的小腹上，說：『你覺得老子不好，那你就和張明（龔海建同夥）睡去！』小翠仍然不從，張貽勝將她的鞋脫掉，用鞋打她的嘴，我看見小翠的嘴血沫飛濺，臉一下子就烏青著腫起來。」

小蓮、小菊、小梅分別遭到龔海建同夥的強姦，小翠倖免。

第二天白天，小翠曾想買刀片割腕自殺，但她沒錢。這天晚上，她最終沒有逃脫厄運：「張貽勝過來抱我，我一動他就打我耳光。他用一隻手箍住我的手，用一隻腳扣住我的腳……」「我恨死了他們，我說我就是走路也要走回去。可是他們不許，張勇說，『你得接客去，接了客有了錢，你就可以回家去了。』」隨後小翠被「以五十元的價格賣給了一個五十多歲的老頭子。」

四名女孩就這樣在貴港開始了賣淫生涯。在那裏她們遇到了很多來自低莊的女孩。不久，四名女孩中的三名分別被帶到南寧、深圳、北海，在那裏，她們也遇到了很多低莊女孩。

除了這四名女孩外，材料還附帶另外三名女孩的控訴，其中一名女孩是張希生的外侄孫女，她被拐帶強迫賣淫時只有十三歲。而另一名十三歲女孩小華（化名），在小蓮等四名女孩被帶出後的第二天，被雙井鄉人張某等帶走，在四十多天裏接客七十餘人，後來患上了嚴重的性病。

二〇〇二年十一月十九日，湖南某監獄內，張希生接受記者採訪。「這些喪盡天良的傢伙，個個都該判死刑。」儘管是在監獄的會客室裏，這個倔強堅毅的老人仍然鬥志昂揚，聲音洪亮，透過鐵欄杆望去，老人的眼神有一種難以言傳的犀利。

低莊到底有多少「雞頭」？

老人說，幾年來，他對低莊每個鄉村都作了細緻入微的調查。他採取在東西南北四個方向抽樣調查的方法進行了統計，結果發現，每個村都有數十個「雞頭」，低莊鎮共有二十五個村，按最保守的統計，整個低莊差不多有五百到八百個「雞頭」。

十一月二十三日，記者從溆浦警方得到一個非正式統計的數字，一名警官說，通過他們多年的觀察，低莊的「雞頭」估計有近千名。

「雞頭」的產生，應追溯到一九九〇年代初期。和全國很多地方一樣，那時湖南颳起了一股南下打工潮。一些既無文化又無資金、技術，更不願意吃苦，卻又夢想一夜暴富的人打起了拐賣婦女的主意，但很快他們就發現：組織賣淫來錢更快，這些人就搖身一變，又成了「雞頭」。

和那些單打獨鬧的「雞頭」相比，「雞頭」組織顯示出強大的威力，單獨的「雞頭」一般只敢對一個女孩下手，「雞頭」組織可以一次性對一大批女孩下手。「雞頭」多以「大家一塊出去玩」、「介紹到某地打工」、「談戀愛」等名義引誘女孩，一旦出門就施以暴力迫使其就範。[65]

「雞頭」現象顯然不只是溆浦低莊農村才有的特殊現象。在中國許多農村都或多或少地存在著誘騙、拐賣女青年迫其賣淫的現象。[66]

家庭聯產承包責任制推行後，農民逐漸地從長期以來高度集中的集體單位中解放出來，並不斷地分化和流動。農民的分化和流動，形成了新的社會階層結構。[67]農民工問題正是缺乏公民權利的農民在工業化、城市化、市場化進程中產生的特殊社會階層。在社會轉型中，中國畸形的社會階層結構，導致整個社會處於「結構緊張」的狀態。這是中國現代化進程中面臨的一個突出問題。

65 曹勇、劉向暉〈被「雞頭」改變的村莊〉，載《南方週末》二〇〇二年十二月十九日。
66 何清漣著《現代化的陷阱——當代中國的經濟社會問題》，今日中國出版社一九九八年版，第一三一——一三二頁。
67 陸學藝主編《當代中國社會階層研究報告》，社會科學文獻出版社二〇〇二年版。

（三）村民自治：培育參與農民

一九五八年在農村普遍建立起來的人民公社體制，「本質上是在史達林集體農莊模式影響下，濃縮高度集中的中央權力和領袖意志，自上而下建立起來的。公社的首要功能在於實行對落後農民的政治控制和超經濟剝奪。」[68]家庭聯產承包責任制的推行，使以剝奪農民私有產權和人身自由為主要特徵的人民公社體制逐步走向解體。

一九八二年十二月四日第五屆全國人大五次會議通過共產黨執政以來中國的第四部《憲法》，該《憲法》第三十條將鄉鎮政府作為國家政權的一級行政區劃；第九十五條規定在鄉鎮設立人民代表大會和人民政府；第一一一條規定設立村民委員會，作為基層群眾性自治組織。[69]這為廢除人民公社體制提供了憲法依據。一九八三年十月，中共中央、國務院發佈〈關於實行政社分開建立鄉政府的通知〉，到一九八五年春，中國廢社建鄉工作全部結束，全國在六萬五千多個人民公社的基礎上，建立了九萬兩千多個鄉鎮人民政府、八十二萬多個村民委員會。[70]

一九八〇年二月，廣西壯族自治區宜州市的合寨大隊成立了第一個村民委員會。[71]人民公社解體後，在農村建立村委會，實行群眾自治，得到了第六屆全國人大常委會委員長彭真（一九〇二—一九九七）的支持。[72]

---

68 陳吉元、陳家驥、楊勳主編《中國農村社會經濟變遷（一九四九—一九八九）》，山西經濟出版社一九九三年版，第五〇八頁。

69 《中華人民共和國憲法》，人民出版社二〇〇〇年版，第四十三—八十三頁。

70 陳吉元、陳家驥、楊勳主編《中國農村社會經濟變遷（一九四九—一九八九）》，山西經濟出版社一九九三年版，第五〇九—五一二頁。

71 徐勇〈最早的村委會誕生追記——探訪村民自治的發源地廣西宜州合寨村〉，載《炎黃春秋》二〇〇〇年第九期。

72 沈延生〈村政的興衰與重建〉，載《戰略與管理》一九九八年第六期。

彭真認為，在農村基層通過群眾自治，實行直接民主，這是「最廣泛的民主實踐。他們把一個村的事情管好了，逐漸就會管一個鄉的事情；把一個鄉的事情管好了，逐漸就會管一個縣的事情，逐步鍛煉、提高議政能力。」[73]一九八七年十一月二十二日六屆全國人大第二十三次會議通過《中華人民共和國村民委員會組織法（試行）》，一九八八年六月一日試行。該法的頒佈和實施，成為村民自治「由興起走向制度化運作的標誌」。[74]一九九八年十一月四日九屆全國人大第五次會議通過了正式的《中華人民共和國村民委員會組織法》，從此，村民自治在中國農村廣泛推行開來。

隨著村民自治在中國農村的興起，有關村民自治、村民選舉、基層民主等問題成為海內外眾多學者研究的理論熱點，學者們的不同觀點，從不同角度揭示了中國鄉村社會從全能主義向民主政治轉型所呈現出的複雜圖景。村民自治實質上是在中國傳統專制政治肥沃的土壤裏發育出來的「民主新芽」，它還很稚嫩，也經常遭受來自傳統勢力——主要不是來自理論而是來自實際政治運作——的風吹雨打。這一株株「民主新芽」在有的地方可能會長勢看好，在其他不少地方則可能被摧殘得奄奄一息，或因營養不良而形容枯槁。但民主的種子一旦撒向遼闊的大地，就會在蘊藏生機、渴望自由的土地上生根發芽，發育成長。或許「星星之火，可以燎原」的中國古話能夠再次派上用場。

一九五八年十月漵浦縣迅速實現人民公社化，撤銷四十四個鄉人民委員會、兩個鎮和三個辦事處，成立十四個人民公社和一個鎮人民公社。一九六一年十月漵浦縣恢復區的建制，大社劃小，全縣共設八個區、四十六個農村人民公社、四個鎮人民公社，下轄六百三十三個大隊、五千四百三十九個生產隊和八個街道居民委員會。一九八三年十月中共中央、國務院下發〈關於實行政社分開建立鄉政府的通知〉後，漵浦縣開始將農

73 彭真〈通過群眾自治實行基層直接民主〉（一九八七年十一月二十三日），載《彭真文選》，人民出版社一九九一年版，第六〇六—六〇八頁。

74 徐勇著《中國農村村民自治》，華中師範大學出版社一九九七年版，第四十頁。

村人民公社改為鄉人民政府，大隊管理委員會改為村民委員會，生產隊改為村民小組。到一九八五年，全縣共設九個區公所（縣人民政府派出機構）、一個區級鎮、四十三個鄉、六個鄉級鎮，鄉鎮以下共設有村民委員會六百五十三個、村民小組六千兩百六十五個，居民委員會二十四個、居民小組一百九十二個。[75]

村民自治推行後，漵浦縣根據上級部門的要求，也進行了村民自治試點的推廣工作。在試行的前十年裏，全縣並未進行規範像樣的村委會選舉。一九九八年《村民委員會組織法》正式頒佈後，全縣才著手開始推動村民自治工作，但村民自治在實踐中遇到的來自傳統勢力的阻撓人所共知。同時，村民自治所催生的農民公民權意識和法治意識的覺醒以及參與社區公共事務的積極性，也呈現出前所未有的時代氣息。面對具有權利和法治意識的農民參與，習慣於傳統統治方式的基層政權，日益暴露出其捉襟見肘的僵化性和滯後性。

時代的發展促進了農民由臣民向公民的轉型，但基層政權卻仍然停留在強迫命令的狀態之中。一個朝向現代公民轉型的農民，與一個深陷於傳統人治泥淖中的基層政權之間的衝突，不可避免地發生了。

改革以來，漵浦縣觀音閣鎮山腳下村的變遷，從一個側面向世人展示了一幅鄉村社會變遷的時代畫卷。山腳下村主要由張姓、蔡姓、鄧姓和顏姓依姓分頭居住的六個自然村構成，人口最多的張姓村落成為行政村的主體。全村現有人口一千六百八十多人、四百七十多戶，耕地面積一千一百多畝。該村張姓先祖在清初由沅陵遷徙而來。幾百年來，他們在專制政治的統治下，具有中國農民共有的勤勞、安分、忠厚、老實和怕官的特性。

中國農民的這種普遍特性，是權力規訓和貧困折磨的結果。在傳統專制社會，「莫談國事」成為中國百姓謹守的古訓。所謂「莫談國事」，就是百姓對公權力的行使不容置喙，公權力既不受制度化的約束，又不受輿論的評價，這是東方專制主義的一大特性。權力的所有者享有為所欲為、無法無天的樂趣，百姓則匍匐在權力的腳下呻吟。

---

[75] 《漵浦縣誌》，社會科學文獻出版社一九九三年版，第一五九頁。

一九七八年以來，第一波改革衝擊了這個小山村。村民開始分田到戶，糧食獲得豐收，他們吃上了白米飯，從此，他們的肚子不再乾癟。他們從生產大隊中解放出來，獲得了生產自主和人身自由，他們漸漸地不再害怕大隊幹部，他們第一次感到自己的腰板原來還可以直起來。於是他們嘗試著在自己的責任田「埋起頭來幹活」，走在路上「直起腰板做人」。

隨著打工潮的席捲而來，村民們也開始外出打工。電視的普及、文化的提升、外出交流的增多，村民的政策法律知識也水漲船高。他們開始關注村內公共事務了。

一九九〇年代以來，農民負擔沉重、村民自治的宣傳，使山腳下村幾個受過中學教育且掌握國家政策的村民萌生出對村裏「查賬」的訴求。一九九三年，他們第一次組織一二十個村民到縣政府上訪，要求減負、查賬，但遭到村鎮兩級的強烈抵制。在鄉村幹部看來，村民要求查賬就是對村幹部個人有意見。村幹部對一些要求查賬的村民說，我們平時關係不錯，為何要查賬？在費孝通所說的「熟人社會」裏，[76]村民與村幹部世世代代都生活在同一個社區，抬頭不見低頭見，「人情面子」難以躲避，[77]有的村民回想自己或許因某些小事而與個別村幹部心存介蒂，但並無深仇大恨，何必得罪人？於是就打起了退堂鼓。山腳下村民第一次集體上訪無果而終。

在中國傳統文化中，公私不分，以私化公、以公謀私十分普遍。皇帝將天下視為私有，「普天之下，莫非王土；率土之濱，莫非王臣。」漢高祖劉邦（西元前二〇六—西元前一九五在位）稱帝後謂其父曰：「某之業所就，孰與仲多？」[78]活脫脫地展示出帝制中國的「家天下」本色。唐代詩人秦韜玉在詩句中對這種權力的私有及其隱藏的悲劇後果作了深刻揭示：「更把江山為己有，豈知台榭是身讎；金城暗逐歌聲碎，鐵甕潛隨舞勢

76 費孝通著《鄉土中國 生育制度》，北京大學出版社一九九八年版，第九—十頁。
77 黃光國、胡先縉等著《面子——中國人的權力遊戲》，中國人民大學出版社二〇〇四年版，第四—二十九頁。
78 《史記・高祖本紀》。

休。」[79]國家權力為一姓之獨有，他人不得染指，百姓無權參政議政，「莫談國事」乃中國一大傳統信條。對於政治問題，空談都不準，當然就更談不上參與了。不僅老百姓不得參與政治，王公大臣也不是參與政治，他們只是給皇帝老闆打工，隨時都會被皇帝「炒魷魚」，解甲歸田，甚至性命難保。

這種公權力私有觀念代代承襲，根深蒂固。各地各單位的「一把手」，有不少將自己掌握的公權力視為私有，以權謀私。一些村支書也不例外，在他們心中，村務乃自己所管，村民不得過問。對於村民的「查賬」訴求，鄉村幹部大都不認為這是現代民主政治的正常參與，相反卻認為這是個別村民或「一小撮搗亂分子」與村幹部的私人恩怨。

長期以來，本應當由公民廣泛參與的公共領域卻實行壟斷而不准參與；而本應當保存隱私和個人自由的私人領域卻又常遭到公權力的侵入。古希臘城邦的興起，意味著作為政治動物的人都要過私人生活和公共生活。每一個公民都隸屬於兩種生活秩序，即他自己的私人生活與共同體的公共生活。公域與私域不分，正是中國政治現代化遲緩的重要因素。在當今世界，政治現代化正是以公共領域與私人領域的分離為基礎的。[80]

村民自治的發展，衝擊著中國農民的公私觀念。中央對村民自治的倡導，各地對村民自治的試驗，農民負擔的日益沉重，權利觀念的生長，使山腳下村民中的覺悟分子決心與傳統公私觀念的束縛訣別。經過六年沉寂之後，山腳下村民再一次行動起來。一九九九年，以村民張英南（一九六八—）為代表的眾多村民公開發出了查賬和海選的呼聲，他們大大方方地對村幹部說：我們不是對你們哪個人有什麼意見，我們是要執行中央政策，維護農民權益。他們以此發起了持續了三年之久的村民維權抗爭活動，雖備經曲折，但也取得了一定的成效。這場維權抗爭活動被村民們稱之為山腳下村第一次「維權行動」。時隔多年以後，張英南對當年如何產生

79 〔唐〕秦韜玉〈陳宮〉，載《全唐詩》卷六百七十。

80 漢娜・阿倫特著〈公共領域和私人領域〉，劉鋒譯，載汪暉、陳燕谷主編《文化與公共性》，生活・讀書・新知三聯書店二〇〇五年版，第五十七—一二四頁。

維權訴求以及備經艱辛的維權歷程記憶猶新：

一九九九年，我買到一本雜誌《農家致富顧問》，裏面有溫家寶副總理關於減輕農民負擔的講話等內容。我受到很大的啟發。就將雜誌上的有關內容複印下來，送給一些有文化的村民看看，大家提出首先是要查賬。但有些人心裏有點怕，不敢搞。我又到太栗坳（按：隸屬於山腳下行政村的自然村，以顏姓為主）找到幾個志同道合的人商量，大家對支書張××幾十年來不公開財務很不滿意，就都同意查賬，大家團結起來了。

我們就到鎮裏和縣裏反映情況，要求減負、查賬，但不起任何作用。當時村民對農民負擔很不滿意，對我們提出減負、查賬的要求很支持。上面不派人下來查賬，村民就統一不上繳。我們還自發成立了民主理財監督小組，我是成員。村民不上繳，幹部就想搞蠻辦法，到村民家裏牽豬趕牛。一次，我們聽說幹部在太栗坳村強行搞上繳，就立即趕到現場制止了。[81]

直到一九九九年三月，山腳下村才開始搞村民投票的選舉，退伍軍人鄧敦平在全村一千兩百多名選民中，以九百八十多票當選為村委會主任，成為山腳下村第一個由村民投票選舉產生的村主任。村主任上任後的第一件事，就是被鎮裏要求完成上繳任務。但村民在查賬要求得不到答覆以前，一致拒絕上繳苛捐雜稅。鎮裏以完不成上繳任務為由，逼迫鄧敦平辭職。

上任僅半年的民選村主任鄧敦平被迫辭職後，鎮裏指定另一名村民為「代理村主任」，而村民對鎮裏指定的「代理主任」不予承認，這就使「代理主任」也無法完成鎮裏最關心的上繳任務。於是，為了將指定的代理

81 二〇〇七年八月二十一日，筆者湖南溆浦調查訪談記錄。

主任「合法化」，鎮裏組織一次非民主選舉性的「投票活動」，這更加激起了村民的不滿，由此嚴重激化了幹群衝突。

二〇〇〇年十二月十二日，清早七點，以鎮長舒×為首的鄉鎮幹部二十七人到本村搞「選舉」，指定、委派村委會主任、委員。七點三十分左右，傅（副）鎮長向××等六人拎著票箱在村一片走家串戶搞「選舉」，在十一組張旺家門口，我遇見了（他們），對傅（副鎮長）道：「鄉鎮領導為什麼指定、任命村主任、委員？」向××怒斥道：「你有什麼權力（利）說話？」「我是本村民主理財小組成員！」我說，「你讓我拎票箱」，我對一組組長向××說，向××不給。傅（副）鎮長大吼道：「把他搞起！」鄉鎮幹部羅×攔腰將我抱住，其餘兩位鄉鎮幹部一齊動手。後經群眾勸解，（他們）才罷手。我對向××說：「我去找鎮長反映，鎮長在哪裡？」向××說：「在上面。走！」

（村）學校在山巔上，當時，只有守校的老漢在一樓，樓梯邊有一老人賣零售。孩子們陸續來上學。（我）到二樓村計生辦公室，開門進後，傅（副）鎮長向××指著我道：「剛才他搶票箱！」屋裏鎮長舒×、傅（副）鎮長陽××、傅（副）書記張××、張××、蕭××、向××異口同聲道：「把材料記起！」（鎮）政法書記楊××起身就出去了。我坐下身烤火，等了十幾分鐘，不見他們記材料，就起身道：「如果不記材料，我有事就走了，反正剛才向傅（副）鎮長在下面，他清楚。」鎮長舒×騰地站了起來，反手將門一關，吼道：「問題沒有搞清楚，想走？」（就）朝我一拳砸過來，將我打翻在牆角。其餘六人蜂湧（擁）而上，抓的抓頭髮，扭的扭手，（對我）拳打腳踢。我見狀大聲說：「好，你們鄉鎮幹部打人！」「打你又怎麼樣？」他們說，向××扯住我的頭髮，使勁往後拉，得意洋洋地講：「你給（跟）我搞，我工作不搞了，你的人頭咔嚓落地。」（他們）將我打到門邊，我手抓到鎖，舒×將我手使勁往後反。（他們將我）打到窗邊，我一掌將玻璃打爛，頭伸出窗外，對操場上學的孩子大叫：「鎮（政）府幹部打我，快叫群眾來。」（他們）幾人拉腿，幾人扯胳膊，將我從火盆上拖過，（將我）打到屋中間，我拼命掙脫了，飛快地跳到竹床頭上，一腳將窗戶踹開，雙手攀著窗臺邊緣，欲跳窗。他們一見怕出人命，風似地跑下去幾個人。（我在窗臺上）吊了大約二分鐘，張××、向××趁我不備，一把按住我的雙手，將我拉了上來，（並）將我翻天按在書桌上，假惺惺道：「我們關心你，把你拉了上來，在這裏別動。」我說：「我要屙尿！」「不行！」他們大聲道。過了十幾分鐘，楊××同派出所李所長、張傅（副）所長開門進來了，我伸出雙手道：「把手銬戴上！」「坐下再說」，李所長說。（我說：）「把材料記起，鄉鎮幹部關門打我。」兩名所長仍無動於衷。直到群眾來了，（他們）才讓我出門。[82]

鎮裏的領導幹部毆打張英南的事件發生後，激起了村民的義憤。十二月十三日，正值農曆觀音閣趕集（漵浦縣確定縣城以外各集市每五天趕集一次，觀音閣集市每逢農曆三、八日趕集。縣城為「百日場」），山腳下村民上百人到鎮政府「討公道」，鎮幹部躲著不見，一些村民就砸爛了鎮政府的窗戶玻璃。

此事引起漵浦縣委、縣政府的「高度重視」，十二月十四日，以縣委分管政法的副書記張英和帶隊，公安局、民政局、統計局、麻陽水辦事處等部門領導組成的工作組到村裏調查，但工作組並未追究鎮幹部打人的責任，他們責成民政局補償給被幹部打傷的村民張英南兩百元醫藥費了事。當張英南等人事後到民政局去領取所謂的醫藥費時，參與工作組的民政局副局長舒××要求張英南寫下以後「不再鬧事」的保證書後方肯支付「醫藥費」。張英南等人氣憤地撕碎欲領取的兩百元「醫藥費」條子，說「不要了」，就離開了民政局。

在幹群關係日趨緊張的情勢下，漵浦縣委、縣政府根據山腳下村民與群眾的反覆要求，同意縣經管局派人前往該村查賬。這已經是村民要求查賬兩年以後的事了。二〇〇一年四月十三日到七月十日，以縣經管局副

[82] 摘自張英南二〇〇一年二月五日的情況反映材料。

表4-5 山腳下村經濟問題到人一覽表

單位：元

姓名	職務	重報	多報	虛報	不合理開支	收入未入賬	錯賬	小計
張××	原村支書	1539.40	8076.01	1000	3741.20	260	-	14616.61
顏××	原村會計	160	789.38	1283.65	1300.01	2447.16	374.62	6327.82
鄧××	原村長	-	-	-	200	380	-	580
鄧××	現村支書	-	-	-	100	-	-	100
周××	原出納	-	-	-	-	1507.8	-	1507.8
顏××	原會計	-	-	-	-	90	-	90
顏××	組長	80	-	-			-	80
蔡××	村民	-	-	-		101	-	101
張××	組長	-	-	-	540	-	-	-
張××	村民	-	80	-		-	-	80
合計		1779.40	8945.39	2283.65	5881.21	4785.96	347.62	24023.23

資料來源：漵浦縣農村經濟經營管理局漵農審初決字[2001]01號檔《關於對觀音閣鎮山腳下村90-99年度財務審計結論和處理決定》，2001年7月20日。

局長朱良輝具體負責的聯合審計組對山腳下村一九九○年到一九九九年度（一九九○年以前的財報表情況已難以搜集）的村組財務進行了審計。審計中發現村幹部虛報、多報、重報、隱瞞收入、不合理開支等問題十分嚴重，村組幹部幾乎沒有哪個人屁股是乾淨的。山腳下村經濟問題到人一覽表，見表4-5。

村民的維權活動，第一次實現了山腳下村在村民壓力下的權力轉移，初步改變了村莊權力結構。自一九七五年三月起擔任大隊書記和村支書長達二十五年之久的張××於二○○○年五月被免職。被迫辭職的村主任鄧敦平恢復了村主任職務並接任村支書一職。[83]

二○○二年三月，在村民要求海選的呼籲下，山腳下村進行了村主任的海選，張×以八百多票當選。二○○五年三月村委會選舉，

83 張英洪〈回鄉農民工攪動鄉村政治〉，載笑蜀、蔣兆勇主編《公民社會評論》第一輯《流民、遊民與社會動盪》，廣東人民出版社二○○九年四月，第十二—十七頁。

兩名候選人張×和張××都只獲得五百多票，均未過半。但也未再進行重選。[84]此後三年中，山腳下村委會主任職務一直空缺，村支書鄧敦平主持村支兩委的日常工作。

美國加州柏克利大學政治學教授歐博文（Kevin J.O'Brien）通過對中國村民選舉的觀察後認為，中國農民最好被看作是「處於臣民和公民之間的位置上」，農民的努力可能有助於某些公民權變為現實，儘管村民在地方政治中只是部分公民，但我們可以看到一個更完整的公民權出現的開端。[85]

村民自治的實踐，使一個逐步具有公民權意識的參與式農民走到了歷史的前臺。中國農民從幾千年來體制外的「造反者」和「順從者」，轉變為當代體制內的「維權者」，特別是農民從「暴力維權」到「理性維權」的轉變，凸現了農民法律和權利意識的昇華。這是中國農民行為模式前所未有的重大轉型，農民的維權活動在改變自身的同時，也逐步改變著中國的政治話語和政治走勢。[86]

---

84 村委會選舉遵守「雙過半」原則。《村民委員會組織法》第十四條規定：「選舉村民委員會，有選舉權的村民的過半數投票，選舉有效；候選人獲得參加投票的村民的過半數的選票，始得當選。」二〇〇七年九月四日，筆者就山腳下村選舉問題請教著名的村委會選舉法律研究專家唐鳴教授，唐鳴教授認為這種情況應該重新進行選舉，重新選舉後，候選人無論是否獲得過半票，以得票最多者當選，當地鄉鎮黨委政府有責任指導和組織重選。有關村委會選舉法律問題的詳細討論，參見唐鳴等著《村委會選舉法律問題研究》，中國社會科學出版社二〇〇四年版。

85 歐博文〈村民、選舉及公民權〉，胡榮譯，原載香港中文大學中國研究服務中心、香港浸會大學政府與國際研究系合辦「第二屆大陸村級組織建設學術研討會」論文，二〇〇一年。轉引自香港中文大學中國研究服務中心http://www.usc.cuhk.edu.hk/wkgb.asp。

86 于建嶸〈轉型中國的社會衝突——對當代工農維權活動的觀察和分析〉，載《領導者》二〇〇八年第二期（總第二十期）。

三、農民負擔：中央、地方與農民的多邊張力

第一波農村改革產生的制度績效，到一九八〇年代中後期基本釋放殆盡。適應農村巨大變化的新的改革舉措卻遲滯難以問世，甚至一度出現中斷及倒退。一九九二年鄧小平南方談話後，中國進入以市場經濟為改革目標的第二波改革。這場以自由市場為取向的改革，在消解傳統計劃經濟體制時卻也造成了「權貴資本主義」的孳生蔓延，一種被稱之為「壞的市場經濟」開始氾濫。

著名經濟學家吳敬璉（一九三〇——）在改革初期針對計劃經濟體制的嚴重弊端，極力主張市場取向的改革，以至有「吳市場」之譽。但中國市場經濟的改革實踐卻使吳敬璉認識到市場經濟有好壞之分，好的市場經濟是法治的市場經濟，壞的市場經濟是權力與資本結盟的權貴資本主義即官僚資本主義。[87]農村長期積累的體制性矛盾與「壞的市場經濟」相結合，使農民同時遭遇不受制約的權力和洶湧而來的市場（資本）的雙重剝奪，農民的生存環境趨於惡化。以農民負擔問題、農民工問題、徵地拆遷及失地農民問題、教育醫療高收費亂收費問題、計劃生育問題、信訪問題、農村群體性事件問題等等為特徵的「三農」問題，成為一九九〇年代以來中國最為尖銳的社會問題。

康曉光（一九六三——）對一九九〇年代中期以後中國形成的政治精英、經濟精英和知識精英的勾結型聯盟作過精彩分析。作為市場經濟與權威政治聯姻的產兒，精英聯盟具有很強的穩定性，一旦形成就很難打破。

87 吳敬璉著《呼喚法治的市場經濟》，生活・讀書・新知三聯書店二〇〇七年版。

精英聯盟的本質在於「剝奪弱者，滿足強者。」[88]市場化改革以來，中國的利益集團迅速崛起，出現了「國家利益部門化、部門利益集團化、集團利益個人化」的社會情勢。強勢利益集團對國家政策法規制定的干擾，以及對國家利益和弱勢群體利益的侵蝕，已日趨活躍與定型化。作為弱勢階層的農民，在繼計劃經濟時代成為權力的被剝奪者之後，又迅速成為市場化改革中被權力和市場雙重剝奪的最大犧牲者。這或許如康曉光所說正是農民必須承受的現代化的「宿命」。[89]

作為農民問題突出表徵的農民負擔問題，體現了市場化的地方權力對農民利益的肆意掠奪。在二〇〇六年全面免徵農業稅以前長達二十年的時間裏，國家在減輕農民負擔問題上幾近束手無策，這可能驗證康曉光所說的「精英聯盟的穩定性」。在這種情勢下，一九九〇年代中國的「三農」政策就被李昌平認為「基本是錯誤的」。[90]

（一）無代表徵稅：臣民型義務與非公共化行政

農民負擔是農民向國家、集體和社會承擔的一切稅費和勞務的總和。[91]通常把政府及其部門向農民徵收的一切稅費包括稅收（明稅和暗稅）、鄉統籌村提留、農民義務工、積累工以及集資、攤派、罰款等統稱之為農民負擔。[92]

88 康曉光〈作為內生博弈規則的精英聯盟—關於當前中國大陸政治結構的博弈論解釋〉，載天益網康曉光專欄文章，http://www.tecn.cn/data/detail.php?id=11506，2006-10-30。

89 康曉光〈「現代化」是必須承受的「宿命」〉，載《天涯》二〇〇六年第五期。

90 李昌平〈九十年代的三農政策基本錯誤〉，載天益支農網http://www.zhinong.cn/data/detail.php?id=6475，2008-02-25。張新光認為李昌平終於說出了「三農」問題背後的「真相」。參見張新光〈二〇世紀九〇年代：國家放任農村，中央放任地方〉，載天益支農網http://www.zhinong.cn/data/detail.php?id=6470，2008-01-08。

91 李茂嵐主編《中國農民負擔問題研究》，山西經濟出版社一九九六年版，第七十九頁。

92 宋圭武〈中國農民的負擔問題〉，載《戰略與管理》二〇〇〇年第一期。

自古以來，中國農民就有了各種負擔。農民的負擔主要包括兩大部分：貢賦和徭役。[93]貢始於夏（約西元前二一〇〇—約西元前一六〇〇年），大禹治水，劃分天下為九州，各地以本地所產之物進貢。《尚書・禹貢》對各州所貢之物有詳盡記載。[94]貢賦演變成後來的農業稅、特產稅等，徭役就成了後來的義務工、積累工。春秋時期（西元前七七〇—西元前四七六年），魯宣公十五年（西元前五九四年）實行「初稅畝」，第一次不分公田、私田，一律按畝數徵收農業稅。徭役一般包括兵役和勞役。到西漢（西元前二〇六—二〇八年），男子二十五至五十六歲，每年服勞役一個月。如不親服勞役，則交錢兩千。每個成年男子須服兵役兩年。[95]

從本質上說，農民負擔這一概念反映了傳統農業社會農民與國家不平等的服從與統治關係，即進貢與索取的關係。農民向國家進貢，不是為了換取國家提供公共物品，而是因為處在國家權力的支配之下而無可奈何；國家向農民索取財物勞力，也不是為了向農民提供公共服務，而是為了滿足掌權者的需要。傳統國家稅費的本質在於「取之於民，用之於官。」在傳統政治社會結構中，對農民來說最要命的還不是國家明文規定的正稅負擔，而是下層官吏搜刮無度的雜費攤派，即苛捐雜稅。孔子指出「猛於虎」的「苛政」，[96]正是中國傳統社會幾千年來無法治癒的「政治之癌」。

中國歷朝歷代，皆以農為本，信奉「國以民為本，民以食為天。」就是到了當代，執政者仍反覆強調「農業是國民經濟的基礎」，「農村不穩定，整個政治局勢就不穩定，農民沒有擺脫貧困，就是我國沒有擺脫貧

93 孫翊剛主編《中國農民負擔簡史》，中國財政經濟出版社一九九一年版，第十七頁。
94 九州進貢之物，詳見《尚書・禹貢》。另參見孫翊剛主編《中國農民負擔簡史》，中國財政經濟出版社一九九一年版，第二十七頁。
95 孫翊剛主編《中國農民負擔簡史》，中國財政經濟出版社一九九一年版，第二十二、四十七頁。
96 《禮記・檀弓下》。

困。」[97]但奇怪的是，國家普遍「重農抑商」政策的結果，卻如西漢晁錯（西元前二〇〇—西元前一五四年）所言：「今法律賤商人，商人已富貴矣；尊農夫，農夫已貧賤矣。」[98]在傳統中國士、農、工、商四大社會階層中，農民的社會地位排名第二，但農民「終歲勤勞而不得食」，司馬光（一〇一九—一〇八六年）歎曰：「四民之中，唯農最苦。」[99]最苦的農民苦在何處？唐僖宗時（八七四—八八八年在位）的劉允章在〈直諫書〉中列舉了農民之苦有八：官吏苛刻，私債徵奪，賦役繁多，所由乞斂，替逃人科差，冤不得理屈不得伸，凍無衣饑無食，病不得醫死不得葬。[100]

共產黨建立新政權後，先以消滅剝削階級的名義剝奪了地主富農的私有產權，接著以社會主義的名義剝奪了全部農民的私有產權。周其仁指出，為了一個史達林式的國家工業化目標，「革命後的國家不僅僅要代替舊國家掌握來自土地的賦稅，而且要替代原來的地主控制和利用地租。在稅的方面，二十世紀五〇年代前期的農業稅率已達到總產量的百分之十一。這一稅率高於明清時代和抗戰前期的國民黨政府。……共產黨新政權已經是這個國家歷史上和平時期最有效的徵稅者了，只是它似乎並不滿足於這一點。」[101]關注國家汲取能力即徵稅能力的王紹光（一九五四——）教授讚賞共產黨新政權建立初期驚人的「汲取能力」：帝制時代中國的政府收入從未超過GDP的百分之四，國民黨政府收入最高時也不過占GDP的百分之八·八。而共產黨建政後的

97 鄧小平〈改革的步子要加快〉（一九八七年六月十二日），載《鄧小平文選》第三卷，人民出版社一九九三年，第二三七頁。
98 《漢書·食貨志》。
99 《宋史·食貨志》。
100 《全唐文》卷八〇四。轉引自孫翊剛主編《中國農民負擔簡史》，中國財政經濟出版社一九九一年版，第一〇九—一一〇頁。
101 周其仁〈中國農村改革：國家與土地所有權關係的變化——一個經濟制度變遷史的回顧〉，原載《中國社會科學季刊》（香港）一九九四年夏季卷（總第八期）。

一九五〇年，政府收入占GDP的比重達百分之十五・八，到一九五三年，這個比例猛增到百分之三十・一。[102]國家汲取能力對一個現代國家來說是不可或缺的，但如果沒有建立現代公共財政體制和相應的民主法治環境，那麼，單方面地提高徵稅能力，實質上是強化國家橫徵暴斂的能力，到基層就可能演化成名目繁多的苛捐雜稅，不受法律制約的徵稅者就會傾向於對民眾進行敲骨吸髓式地無情盤剝。同時，政府也就不可能將納稅人的錢用來為納稅人服務。一九九〇年代後，農村愈演愈烈、屢禁不止的「三亂」現象證明了這一點。

中國歷史從某種意義上說是一部農民負擔史。[103]官吏橫徵暴斂，民眾不堪重負；官逼民反，民不得不反；農民揭竿而起，國家改朝換代。這似乎成了中國歷史不斷重複上演的「肥皂劇」。中國農民之於負擔，猶如負殼烏龜，似乎與生俱有，終生負重爬行。共產黨建立的新政權，改變了中國歷史上一個新朝代建立之初大都實行「輕徭薄賦」的執政慣例，展示了王紹光所說的極強的「汲取能力」，成為周其仁稱之為的「最有效的徵稅者」。在集體化時期，農民的私有產權幾乎被國家全部剝奪，人身自由受到了集體的統一支配。農民在集體支配下的強制勞動無異於歷史上的繁重徭役。

集體化時期的「一平二調」，使農民負擔達到了空前的程度。一九七八年六月，中共中央在批轉湖南省湘鄉縣委關於減輕農民不合理負擔的報告中提出，必須堅決剎住由「四人幫」颳起的幹部用公款大吃大喝、請客送禮的「資產階級邪風」。從一個側面揭示了集體化時期農民的負擔情況和幹部的揮霍作風。這一案例也許對大多數人想當然地認為「集體化時期幹部特別清廉」的觀念構成一些衝擊。官方調查顯示，一九七七年湖南省湘鄉縣農民合法負擔的國家稅收有四種，即農業稅、農村工商稅、社隊企業所得稅、屠宰稅。這一年共向農民徵稅三七五萬元，人均負擔五・四元。全縣農民除負擔國家規定的稅收外，還有各種雜項負擔一五五九萬元，

102　王紹光〈國家汲取能力的建設——中華人民共和國成立初期的經驗〉，周紹傑譯，載《中國社會科學》二〇〇二年第一期。

103　《中國農民負擔史》（第一—四卷），中國財政經濟出版社一九九一年至一九九四年版。

人均負擔二十二・五元，農民的雜費負擔相當於國家稅收的四倍多。無償調用勞力、物資，幹部用公款大吃大喝、請客送禮等九個方面是增加農民負擔的重要因素。其中，幹部用公款大吃大喝、請客送禮的達七十萬元，有的大隊用公款大吃大喝、請客送禮的開支，就要增加農民人均負擔三元多錢。湖山公社三角大隊，支書、副支書、會計、民兵營長四個大隊幹部共貪污、挪用集體資金八千四百七十七元。[104]

中共湖南湘潭地委在一九七九年公開出版的減輕農民負擔的書中，對湘潭地區農民負擔過重問題作了分析，認為全區幹部超支挪用、鋪張浪費、大吃大喝成風，形成了「上下左右向生產隊伸手，四面八方挖生產隊牆腳」的嚴重局面，致使「農民負擔十分沉重」。農民負擔過重主要體現在：一是無償平調生產隊的勞力、物資和資金。有些單位講排場、擺闊氣，濫用生產隊的勞力、財力、物力大搞非生產性建設，建辦公樓、大禮堂的情況相當普遍，向生產隊攤派名目繁多。二是一些部門剋扣國家對農業的各項投資，又把興辦農村各項事業的費用轉嫁給生產隊負擔。三是收購農副產品壓級壓價，支農產品價商質劣。有的單位利用向社隊敲詐勒索，颳起一股「吃農」、「坑農」歪風；四是非生產人員、非生產傭工、非生產性開支大量增加，生產成本普遍上升。湘鄉縣太平公社一九七六年公社和大隊非生產人員三百六十二人，平均每個大隊二十八人，占總勞力的百分之十・二。有的大隊吃喝成風，開現場會，搞評比檢查，任意揮霍集體財產。[105]該書編者雖客觀分析了農民負擔過重的現象，但卻將造成農民負擔過重的根本原因歸咎於「林彪、『四人幫』的干擾破壞」，這就充分體現了當政者制度反思能力的不足。

農村改革後，農民負擔問題開始新的凸顯。一九八四年中共中央「一號文件」就提出要「制止對農民的不合理攤派，減輕農民額外負擔。」一九八五年十月中共中央、國務院發出〈關於制止向農民亂攤派、亂罰款的

104 〈中共中央關於轉發湖南省湘鄉縣委報告的批示〉（一九七八年六月二十三日），載國家農委辦公廳編《農業集體化重要文件彙編》下冊，中共中央黨校出版社一九八一年版，第九五九—九六二頁。

105 中共湘潭地委編《落實黨的政策　減輕農民負擔》，農業出版社一九七九年版，第一—二十二頁。

通知〉，通知稱：「近幾年來，黨中央、國務院三令五申，要求切實減輕農民負擔，但大部分地方農民負擔仍然不斷增加。」[106]此後，中央國家紛紛出臺法律、下發文件、召開會議、領導講話、督促檢查等，各種減負措施層出不窮，但農民負擔問題卻愈演愈烈，日趨嚴重。在持續二十多年的時間裏，中央國家無法達到它所公開要求的減輕農民負擔的目標，就是說，它已經無法有效約束它的代理人的權力濫用了。

一九九一年十二月七日國務院發佈施行《農民承擔費用和勞務管理條例》，首次對農民承擔費用和勞務作了規範化界定。《條例》第二條規定：「農民承擔的費用和勞務，是指農民除繳納稅金，完成國家農產品定購任務外，依照法律、法規所承擔的村（包括村民小組，下同）提留、鄉（包括鎮，下同）統籌費、勞務（農村義務工和勞動積累工）以及其他費用。」[107]這個條例只規定了農民對集體承擔的「三提五統」和勞務負擔。廣義地說，農民負擔內容包括國家稅賦、集體合同內負擔、隱性負擔和社會負擔。[108]

通常所說的減輕農民負擔，主要是指減輕「三提五統」中高於農民人平純收入百分之五的費用、人為提高農民人均純收入而相應收取的費用、「兩工」以資代勞費用以及各種亂收費、亂攤派、亂集資、亂罰款等社會負擔。從一九八〇年代開始，農民負擔在中央年年要求減輕中卻逐年增加。一九八五—二〇〇四年漵浦縣農民負擔情況，見表4-7。

106 〈中共中央、國務院關於制止向農民亂攤派、亂收費的通知〉（一九八五年十月三十日），載國務院法制辦公室編《減輕農民負擔政策法規選編》，中國法制出版社二〇〇一年版，第二十二頁。

107 《農民承擔費用和勞務管理條例》（一九九一年十一月五日國務院第九十二次常委會議通過，一九九一年十二月七日中華人民共和國國務院令第九十二號發佈施行），載國務院法制辦公室編《減輕農民負擔政策法規選編》，中國法制出版社二〇〇一年版，第十四頁。

108 李茂嵐主編《中國農民負擔問題研究》，山西經濟出版社一九九六年版，第七十九—八十六頁。王春光著《農村社會分化與農民負擔》，中國社會科學出版社二〇〇五年版，第五十四頁。

表4-6　改革後中國農民負擔專案表

負擔類別	負擔專案	負擔依據或來源
國家稅賦	一、農民向國家繳納的稅金，主要有：農業稅、農業稅附加、農林特產稅、耕地佔用稅、牲畜屠宰稅、工商稅等。 二、定購糧任務。	一、農業稅及其附加：1958年6月《中華人民共和國農業稅條例》規定糧食作物和薯類作物的收入；棉花、麻類、煙葉、油料、糖料和其他經濟作物的收入；園藝作物的收入；經國務院規定或批准徵收的其他收入。全國平均稅率為常年產量的15.5%；省級政府可以隨同農業稅徵收地方附加，地方附加一般不得超過農業稅額的15%，經濟作物地區可高於15%，但最高不得超過30%。農業稅以徵收糧食為主。 二、農林特產稅：1983年國務院《關於對農林特產收入徵收農業稅的若干規定》。 三、耕地佔用稅：1987年4月《中華人民共和國耕地佔用稅條例》。 四、其他相關法律法規。
集體負擔	一、村提留，包括公積金、公益金、管理費，公積金用於農田水利基本建設、植樹造林、購置生產性固定資產、興辦集體企業。公益金用於五保戶供養、特別困難戶補助、合作醫療保健以及其他集體福利事業。管理費用於村幹部報酬和管理開支。 二、鄉統籌費，用於安排鄉村兩級辦學、計劃生育、優撫、民兵訓練、修建鄉村道路等民辦公助事業。 三、農村義務工，主要用於植樹造林、防汛、公路建設、修繕校舍等。 四、勞動積累工，主要用於農田水利基本建設和植樹造林。	一、「三提五統」和「兩工」是農民直接向集體經濟組織繳納的費用和承擔的勞務。 二、1911年12月《農民承擔費用和勞務管理條例》。 三、「三提五統」：以鄉為單位，不得超過上一年農民人均純收入的5%。 四、「兩工」：按標準日計算，每個農村勞動力每年承擔5至10個義務勞動工、10至20個積累工。

表4-6 改革後中國農民負擔專案表（續）

負擔類別	負擔專案	負擔依據或來源
隱性負擔	隱性負擔即工農產品價格剪刀差，就是以工業產品價格高於其價值、農產品價格低於其價值的工農產品不等價交換。	一、國家照搬蘇聯模式推行國家工業化發展戰略，即挖農補工戰略。中國農民承擔的隱性負擔高於顯性負擔。 二、中國農村人口平均負擔的剪刀差，從1978年每人的50.5元增長到205元。此後每年都在增長。
社會負擔	主要是行政事業性收費；亂收費、亂攤派、亂集資、亂罰款，各種評比達標等要求農民出錢出物出力的一切活動；稅費徵收中的層層加碼。	政府及各職能部門出臺和下發的各種法規、文件等。

資料來源：李茂嵐主編《中國農民負擔問題研究》，山西經濟出版社1996年版，第79-86頁；〈農民承擔費用和勞務管理條例〉（1991年12月7日發佈施行），載國務院法制辦公室編《減輕農民負擔政策法規選編》，中國法制出版社2001年版，第14-21頁；劉佐著《中國稅制概覽》，經濟科學出版社2006年版。

表4-7 1996-2001年溆浦縣農民負擔情況

年度	農業人口（人）	鄉統籌（萬元）	村提留（萬元）	兩工（萬個）	全縣農民人均純收入（元）
1996	750415	1700.00	1740.00	985.00	1461
1997	752688	1772.73	1772.73	968.40	1678
1998	752252	1733.20	1741.40	984.70	1985
1999	752765	1753.10	1761.90	994.80	2705
2000	751927	1746.66	1767.66	929.10	3052
2001	751957	1715.44	1745.00	939.20	2361

資料來源：溆浦縣統計局、溆浦縣減輕農民負擔辦公室。

農村各項稅費不是按照現代國家由稅務部門依據法律程式收取，而是實行由縣↓辦事處↓鄉鎮↓村↓組↓農戶的路徑，自上而下層層分攤任務，實行稅費任務承包制。各承包單位尤其是鄉村兩級又層層加碼徵收。農民作為最關鍵的利益攸關方，既無權參與應徵稅費數額的決策，又不能參與徵收過程的討論，更無權過問稅費的用途去向。總之，農民只有完成上級下達的稅費任務的義務，無權享有繳納稅費的相關權利。從時間上說，中國已經進入了現代國家的行列，但在現代國家制度建設上，卻嚴重滯後。這就使得費正清揭示的傳統中國社會收斂田賦的弊端延續下來：「所有收稅的官員只需完成定額，超過定額部分劃歸他們的腰包或機關。所以一個官員只要適當完成了定額，在職務中怎樣肥了自己，就沒有人追究譴責。」[109]

漵浦縣各鄉鎮均係將稅費任務層層分攤到農戶。農民的實際負擔遠遠超過法律法規明文規定的專案，用農民自己的話說，是「苛捐雜稅，多如牛毛。」

一九九九年八月，根據漵浦縣委、縣政府治理經濟發展環境的部署安排，尚在該縣工作的筆者，對全縣經濟發展環境作了專題調查，調查結果表明，農民承擔的實際負擔大大超過了人們平常的想像：

從農民負擔來看，亂收費的現象依然存在，我們在水東鎮上綠化村調查時，該村一組長向我們出示了一份該村一九九八年農民負擔詳細清單：上交鄉統籌項目、教育費附加四二一九四無，計劃生育費一萬四千零六十三元，民兵訓練費兩千三百四十四元，軍屬優撫費兩千零八十五元，公路維修三千七百九十元；上交村提留專案，村幹部（五人）工資一萬三千兩百元，組長（十五人）工資一千五百元，林業員（一人）一千兩百元，人畜防疫一千七百三十九元，婦幼保健一百元，村組會議開支一千元，報刊雜誌兩千元，管理費兩千元，村調工六千元，學校維修三千五百元，貸款利息一千元（貸款上交任務，利息由群

109 〔美〕費正清著《偉大的中國革命》，劉尊棋譯，世界知識出版社二〇〇三年版，第五十一頁。

眾負擔），各項專欄一千元，投遞信件一百元，公益金一千五百元，村幹培訓兩千元，民兵青年五百元，文教衛五百元，各項檢查開支二千元，治安保衛五百元。總計十一萬兩千九百一十五元。

該組村民賀達易一家七口人，除上交農業稅四百五十八．九元、特產稅八十六元、水利建設費兩百八十元外，「三提五統」總計一千零七十七．二元，人平一百五十四元。該村一九九七年農民人均純收入只有一千兩百四十元，按百分之五的標準只應負擔六十二元，而他的實際負擔（比例）達百分之十二．四，超負一．五倍。（按：賀一家稅費總負擔一千九百零二．一元，人平兩百七十一．七三元）。[110]

各鄉鎮一律根據縣裏下達的稅費任務指標和本鄉鎮「工作的實際需要」，確定本鄉鎮全年財稅任務總數，然後將任務分攤到所轄各村，各村又將任務分攤到各組，各組則將任務最後分攤到各農戶，各農戶就只有照交不誤的義務。農戶成為上級層層下達和加碼的政府數字任務的最終「完成者」。

稅費任務自上而下層層分攤的方式，使國家權力最末梢的村莊也獲得了向村民「徵稅的權力」。這種極端混亂的國家稅收體制，對農民、對國家都是一種巨大的災難。

美國學者杜贊奇在研究二十世紀前半期中國華北農村的社會變遷時發現，國家政權向鄉村社會擴張以深入基層和汲取下層財源的努力基本上沒有中斷過。國家開始不斷地向農村攤派，所有攤派很快超過了田賦的數倍。攤款從根本上不同於田賦和其他捐稅，它不是按丁口或私有財產分配，而是以村莊為單位分攤，由村莊制定自己的攤派方式，從而使村莊具有了徵款權力。[111]這種於民於國均有害無益的稅收制度，在中國農村長期得不

110　溆浦縣治理經濟環境調查組《關於我縣經濟發展環境的調查彙報》（一九九九年八月二十三日），列印稿（張英洪執筆）。

111　〔美〕杜贊奇著《文化、權力與國家——一九〇〇—一九四二年的華北農村》，王明福譯，江蘇人民出版社二〇〇三年版，第二頁。

表4-8　2001年漵浦縣祖市殿鎮赤溪村各項任務到組明細表

基本情況			國家任務					鄉村統籌提留					合計（元）
組別	人口（人）	水田（畝）	農業稅（元）	特產稅（元）	1802省道集資（元）	教育費（元）	小計（元）	鄉統籌（元）	村提留（元）	水費（元）	高低壓維修（元）	小計（元）	
1	65	55.8	2530	1482	975	1263	6250	696	1800	125	650	3271	9521
2	112	78.6	3241	2335	1680	1954	9210	1077	2785	207	1120	5189	14399
3	63	47.1	2033	1368	945	1121	5467	617	1599	85	630	2931	8398
4	96	73.8	3098	2068	1440	1734	8337	956	2472	290	960	4678	13015
5	113	86.3	3479	2476	1695	2074	9724	1143	2956	62	1130	5291	15015
6	136	110.3	4749	2904	2040	2555	11438	1405	3634	193	1360	6592	18030
7	174	121.3	5003	3443	2610	2966	14022	1636	4228	324	1740	7928	21950
8	113	113	4364	2750	1695	2433	11242	1341	3467	160	1130	6098	17340
9	127	96.6	3687	2537	1905	2188	10317	1207	3119	76	1270	5672	15989
合計	999	775.8	32181	21363	14985	18288	86817	10078	26060	1522	9990	47650	134467

說明：省道一八〇二線人平集資15元，高低壓線路維修人平10元。原表將縣委、縣政府確定的省級公路一八〇二線改造和教育費列為國家任務，為保持原貌，未作改動。

資料來源：2007年7月27日筆者調查。

到真正的改革。

王紹光等人認為，公共財政制度是國家政治體制最重要的組成部分，其重要性不下於選舉制度、政治制度、議會制度和輿論監督制度。從收入和支出兩個方面改造公共財政是遏制腐敗、加大政府透明性、調節收入分配、緩解社會矛盾、增加國家能力的制度條件。不改造公共財政，無論是基層民主，還是更大範圍的民主，都難以發揮實效。改造公共財政是政治體制改革的最佳切入點，它是低調的，不會過分提高人們的期望；它是具體的，比抽象談論政治民主更容易操作；它是務實的，可以在不太長的時間裏產生看得見的變化。[112] 毋庸置疑，建立現代公共財政體制，是中國現代國家構建的重要內容。二〇〇一年漵浦縣祖市殿鎮赤溪村各項任務到組情況，見表4-8。

112 王紹光、王有強〈公民權、所得稅和預算體制——談農村稅費改革的思路〉，載《戰略與管理》二〇〇一年第三期。

漵浦縣祖市殿鎮赤溪村委會根據上述任務安排，給本村村民張志權（一家五口人）發了一張限期交清各項任務的「通知」單，內容如下：

張志權同志：

現將二〇〇一年國家稅收任務及鄉村統籌集資數通知於你，根據你戶人口耕地面積，應交農業稅一百六十二・八（元），特產稅一百零九・二五（元），一八〇二線集資七十五（元），教育費八十九・七二（元），小計四百三十六・七七（元）。應交鄉統籌四十九・四（元），村提留一百二十八（元），水費六・八四（元），高低壓整修費五十（元），各項合計六百七十一・〇一（元）。

以上二稅及教育費、一八〇二線集資款望你於八月二十日以前交清，鄉村提留集資在十一月底完成。

希望各位給予支持配合，按時完成自己應盡義務。

赤溪村委會

二〇〇一年八月三日[113]

美國首席大法官約翰・馬歇爾（John Marshall，一七五五—一八三五）在麥克科洛克訴馬里蘭州案中提出了一個廣為人知的命題：徵稅的權力事關毀滅的權力。布倫南（Geoffrey Brennan）和布坎南（James J. Buchanan）指出：「對於普通公民來說，徵稅的權力是其最熟知的政府強制力的表現。徵稅的權力涉及強迫個人和私人機構繳費的權力。」[114]這種權力如不受到限制，百姓的苦難和民族的苦難都將頻頻發生。

113 二〇〇七年七月二十七日筆者湖南漵浦調查記錄。
114 〔澳〕布倫南、〔美〕布坎南著《憲政經濟學》，馮克利、秋風、王代、魏志梅等譯，中國社會科學出版社二〇〇四年版，第九頁。

中華文明歷史雖然悠久，但在制度設計上卻始終未能建立起對徵稅權的規範化約束。孟德斯鳩指出：「如果行政者有決定國家稅收的權力，而不只限於表示同意而已的話，自由就不再存在了，因為這樣的行政權力就在立法最重要的關鍵上成為立法性質的權力了。」[115]傳統中國官吏的橫徵暴斂，使百姓苦不堪言，從而不斷地導致農民的叛亂和起義，暴力式的改朝換代頻繁發生，這正是徵稅權不受限制和規範的必然結果。中國漫長的歷史經驗表明，不受約束的徵稅權力，在不斷毀滅農民的同時，也一次次地毀滅了國家。

在傳統社會，作為生活在社會最底層而遠離政治核心的農民，對誰坐天下誰做皇上似乎並不關心，因為無論是誰執政，農民都要「繳糧納稅」。第一代改革者胡耀邦就說過，老百姓不管你是國民黨還是共產黨，誰給他帶來了生活的改善他就擁護誰。這段話被中國政法大學終身教授江平（一九三〇—）視為「政治家最樸素的語言。[116]在傳統社會，繳糧納稅成為農民與國家的核心聯繫，農民渴求的是在「納完糧」後成為「自在王」。但在徵稅權不受限制的人治社會中，「一稅輕，二稅重，攤派是個無底洞。」農民即使繳完了「皇糧國稅」，也做不成一個「自在王」。

根據漵浦縣治理經濟環境領導小組辦公室一九九九年的清理，全縣以正式文件為依據進行收費的單位多達八十九個，涉及到的收費專案包羅萬象。[117]「七隻手，八隻手，都向農民來伸手；你集資，我集資，都向農民去集資。」農民成為人人都想吃一口的「唐僧肉」。在一九九〇年代十分混亂的稅費環境中，千千萬萬隻手伸向了農民。在農民面前揮舞的千萬隻手，絕不是佛教中救苦救難的「千手觀音」之手，而是現實中不受約束的「權力搜刮」之手。在各種苛捐雜稅的壓力下，農民就只有依靠外出「打工」、「賣血」甚至「賣淫」來供養

115 〔法〕孟德斯鳩著《論法的精神》上冊，張雁深譯，商務印書館一九六一年版，第一六四頁。
116 參見江平〈憲政與社會主義〉，載《當代世界與社會主義》二〇〇七年第三期。
117 譚顯聰主編《行政事業單位收費專案彙編》，一九九九年十二月。

表4-9 國家職能

	應對市場失靈			增進公平
最小職能	提供純公共產品			保護窮人
	國防			濟貧計畫
	法律與秩序			賑災
	財產權			
	宏觀控制			
	公共衛生			
中等職能	應對外部性	反壟斷	克服資訊不對稱	提供社會保險
	教育	公共設施管理	保險	養老金重新分配
	環境保護	反托拉斯	金融監管	家庭補助
			消費者保護	失業保險
積極職能	協調私人領域的活動			再分配
	建設市場			資產再分配
	集群戰略			

資料來源：世界銀行1997年〈世界發展報告〉，轉引自〔美〕法蘭西斯・福山著《國家構建—二十一世紀的國家治理與世界秩序》，黃勝強、許銘原譯，中國社會科學出版社2007年版，第7-8頁

幹部並使自己艱難地生存下去。[118]

根據現代契約理論，國家向公民徵稅，以向公民提供公共物品為交換條件。換言之，農民向政府繳納稅費，應當享有政府提供相應的公共服務。但眾所周知，在長達半個世紀的時間裏，中國農民基本沒有享有政府提供的公共服務。

一九九七年世界銀行在《世界發展報告》中，提供了一個具有廣泛參考價值的國家職能的清單，它將國家職能劃分為最小職能、中等職能和積極職能三大類若干子項，見表4-9。

在中國農村，鄉鎮政府的職能設置並不是基於向農民提供公共物品，而是建基於完成上級政府下達的目標管理任務以及追求自身利益的最大化。在「以經濟建設為中心」的政治要求下，鄉鎮政權實質上成為戴慕珍所說的公司，黨政領導成為企業家，以國家的名義向農民搜刮的稅費就成為「企業型政府」的收入，這些收入除了上繳的部分外，

118 See: Thomas P.Bernstein and Xiaobo Lü, *Taxation without Representation in Rural China*. Cambridge University Press, 2003. p.68.

表4-10　漵浦縣低莊鎮2004年度目標管理責任書

序號	項目	目標要求	基本分	考核辦法	自查分	考評分
一	山區工業化	轄區內新辦工業、加工業兩個。	四	完成任務計基本分，未完成按比例計分，產值在500萬元以上、100-500萬元、50-100萬元每個分別加3、2、1分，加分不封頂。		
		實現工業增加值同比增長12%，實現鄉鎮企業實交稅金同比增長8%。	四	工業增加值±1%　±　0.5分；鄉鎮企業實交稅金±　%　±　0.5分。		
二	農業產業化和農村工作	完成糧食播面4214公頃，總產21410噸。	四	完成任務計基本分，總產±1%　±0.1分。		
		實現農民人平可支配收入3427元，比上年增加194元，發展種植、養殖特色基地。	四	完成任務計基本分，特色種植每新增100畝加0.1分，養殖業每新增一個規模以上專案或原有規模專案擴大30%以上加0.1分　。		
		完成退耕還林7800畝。	二	完成任務計基本分，未完成按比例計分。		
		完成杉木塘水庫、煤山沖塘除險工程。	二	發現水庫險情不報、不及時處理，造成人員傷亡0分和財產損失計　。		
		完成蓮山村150戶沼氣建設任務。	二	完成任務計基本分，未完成按比例計分。		
		外出務工人員6649人，實現農村勞務經濟3324.5萬元。	二	完成農村勞務經濟任務，±1%　±0.1分。		
三	農村城鎮化	加強城鎮擴容、基礎設施建設工作，實現基礎設施建設投資額年遞增12%。	三	完成任務計基本分，±1%　±0.1分。		
		加強本鎮機關所在地、市場、鎮容鎮貌和綠化、美化、亮化、淨化工作，加強環境衛生髒、亂、差現象的綜合治理和日常管理工作，年內進行鎮容鎮貌綜合治理二次。	三	因城鎮衛生、鎮容鎮貌被縣委、縣政府通報批評的，一次扣0.5分。		
		按照完成通鄉通村公路建設任務，做好群衆工作，不發生安全事故、阻工問題、質量問題。	二	不按時完成任務的每推遲一天扣0.1分，每出現一次阻工、堵路等影響施工事件扣0.2分。		
四	財政工作	按要求完成各項財稅任務。	十	由縣財辦提供考核依據。		

表4-10 漵浦縣低莊鎮2004年度目標管理責任書（續）

序號	項目	目標要求	基本分	考核辦法	自查分	考評分
五	開放帶動	合同引進縣外資金400萬元，實際到位200萬元，實現外來企業稅收40萬元。	五	到位資金及稅收工作±1%分別±0.1分，加分不封頂。		
		做好轄區内企業的周邊環境協調工作。	三	因環境問題發生引資企業投訴一次扣0.1分，停產的扣0.5分，撤資的或受到縣以上通報批評的計0分（由優化辦提供投訴、通報等備案）。		
六	社會穩定	抓好社會治安綜合治理。	二	發生一起重大治安事件被省、市、縣通報，分別扣1、0.5、0.2分。		
		不發生重大群死群傷安全責任事故。	二	發生一起3人以下死亡事故扣1分，發生一起3人（含3人）死亡事故的計0分，發生一起10人以上重特大事故扣5分，扣分不保底。		
		100%的村實行村務公開，涉農收費規範有序，不發生涉農惡性案件。	二	實行村務公開每少一村扣0.1分，發生一起涉農收費違規違紀案件扣0.5分，發生一起涉農惡性案件計0分。		
		反邪教警示教育進村入戶。	一	發生一起「法輪功」練習者進京、省滋事事件計0分，發生一次「法輪功」及其它邪教聚衆或鬧事事件扣0.5分。		
		及時調處民族宗教糾紛，防止亂建宗祠、寺廟。	一	發生一起民族宗教糾紛或亂建宗祠、寺廟扣0.2分。		
		建立健全信訪六項制度和鄉、村兩級信訪網路，不發生非正常上訪、重複上訪、越級上訪。	二	發生一起分別扣分，到縣上訪一次扣0.5分，到市上訪一次扣一分，到首赴京上訪一次扣二分，扣分不保底。		
		及時完成各項社保費用徵繳工作。	五	未完成任務計0分。		
七	社會進步	加強對未成年人的思想道德教育，督促轄區内各學校危房排查、改造，加強對學校周邊環境的治理，確保學校不發生重大安全責任事故；控制在校學生輟學率初中2.8%以内，小學0.8%以内。	二	學校發生一次重大安全責任事故計0分；輟學率每增加0.1%分別扣0.1分。		
		做好環保工作和生態示範區創建工作，做好水資源保護工作。	二	轄區内發生一起環境污染被通報批評事件扣0.5分。		

表4-10　漵浦縣低莊鎮2004年度目標管理責任書（續）

序號	項目	目標要求	基本分	考核辦法	自查分	考評分
七	社會進步	建立健全公共衛生體系，控制重大疫情在當地發生流行。	二	造成重大醫療、衛生事故一次扣0.5分，造成重大疫情在當地發生流行計0分。		
		確保計劃生育工作保類進位。	十	由縣計局提供考核依據。		
		深入開展文明村鎮、文明單位創建活動和市級綠化單位創建。	二	轄區內評上一個文明村鎮和市級綠化單位分別加1分、0.5分，省文明村鎮和省綠化單位分別加1.5分、1分。		
		文化工作有場所、有活動，各鄉鎮建立固定黨報黨刊閱覽視窗。	一	無場所、無活動、無報欄分別扣0.2分。		
八	黨的建設	領導班子成員帶頭廉潔自律，按要求完成上級交辦的各項反腐糾風案件。	二	發生一起違規違紀案件扣0.5分，發生一起重大違規違紀案件計0分。		
		開展「一學三帶頭」愛民活動、「兩訪活動」，幹部作風明顯好轉，幹群關係良好。	二	有內容、有對象、有記錄、有成效，憑依據記分，幹部工作作風不實被縣委通報批評一次扣0.5分。		
		全年組織幹部職工學習四次十五天，有記錄、有學習心得，積極參加全縣組織的十六大精神學習、宣傳、教育、培訓活動。	二	學習缺一次扣0.5分，未參加活動一次扣0.5分。		
		及時完成主要黨報黨刊發行任務。	二	未完成記0分，超過規定期限的扣0.5分。		
		按相關要求抓好人大、黨管武裝工作。	四	每項工作各2分。		
		按相關要求抓好政協、統戰工作。	二	每項工作各1分。		
九	動態工作	及時完成縣委、縣政府下達的全局性重大任務。	二	被縣委、縣政府通報批評一次扣0.5五分。		

注：養殖業規模指：養殖禽類500羽以上、牛50頭以上、羊100頭以上，魚類及水產50畝以上，3元雜交豬100頭以上等。

資料來源：2007年5月9日筆者調查記錄。

餘下的就是「企業型政府」的利潤。在現實生活中，鄉鎮政府成為鄉鎮幹部自己概括的向農民要糧要錢要命的「三要政府」，它們未能向農民提供公共物品，卻異化為「坐在農民家門口的強盜」。[119]

在行政管理體制中，各級層層實行目標管理責任制。對上級來說，它只關切下級單位完成它下達的指標任務的結果，而不管其完成指標任務的過程和手段。各級各部門都在一種「壓力型體制」的環境中運行，[120]年復一年而無重大變化。中共漵浦縣委、縣政府與低莊鎮黨委、政府簽訂的二〇〇四年度目標管理責任書，見表4-10。

漵浦縣委、縣政府對於實行目標管理責任制還確定以下了七項考核原則：

一、目標管理是縣委、縣政府考核各級各部門年度全面工作的綜合考評機制，其考核結果作為單位領導評優、晉級、晉升的重要依據。

二、目標管理考核實行百分制計分法。單項加、減分除部分專案有特殊規定外，均不得超過該項基本分；個別專案有的單位沒有具體指標，計基本分。

三、目標管理責任制實行分級考核和分類獎懲。

（一）縣委、縣政府直接考核各辦事處、鄉（鎮）、系統牽頭單位和市目標責任對應單位，縣直系統牽頭單位。年終根據考核打分，由高到低按比例分數評定縣目標管理先進單位（市目標對應單位按百分之四十，辦事處、鄉（鎮）、縣直其他單位、系統牽頭單位按百分之三十）。縣委、縣政府組織人員對各系統牽頭單位推薦的先進單位進行核查。

（二）對所轄鄉鎮有百分之四十排名在全縣後十名的辦事處，取消評先資格，其評先資格由後一名替補。

119　盛洪〈最沉重的負擔〉，載《改革內參》二〇〇一年第十八期。
120　榮敬本等著《從壓力型體制向民主合作體制的轉變：縣鄉兩級政治體制改革》，中央編譯局一九九八年版。

三、辦事處被評為目標管理先進單位的獎勵八千元，鄉（鎮）被評為目標管理先進單位的獎勵四千元，縣直機關單位被評為目標管理先進單位的按當年年底在編人數人平獎勵一百元（其中縣財政撥款的單位由財政撥五十元，單位自籌五十元，其他單位自籌發放。）

四、實行獎勵加分制度。對本級本年度全面工作受到中央、國務院表彰的，加四分；受到國家部、委、辦、廳、局、省委、省政府表彰的，加二分；受到省直部、辦、委、廳、局、市委、市政府表彰的，加一分；受到市直部、辦、委、廳、局表彰的，加〇・五分。單項工作（不含各類競賽活動和部門報刊發行工作）減半加分。同一工作多層次受獎的按最高層次加分。在各級主要黨報黨刊黨臺上發表反映本部門工作的正面宣傳稿件、資訊，市級每篇加〇・二分，省級每篇加〇・五分，中央級每篇加一分。

五、有下列情況者，年終考核時予以扣分。

（一）沒有建立健全一把手負總責，分管領導具體抓的目標管理工作班子的扣二分；建立了工作班子，但不健全的（成員不到位，分工不明確）扣一分。

（二）目標管理責任制一年考核兩次，半年考核以單位自查自評為主，年終考核由縣委、縣政府組織進行。年度工作計畫、半年自查情況和年終總結必須在規定時間內以書面材料報送縣文明辦，每缺一項，年終考核時扣〇・五分。

六、計劃生育、穩定工作、財政收入、社保費徵繳工作、安全工作被一票否決的，取消其年終目標管理先進單位評比資格（兩個鄉鎮有嚴重不穩定問題，直接影響該辦事處的年終評先）。

七、市目標對應單位，目標管理責任指標完成情況在全市排第五名計基本分，每升降一個名次，增減五分；系統牽頭單位綜合工作全市排隊第三名計基本分，每升降一個名次，增減五分。[121]

121 筆者二〇〇七年五月九日調查記錄。

（二）掠奪性政府：私有化權力與非正當化暴力

著名經濟學家諾思對國家的定義也常為政治學者所援引。在諾思看來，國家可視為在暴力方面具有比較優勢的組織。這個在暴力方面具有比較優勢的組織處於界定和行使產權的地位。產權的本質是一種排他性的權利，離開產權，人們很難對國家進行有效的分析。諾思對契約論國家和掠奪論國家作了分析，認為正是暴力潛能分配理論使上述兩種國家理論統一起來。掠奪性國家使權力集團的收益最大化而無視它對社會整體福利的影響。[122]

掠奪論國家可進一步區分為基於意識形態信仰的掠奪和基於自身利益最大化的掠奪。這可用來解釋中國農村地方政府的行為邏輯。在以階級鬥爭為綱的年代，對階級敵人的剝奪就是基於馬列主義意識形態的信仰，對農民這一群體中的富裕階層即地主富農剝削階級的剝奪。這種剝奪是中央統一部署安排的。改革以來特別是一九九〇年代以後，地方政府對農民的掠奪乃是基於自身利益最大化的掠奪。這種掠奪是受到中央明令禁止的掠奪。超越中央控制的地方政府對民眾過度的掠奪性行為，蠶食著國家政權的合法性基礎，成為追求現代化目標的中國遭遇的一個深層次的政治社會結構問題。

農民身處社會分層結構的最底層，遠離中央國家（central state），而時刻與地方國家（local state）朝夕相處。在傳統國家，農民普遍對皇帝懷有足夠的信任，而對地方官吏則避之唯恐不及。「官逼民反」的「官」，從來就是直接盤剝農民的地方官吏。農民的反叛也大都「只反貪官不反皇帝」，這體現了中國農民對地方官吏盤剝的憎恨和對中央國家的信心。對中國幾千年傳統政治結構來說，最困難的不在於如何「治民」而在於如何

122 〔美〕道格拉斯·C·諾思著《經濟史中的結構與變遷》，陳郁、羅華平等譯，上海三聯書店、上海人民出版社一九九四年版，第二十一—二十二頁。

「治吏」。吏治的腐敗從來就是中國難以有效解決的政治難題。

中央國家不能有效約束自己在地方的代理人行為，或許並非中國獨有。諾貝爾經濟學獎獲得者繆爾達爾（Gunnar Myrdal，一八九八—一九八七）指出，發展中國家在現代化過程中存在著「軟政權」或「軟國家」（soft state）現象。軟政權化是許多發展中國家面臨的嚴重問題，它指的是發展中國家在現代化過程中，行政命令貫徹能力的退化、行政效率的低下和法律法規被任意破壞而引起的綜合現象。

蕭功秦（一九四六——）根據繆爾達爾的描述將軟政權的基本特徵概括為四個方面：一是反法制的互利性，即社會成員各自運用其掌握的某種稀缺資源如權力、金錢等，違反和抵制法規，為謀取私利進行交換。二是對法規的遵守和解釋的鬆馳性與隨意性。三是對包括下層在內的社會階層的廣泛滲透性和普遍性。四是貪污、腐敗等行為模式的互誘性和積累效應。蕭功秦認為軟政權化本質上是國家現代化過程中新舊規範均無法對社會政治生活起到制衡作用而引起的失落狀態的表現。軟政權化與分利集團化是中國現代化面臨的兩個「陷阱」。[123]

繆爾達爾指出，存在以下兩方面問題的都是「軟政權」：一方面，國家決定了的政策往往得不到執行；另一方面，在制定政策時，政府不願意讓人民承擔責任。[124]在繆爾達爾看來，所有的不發達國家都屬「軟政權」。[125]

除了「軟政權」的理論解釋外，「蘇丹化政權」（Sultanistic Regime）對於認識中國的地方國家公權力的異化也具有相當的解釋力。馬克斯·韋伯最早將世襲家長制的極端類型稱為蘇丹政權。在蘇丹政權下，成員變成了臣僕，蘇丹將統治的權利據為己有，就像佔有任何性質的物品一樣佔有權力，並依據這種權力個人的任意

123 蕭功秦〈「軟政權」與分利集團化：中國現代化的兩重陷阱〉，載《戰略與管理》一九九四年第一期。

124 〔瑞典〕岡納·繆爾達爾著《亞洲的戲劇——南亞國家貧困問題研究》，塞思·金縮寫，方福前譯，首都經濟貿易大學出版社二〇〇一年版，第三十六頁。

125 〔瑞典〕岡納·繆爾達爾著《世界貧困的挑戰——世界反貧困大綱》，顧朝陽、張海紅、高曉宇、葉立新譯，北京經濟學院出版社一九九一年版，第一三四頁。

專斷、施惠加恩的範圍推向極端。[126]美國耶魯大學政治學教授林茲（Juan J. Linz）運用這一概念來指稱那種任意使用權力的、退化了的家長制權威類型。[127]現代蘇丹式政權，完全是基於一種個人化的統治，人們對權力者的效忠並不是由於權力者代表了某種意識形態的理想，也不是因為他具有什麼超凡魅力，而僅僅是因為他擁有權力；權力者任意地使用權力，不受限制和規則約束，權力者個人的意志就是法律；統治者及其僚屬並不代表社會上的某一階層或群體的利益，他們僅僅代表自己集團的利益。[128]

在這種政體下，盤根錯節的裙帶關係、任人唯親的關係網與滲透於官僚各層的腐敗甚至成為政治生活方式的組成部分。蕭功秦將蘇丹式政權的特徵綜合概括為四個方面：一是權力的私產化；二是權力運作的無規則性；三是權力運用的非意識形態化；四是官員內部的庇護網路。蘇丹式統治者任用官員並不是根據正常的官僚程序或標準，而是任用私人朋黨、親族紐帶甚至黑社會式的團夥。此類權力擁有者運用自己長期經營起來的裙帶關係網絡，通過任人唯親來從事腐敗活動。[129]蕭功秦指出，蘇丹式政權類似於中國漢語中的「土皇帝」。在當代中國社會轉型中，農村公共權力已經出現了「蘇丹化傾向」。[130]

杜贊奇（Prasenjit Duara）在對中國二十世紀前半期華北農村的考察中發現，在現代化過程中，中國的國家權力向鄉村社會的擴張與滲透，呈現出國家財政收入的增加與地方上的無政府狀態是同時發生的，換言之，

---

126 〔德〕馬克斯・韋伯著《經濟與社會》上卷，林榮遠譯，商務印書館一九九七年版，第二五七—二五八頁。

127 Juna J.Linz, *Totalitarian and Authoritarian Ragimes.* Edited by H.E. Chehabi and Juan J.Linz. Sultanistic Regimes. Baltimore and London: The Johns Hopkins University Pree, 1998. 轉引自蕭功秦〈中國現代化轉型中的地方庇蔭網政治〉，載《社會科學》二〇〇四年第十二期。

128 Edited by H.E.Chehabi and Juan J.Linz.Sultanistic Regimes.Baltimore and London:The Johns Hopkins University Pree,1998, p.3-48.轉引自蕭功秦〈中國後全能型的權威政治〉，載《戰略與管理》二〇〇二年第六期。

129 蕭功秦〈中國現代化轉型中的地方庇蔭網政治〉，載《社會科學》二〇〇四年第十二期。

130 蕭功秦〈中國現代化轉型中的地方庇蔭網政治〉，載《社會科學》二〇〇四年第十二期。

國家對鄉村社會的控制能力低於其對鄉村社會的榨取能力，國家政權的現代化在中國只是部分地得到實現。對於這種既有成功又有失敗、稅收增加而效益遞減的奇怪現象，杜贊奇借用吉爾茲（Clifford Geertz）「內捲化」（involution）的概念將之稱為「國家政權內捲化」（state involution）。國家政權內捲化在財政方面最充分的表現是，國家財政每增加一分，都伴隨著非正式機構收入的增加，而國家對這些機構缺乏控制力。杜贊奇指出，國家利用下層役吏徵收農村賦稅，從而形成了國家經紀（state brokerage）體制。與保護型經紀不同，以包收稅賦等為特徵的贏利型經紀，必然搜刮民財而中飽私囊。[131]

一九九〇年代以來，中國農村地方政權悄悄地發生著重大的變遷，軟政權、蘇丹化和內捲化現象都可以在鄉村社會找到對應物。何清漣（一九五六——）注意到了中國農村黑社會與基層政權相結合的地方惡勢力的興起及其危害。[132]于建嶸對湘南農村的黑惡勢力做了出色的研究，他發現農村黑惡勢力侵入基層政權有兩種最基本的模式，即官員的黑惡化和黑惡勢力的官員化。在湘南，部分農村基層政權出現了黑惡化，鄉村幹部為完成各種「任務」假借地痞流氓之手恫嚇和強迫農民，成為了一種習以為常的「工作方法」。[133]

在具有社會結構同構性的中國農村，湖南西部的漵浦縣不可能是一塊淨土。在國家主導的強制性計畫變遷中，可以說，一九四九年以後中國農村任何一個縣域的政治經濟和社會變遷都具有相似性。漵浦縣基層政權的蘇丹化趨勢與全國其他一些地方政權一樣，在一九九〇年代以後日益凸顯。公權力的私有化、對國家法令的不服從、紅黑合流以及運用非正當化暴力手段實現工作目標等蘇丹式政權的主要特徵，在不少鄉鎮和政

131 〔美〕杜贊奇著《文化、權力與國家——一九〇〇——一九四二年的華北農村》，王福明譯，江蘇人民出版社二〇〇三年版，第二十八—五十二頁。

132 何清漣〈農村基層社會地方惡勢力的興起——與王旭商榷〉，載《二十一世紀》一九九七年六月號。另參見何清漣著《現代化的陷阱——當代中國的經濟社會問題》，今日中國出版社一九九八年版，第二九九—三一九頁。

133 于建嶸〈農村黑惡勢力和基層政權退化——湘南調查〉，載《戰略與管理》二〇〇三年第五期。

府職能部門中表現得相當充分。政府的掠奪性職能迅速擴張，非正當性暴力氾濫成災，民眾在紅黑兩道的夾擊中忍受煎熬。

美國政治學教授羅伯特・W・傑克曼（Robert W. Jackman）指出：「如果在不公開使用暴力的情況下就能解決問題和衝突，那麼制度或政權就是合法的。」[134]眾所周知，以暴力為手段收繳稅費、搶奪民財、推行計劃生育等，成為一九九〇年代以來鄉鎮政權最基本的行為模式。「鄉村政府的贏利化、行政的暴力化及公共服務的減少，最直接的結果就是加劇農村的矛盾。……採取暴力強制性的稅收徵繳方式缺乏政策和法律的依據，損害了稅費徵收及政府本身的合法性基礎。」[135]以收繳稅費為例，地方政權對農民濫用暴力主要有三種方式：一是鄉鎮官員親自動手毆打村民；二是買通黑惡勢力毒打村民；三是利用國家專政機器將有礙鄉鎮濫用權力的農民代表投入監獄。

官員直接動手毆打農民，或許只是鄉鎮幹部特有的現象。當不合法不合理又不合情的亂收費、亂攤派、亂集資遭到村民的抵制時，大都受過高等教育、擁有高學歷文憑的鄉鎮官員，習慣於以拳頭對農民說話。當然，鄉鎮官員的拳頭並不比農民的拳頭大，也並不比農民的拳頭硬，他們之所以傾向在農民面前揮舞拳頭，只是因為官員拳頭的後面有不受制約的權力作支撐。在溆浦，縣一級的黨政幹部無論是領導幹部或一般幹部，動輒對農民施以肉體暴力的並不多見——或許公安、城管等執法部門的一些幹部除外。鄉鎮官員似乎願意放下「文官」的架子，樂於以「武官」的面目在農民的家門口登場。一些鄉鎮官員就對農民宣稱「政府政府，就是鎮壓之府。」他們相信「槍桿子裏面出政權」，也信奉「拳頭下面出順民」。是否在工作中任意對農民施以肉體暴力，似乎可以作為區分鄉村幹部與縣級以上幹部的一個肉眼識別標準。

134　〔美〕羅伯特・W・傑克曼著《不需暴力的權力——民族國家的政治能力》，歐陽景根譯，天津人民出版社二〇〇五年版，序言第五頁。

135　項繼權〈短缺財政下的鄉村政治發展——兼論中國鄉村民主的生成邏輯〉，載《中國農村觀察》二〇〇二年第三期。

倡導非暴力運動的印度聖雄甘地（Raj Ghat，一八六九—一九四八）指出：「人作為動物是殘暴的，而作為精神存在是非暴力的，他一旦在精神上覺醒就不能夠再使用暴力。」[136]在日常工作中動輒對農民濫施暴力的基層幹部，他們雖然在填報相關表格時均不忘注明自己遠高於農民的學歷身分，但他們實質上只不過是一個個雖揣有高等教育文憑卻還沒有文明進化的「兩足獸」。

上文中提到漵浦縣觀音閣鎮山腳下村村民張英南遭到鄉鎮官員無辜的毆打後，引起了村民義憤而集體到鎮政府「討說法」。比張英南更不幸的村民還很多。如該鎮水田村村民謝家福，作為觀音閣鎮有名的農民維權代表，他連續遭到了三次毆打。他之所以屢屢遭到毆打，是因為他不斷呼籲和爭取減輕農民負擔、落實中央政策。二〇〇七年四月，六十六歲的謝家福清晰地回憶自己三次被毆打的經過：

第一次是一九九七年十二月十八日，觀音閣鎮黨委政府以黨委書記周×、鎮長鄒××帶隊組織五十多人的收繳工作隊到水田村收上繳。在四、六組催繳任務時，他們牽了村民向明富的牛、謝正芳的牛、謝紹貴的豬、饒升平的豬（幹部將饒升平的豬趕到鎮政府殺吧了），搬走了謝紹來的電視機和稻穀。他們還動手打了謝順錫、謝順芳、謝正華等村民。當天我規勸政府幹部不要打人，要講清楚道理，並宣讀黨中央和國務院頒發的「七不准」文件。鎮領導就叫鎮幹部舒××、舒××、向×等人將我打翻在地。我滿身沾有泥水和血。文件被搶走踩在地上，（我的）衣服也撕爛了，鋼筆和錢也丟了。他們還將我從水田村像搞犯人一樣把我強行抓到八華里遠的鎮派出所關押，當晚他們謊稱將我送縣人民醫院做檢查，結果將我關到區派出所（按：麻陽水派出所）一晚。當時是冰天雪地，水泥地板又臭又冷。我被關在房子裏，凍了一個晚

136 莫罕達斯・甘地〈論非暴力〉，何懷宏譯，載何懷宏編《西方公民不服從的傳統》，吉林人民出版社二〇〇一年版，第四十一頁。

上，使我害了病。後又將我送到縣拘留所關押四、五日。

第二次是二〇〇〇年十二月二十三日。記得十二月二十一日我到縣裏反映農民負擔過重問題以及我無辜被鎮幹部挨打傷的情況。縣委書記陳健當時有事，安排人叫我明天去反映。第二天，十二月二十二日，我又去縣裏反映情況。縣委副書記張英和叫縣公安局副局長夏洪應答覆我，我要求對無辜打傷我作出賠償。

十二月二十三日上午，那天正逢觀音閣趕場。木溪鄉的駝子（按：諱名）舒××一夥三人來到我家裏，駝子問我：你是謝老表嗎？你為什麼老跟我過不去？為什麼到縣裏、省裏告我的狀？我說，我不認識你，怎麼會跟你過不去？你有什麼事就當面說明白。我說完，舒××就一把抓住我的衣動手打我。當時三個人也一齊動手打我，將凳子都打爛了，他們拿我家裏的拖把打，將拖把打斷了幾根。我被打得頭破血流。他們打完後就走了。我被三個素不相識的人打暈在地，不知過了多久，我醒過來就到鎮政府、派出所找人，後又到鎮政府找領導，但我支持不住就暈倒在鎮政府大院的坪坪裏。大約一個多小時後，縣人民醫院來了救護車，將我送到縣人民醫院急救室搶救，住了十二天院。花費三千一百多元醫療費。

第三次是二〇〇七年四月五日，我到鎮政府要求落實縣裏下撥的退耕還林的錢。按縣裏政策要求，退耕還林每畝補給農民兩百三十元。我已按每畝兩百一十四元領取了補助，還差每畝十六元。鎮裏將退耕還林的錢，每畝扣除工業原料十元、鄉鎮管理費四元、區（按：辦事處）林業站管理費一・五元、區（辦事處）管理費〇・五元。我反映扣的管理費太多了，到村裏只有每畝一百六十元了。大部分村民還沒有拿到這個錢。鎮長向××說不過道理，就叫人打我。當時我在黨委委員盧××房裏，一個人從鎮長房子裏出來，打了我兩個耳光，後來他又找到掃帚棒打我的頭。

當時鎮長說打我的人是社會上的人，他不認識。其他鎮幹部，還有鎮派出所莫所長都說打我的那個人是社會上的人。第二天我才知道打我的人叫丁××，是（本鎮）丁家沖村書記。

原來（按：以前）是鄉鎮幹部到農民家裏牽豬趕牛抬家俱，向農民搶東西。現在是國家補給農民的錢被截留，到不了農民手中。鄉鎮連五保戶的錢都截留了。全是荒唐事。國民黨哪有這麼壞？現在中央政策是好，就是不到位。下面硬是無法無天。[137]

據核實有關材料，謝家福三次被打的結果是：第一次被打後，謝家福到有關部門多次上訪反映情況。最後，縣紀委根據懷化市紀委、市監察局的公函，組成調查組對謝家福被毆打一事進行了調查。一九九八年十二月八日，即謝家福被打一年之後，縣紀委常委會議對此進行了研究，作出了如下處理決定：

一九九七年十二月十八日，觀音閣鎮政府在水田村收取上交任務時，工作人員舒××、舒××、向×、謝××在阻攔謝家福妨礙執行公務中，將謝家福拖傷，謝的醫藥費由舒××等四人賠償五百元（每人承擔一百二十五元）。對謝家福弄碎謝××的眼鏡以及將向×弄傷，由謝家福賠償謝××眼鏡一副、賠償向×適當醫藥費。不予追究舒××等四人的紀律責任。[138]

據縣紀委調查組的說明，舒××等四人支付給謝家福五百元醫藥費由觀音閣鎮政府墊付。謝××、向×放棄了對謝家福的賠償要求。[139]

137 二〇〇七年四月二十四日，筆者湖南溆浦調查訪談記錄。
138 中共溆浦縣紀委檔溆紀報〔一九九九〕一號《關於謝家福反映觀音閣鎮政府幹部在催交工作中有關問題的處理決定》，一九九九年五月四日。
139 中共溆浦縣紀委、溆浦縣監察局調查組《關於就縣紀委對謝家福反映觀音閣鎮政府有關問題的處理決定的說明》，一九九九年四月二十九日。

謝家福第二次被打後，據漵浦縣人民醫院急診科診斷書，謝家福的傷情為：（一）頭皮血腫，（二）腦震盪，（三）多處軟組織挫傷。住院日期為二〇〇〇年十二月二十三日，出院日期為二〇〇〇年一月四日。謝家福出院後，即向縣公、檢、法等部門請求追究侵犯其人身權利的舒××等人的法律責任，但司法部門均未受理。謝家福與舒××等人私下經過多次當面對證發現，當地有名的駝子舒××（木溪鄉舵元村人）受到木溪鄉官員與觀音閣鎮官員的挑撥去「報復」謝家福。這場雙方素不相識的毆打，實則是地方政權利用社會黑惡勢力打擊維權農民的重要表現。

毆打事件發生後，當地派出所並未依據法律對打人的舒××採取任何措施，最後在謝家福的不斷申訴下，麻陽水派出所對此事進行了調解，調解書寫道：舒××「誤認為」謝家福向上級部門告了他的狀，故將其打傷，為此，舒××應負「主要責任」。謝家福醫療費花去大約三千一百元，由舒××一次性賠償謝家福三千元。[140]這就是舒××承擔的「全部責任」。據謝家福稱，他從麻陽水派出所領到的三千元醫藥費，雖以舒××的名義賠償，實質是由觀音閣鎮政府支付的。[141]

謝家福第三次挨打後，雖向有關部門多次反映，但沒有任何結果。沒有任何結果，就是說被侵權後的農民尋求權利救濟的無效，這是現存制度加於農民的無助與無奈。

在中國農村，像謝家福這樣被基層幹部毆打或被基層政府雇傭的社會爛仔毆打的農民，不計其數。在一九九〇年代暴力徵收農村稅費運動中，農民的財產權利和人身權利遭受到了改革以來最大規模的侵害。在收繳稅費時，不少鄉鎮領導借助當地有名的社會渣滓、爛仔組成收繳任務「工作隊」，浩浩蕩蕩地進村入戶，農民驚呼「鬼子進村了」。「工作隊」只要一遇到農民稍作抵抗，就立即暴力相向。在基層政權的利用、合作與

140 《關於謝家福、舒××因糾紛產生鬥打的調解協議》（調解機關：漵浦縣公安局麻陽水派出所），二〇〇一年一月十六日。

141 二〇〇七年八月二十六日，筆者湖南漵浦調查訪談記錄。

庇護下，社會黑惡勢力得到了迅猛擴張。在一九九〇年代鄉鎮政權催繳稅費的運動中，農民被幹部打死、逼死的惡性事件時有發生。漵浦縣就發生過多起涉農惡性案件，只是由於中央反覆強調「哪裡發生涉農惡性案件就追究哪裡一把手的責任」的警告言之鑿鑿，使得一旦發生涉農惡性案件，縣鄉領導常見的應對之策就是在合力隱瞞事實真相的基礎上與受害親屬私了。

二〇〇一年六月，漵浦縣盧峰鎮橫岩村就發生了一起鄉鎮幹部在催上繳中逼死農民的惡性事件。

當時由盧峰鎮副書記戴××帶隊，組織三十多個幹部到橫岩村搞上交。十六組村民舒象發（一九五九年生）平時在縣城做小工。那天，他準備去縣城做工，被前來催上交的一夥幹部攔住他，要他交錢，舒象發家裏欠上交一百多元。當時舒象發說，他身上沒有錢，等晚上做事回來再交。幹部不同意，橫豎要他馬上交錢。他在幾十名幹部的圍困下被逼無奈，回到家裏呷農藥自殺。

幹部得知他呷農藥後，都跑了，不管了。舒象發被村民送到醫院搶救，後又轉到懷化醫院，最後沒救過來，死了。鎮政府出了六萬元安葬費才擺平。[142]

據中共中央辦公廳、國務院辦公廳關於涉及農民負擔惡性案件的通報，一九九五年，基層幹部在催繳農民負擔中，逼死、打死農民十二人；一九九六年，被基層幹部逼死、打死的農民上升到二十六人。[143]二〇〇二年下半年到二〇〇三年上半年，全國上報的涉農惡性案件十五起，逼死和打死農民十五人。[144]在農村暴力催繳稅費運動中，全國基層幹部總共逼死、打死多少人，這是個沒有公佈也沒法統計的未知數。有一點可以肯定，那就是

142 二〇〇七年九月二十一日，筆者湖南調查訪談記錄。
143 梁駿編著《村民自治——黃土地上的政治革命》，中國青年出版社二〇〇一年版，第十八頁。
144 周作翰、張英洪〈論當代中國農民的政治權利〉，載《湖南師範大學社會科學學報》二〇〇五年第一期。

一旦基層發生涉農惡性案件，地方政權就會全力以赴地隱瞞真相。

一九九〇年代以來的十多年間，基層政權以「穩定壓倒一切」的政治口號，打擊農民的維權抗爭，使社會正氣喪失了生長的空間，歪風邪氣則盛極一時，地方官僚腐敗集團與社會黑惡勢力沆瀣一氣，農民在「前有狼、後有虎」的峽谷之中艱難地求生。這是農村改革以來，中國農民身心最疲憊、人生最痛苦的時期。曹錦清（一九四九——）的鄉村調研也支持了這個結論，一位果農對曹錦清說：「我可以這樣說，這些年來，老百姓一直生活在驚慌、恐懼之中。」[145]

在泛市場化的第二波改革中，地方政權的各個職能部門紛紛卸公責而逐私利，將公共責任推卸到最小值，將本單位和個人的私利最大化。第二波改革所孳生出來的嚴重問題，體現在社會的各個方面。一九九〇年代以來的溆浦縣公安局，就為世人提供了一個認識和觀察第二波改革中地方公共權力部門蛻變為「蘇丹式單位」的一個典型窗口。

一九九九年，溆浦縣公安局內轄二個公安分局、十六個股室、大隊，下轄五個專業派出所、兩個城郊派出所、八個中心派出所、一個交警大隊、四十三個鄉鎮派出所，全局總人數五百三十人，其中交警七十八人、林業分局四十人、縣局三百七十人、行政五所四十二人。納入財政預算撥款的三八三人，其中縣局三百七十人、交警大隊十三人、離休一人、退休四十七人。一九九六年至一九九八年財政撥付縣公安局的經費分別為四百六十萬九千三百零一元、四百九十五萬兩千六百一十七元、四百七十五萬八千三百五十八元，經費支出分別為四百六十萬九千三百・四六元、四百九十五萬兩千六百一十三・二七元、四百七十五萬五千七百・四七元。

從一九九八年十月開始，溆浦縣公安局舒均濤等八名退休老幹部逐級向上級有關部門持續不斷地反映縣公安局違法違紀違規等嚴重問題，最終引起了上級的重視。根據中共懷化市委和溆浦縣委常委的指示，懷化市委

145 曹錦清著《黃河邊的中國——一個學者對鄉村社會的觀察與思考》，上海文藝出版社一九九九年版，第三五五頁。

政法委、市公安局、溆浦縣紀委、縣監察局、縣委政法委、縣審計局、縣財政局組成聯合調查組，自一九九九年二月至六月，對縣公安局及所轄五所二室一九九六年至一九九八年三年的財務收支及有關人員問題進行了調查。調查所核實的亂收費、亂罰款、亂支出等主要經濟問題相當嚴重。

經查縣公安局機關財務、政工室、除「七害」辦公室及西湖、興隆和茅坪坳、茅竹坪、黃金三個專業派出所一九九六—一九九八年度的財務收支情況，共查出違紀金額五百三十九萬九千六百七十・一三元。

——亂收費一百一十七萬九千兩百八十八・〇二元。主要是已經取消了的治安管理費、無依據收費和白條收費。

——坐支罰沒款三十七萬一千兩百六十九・八元。具體是：公安局機關坐支十四萬兩千九百九十七・八〇元，西湖所坐支十三萬九千兩百八十二元，茅坪坳所坐支三萬八千五百六十元，黃金所坐支二九三八〇元，政工室坐支兩萬一千一百一十一元。

——接待請客送禮金額一百萬五千四百七十九・五〇元，其中送禮費十一萬九千四百九十三・五〇元。具體是：局機關三年招待費五十一萬九千六百五十三・八一元，其中從小金庫列支三十七萬五千七百一十五・一五元；茅坪坳、茅竹坪、黃金三個專業派出所招待費開支二十五萬零四百八十九・一〇元，其中茅坪坳所一九九八年開支招待費七萬三千八百七十四・六四元，茅坪坳所在票據中注明為轉幹警請客送禮金額四萬六千兩百三十六元；政工室請客送禮金額十五萬一千九百八十三・二〇元；西湖、興隆兩所從小金庫列支招待費八萬零兩百五十七・七四元；除「七害」辦支出招待費三千一百四十六元。

——私設小金庫金額三百零五萬八千七百九十八・八〇元，占三年財政撥款的百分之二十一・三六。局機關財務設小金庫賬有三套，共計發生額一百九十九萬八千七百五十三・九四元。一是行財股長李××負責保管的小金庫發生額五十四萬兩千六百四十一・四九元，二是主辦會計張××保管的小金庫發生額一百二十八萬六千六百零二・八〇元，三是出納戴××保管的小金庫發生額十六萬九千五百零九・六五元。城郊兩所私設小金庫發生額三十六萬一千七百三十五・五〇元。黃金所私設小金庫發生額十一萬七千元。以上小金庫支出兩百五十六萬九千四百零六・〇一元，截至一九九八年底，餘額四十八萬九千三百九十二・七九元。

——截留、坐支藍印戶口款兩百五十六萬九千四百零六・〇一元。一九九六年前坐支一百七十八萬五千八百九十元，一九九六——一九九八年坐支六十九萬八千兩百一十元。用於基建工程一百八十七萬七千元，轉入小金庫金額六十萬七千一百元，從小金庫中列支基建款三十五萬五千九百元。其餘用於請客送禮。

——虛列支出，貪污公款六萬元。

——偷漏國家稅金十五萬兩千六百八十三・一六元。[146]

以上只是摘自調查組調查彙報材料中的一小部分內容。舒均濤等八名退休幹部認為，調查組僅對公安局八個單位一九九六年至一九九八年三年中的部分賬目案卷的初步清查，就發現八個單位中截留罰沒款和其他公款

146　懷化市政法委等七單位聯合調查組《關於漵浦縣公安局退休老同志反映公安局問題的調查彙報》，一九九九年六月十日。

七百七十八萬元，進入小金庫的三百零五萬元，請客送禮一百・五萬元，貪污私分侵佔九十二萬元，還有該清查未清查的收入一千一百多萬元，從銀行、信用部門借貸三百六十多萬元，總計在二千萬元以上。三年中，公安部門突擊進警兩百二十多人，其中大部分素質低劣，不符合規定要求，除已清退的二十三人外，還有九十九人無法安置，造成整個公安隊伍的腐化。[147]

調查組認為產生公安局各種問題的原因，一是公安局局長姚×和政委舒××在任職期間，自身要求不嚴，權慾、私慾熏身，由此造成財務管理「相當混亂」；二是罰沒收入返成比例與單位和個人掛鈎，造成違紀、違規支出「較為嚴重」；三是財務管理亂，資金分流嚴重。私設小金庫問題在公安系統內普遍存在，局機關已查明的有四套賬，其中小金庫賬就有三套。[148]

調查組已清查的問題只是整個公安部門的冰山一角，因為調查組沒有將散佈在全縣各鄉鎮五十一個派出所進行全面清查，也沒有將一九九〇年代以來整個公安部門的問題進行總的清查。但人們可從中窺見一斑。

公安局僅三年內用公款請客送禮達一百多萬元，但正常的辦案卻大叫經費緊張，常見的情況是，公安部門不是索要權利受害人自己支付辦案經費，就是以單位經費不足為由而拒絕辦案，以此放縱犯罪嫌疑人逍遙法外，致使社會治安每況愈下，百姓叫苦不迭。

在該縣低莊農村，一九九〇年代以來以非法組織賣淫為業的「雞頭集團」已猖獗了十年之久，為數眾多的當地少女遭到殘害。當受害村民自發組織要求公安部門依法查處犯罪嫌疑人時，卻遭遇了警方的「不作為」。下面這個在該縣曾引起極大反響的著名報導可資佐證：

147 溆浦縣公安局舒均濤等八人的報告材料，二〇〇〇年二月十六日。

148 懷化市政法委等七單位聯合調查組《關於溆浦縣公安局退休老同志反映公安局問題的調查彙報》，一九九九年六月十日。

一九九九年初，他們（按：溆浦縣低莊農民）偶然中聽說低莊派出所將一名涉案「雞頭」抓獲，曾非常欣慰，以為正義將得以彰顯，但很快便失望了：這個雞頭不久就被縣公安局放了。

為此，張希生曾帶領古月瑞們找到時任溆浦縣公安局局長的諶某，張希生大聲質問：為什麼會這樣？諶局長很尷尬，讓張希生「坐下好好講」，但張希生講到激憤處，把材料往桌上重重一摔，一拍桌子站起來，兩眼直視局長：「這麼小的女孩子……這件事你們有什麼理由不解決？」唯一的「勝利」是找回了小菊、小梅二人。但為了讓她們回家，她們家人各出了一千五百塊錢，作為辦案人員的「差旅費」。關於此事，張希生和一名辦案人員有過一段值得玩味的對話：

張問，你們辦案怎麼向受害者伸手要錢？對方答，暫時由他們墊支一下，等抓到罪犯弄到錢，再還他們。張希生又問，按國家規定，你們不是吃公糧的嗎？答：這個規定那個規定算得了什麼數？鎮上說了才算數！

在當地反映情況沒用。當年六月中旬，張希生帶古月瑞們到省城長沙告狀，他將自家的糧食賣了，給了同去的十二個人每人一百元錢作路費，以致回家後自己都沒有糧食吃了。

四年下來，他們告狀沒有取得任何結果。古月瑞說，「就像一塊石頭丟進水塘裏，泡都不冒一個。」

……

除利益驅動外，張希生將低莊「雞頭」氾濫猖狂的原因，歸結為警方某些人的縱容和不作為。以龔海建拐帶小蓮等為例，他一直認為警方某些人和「雞頭」之間，有某種不可告人的往來，所以根本就不管這個案子。

（二〇〇二年）十一月二十四日，溆浦縣公安局刑偵大隊一位負責人在接受採訪時說，張希生誤會他們了。實際上他們曾經派人調查過此事，還於二〇〇〇年八月將龔海建刑事拘留，並移交檢察院起訴，龔後來還被判了刑。但龔的同夥，限於條件，公安局沒能將他們一一抓獲。

這個「限於條件」，指的是什麼？

該負責人說，公安局面臨嚴重的經費短缺。該局幾百號人，一年包括工資和行政、辦案經費在內，只有兩百餘萬元。很多幹警每個月只能拿不到一半的工資——比如他自己，每個月工資只有四百元到六百元，還經常得為某個基礎工程或者公益事業捐贈。

人手緊張也是公安局面臨的一個問題，有些鄉一個派出所就只有一個人，連辦公室都沒有。「這個員警又要維持日常的治安，又要長途跋涉去解救被拐少女，還要捉拿『雞頭』，他辦得到嗎？」[149]

在當地，警方的「消極不作為」與「積極作為」構成為一個硬幣的兩面。在需要警方保護公民的人身權和財產權利時，警方以經費不足為由「消極不作為」，但在警方抓罰沒款等收入時就「積極作為」，直接侵犯公民人身權和財產權的非法拘禁事件頻頻發生，甚至發生幹警公然綁架公民以搶奪財物的罕見案件。

149 參見曹勇、劉向暉〈被「雞頭」改變的村莊〉，載《南方週末》二〇〇二年十二月十九日。在漵浦，拐賣婦女兒童在一九八〇年代就開始出現。時任中共中央總書記的胡耀邦就親自批示處理過一起漵浦縣一名被拐兒童的案件。一九八一年十二月四日，漵浦縣副食品公司職工金佑生六歲的兒子金華武在外面玩耍時被人販子騙走。金佑生從此通過親戚朋友到全國九個省的二百多個縣尋找都毫無結果。一九八四年一月九日，中共中央總書記胡耀邦到漵浦縣視察。金佑生聽到這個消息後，就將已事先寫給黨中央的信交給陪同胡耀邦視察的楊德中，請求中央領導幫助他尋找失蹤的兒子。回到北京後，楊德中將信呈送給胡耀邦，胡耀邦將金佑生的信批轉給有關部門，強調「要把此事當作一件大事來抓」。經過半年多的多方努力，一九八四年十月二十六日在福建省長汀縣塗坊鄉紅坊村塗慕堯家找到了被拐賣的金華武。參見唐德佩、王行德〈總書記過問民事 小華武失而復歸〉，載《文匯報》一九八五年一月三十日。轉引自漵浦縣政協文史資料研究委員會編《漵浦文史》第三輯，一九八九年十二月。另參見嚴延桃、周亮一、劉芝鳳、張開富〈胡耀邦同志的形象永遠留在懷化人民心中〉，載中共懷化地委黨史辦編《懷化黨史資料選輯》（一九九六），一九九六年十二月，第六——十七頁。

——一九九六年，溆浦縣小橫壟鄉派出所先後將該鄉外出打工的二十餘名女青年分別傳押到派出所，逼迫其承認在外賣淫，指良為娼，從而罰款近三萬元。派出所還將該鄉楊柳村一村民四戶共養的一頭耕牛牽走出賣抵罰款。受害人在當地狀告無門。

——一九九八年三月四日，溆浦縣公安局黃金派出所所長賀××以緝私黃金為名，通過線人提供的資訊，驅車到懷化竹田公路路段攔車，將湖南省黔陽縣灣溪鄉花樹腳村村民、黔陽縣石榴寨金礦礦長楊金魁劫持，推進警車，上銬、毒打楊，並用白膠布封住楊的口以防其呼救，行程二千多里將楊綁架到溆浦。賀等人從楊身上搜去自產黃金四百九十二克（按國家牌價折人民幣三萬八千四百一十七・八〇元），刑逼其走私口供未獲，將其關押四天，通過五次審訊，均未獲走私口供，就宣佈沒收黃金，並罰款五千元。楊不服，向縣公安局分管副局長梁××申訴，梁閱卷後認為不屬黃金走私。一九九八年四月十三日，黃金派出所退還楊金魁黃金變賣款兩萬元。一九九九年五月，賀××再退楊金魁黃金變賣款一萬元。

——一九九八年八月，溆浦縣公安局黃金派出所所長賀××帶人趕到湖南省醴陵市，派警冒充黃金商，引誘一萬姓、李姓兩婦人將自產的一千七百克黃金賣給該「黃金商」而被抓，賀××等當場宣佈沒收黃金，將兩婦人帶到株洲路段進行搜身，搜去現金兩百八十元。兩婦人回到醴陵市後得知係溆浦縣公安局黃金派出所所為，就趕到溆浦公安局申訴。一九九九年四月，在兩婦人的多方申訴下，賀××退賠兩婦人黃金變賣款中的七萬元。

——二〇〇〇年一月二十三日，溆浦縣公安局三名幹警帶領三名「線人」（實為社會上的爛仔，村民視之為壞人）驅車到該縣水隘鄉蕎子灣村「抓創收」（即罰沒款），遭到當地村民鳴鑼集體抵抗，三名「線人」被亂刀砍死，警車被燒毀，震驚全國。[150]

漵浦縣公安局人員大量超編，一批幹警就專以「打雪天網」（按：指四處抓罰款）為業。不少幹警吃喝嫖賭，敲詐勒索無惡不作，百姓深受其害。當地有順口溜云：「領導幹部養情婦，鄉鎮幹部打豆腐，流氓地痞穿警服。」[151]一九九八年的一天晚上，漵浦縣公安局看守所所長夏××，先在某賓館呷「花酒」而醉，後又去漵水河中標有「香港」和「澳門」牌號的兩隻並列在一起的遊艇上吃喝玩樂，不慎跌落雨後暴漲的漵水河中淹死，數十名幹警花了數天打撈其屍體。此事在當地影響甚廣，不久便有一首打油詩不脛而走：

漵浦公安本能強，「澳門」破案到「香港」；
三杯花酒落下肚，撲通一聲見龍王。

除此之外，漵浦縣公安局還連連發生幾起震驚全縣、全省乃至全國的大事。二〇〇三年年初，湖南省公安廳作出決定，對連續兩年執法質量考評不達標的永州市藍山縣公安局局長唐基利啟動免職程式，要求該局長在二〇〇三年四月三十日前辭職。二〇〇四年二月，湖南省公安廳完成對於二〇〇三年全省執法質量考評，不達

150 懷化市政法委等七單位聯合調查組《關於漵浦縣公安局退休老同志反映公安局問題的調查彙報》，一九九九年六月十日；湖南省黔陽縣灣溪鄉花樹腳村村民、黔陽縣石榴寨金礦礦長楊金魁申訴材料，一九九九年四月十二日；漵浦縣公安局退休老同志舒均濤等八人的多份報告材料，二〇〇〇年一月二十四日、二〇〇〇年二月十六日、二〇〇〇年七月一日。

151 漵浦縣公安局幹部張茂林以紀實文學的手法對一九九〇年代以來一些幹警日常生活作了真實的描述，參見張茂林著《小城故事》，中國文聯出版社二〇〇五年版。

標的公安局有五家，其中漵浦縣公安局連續兩年不達標，局長賀亮文被免職。[152]

二〇〇四年六月，漵浦縣又發生了一起員警毆打路政執法人員的嚴重暴力事件。中央電視臺著名的「焦點訪談」欄目七月十二日對此事進行了曝光報導。

主持人：人民公安是維護一方平安、打擊犯罪、保證群眾安全的執法機關。然而在湖南省漵浦縣，當地的個別公安民警卻似乎忘記自身的這樣一種職責，把自己擺在了不應該的位置上。

解　說：今年（按：二〇〇四年）的六月二十六號晚上，在湖南省漵浦縣發生了一起嚴重的暴力事件。漵浦縣公路養路徵稽所八名工作人員被毆打，三名傷重者至今住院不起。而與此同時，縣公安局下屬的橋江派出所的兩名公安人員也自稱被打成重傷，臥床不起。在記者採訪時，雙方都說是對方挑起的事端，並動手打人。

周立軍（漵浦縣路政徵稽員）：就像雨點般地砸在我的後腦勺，當時我就砸昏了。

黃文波（漵浦公安局橋江派出所教導員）：抱著我的人還用膝蓋蹬我的襠部。

解　說：既然是執法單位，都應該有著嚴明的紀律和規範，是什麼原因讓他們互相動手了呢？事情還得從六月二十六號晚上的一起查車事件說起。當天晚上，根據全市交通部門的統一部署，懷化市路政部門依法在漵浦縣設立了交通檢查站，檢查當地民用車輛的繳納養路費的情況。沒想到一開始就發現了一輛假冒牌照的吉普車。

周立軍（漵浦縣路政徵稽員）：當時這個車子開過來，向我們開過來的時候，我們發現這個車牌不對。這個車牌是桑塔納的車牌。我們查電腦以後，裏面沒有繳費的。所以我們徵稽員就舉停止牌，示意

152　謝石山、千靈坡〈五個公安局黃牌警告　漵浦公安局局長職位不保〉，載《長沙晚報》二〇〇四年二月二十五日。

他停車。對於這個徵稽員示意停牌，他衝過，第二次他又衝過，第三次的時候，我們地區檢查組的舒化平副所長，他就不顧自己的生命安全就堵住了車子行駛的路線正中間。

解　說：據路政人員講，他們攔下了這個假冒牌照的吉普車，完全符合當晚全市統一部署的要求，然而吉普車上下來的司機卻根本不服從檢查。

舒化平（懷化市路政徵稽員）：下來以後，他又沒著裝，就是光膀子，光著膀子沒穿衣服。他下來以後就用手就站在那個車子的那個地方，用手就把那個引擎蓋子用力拍了一下。他說，誰敢扣我的車，誰要扣我的車沒什麼好處，我要搞死他。

解　說：沒想到，這個光膀子司機不僅不服從檢查，而且喊來了縣橋江派出所的所長。人們這才知道他原來是橋江派出所的教導員。看到徵稽人員依然要依法辦事，在場的公安人員竟然要抓人。

舒化平（懷化市路政徵稽員）：所以說他們都逮到公安局，因為當時他也沒著裝的，穿著便服，他說逮到公安局再講。說這個話的時候，後面幾個人就撲上來，準備把我們處長拉公安局去。我們就把他保護起來，就不讓他拉了。拉的時候，旁邊圍觀的群眾就講：公安打人了，公安打人了！在這樣沒辦法的情況下，他們就放手了，所以說我就是不當警察了，我也要搞死你們徵稽所的人。講完這句話以後，他馬上就回公安局去了。

……

解　說：其實有一個事實是清楚的，沒有繳納養路費的假冒牌照的機動車是不能上路的，執法人員更應該遵守法律。但是路政人員因此就毆打公安人員，顯然也是違法的。事實真相到底是什麼，記者找到了當時圍觀的市民瞭解情況。

溆浦縣市民一：當時車子坐三個人，也沒有著警服，甚至開車子那個人，還是光著膀子的，就是剛才說的上衣沒穿。

漵浦縣市民二：我看到徵稽所的人沒有打人。

漵浦縣市民三：我們老百姓都是以為他們是社會上的爛仔，只有爛仔那麼混、無理。再一個只有爛仔也不表明怎麼樣，就誰敢扣我的車，誰敢扣我的車我就叫他死。我的車誰有這麼大的膽子誰敢扣，所以我們都以為是爛仔。所以我們沒有發現他們是公安人員，就是事後把這個車子扣下來了，把車子往徵稽所開去了。只聽他們說，不當警察了，我們所以才覺得他們是公安局的。

解　說：其實在當時上百名市民的圍觀下，沒有什麼事實可以隱瞞的。就在這眾目睽睽之下，接下來發生的事情，讓眾多的市民瞠目結舌。當天晚上，市民們發現漵浦縣各主要路口居然被公安人員封鎖了，一夥穿著制服的公安人員見到路政標誌的車輛就攔車抓人，縣一中老師戴永志的哥哥就這樣被抓進了縣公安局。

戴永志（漵浦縣一中老師）：在公安局的一一〇的辦公室裏面，看到我大哥一個人，孤獨無靠，沒有任何人照顧，斜靠在那個椅子上，然後痛苦地呻吟。他只說我頭疼，我想嘔吐。我當時十分氣憤，所以在走的過程中，我就講了氣話，我說你們公安局這樣地打人，是無法無天，誰打了我的哥哥，我一定要告，我要告得他下崗。

解　說：沒想到一時的氣話竟然引來了更加猛烈的回應。

戴永志（漵浦縣一中老師）：當時在公安局大門口，坐鎮的一個局長叫做馬吉祥，他當時就首先撲了上來，說你講什麼！你吼什麼！在公安局裏面待命的其他三、四十名民警看著領導帶頭撲了上來以後，他們立即把我們兩兄弟圍在中央，就開始毆打。

解　說：直到圍觀的市民看不下去，上來斥責打人的公安人員，毆打才算結束。

漵浦縣市民四：當時我說你不要打了，我說你是執法單位，他們就是犯了法，也有法律制裁，你們這樣打影響市民。

解　說：圍觀市民的義舉救了戴永志兄弟兩人，但是沒有能夠制止另一場打人行動，在市民的圍觀下，數十名穿著警服並且持槍拿棒的公安人員衝向了縣養路費徵稽所。

劉建峰（漵浦縣路政徵稽員）：拿個板子，一板子朝著我的頭就來了，我的手擋了一下，板子就打斷了。

……

解　說：還是聽聽當時圍觀的群眾看到了什麼吧？

漵浦縣市民：到徵稽所裏面打架的時候，基本上每個人都帶著槍，還有幾個人帶有警棍。當時圍觀的老百姓有四、五十人，所以現場看去，幾乎跟電視、電影裏面那個打鬥的場面完全一樣，見人就打，人家躲在車子下面的、躲到屋裏面去的都是七、八個人揍一個人，見人就打，打得讓人家跪著，腳踢拳打。人家抱著頭，一點都不敢反抗，所以這個場面看起來非常氣憤，也很心疼。

解　說：開著沒有繳費的假牌照車，卻不允許檢查，車被依法攔下後，就聚眾打人，這幾乎是傳遍了全縣的大事情，然而漵浦縣公安局的負責人卻說不清楚發生了什麼。

……

主持人：公安民警開著不交養路費的假冒牌照的車輛，已經是一種錯誤行為，然而自身不守法，還不服從管理，進而動手打人，這種行為不僅嚴重侵害了群眾的利益，同時也違反了公安部的五條禁令。[153]

作為同樣是政府執法部門的路政執法人員，在執行公務時一旦遭遇員警，都要遭受員警的暴力毆打，至於手無寸鐵而又無職無權的農民，在肆無忌憚的員警權力面前，就只有任由百般蹂躪的命運。

153 中央電視臺網站http://www.cctv.com/program/jdft/01/或rtsp://real1.xinhuanet.com/news1/xw_040712204019_xinwen1.rm。

在溆浦老百姓眼裏，「警察是穿制服的爛仔，爛仔是穿便衣的警察。」平常動輒以「妨礙公務」為由將正常上訪的百姓抓捕關押的公安部門，不會反省自己如何真正粗暴地妨礙了路政執法人員的公務；一些習慣於將向政府和平請願的農民代表扣上「衝擊國家機關罪」而將之投入監獄的官員，面對公安幹警真正的暴力衝擊國家機關時，他們一向運行良好的聰明頭腦卻像電腦染上病毒一樣突然「死機」了。

（三）維權型抗爭：體制內訴求與非制度化參與

王亞南（一九〇一—一九六九）對中國的官僚政治作過深刻的研究，他認為中國傳統的官僚社會是「官僚」與「農民」構成的社會，也即「官民對立」的社會。「做官發財」的思想是中國官僚社會的固有產物，做官不是為了提供公共服務，而是為了發財，「做大官發大財，做小官發小財。」「地方官員要在地方發財，不得不賄通京官；京官要通過地方官發財，又不得不敷衍地方官。他們上下其手，交互造成一個貪污大局面。」王亞南指出，「中國農民困苦的基因，與其說是由於正規租賦課擔太重，毋寧說是由於額外的、無限制的、不能預測到的苛索過於繁多。」中國二千多年來不絕於書的農民起義和農民暴動，無不是官僚政治「竭澤而漁」、「官逼民反」的結果。王亞南提醒讀者注意，「官逼民反」的「官」，不應理解為「某個或某些特別的官吏，而是整個官僚統治。」中國的農民戰爭或農民叛亂「重複了無數次」，但每次的結果，「總是再生產一個同性質同形態的政治體制。」[154]

中國幾千年來的苛捐雜稅再伴以權力的專橫，將極具創造力的農民馴化和折磨成舉世皆知的「貧困」和「忠厚老實」的身分形象。「農民的自由的個人感情通過賦稅徭役被摧殘」。[155]同在德國，當哲學博士卡爾・馬

154 王亞南著《中國官僚政治研究》，中國社會科學出版社一九八一年版，第一〇六、一〇八、一一四、一一八頁。

155 〔德〕魯道夫・馮・耶林著《為權利而鬥爭》，鄭永流譯，法律出版社二〇〇七年版，第三十九頁。

克思（一八一八—一八八三）在為「消滅私有制」而鬥爭時，他的同齡人法學博士耶林（Jhering，一八一八—一八九二）則提出「為權利而鬥爭」。

在耶林看來，「為權利而鬥爭是一種權利人對自己的義務。主張自我生存是整個生物界的最高法則；在每個生物中，眾所周知，都存在自我維護的本能。然而，之於人類，這不是僅關乎自然之生命，而且關乎其道德存在，但人的道德存在的條件是權利。在權利中，人類佔有和捍衛其道德的生存條件——沒有權利，人類將淪落至動物的層面。」[156]耶林指出：「每一個暴政都始於干預私權，始於使個人失去法律的保護。」如果國家侵害個人的權利，顛倒國民的是非觀念，將危及國家自身的根基。因而對執政者來說，「呵護民族的是非感就是呵護國家的健康和威力」，所謂「呵護是非感」，就是「把正義的原則實際貫徹到現實的生活關係之中」。耶林強調，「國家權力發佈或維護的每一個任意的或不公正的規定，是對國民是非感的傷害，因此傷及國力本身，是對權利理念的犯罪。」[157]

正如密爾所言：「男子和婦女一樣，需要政治權利不是為了可以進行統治，而是為了不致受到暴虐的統治。」[158]在傳統中國，專制主義的政治社會結構不允許民眾具有「基本的權利觀念」。[159]拼命追求「特權」而非堅決捍衛「人權」，是傳統中國政治社會的結構性缺陷。置身於傳統政治結構中的農民，只能在「順民」和「暴民」之間轉換角色。一七八九年法國的《人權和公民權宣言》深刻地指出：「不知人權、忽視人權或輕蔑人權是公眾不幸和政府腐敗的唯一原因。」中國的社會進步離不開世界文明潮流的啟迪與推動。權利觀念的輸入和生長，使中國農民的政治觀念和行為模式發生了歷史性的轉型。面對官吏的掠奪和壓榨，農民從長期扮演的傳

156 〔德〕魯道夫・馮・耶林著《為權利而鬥爭》，鄭永流譯，法律出版社二〇〇七年版，第十二—十三頁。
157 同上，第三十九、四十頁。
158 〔英〕J・S・密爾著《代議制政府》，汪瑄譯，商務印書館一九八二年版，第一四一頁。
159 王亞南著《中國官僚政治研究》，中國社會科學出版社一九八一年版，第二十七頁。

統社會的「造反者」和「奪權者」，轉變為當代社會的「維權者」。農民的這個歷史性轉型，或許有助於推動中國的民主轉型。

農民「維權」對於國家的價值迥異於「奪權」的地方在於，它以和平的方式維護個人的合法權益，「維權」是對現存體制的認同與維護。而「奪權」則是對現存體制的顛覆與否決，其方式是以暴力手段實現「奪權者」自身地位的急劇變化，即政治精英的非規範化更替。不過，即使是成功的「奪權者」，也面臨著被他人以同樣方式「奪權」的巨大風險。

任何一個政治社會共同體都不可能使每個成員平均地分享公共權力——即使是那些宣稱自己是「人民」的國家也不例外。蜜雪兒斯（Robert Michels，一八七六—一九三六）的「寡頭政治鐵律」揭示，組織是寡頭統治的溫床，它處處意味著寡頭統治，少數領導者與大眾被領導者始終並存。[160] 顯然，權力的不平等分配並不意味著權利就不能平等對待。事實上，在人類政治共同體中，共同體成員爭取基本的權利平等是可能的，「在法律面前人人平等」已成為現代國家共同的法律準則。

在政治過程中，公民出於維權或捍衛正義，或出於良心的規避，非暴力抵抗某些法律也就具有正當性。在人類文明史上，這種觀念發展出一種公民不服從（civil disobedience）的理論和實踐。

公民不服從這一術語被認為最早出於美國作家梭羅（Henry David Thoreau，一八一七—一八六二）一八四八年撰寫的一篇文章中。[161] 梭羅認為，為國家服務的人有三種：第一種是用他們的身體為國家服務，如軍

---

160 〔德〕羅伯特・米歇爾斯著《寡頭統治鐵律——現代民主制度中的政黨社會學》，任軍鋒譯，天津人民出版社二〇〇三年版，第二十八頁。〔美〕查理斯・賴特・米爾斯著《權力精英》，王崑、許榮譯，南京大學出版社二〇〇四年版，第七頁。

161 〔英〕大衛・米勒、韋農・波格丹諾主編《布萊克維爾政治學百科全書》（修訂版），鄧正來等譯，中國政法大學出版社二〇〇二年版，第一二六—一二七頁。

人、警察等；第二種是用他們的頭腦為國家服務，如立法者、政治家等；第三種是用他們的良知為國家服務。第三種人常常被國家當作「敵人」。[162]美國學者約翰・羅爾斯對公民不服從理論作了系統闡述。在羅爾期的定義中，公民不服從是「一種公開的、非暴力的、既是按照良心的、又是政治性的違反法律的行為，其目的通常是為了使政府的法律或政策發生一種改變。」[163]二十世紀發生的印度聖雄甘地領導的非暴力不合作運動、美國黑人領袖馬丁・路德・金領導的民權運動和南非曼德拉領導的反種族歧視運動等三大著名的非暴力抵抗運動影響深遠。[164]

美國耶魯大學政治學與人類學教授詹姆斯・斯科特對東南亞農民的反叛和抗爭作了引人注目的研究。斯科特發現，貧困本身並不是農民反叛的原因，只有官僚國家的租佃和稅收制度侵犯了農民的生存倫理和社會公正感時，農民將被迫鋌而走險，奮起反抗。統治者在鄉村的權力「精確地表現在以犧牲村民利益確保其收益上」，農民面對的是一個「作為勒索者的政府」，沉重的稅賦甚至使農民「穿不起褲子」。官員「本身與其說被看成是政府的代理人，毋寧說被看成是搶劫者。」作為中央政府代理人的地方官員，「他們的沉浮，取決於他們取悅上級官僚的本領，而不是他們保護當地民眾的能力。特別是在稅收問題上，中央政府對其代理人的滿意程度，往往直接因他們提交的款項多寡而異；取悅中央，意味著壓榨地方民眾，只要不激起民變就行。」[165]農民革命的結果通常是「導致一個更大的更具強制力的國家機器」，這個新的國家機器，比其前任「更有效地壓

162 何懷宏編《西方公民不服從的傳統》，吉林人民出版社二〇〇一年版，第二十三—二十四頁。
163 〔美〕約翰・羅爾斯著《正義論》，何懷宏、何包鋼、廖申白譯，中國社會科學出版社一九八八年版，第三六三—九三一頁。
164 駱曉會〈二十世紀反殖反種族主義三大非暴力抵抗運動成功原因初探〉，載《湖南教育學院學報》一九九八年第四期。
165 〔美〕詹姆斯・斯科特著《農民的道義經濟學——東南亞的反叛與生存》，程立顯、劉建等譯，譯林出版社二〇〇一年版，第一二二、一一九、一四二、一二六頁。

榨農民以養自己」。[166]由於公開的反抗比日常反抗更容易招致迅速而殘酷的鎮壓，無權的農民就只有選擇日常的反抗形式，即行動拖遝、假裝糊塗、虛假順從、小偷小摸、裝傻賣呆、誹謗、縱火、破壞等斯科特稱之為的「弱者的武器」。[167]

深受中華官僚政治文化影響的東南亞國家，其農民的生存狀況與中國大陸的農民頗多相似之處。一九八〇年代中後期以後，隨著農民負擔過重問題的凸顯，中國農村尤其是中西部地區農民與地方政權之間的衝突不斷升級。對於這種衝突，官方多用「群體性事件」、「涉農惡性案件」、「幹群關係緊張」等話語概括之，學界以「依法抗爭」、「以法抗爭」、「維權抗爭」等術語解釋之。

李連江和歐博文對當代中國農民的維權抗爭作了重要分析，他們最早將農民的抗爭行動稱之為「依政策抗爭」（Policy-based resistance）。那些被地方官員蔑稱的「釘子戶」和「刁民」，正是鄉村社會權利的覺醒者和利益的捍衛者，他們依據法律法規、黨的政策或政治口號來抵制「土政策」。[168]在後續的研究中，李連江和歐博文將農民的抗爭行動修正為「依法抗爭」（Law-based resistance）。依法抗爭的特點是，農民在抵制各種各樣的「土政策」和農村幹部的獨斷專制和腐敗行為時，援引有關的政策或法律條文，並經常有組織地向上級直至中央政府施加壓力，以促使政府官員遵守有關的中央政策或法律。依法抗爭是農民積極運用國家法律和中央政策維護其政治權利和經濟利益不受地方官員侵害的政治活動，它兼具政治參與和政治抗爭的特點。進行依法抗爭的農民，開始在思想意識和行為方式上從傳統的臣民向具有政治權利意識的公民轉化。[169]歐博文認為，中國村民

166 〔美〕詹姆斯・斯科特著《弱者的武器》，鄭廣懷、張敏、何江穗譯，南京：譯林出版社二〇〇七年版，第二頁。

167 同上，第三十九、三十五頁。

168 Li Lianjiang and Kevin O'Brien, *Villages and Popular Resistance in Contemporary China*. Modern China, vol.××II,no.1,January,1996. 轉引自郭正林著《中國農村權力結構》，北京：中國社會科學出版社二〇〇五年版，第十七頁。

169 李連江、歐博文〈當代中國農民的依法抗爭〉，載吳國光編《九七效應：香港與太平洋》，香港：太平洋世紀研究所一

有某些權利，但這些權利是部分的、地方性的公民權。公民權並不只是公民作為被動者接受的那些被賦予的權利，它也是人民群眾為改變自己的命運而同專制權力抗爭的歷史產物。到目前為止，村民提出的呼籲主要是進入地方的政治，村民們很少要求更廣泛的結社、表達及未經許可的參與者的公民和政治權利，他們也很少懷疑現存法律和政策的合法性，更不用說懷疑高層不負責的領導頒佈法律和政策的權利。[170]

郭正林認為當代農民的集體維權活動其實是農民的政治參與過程。郭正林在對湘南的調查後認為，農民群眾是通情達理的，只要地方幹部講理，農民不會亂來。而且，即使地方幹部亂來的行為，農民覺得上訪告狀能夠使上級黨委政府出來主持正義，糾正地方上的違法亂紀行為，農民也不會採取極端的行為。[171]

于建嶸在對湖南省衡陽縣的調查後提出「農民有組織抗爭」和「以法抗爭」等概念，並主張「從政治上重新認識農民」，呼籲承認和尊重農民作為經濟人的權利和作為政治人的權利。在如何認識農民問題上，或許沒有誰能比下面的論述更深刻：「黨和政府沒有理由不相信農民，更沒有理由害怕和防範農民。黨和政府必須嚴加防範的是那些千方百計、不擇手段地封閉農民心聲、鎮壓農民民意領袖、為追求個人升遷不惜犧牲國家和人民長遠利益的地方黨政領導；是那些推諉責任、不關心農民疾苦、麻木不仁的官僚；是那些避重就輕、粉飾太平、無視農民抗爭、甚至以陰謀論解釋農民抗爭、為一己私利不惜誤國誤民的所謂農民政治研究者。」[172]這是筆者所見到的關於當代中國農民問題最為出色的真知灼見之一。在于建嶸看來，一九九二年以前的農民抗爭可歸

九九七年，第一四一—一七〇頁。

170 歐博文〈村民、選舉及公民權〉，胡榮譯，原載香港中文大學中國研究服務中心、香港浸會大學政府與國際研究系合辦「第二屆大陸村級組織建設學術研討會」論文，二〇〇一年。轉引自香港中文大學中國研究服務中心http://www.usc.cuhk.edu.hk/wkgb.asp。

171 郭正林〈當代中國農民集體維權行動〉，載《香港社會科學學報》二〇〇一年春／夏刊，第十九卷。轉引自郭正林著《中國農村權力結構》，中國社會科學出版社二〇〇五年版，第一七九—一九四頁。

172 于建嶸〈農民有組織抗爭及其政治風險〉，載《戰略與管理》二〇〇三年第三期。

之為「弱者的武器」的「日常抵抗」形式，一九九二至一九九八年農民的抗爭屬於「依法抗爭」；一九九八年以後農民的抗爭進入「有組織抗爭」或「以法抗爭」階段。[173]

達仁道夫（Ralf Dahrendorf，一九二九—）指出：「現代的社會衝突與一些不平等的影響有關，這些不平等限制著人們用社會的、經濟的和政治的手段進行充分的公民參與。」[174]當代中國農民與地方政權的衝突，本質上是權利受損後的農民自發進行的維權抗爭。農民維權抗爭，是農民以憲法、法律和中央政策為依據，通過上訪、訴訟、請願等非暴力方式抵制和反抗地方政權的侵權行為，維護、保障和實現自身法定權利的活動。一方面，它體現了農民的不服從。農民的不服從不是對中央國家的不服從，也不是對憲法和國家法律的不服從，而是對地方政府及其以侵害農民正當權益為核心的「土政策」的不服從。農民逐漸認識到「地方惡法非法」，即違背國家法律和中央政策的「土政策」非法，對於惡法式「土政策」，農民有拒絕服從以及抵抗的道義合法性。另一方面，它兼具體制內和體制外參與的特徵。農民充分利用已有的制度管道表達訴求，同時，已有制度管道的堵塞與狹窄又促進農民採取非制度化的方式參與地方政治。

湖南是中國中部地區的一個農業大省，在革命戰爭時代，湖南的農民運動風起雲湧，其暴烈程度怵目驚心；在極左政治年代中，湖南的階級鬥爭聲勢震天，其慘烈之狀令人扼腕；在搜刮稅費運動中，湖南的群體性事件此起彼伏，其範圍之廣發人深省。一九九〇年代以後，湖南省各地因農民負擔過重引發的農民抗議遍及全省，地方政權對農民的維權抗爭幾乎一致採取「鎮壓的辦法」，全省因地方政權忽視農民的權利訴求、動輒鎮壓農民而引發的群體性事件頻頻發生，眾多農民減負代表或農民領袖被地方政權關押、追捕或判刑。如湘中寧鄉縣的楊躍進、崔羅坤等，湘北湘陰縣的張新甫、桃源縣的毛明達等，湘南衡陽縣的彭榮俊、安仁縣的張遠平

173 同上。

174 〔英〕拉爾夫・達仁道夫著《現代社會衝突》，林榮遠譯，中國社會科學出版社二〇〇〇年版，第五十二頁。

等，湘中漣源市的黃國卿等，湘西漵浦縣的張希生，等等。[175]

面對農民的維權抗爭，地方當政者不懂得如何有效管理和化解衝突，而是以「穩定壓倒一切」的政治口號為幌子，一味地對下打壓維權代表、對上掩蓋衝突真相、對外封鎖事件資訊。斯科特指出，一個成功的社會，應該去善於管理衝突，而不是杜絕衝突。[176]對一九九〇年代以來湖南農民維權抗爭作過出色研究的于建嶸認為，不能正視和認識農民群眾正當利益訴求積極意義的執政當局者，企圖以高壓方式將農民排斥於體制性表達之外，其結果只能是導致執政者合法性的快速流失並不斷為社會動盪積累爆發的能量。[177]

湖南農民維權活動的興起，基於三個重要的時代背景：

一是地方政權搜刮無度，農民負擔過重，村民不能正常生活下去。

二是國家法律法規明確授權農民有權抵制地方政權非法的收費行為。如一九九一年十二月國務院發佈施行的〈農民承擔費用和勞務管理條例〉第二條規定：除向國家繳納稅金、完成國家農產品定購任務、承擔不超過農民純收入百分之五的「三提五統」、「兩工」外，其他一切要求農民無償提供任何財力、物力和勞務的，均為非法行為，「農民有權拒絕」。[178]二〇〇三年三月一日施行的新修訂的《農業法》增加了第九章「農民權益保護」，首次把農民權益保護納入國家法律體系。該法第六十七條規定，沒有法律、法規依據的收費，農民和農

175 《半月談》（內部版）二〇〇〇年第二期〈本期焦點：是耶非耶「農民領袖」〉，第八——三十一頁。

176 于建嶸、斯科特〈底層政治與社會穩定〉，載《南方週末》二〇〇八年一月二十四日。

177 于建嶸〈轉型中國的社會衝突——對當代工農維權活動的觀察和分析〉，載《領導者》二〇〇八年第二期（總第二十期）。

178 〈農民承擔費用和勞務管理條例〉（一九九一年十一月五日國務院第九十二次常委會議通過，一九九一年十二月七日中華人民共和國國務院令第九十二號發佈施行），載國務院法制辦公室編《減輕農民負擔政策法規選編》，中國法制出版社二〇〇一年版，第十四頁。

業生產經營組織「有權拒絕」。[179]

三是中央文件及中央領導關於減輕農民負擔問題的多次明文規定和講話對地方官員提出的明確政策禁令。一九八五年十月三十一日中共中央、國務院發佈〈關於制止向農民亂派款、亂收費的通知〉，此後，中央幾乎每年都要下發有關減輕農民負擔的文件。一九九六年十二月三十日中共中央、國務院發佈〈關於切實做好減輕農民負擔工作的決定〉，即中發[一九九六]十三號文件，文件規定了十三條：（一）國家的農業稅收政策穩定不變。（二）村提留鄉統籌費不超過上年農民人均純收入百分之五的政策穩定不變。（三）農民承擔義務工和勞動積累工制度穩定不變。（四）嚴禁一切要農民出錢出物出工的達標升級活動。（五）嚴禁在農村搞法律規定外的任何形式的集資活動。（六）嚴禁對農民的一切亂收費、亂漲價、亂罰款。（七）嚴禁各種攤派行為。（八）嚴禁運用專政工具和手段向農民收取錢物。（九）減免貧困戶的稅費負擔。（十）減輕鄉鎮企業的負擔。（十一）減少鄉鎮機構和人員的開支。（十二）實行減輕農民負擔黨政一把手負責制。（十三）嚴肅查處加重農民負擔的違法違紀行為。該文件還授權農民有權拒交非法的錢物收取行為，有權向上級有關部門反映，有權向人民法院起訴。[180]二〇〇〇年九月國務院副總理溫家寶在關於減輕農民負擔的講話中重申和強調了著名的的「八個禁止」：（一）禁止平攤農業特產稅、屠宰稅。農業特產稅、屠宰稅必須據實徵收，不得向農民下指標，按人頭、田畝平攤。（二）禁止一切要農民出錢出物出工的達標升級活動。（三）禁止一切沒有法律、法規依據的行政事業性收費。（四）禁止面向農民的集資。除農村九年義務教育危房改造外，其他任何集資一律取消。興辦道路、電力、通信、廣播電視等建設專案，不得向農民集資。（五）禁止各種攤派行為。在農村開

---

179 《中華人民共和國農業法》（修訂本），法律出版社二〇〇三年版，第十八頁。有關《農業法》第九章「農民權益保護」實施情況的專題研究，參見李小雲、左停主編《中國農民權益保護研究》，社會科學文獻出版社二〇〇七年版。

180 參見〈中共中央、國務院關於切實減輕農民負擔工作的決定〉（一九九六年十二月三十日），載《關於對涉及農民負擔案（事）件實行責任追究的暫行辦法》，中國方正出版社二〇〇四年版，第十一——二十一頁。

展保險業務、合作醫療、報刊徵訂，必須堅持自願原則，不得強行攤派。（六）禁止強行以資代勞。（七）禁止村組招待下鄉幹部，取消村組招待費。（八）禁止用非法手段向農民收款收物。不得以任何理由和形式到農民家裡拉糧食、牽牲口、搬東西。[181]

漵浦縣農民維權抗爭活動在各鄉鎮不同程度地存在，只是因為中國特有的新聞檢查和控制制度，媒體難以曝光，外界不得與聞。地方政權非法加重農民負擔以及由此釀成的群體性事件和惡性案件就只有銘刻在當地村民群眾的集體記憶中。楊德泉與張希生就是兩個在漵浦縣享有較高知名度的農民維權代表。

漵浦縣低莊鎮吉家沖村村民楊德泉，十八歲那年被國民黨抓壯丁去當兵，一九四八年山東解放時被俘，後參加共產黨領導的中國人民解放軍，一九五〇年三月十六日加入中共，同年十月參加抗美援朝作戰，一九五四年一月回國。在解放戰爭和抗美援朝戰爭中楊德泉「立功四次」。一九五五年一月楊德泉復員回家務農，成為一個普普通通的農民。

農村改革後，楊德泉在家裏開了代銷店，村民來往較多，他就利用村民常到他家去的優勢，在自家辦起了壁報，義務宣傳黨的政策，及時把黨和國家有關農村工作的政策介紹、宣傳給當地的村民，這樣堅持不懈，使他成了遠近聞名的「義務宣傳員」，並多次獲得上級黨委政府的獎勵。一九八八年被評選為漵浦縣優秀中共黨員，一九九〇年被評選為漵浦學雷鋒先進標兵、漵浦縣優秀中共黨員、懷化地區優秀中共黨員、湖南省先進個體勞動者，一九九一年被評選為漵浦縣「雙擁」先進個人、漵浦縣學雷鋒先進事蹟報告團先進代表、漵浦縣先進黨務工作者，一九九三年被評選為低莊鎮優秀中共黨員。一九九五年一月四日，中共湖南省委書記王茂林冒著大雪親自登門看望他；一九九六年十一月二十日，湖南衛視「鄉村發現」欄目主持人李兵專程趕到他家採訪並製作了一期專題節目；一九九六年楊德泉被評為懷化地區十大新聞人物。

181 溫家寶〈減輕農民負擔是當前農村工作中的一項緊迫任務〉，載《人民日報》二〇〇〇年九月二十八日第二版。

正是這樣一位懷有傳統共產黨員信念和品格的鄉村老人，對一九九〇年代以來日益加重的農民負擔深感不安，他曾寫了一幅上聯：「辭舊歲，歲歲加稅，農民晚上不能睡。」為此，他向村民宣傳中央的減負政策，到縣裏上訪反映村民的要求，給省領導寫信報告農民的難處。一九九六年三月一日，他在給湖南省委、省政府的信中算了一筆賬：

> 我村一組二百四十二人，每個人頭就上交八十七・一〇元，總田畝兩百一十六畝，每畝上交一百二十九・四七元。每畝的生產開支和成本計價為五百四十九・二〇元，而實產的稻穀在一千兩百餘斤。農民除去上交、提留和農業稅外的實際收入才三百多斤稻穀了。群眾稱，國稅輕，雜稅重，使農民抬不起頭了，請看雜稅超過國稅的三倍。[182]

在楊德泉的影響下，村民對中央政策的熟悉和掌握程度有了明顯提高，他們開始要求清查村裏的財務，拒絕交納不合法不合理的亂收費。鎮幹部認為楊德泉的政策宣傳「妨礙了鎮裏的工作」，便於一九九八年十一月十六日將楊德泉叫到鎮政府「問話」，第二天才讓他回家。十一月三十日，以鎮黨委書記舒××為首的黨政領導帶領八十多人到吉家沖村收上繳，幹部在八組幾個村民家裏牽豬、搬電視、搶稻穀，引起村民義憤，引起約三千多村民集體到鎮政府「討說法」。一九九九年七月七日，鎮幹部又深夜抓捕將去省裏上訪的村民代表，他們闖入民宅，翻箱倒櫃尋找上訪材料，並將村民劉生柏抓到鎮政府。次日清晨，附近各村村民六、七千人到鎮政府「討公道」，引起社會的極大反響。

182　摘自楊德泉一九九六年三月一日給湖南省委、省政府的信。

楊德泉宣傳黨的減負政策、為農民辦實事，這不僅使他贏得了本村村民的擁戴，同時也贏得了附近各村村民的尊敬。一九九九年七月十日，楊德泉病逝，七月十五日出葬那天，遠近一千多村民群眾自發為他送葬。

在吉家沖村村民的持續抗爭下，溆浦縣農村經濟經營管理局於一九九九年一月十一日至四月十五日對吉家沖村一九九三年至一九九八年六年間的財務進行了審計，發現的主要問題有：

原始憑證未經審核入賬。發現有兩百五十八張金額為六萬五千一百九十六．六〇元的白紙發票、二十二張金額為三千八百一十八．七二元的無人審核發票、七張金額為九百四十七元的支書或村長自辦自批發票、六十一張三千六百九十四．一〇元的無事由發票、十五張金額為一千三百零七．一〇元的無經辦人發票，未經審核而付款入賬。

——挪用村資金三千一百二十三．一〇元。

——收入未入賬二千四百六十五．九〇元。

——多記多報多領少出五千五百八十四．四一元。

——不合理開支一萬七千九百八十．四四元。

——往來賬差錯三萬三千零七十二．二五元。

——不合理農民負擔十一萬六千九百七十九．八七元。其中歷年農業稅退庫應退而未退給農戶共一萬四千七百三十四．四〇元，鎮統籌超額提取兩萬七千五百一十五．七九元，村提留超額提取兩萬三千六百零七．八八元。一九九三年譚家灣大橋集資已收未交九千九百八十六元，一九九七——一九九八年鎮政府安排向農民收取水利集資七千四百七十五．八〇元、三萬三千四百六十元。一九九四年鎮政府多收村保險賠款費兩百元。[183]

吉家沖村一九九八年共有二十七個村民小組、九百二十五戶、三千四百一十一人，有水田二千五百三十畝、旱土七百四十五畝、山林四千五百畝，農民人均純收入一千四百零七元，在全縣居中等偏上水平。就是這樣一個經濟還很貧困的山村，村幹部卻大勢揮霍公款，一九九三年至一九九八年間，村幹部公款吃喝玩樂、公款租車、公款送禮的總開支，村民自查金額達二十萬七千七百一十五・一八元，日平均揮霍一百零三元；鎮審計站核實總額為二十一萬零六百八十四・八六元，日平均一百零四・九五元；縣審計組核實為十五萬一千兩百六十二・二三元，日平均七十五・三五元。這僅僅是村幹部的揮霍公款賬，還沒有審計上一級政府的財務。就是說，村民的負擔還遠不至村裏的數額。

在村民還普遍看不起病、上不起學、過不上好日子時，在當地村民們還達不到幾天吃上一餐肉的時候，[184]鄉村幹部卻大肆揮霍從村民身上敲骨吸髓而來的「血汗錢」去「呷花酒」，進行「性消費」。官民的生活差距判若雲泥。在當地，就流行一首概括幹部尤其是「一把手」的順口溜：「吃飯基本靠請，煙酒基本靠送，工資基本不動，老婆基本不用。」除了公款揮霍外，六年間，吉家沖村村民應受益而未受益的金額為五十六萬三千六百二十・二七元，鄉村違規多收超過百分之五的「三提五統」金額為四十六萬五千四百七十八・五八元，沒有法律法規和政策依據的亂收費、亂集資、亂攤派、亂罰款金額為四十八萬四千零一十八・六五元，農

183　漵浦縣農村經濟經營管理局《關於對吉家沖村一九九三年至一九九八年村級財務和農民負擔的審計報告》，一九九九年四月五日。

184　在漵浦縣鄉村墟場，規定每五天趕一次集。農民每五天趕一次場能買上一次肉的亦屬不多。曹錦清在中原農村一農戶家調查時也發現「他家全年幾乎不吃肉，不吃油。」參見曹錦清著《黃河邊的中國——一個學者對鄉村社會的觀察與思考》，上海文藝出版社一九九九年版，第一一二頁。

表4-10　溆浦縣低莊鎮吉家沖村1993年至1998年揮霍情況

單位：元

年度	公款吃喝費	公款送禮費	公款租車費	合計
1993	11739.20	1544.80	1536.80	14919.88
1994	21724.76		3160.00	24884.76
1995	53528.00	4397.10	3143.50	61068.60
1996	33144.97	6445.10	6527.00	46117.07
1997	235123.00	4648.10	5062.05	33222.45
1998	20412.50	3738.00	3352.00	27503.00
合計	164061.73	20773.10	22880.35	207715.18

資料來源：溆浦縣低莊鎮吉家沖村村民《關於吉家沖村財務及有關問題的報告》，1998年12月25日。

業稅重複徵收額為二十三萬六千五百四十五・九〇元。[185] 溆浦縣低莊鎮吉家沖村一九九三年至一九九八年公款揮霍情況，見表4-10。

中央三令五申減輕農民負擔的「禁令」，自上而下逐級傳達到基層時，除了通過媒體等渠道獲悉中央政策的村民群體對之深信不疑、堅決擁護外，地方幹部則並未真正把它當一回事。以放權讓利為特徵的泛市場化的改革，在使農民和地方獲得自主權和積極性的同時，也使國家對其代理人的約束面臨空前的失靈。

楊德泉在彌留之際拉著另一位老人張希生的手，詢問吉家沖村村民上訪代表劉生錫、劉納生、蕭會範和劉生猛四人赴省裏上訪的訊息，並囑託張希生一定要用好學好黨和國家的政策法律，為村民討回一個公道。

家住低莊鎮荊湖村十二組的張希生，曾任生產隊會計十一年，為人廉潔公正，深得社員擁護。一九七二年張希生加入中共，並任大隊保衛主任，直到一九八三年因病去職。

185 溆浦縣赴吉家沖聯合審計組《關於吉家沖村清賬代表反映的三大問題的審計情況彙報》，一九九九年六月二十九日；低莊鎮吉家沖村村民《關於吉家沖村財務及有關問題的報告》，一九九八年十二月二十五日。

一九九〇年代以後，社會風氣日益敗壞，幹部「呷花酒」成為時尚。上文提到的低莊成百上千的「雞頭」將本地少女騙出外地強迫賣淫，而外地流入低莊的女青年又大都在「花酒店」裏從事「三陪」服務。一些幹部們對「呷花酒」樂此不疲，而為幹部「呷花酒」買單的，卻是被貧困長期折磨的農民。

農民的負擔在中央一再強調「切實減輕」聲中卻越減越重。荊湖村的村民也越來越承受不了不斷加在身上的沉重負擔了，他們要求減負，要求查賬。張希生與楊竹生、龍際元一起成為村財務清查工作的三名村民代表之一。在財務清查工作發現中，該村僅一九九六年一年之中，揮霍公款達三十萬一千兩百六十四・七四元，其中「呷花酒」一項就呷掉了八萬七千八百零八・五六元。這一年在村幹部大肆揮霍的財務賬簿上，無經手人發票的一・三七萬元，無日期發票的一・二一萬元，無事由吃喝發票的二・七〇萬元，假發票一・四萬元。在幹部們白吃白喝的排行榜上，最多的一天「呷花酒」呷了七餐！[186]

一九九七年十一月三十日，村財務清查小組將清賬的有關問題向村民群眾公佈後所引起的村民心靈的強烈震撼是可想而知的。當貧困的村民們一旦知道了鄉村幹部殘暴地將從自己身上強行搜刮去的「血汗錢」用於「呷花酒」進行「性消費」的勾當時，即使是半身不遂的人都要氣憤地站起來。曹錦清在河南太康縣調查時，也發現農村基層幹部幹部用公款吃喝嫖賭。很多老百姓知道這些真相後都憤怒起來：「這幫貪官污吏，搜刮我們的血汗錢去吃喝嫖賭，我們要到市裡去告他們。」[187]

村民清賬揭開了各種鄉村問題的冰山一角，這引起了既得利益者的恐慌。鎮裏不是依據事實和法律法規追究相關鄉村幹部的相應責任，而是千方百計地保護他們，強力干預村民的清賬努力，最後迫使整個清賬工作停頓下來。在地方官僚腐敗網路中，腐敗者無罪，而揭露和批評腐敗分子的人卻身陷囹圄。美國學者愛德華・弗

186 漵浦縣低莊鎮荊湖村清賬代表楊竹生、張希生、龍際元有關財務清理的報告材料，一九九九年五月二十三日。
187 曹錦清著《黄河邊的中國——一個學者對鄉村社會的觀察與思考》，上海文藝出版社一九九九年版，第三六二頁。

里德曼（Edward Friedman）等人在對中國河北省饒陽縣五公村的出色研究中就發現：「現在，腐敗分子對準了他們的批評者。這個制度宣判理想主義的民主人士有罪，而對圖謀報復的人給予獎勵。受害者被關入監獄，一些人遭到毒打，許多人背上黑鍋。」[188]

上訪告狀並不是中國農民的天生行為偏好，而是被迫無奈的痛苦選擇。「在歷史上，橫徵暴斂，苛捐雜稅，從來是引發農民集體抗議的主要原因。直到今天，中國的廣大農民群眾依然不可能通過地方民主與自治的途徑解決地方濫用職權與貪贓腐敗的問題。所以他們一方面盼望有一個高高在上的皇權來約束或打擊地方官吏的腐敗行為。另一方面，他們用極大的忍耐來忍受地方官吏的欺壓與魚肉。」曹錦清精闢地指出：「中國農民從來就具有『溫順』與『暴亂』這兩重性格。」[189]

在傳統中國專制主義政治結構中，「缺乏反抗政府的合法手段」是「一個重要特徵」。美國著名學者魏特夫就發現了這一點。在傳統中國，當沒有合法反對政府的手段可以利用時，被逼無奈的農民「時常一再拿起武器反抗他們的政府，在極端的情況下，他們終於能徹底地推翻它。」[190]在中國，自古以來，「老百姓不怕大官，只怕小官。」中國的農民，「對小官是又恨又怕，但對大官則尊敬到迷信的程度。」[191]地方官吏與農民的對立關係，或者說，地方官吏對農民肆無忌憚的欺壓和掠奪，始終是危及社會安定和國家長治久安的重要因素。

188 〔美〕弗里德、畢克偉、塞爾登著《中國鄉村，社會主義國家》，陶鶴山譯，社會科學文獻出版社二〇〇二年版，第二九二頁。
189 曹錦清著《黃河邊的中國——一個學者對鄉村社會的觀察與思考》，上海文藝出版社一九九九年版，第三五九頁。
190 〔美〕卡爾·A·魏特夫著《東方專制主義——對於極權力量的比較研究》，徐式谷、奚瑞森、鄒如山等譯，中國社會科學出版社一九八九年版，第九十九頁。
191 曹錦清著《黃河邊的中國——一個學者對鄉村社會的觀察與思考》，上海文藝出版社一九九九年版，第四二八、一九九頁。

當農民承受地方官吏的盤剝和壓榨時，一般有這麼幾種行為選擇：（一）逆來順受，忍受煎熬，這是一個普遍的選擇。（二）伺機報復，誅殺貪官，這是發洩個人不滿的極端行為。（三）懲罰自我，含恨自殺，這是被逼無奈的選擇。在暴力收繳稅費中，就有不少農民被逼服毒自盡，「以死抗爭」。社會自殺的程度折射了地方政治的暴虐程度。傳統中國的百姓不堪官吏盤剝，紛紛逃歸山林，尋找世外桃源，但在現代社會，國家權力無所不在，已無世外桃源可以棲身。（四）揭竿而起，替天行道。（五）落草為寇，打家劫舍。（六）含冤上訪，祈盼清官。「中國的絕對多數農民是老實本分的，只要有了溫飽，還活得下去，從來是『屈死不上告』的。到了上訪、上告的地步，已說明他們走投無路了。」[192]

張希生和其他村民優先選擇上訪，因為他們也沒有別的辦法可以為村民討回公道。張希生稱，自從村民清賬半途而廢後，他就「全力投入」了。開始他只是為解決荊湖村的問題，給縣、市、省以至中央寫信。後來他成了遠近聞名的「上訪代言人」。張希生熟讀法律政策條文，免費為農民書寫狀子，幫農民掌握政策，反覆叮囑農民朋友們從政策法律的範圍內討公道。不僅有本地的農民找他幫忙，也有外縣的農民慕名而來諮詢政策；不僅有農民朋友前來訴苦，還有退職的鄉鎮幹部登門拜訪。

一些鄉鎮幹部在位時對農民氣勢洶洶，而一旦退職，也就有可能遭到農民同樣的厄運。曾在溆浦縣水隘鄉擔任過團委書記、秘書和分管過政法工作的幹部王身淼，十多年前因病退職回家與老伴種田。誰知世道「驟變」，二〇〇〇年二月，水隘鄉計生幹部通知他的妻子要他們在廣州打工的未婚女兒回鄉搞婦檢。她的女兒很氣憤，沒有回來。三月五日，主管計生工作的鄉幹部就帶領幾十人闖進王身淼的家裏，將其妻子強行抓到鄉政府，並將她毆打致傷，還罰款一百元。王身淼將其妻送到低莊中心醫院，花費八百多元醫療費。三月三十一日，這位曾經當過鄉鎮幹部現在卻遭遇農民同樣命運的王身淼，主動上門找到張希生訴苦，懇請張希生幫忙想

192 同上，第三五五頁。

辦法為他主持公道。

遠近找張希生諮詢法律政策、代寫上訪材料的村民源源不斷。在農民心中，張希生是一位剛直不阿的農民代言人，但在鎮裏的官員眼中，張希生成了「刁民」。在傳統專制社會，官員將那些據理爭辯、討個說法的農民蔑稱為「刁民」。其實，所謂「刁民」，就是非法治社會中的權利覺醒者與權益捍衛者。

在當今，一些地方政府官員還喜歡將捍衛個人正當權利的公民蔑稱為「釘子戶」。所謂「釘子戶」，就是不受任何制約的地方公權力在運行中遇到了一點點小小的「阻力者」，這個「阻力者」是具備了權利意識的公民。「釘子戶」的概念最準確地反映了公權力的專橫和傲慢。面對所謂阻擋公權力橫行的「釘子戶」，政府無不欲一舉拔除而後快。很多年來，一些地方政府大張旗鼓「拔除釘子戶」的過程，實質上是公然踐踏和侵犯公民權利的過程。

基層官員的專橫、黑惡勢力的囂張、社會風氣的敗壞，使張希生成為絕望中的村民心中的正義代表。但在「劣幣驅逐良幣」的地方官僚腐敗集團結成的權力網路中，正直之士註定要承受心靈的痛苦和人生的折磨。二〇〇二年七月，一場由鄉鎮幹部暴力收繳稅費引發的農民維權抗爭事件，最終以張希生等人被投入監獄而深深地留在了村民的腦海中。

二〇〇二年六月六日，隸屬低莊辦事處的讓家溪鄉鄉長張×、副書記李××帶領導鄉村幹部十七人的催繳工作隊到該鄉岩溪橋村七組收取二〇〇二年「財稅過半」任務。催繳工作隊在覃文孝家強行擔穀，牽走了胡生平家的耕牛。當胡生平對這種明顯違背中央禁令的做法表示不服時，工作隊就抓住胡，七手八腳地將其扭送鄉政府去。當胡生平被強行扭送到小洪流村時，憤怒的村民聞訊趕到，與催繳工作隊發生衝突，村民將副書記李××打傷。當天下午，低莊中心派出所以妨礙公務、毆打幹部罪名將村民胡揚秋、舒生金、讓國同、杜應元、黃貽方等抓捕。舒生金、胡揚秋中途逃脫，並六月二十六日赴省城上訪。七月三日，舒、胡二人持省減負辦信函約同低莊鎮荊湖村十二組村民張希生等共四人去懷化市減負辦反映，七月四日回家，準備七月五日持市減負辦公函去縣減負辦上訪。當天下午七點，上訪代表胡揚秋在低莊鎮新街他的女兒家被低莊鎮中心派出所抓捕。

這種行為激起了當地村民的不滿，村民群眾提出一起去派出所講理。張希生勸大家不要衝動，認為只能派代表去與派出所交涉。村民群眾推舉張希生等七人代表，於七月五日上午九點左右到鎮派出所找到所長嚴××。嚴說抓胡揚秋是奉命行事，人已送縣看守所。大家正欲去縣裏，此時，低莊辦事處書記唐××聞訊趕到，叫張希生到辦公室去談，張希生說明來意後，唐××當眾用手機給縣公安局打電話，說胡揚秋剛從市裡上訪回來不能抓云云。唐放下手機對村民代表說，公安局答應立即放人，最遲十一點鐘把胡揚秋送到這裏與大家見面。

等到十一點多鐘，只見派出所門邊駛來四輛摩托，一夥常為鎮政府強行向村民收上交的黑幫分子越聚越多。群眾見勢不妙，連忙護送張希生回家。張轉身不久，一群黑幫分子手拿木棒，對村民群眾大打出手，當場打傷二十多人，其中把思莊村六十五歲的舒孝國和六十三歲的舒國碧打昏在地，鮮血直流，被群眾急送醫院打氧氣搶救。但終因傷勢過重，舒國孝臥底三個月，七孔流血而死。舒國碧被打成嚴重腦震盪，已成了植物人。混亂中有人砸爛派出所的留置室，放出被關押的讓家溪鄉村民杜應元、黃貽方。在黑幫分子毆打群眾現場，縣公安局政委等三人絲毫不加制止。黑幫頭子陳××見跑了張希生，大叫把張希生的頭提來。陳親自坐小車帶領一幫兄弟手提砍刀到張希生家找人，張急忙上樓緊閉樓門，才倖免於難。七月九日，張希生被抓。縣法院以「聚眾衝擊國家機關罪」判決張希生有期徒刑七年。[193]

---

193 摘自二〇〇三年八月二十日張希生的妻子劉友蓮寫給湖南省委、省政府領導的申訴報告材料。張希生被抓後，他的家人找到縣律師事務所，一位姓陽的律師答應為他辯護，可縣委政法委一位副書記獲悉後，立即打電話找來這位律師，說：「張希生這個案子是我們政府行為，你不要接……」。相關內容，參見向繼東〈溆浦執法之怪狀〉，載新華通訊社湖南

二〇〇二年八月二十三日，漵浦縣人民法院審結「六・六案件」，胡揚秋、杜應元以「非法拘禁罪」分別被判處有期徒刑三年、二年六個月，黃貽方在逃。八月二十六日，漵浦縣人民法院開庭審理「七・五案件」，張希生、劉愛珍（女）、張在恒、張在丙以「聚眾衝擊國家機關罪」分別被判處有期徒刑七年、三年、三年緩刑三年、一年。

六十六歲的張希生被判處七年徒刑後，在社會上引起了極大反響。二〇〇二年九月，張希生妻子劉友蓮上訴懷化市中級人民法院，中院駁回上訴，維持原判。二〇〇三年七月，劉友蓮上訴湖南省高級人民法院，高院批轉中院複查，但中院一直沒有回覆。二〇〇七年九月，張希生的妻子劉友蓮到湖南津市監獄探望已坐牢五年的張希生，劉友蓮稱張希生已患了白內障，需要趕快治療，否則可能以後眼睛就看不見了。據稱，獄警也同意張希生提前出獄，但條件是要張希生「認罪服法」。但張希生堅稱自己「沒有罪」，他說：「我沒有罪，怎麼認罪？我願意坐牢，不願認罪。我沒有辦法，你們有槍。」[194]

一九九〇年代以來，一個帶著良知下鄉的人，就可能在鄉村看到「想像不到的貧窮，想像不到的罪惡，想像不到的苦難，想像不到的無奈，想像不到的抗爭，想像不到的沈默，想像不到的感動，和想像不到的悲壯……」[195]在農民維權抗爭中，一個比較普遍的社會現象是，村民清賬代表、上訪代表和減負代表等農民維權代表多有被地方政權以妨礙公務、衝擊國家機關、聚眾擾亂社會秩序等罪名判刑入獄，[196]而那些加重農民負擔、掠奪農民最利害的鄉鎮領導卻官運亨通、步步高升——只有那些自認運氣不佳者因激起民變被曝光而丟官。

當我們觀察農民維權抗爭時，有三個重要的因素值得注意。首先，中國現行憲法第三十五條規定，中華

---

194 分社《湖南內參》二〇〇四年八月九日第三十二期。
二〇〇七年九月二十三日筆者湖南漵浦調查訪談記錄。二〇〇九年七月八日，張希生刑滿釋放。

195 陳桂棣、春桃著《中國農民調查》，北京：人民文學出版社二〇〇四年版，第五頁。

196 李鈞德〈唐河縣五名村民上訪竟被判刑〉，載新華通訊社二〇〇三年四月十六日《內參選編》第十五期。

人民共和國公民有言論、出版、集會、結社、遊行、示威的自由；第四十一條規定，中華人民共和國公民對於任何國家機關和國家工作人員，有提出批評和建議的權利，對於任何國家機關和國家工作人員的違法失職行為，有向有關國家機關提出申訴、控告或者檢舉的權利。[197]農民上訪，或到鄉鎮政府集會，都是行使憲法規定的公民權利的具體行為，是農民在體制內參與公共事務、表達利益訴求的合法舉措。中國現行憲法雖未對和平請願權作出明確規定，但和平請願權是現代文明世界的普遍共識，是一個合法政府存在的基礎。農民集體到鄉鎮政府「討公道」，實質上是在行使集會和向政府請願的權利。許多地方官員面對村民群眾前來鄉鎮政府和平集會和請願，不是尊重和保障公民的憲法權利，通過與農民的平等對話與溝通達成妥協，而常常動輒以「圍攻政府」、「衝擊國家機關」、「妨礙公務」、「擾亂社會秩序」等罪名對農民代表實行「專政」。這不但侵犯了農民的公民權利，而且玷污了憲法的尊嚴，對國家本身構成了嚴重傷害。而地方官員的「劫訪」、關押、毆打上訪農民，破壞農民行使集會和請願的權利，卻鮮有受到法律的懲處。

其次，在減輕農民負擔中，中央明確授權農民有權拒繳一切不合法的稅費。但問題是，當農民根據中央的「尚方寶劍」有權拒繳不合法的稅費負擔，而地方政權卻動用專政機器和社會黑惡勢力強行收繳時，衝突就有可能發生。特別是在億萬農民還沒有獲得結社權利的制度環境中，分散的農民難以與政府進行平等的對話，這無疑增大了政府與農民之間的交易成本。當政治參與的制度化建設滯後於鄉村政治的發展需求時，制度外的參與就不可避免。每當農民集體到鄉鎮政府「討說法」時，鄉鎮官員鮮有誠意和政治能力與農民代表坐下來平等對話以謀求共識。鄉鎮官員常見的行為邏輯是，一方面向上級政權誇大事實謊報農民「造反」，以此獲取一心關切「穩定」的上級政權給予合法暴力資源的後援支持。另一方面與社會黑惡勢力結成利益同盟以獲得非法暴力的增援。在「穩定壓倒一切」的政治話語下中，形成了關心「穩定結果」的上級政權與關心「純粹利益」的

197　《中華人民共和國憲法》，法律出版社二〇〇〇年版，第十六頁。

社會黑惡勢力共同增援鄉鎮政權的政治態勢。這樣求得「壓倒一切」的「穩定」，也「壓倒」了社會正義。而「壓倒」社會正義的「穩定」，猶如建築在沙灘上的閣樓而搖搖欲墜——只有那些自鳴得意的「政治近視眼」才看不到「穩定」表面掩蓋下的深刻危機。[198]當政者雖然空前地關切「穩定」，但卻並不明白「憲政是社會穩定的最佳保障」。[199]

對於減輕農民負擔來說，中央空前地授予農民「尚方寶劍」以抵抗地方政府非法收繳稅費的行為，但中央卻沒有建立農民具體使用這把「寶劍」的相應制度，就是說，它沒有將「尚方寶劍」的使用「秘訣」告訴農民。當農民們連連讚歎「尚方寶劍」如何了得之時，地方政權卻對農民舉起了「專政鐵拳」。「天高皇帝遠」，農民敬奉的「尚方寶劍」在地方政權的「專政鐵拳」面前立即呈現「法寶」失靈的尷尬局面。結果，雙方一對陣，「尚方寶劍」和農民自身都被收進了地方政權的「錦囊」之中。這似乎應驗了一句古語：「好龍鬥不過地頭蛇」。

基於此種情形，中央國家如果在地方政權紛紛將依據中央政策法規維權抗爭的農民代表投入監獄的現象中保持沈默而不伸以援手，那無異於誘羊群入虎口，動搖國家治理的根基。面對農民減負代表被打壓的不幸遭遇，一些地方幹部就感歎說農民太相信中央的減負政策了。

再次，中央三令五申約束地方政權的「八個嚴禁」等紀律之繩以及相關國家法律，並沒有真正縛住和制止地方官員的手腳，幹部們依然一如既往地層層平攤和暴力收繳稅費任務，且大肆揮霍公款。鄉村幹部不但運用專政手段而且還借用黑惡勢力強行收繳稅費，搶奪農民財物，關押毆打農民，嚴重侵犯農民的合法權利，甚至逼死和打死農民的惡性案件也時有發生。現代中國在追求建設法治國家的進程中，卻面臨著傳統社會「刑不上

198 王紹光、胡鞍鋼、丁元竹〈經濟繁榮背後的社會不穩定〉，載《戰略與管理》二〇〇二年第三期。

199 張千帆著《西方憲政體系》（上冊），中國政法大學出版社二〇〇四年版，第十頁。

大夫」的現代困境，即那些違背中央政策和國家法律、踐踏農民財產權利和人身權利的地方官員不但沒有受到法律的應有懲罰，卻反而在權力的階梯上步步高升，而維護中央政策和國家法規的農民維權代表卻被地方政權被判刑入獄。顯然，缺乏組織化的農民獨自承擔了中國社會轉型的巨大成本。

在減輕農民負擔中，中央白紙黑字地授權農民有權拒繳一切非法負擔，而地方政權卻將維權抗爭的農民代表投入監獄。這是地方官僚腐敗集團製造的新一輪冤假錯案。農民維權代表被地方政權判刑入獄，這在村民心中卻是「天大的冤枉」。村民們並不為那些被地方政權判刑入獄的農民維權代表感到恥辱，相反，卻為他們坐牢而感到自豪。每當那些被地方政權判刑的農民代表刑滿釋放時，村民們都自覺到監獄或車站迎接。湖南省寧鄉縣道林鎮的農民減負維權代表楊躍進一九九九年被判刑六年，二〇〇三年十二月提前釋放。在楊躍進釋放回家那天，村民群眾組織六台車到火車站迎接，並一路燃放鞭炮歡迎他回家。楊躍進對自己因積極宣傳中央減負政策卻反被地方政權判刑時無奈地說：「判刑的是楊躍進，侮辱的是黨中央。」[200]

在非法治的社會中，公權專橫而私權脆弱，貪官遍地而清官難覓，平反的步伐遠遠追趕不上製造冤假錯案的步伐。在人類文明進程中，一個十分奇怪的社會現象是，不少推動社會進步的仁人志士往往與監獄結有不解之緣。放眼古今中外，那些推動人類文明進程車輪的，不知有多少出自坐過監獄的人的雙手，又不知有多少推動社會進步車輪的雙手卻被禁閉在監獄的鐵窗裏。

二〇〇四年以來，以免徵農業稅為起點，第三代改革者的「三農」政策開始發生重大扭轉，但那些為推動國家「三農」政策調整作出重大努力和犧牲的農民維權代表們，有不少卻被地方政權判刑入獄，有的至今仍蹲在監獄裏繼續服刑，有的則為躲避地方政權的抓捕而長期逃亡在外。面對這種尷尬的局面，國家卻缺乏挽回和匡扶社會正義的大赦或特赦的制度安排來予以救濟。

---

200 二〇〇四年六月二十六日筆者湖南甯鄉調查訪談錄音記錄。

（四）新農村建設：城鄉社會平等與公民身分重構？

在現代社會，學術發展、公共討論與社會反思對國家治理能力的增進不可或缺。二十一世紀之交，中國「三農」問題的嚴峻性發展了頂峰。與此相伴隨，學術理論界和社會輿論對「三農」問題的反思與討論也進入高潮。

在經歷了反右等歷次政治運動後的中國，整個民族都在承受「假話」和「謊言」的長期折磨。在那個講真話有罪而講假話卻受到嘉獎的制度中，「講假話」就成為這個國家連年大獲豐收的社會「主產品」，而「講真話」則顯得比黃金還要稀缺。在第三波改革中，「三農」政策之所以發生順應民心與時代潮流的根本性扭轉，與一批充滿良知的中國人的講真話分不開，與改革者對國家和民族前途真正負責的態度分不開，更與農民自身堅持不懈地維權抗爭分不開。對於一個長期經受謊言肆虐和折磨的國家來說，或許最重要的是首先從講真話開始。自稱「充滿憂患意識」的溫家寶總理已認識到：「如果我們的國家有比黃金還要貴重的誠信、有比大海還要寬廣的包容、有比愛自己還要寬宏的博愛、有比高山還要崇高的道德，那麼我們這個國家就是一個具有精神文明和道德力量的國家。」[201]

第二波改革在革除計劃經濟體制弊端的同時，也造成了市場化改革本身帶來的新問題，即權力與資本結盟的「壞的市場經濟」出現了。在二十一世紀之初，中國改革本身經受了激烈批判和深刻反思。看到市場化改革造成各種社會新問題的一派，對改革產生了動搖和懷疑，主張回到計劃經濟時代中去；看到計劃經濟體制弊端的一派，認為中國的問題根本在於計劃經濟體制，因而倡導繼續推進改革。其實，第三波改革面臨的真正問題

201 〈溫家寶總理回答中外記者提問〉，載《人民日報》二〇〇八年三月十九日。

在於，既要繼續革除計劃經濟體制的舊弊端，又要革除市場化改革所造成的新問題。

二〇〇五年執政者提出新農村建設後，新農村建設的話語幾乎覆蓋了盛行一時的「三農」話語。[202]無疑，新農村建設是中國農民面臨的一次新的發展機遇。但新農村建設能否在改善「民生」的同時發展「民權」，能否在破除以戶籍制度為基礎的城鄉二元結構上重構農民平等的公民身分，以及能否將「土地還給農民」從而賦予農民完整的土地產權，仍然是中國農村改革面臨的一個深層次問題。

經過前三十年全能主義的構造，地方政權已經形塑為「上管天、下管地、中間管空氣」的全能主義「利維坦」；在後三十年發展主義的導向下，基層政權蛻變為「要糧、要錢、要命」的「三要」式政權。這樣一個公共權力不受制約而自身利益日益膨脹的地方政權，橫亙在權利意識日漸覺醒的農民與執政理念不斷調整的中央之間，如果對它不進行適應時代發展的民主法治化改造，就很難推動地方政權職能的轉變和地方治理結構的轉型。一九七〇年代開始的韓國新村運動經驗表明，在長期的集權體制下，「政府官員只有統治的傳統而沒有為百姓服務的傳統。」韓國新村運動「為這些官員們提供了一次為村民服務的教育機會。」[203]在中國新農村建設中，地方政府能否向服務型政府轉變，事關新農村建設的成敗。

二〇〇二年六月溆浦縣下發《溆浦縣農村稅改革實施方案》，在全縣全面鋪開農村稅費改革工作，決定取消村提留、鄉統籌和屠宰稅，按百分之七的稅率計徵農業稅正稅，村裏開支按農業正稅百分之二十計徵附加，村裏公益事業按「一事一議」的辦法籌資籌勞，但規定每個村民平均籌資不得超過十五元、籌勞不超過十個。二〇〇四年，溆浦縣將農業稅稅率由百分之七降到百分之四，同時調低農業稅附加，對種糧農民進行補貼。

202　吳毅、李德瑞〈二十年農村政治研究的演進與轉向——兼論一段公共學術運動的興起與終結〉，載《開放時代》二〇〇七年第二期。

203　〔韓〕朴振煥著〈韓國新村運動——二〇世紀七〇年代韓國農村現代化之路〉，潘偉光、〔韓〕鄭靖吉、魏蔚等譯，中國農業出版社二〇〇五年版，第一八五頁。

二〇〇五年，溆浦縣全面取消農業稅，二〇〇六年，溆浦縣與全國一樣，開始推進社會主義新農村建設。農民對中央一系列惠農政策備感驚喜。這是朝著社會進步道路上邁出的重要一步。但在現有的體制框架和治理結構中，執政者能否達到堪稱善舉的新農村建設的改革目標，在很大程度上取決於地方治理的轉型。筆者的調查表明，新農村建設中出現了一些新的問題，同時，一些老問題又以新的面貌重新爆發出來。

以新農村建設的名義，動員農民集資進行道路交通等基礎設施建設，是加重農民負擔的一個新動向。[204]長期的歷史欠債，使農村各項基礎設施嚴重短缺。加快農村基礎設施建設，成為各地新農村建設中看得見、摸得著、感受得到的實事，農民自身對改善落後的基礎設施狀況的心情也極為迫切。修路、修橋，儘快改善落後的交通狀況，是許多村莊的共同願望。但上級在資金安排上，要求農民自我配套的資金比例高達百分之四十。溆浦交通部門要求村民自己先修通毛路，縣裏再支持修水泥路。在溆浦，修建村莊水泥路的成本為每公里十六萬元，縣裏只解決每公里九萬元，村民需自籌每公里六萬元。溆浦縣譚家灣鎮白泥村被列為全縣和全市新農村建設示範村，該村總人口八百零五人，二〇〇六年修建三．二公里的村莊公路，人平集資達三百四十元。在不少村莊，一些富裕的能人積極捐款修路修橋，如該縣桐木溪鄉劉家渡村為修建出村大橋，該村在外工作的張在剛個人捐款二十一萬元，促使其他村民集資十七萬元。據統計，二〇〇六年溆浦縣在新農村建設中共投入建設資金一億兩千七百八十八萬元，其中縣級財政投入六千九百九十五萬元，村民群眾自籌五千七百九十三萬元。各地要求農民集資的方式修建公路等基礎設施，是加重農民負擔的一種新方式。如果城市的道路改造都要住在道路兩邊或附近的市民集資解決，也許沒有市民能接受得了。當地鄉鎮幹部也認為，如果上面對農民群眾自籌配套資金的比例低一點，農民群眾的積極性可能就更高一些。[205]

---

204 張英洪〈公共品短缺、規則鬆弛與農民負擔反彈〉，載《調研世界》二〇〇九年第七期。

205 二〇〇七年五月九日筆者湖南溆浦調查訪談記錄。

一九九〇年代以來，溆浦縣山腳下村民經過多年的維權抗爭，「終結」了該村幹部的職務終身制，推動了村民自治的有限發展。二〇〇八年四月，在第七屆村委會選舉中，張×重新當選為山腳下村委會主任。

村莊權力的轉移曾一度給村民以興奮與期待，但這種僅僅源自村莊精英更替所產生的興奮與期待很快就消失了，村民們又面臨著村莊新的權力的壓榨之苦。二〇〇八年八月，走馬上任的村委會班子以新農村建設的名義雄心勃勃地掀起「村莊建設高潮」，在修建村莊水泥道路時，向每個村民人平集資兩百元，有的自然村落人平集資竟然高達兩千元；時過二個月後的十月，新班子又大刀闊斧地修橋，並開始向每個村民人平集資三百元。面對來勢兇猛的以造福村民為旗號卻要村民買單的「新農村建設」，村民們幾乎對之束手無策。鄉村治理的深層次問題在於，當村幹部出於「無奈」向村民任意集資時，村民發現自己仍然缺乏有效抵制村幹部的制度武器。有的村民說，村裏雖然修了這路那橋，但農民「被搞死了」。這表明，如果權力的性質以及公共治理規則沒有相應的改進，村民的公民權建設沒有實質性進展，那麼僅僅是掌握者人事的變更，它就不能真正確保村民的利益。當村民無法制約專橫的村莊權力時，那種兩三個村幹部就能輕而易舉地將成百上千的村民踩在腳下。

在村委會選舉中「失利」的張英南奔赴廣州打工。當他二〇〇八年底回到村裏後，既為村裏的修路修橋等基礎設施建設而高興，又為村幹部藉此大規模地集資而苦惱。現任村幹部既有借助新農村建設機遇修路建橋的熱情，又有勢不可擋地向村民大幅度集資的幹勁。面對這種新的情勢，張英南一時陷入了痛苦的思索之中。以前村幹部在改變村裏面貌上「消極不作為」，現在村幹部在改變村裏面貌上卻「積極大作為」。這兩種看似相反的現象，卻有一個共同的特點，那就是缺乏約束的村莊公權力的擁有者，違背中央政策，加重農民負擔，損害農民權益。

農村稅費改革後，農民負擔大為減輕。但為了解決村內興辦集體公益事業，農業部會同有關部門和單位制定了《村民一事一議籌資籌勞管理辦法》，湖南省出臺《村內一事一議籌資籌勞辦法》。「一事一議」制度成為農業稅取消後基層幹部向村民籌資籌勞的唯一政策口子。「一事一議」籌資籌勞除了村民自願外，還有嚴格的程序和限額規定，籌資每年每人最高不超過十五元。如果各地嚴格按「一事一議」辦事，村民每年的負擔不算太高，也許大多數村民都能負擔得起，也不會有什麼意見。問題是一些地方在進行修路修橋等基礎設施建設中，要求村內資金配套，從而默認村幹部的集資行為，這為新農村建設中的農民負擔反彈預留了空間。山腳下村的農民負擔正是在村民普遍希望改善村內基礎設施建設的願望中出現了明顯反彈。看似有效的「一事一議」制度並未約束基層幹部的行為，換言之，基層幹部跳出國家提供的公共規則約束之外任意行事，這正是繆爾達爾指出的發展中國家「軟政權」的中國式表徵。

權力具有天然的擴張性。對公權力的規範和約束，始終是人類政治建設的核心議題。公權力不受約束，必然產生腐敗，侵害個人權益。公權力以權謀私容易引起警惕，而公權力以造福於民的名義行使時，就具有極大的蒙蔽性和誘惑性，不易被人發覺和警惕。尤其是將以權謀私融入以權謀公之中，就更難以抗拒了。歷史經驗表明，往往是那種以權謀公式的權力濫用，對社會的危害更大。

改革以來，中國村莊權力由黨支部壟斷村莊權力的一元權力格局轉變為由黨支部與村委會共同分享村莊權力的二元權力格局。村黨支部的權力來源上級組織的授權，而村委會的權力來源於村民的授權。黨支部更多地承襲了傳統中國集權政治的運行邏輯，而現代民主、自治政治因素更多地以村委會為載體得以向村莊傳播。這兩個權力來源不同的村莊權力中心，在實際運行中不可避免地產生衝突，「兩委」矛盾已成為村莊政治的一個突出表現。在村莊二元權力格局中，各地形成了不同的運行模式，有強黨支部—弱村委會模式、弱黨支部—強村委會模式、強黨支部—強村委會模式、弱黨支部—弱村委會模式。官方始終強調的是「黨支部領導下的村民自治」。在村莊權力實際運行中，有「兩委」衝突型、「兩委」合作型、「兩委」默認型、「兩委」合一型、「兩委」勾結型等實踐形態。村莊二元權力格局是中國漸進改革取向的產物，它既要堅持傳統集權政治的精神，又欲踐行現代民主政治的理念。這種體制安排最糟糕的結果，不是「兩委」衝突而是「兩委」勾結。「兩委」勾結將導致國家利益與村民利益的兩頭受損，惟有村莊權貴受益。

村民自治已經在農村實行了二十多年。學者往往對村民選舉表現出極大的熱情和興趣，而對選舉之後的權力性質與權力日常運行的關切明顯不足。山腳下村的事例說明，即使是村民自己「選舉」出來的村幹部，如果沒有相應的公共治理理念與公共規則的轉型，那麼，村民同樣會遭受新的選舉產生的權力的濫用之苦。二〇〇九年元旦，以村委會和大橋指揮部名義發佈的一條雷人的集資「公告」張貼在村內各處，村民對此議論紛紛，一些為籌借集資款而發愁的村民卻在焦慮中度過一個與「喜慶祥和」無緣的春節。

收集公路大橋集資村規民約的公告

全體村民同志們：

現公路大橋很快就要竣工，但大橋集資還相差很遠，看來口喊打日本的還是太多，根據這些實際情況，為了能儘快把集資收到位，使大橋能按計劃交付順利通車，經村委會和修建大橋指揮部（經）多次討論研究，特訂出下列村規民約：

一、收集村民大橋集資要求必須在〇八年臘月二十八日完成，拖延在臘月二十八日以後交款的，按應交集資款總額增加百分之十的延誤費。

二、收集資繼續以片組為主，村幹部帶隊，時間從二〇〇九年的元月二日開始。

三、收費標準：各片按原定不變，其中①退休工人包括在職職工為家鄉建設獻力，每人收捐款五百元；②下崗職工跟村民同樣標準；③國家幹部繼續按原計劃要求捐款一個月工資；④村內大車每輛徵收兩千元，中型車一千五百元，小車三百元，三輪車一百元，另在外營運車每輛徵收三百元（凡外地來我村做生意或執行公務車任何人不准攔車收費）。

四、凡按規定時間不交清集資款的，拉貨過車一律不准通行，①修房屋通車除交清集資外，另每一棟房屋加收五千元；②收親嫁女，除交清集資以外，另加收一千元（辦法：採取攔截司機不准通行）。

五、集資金額歸口：原出外收捐款的人員從二〇〇九年元月一日起全部停止，在職工作人員和退休職工的捐款由各片組收集，村幹部帶隊。

六、……

七、……

八、大橋過護期兩年，守護人員工資一個月四百元，如發現守護人員不按規定執行收費亂放車，發現一次，罰款兩百元，若發現三次，取消守橋資格，並取消全部工資。

以上村規民約，照章執行，望廣大村民積極配合。[206]

這個村曾經為了減輕負擔，持續上訪，但新班子組成後，以同樣的強制手段加重農民負擔；這個村曾經為了財務公開，費了九牛二虎之力，但老班子被更換以後，新的班子同樣沒有公開財務。可見，僅僅停留在人事更替上的村莊政治，很難在政治上有所建樹。張靜的研究也已提示，已進行了若干年鄉村選舉，雖然它建立了有別於委任薦舉的權威產生途徑，但沒有解決新人選確定後的治理問題，在多數地方，對於如何依賴制度約束，防止鄉村權威濫用權力問題，選舉帶來的有效影響相當微弱，就是說，選舉對於鄉村憲政發展的建設性貢獻相當有限。[207]山腳下村治的變遷佐證了張靜的研究結論。

農業稅取消以後，許多人樂觀地以為農民負擔已經「終結」。然而，在一些地方，以大規模集資進行新農村建設已成「燎原之勢」，農民負擔出現明顯反彈。山腳下村的集資「公告」就像一把利劍懸掛在村民頭上，使他們難以度過一個「喜慶詳和」的春節。村民的處境使張英南決心進行第二次維權活動。他形象地說，山腳

206 二〇〇九年一月三十日，筆者調查記錄。
207 張靜著《基層政權：鄉村制度諸問題》，上海人民出版社二〇〇七年版，第一九六頁。

下村這十多年的變遷，很像一段現代中國歷史的翻版：孫中山推翻了滿清王朝的封建專制統治，卻迎來了袁世凱的強權統治，孫中山為此發起了「二次革命」。他們村「推翻」了前任支書幾十年的個人統治，卻同樣迎來了「袁世凱」式的新強權，村民們仍然沒有獲得尊嚴和權益的保障。孫中山說「革命尚未成功，同志仍需努力。」他們村「維權尚未成功，各位仍需努力。」

但是，一個新的問題擺在張英南等維權村民的面前：維權需要付出個人巨額成本，不維權則將眼睜睜地看到村民權益的巨大損害。主要依靠外出打工維持生計的村莊維權精英，一旦起而維權，必將影響其外出務工。同時，如果村民起而維權，村幹部就會認為是與他們「對著幹」，繼而打擊報復維權的村民代表，村民與村幹部的衝突表面化就不可避免。如此，農村社會的矛盾衝突又將重陷農村稅費改革前的怪圈中去。張英南問道：國家能否建立好的制度以替代我們個人維護村民的合法權益？看來，維權並非某個個人無事生非樂做之事，而是迫不得已。二〇〇九年三月，山腳下村開始搞「農網改造」，村幹部又決定每戶集資三百二十元。在不到一年的時間裏，該村連續三次大規模集資，掀起了新農村建設「大躍進」，農民負擔嚴重反彈。面對該村新農村建設中的嚴重問題，在廣州打工的張英南經過痛苦的思索之後，最終沒有選擇沈默，而是把為村民「維權」看得比為個人「掙錢」更重要，他再一次選擇了在體制內開展維權活動。為此，他帶頭向各級農民負擔監督管理辦公室和有關新聞媒體寫信上訪，反映該村農民負擔嚴重反彈等問題。至於山腳下村民「二次維權」活動的進展以及山腳下村的治理變遷，都有待於繼續觀察。不過，在當前農村，一個深層次的問題已經凸顯：在涉及村民共同利益的權益維護上，國家的制度建設還相當滯後。[208]

張英南特別憂慮的是，在村幹部隨心所欲的亂集資中，村民常常提心吊膽，害怕村幹部闖進家門威逼催款。催款猶如催命，村民有種「不安全感」。張英南說，雖然村民對村幹部亂集資等行為相當不滿，但不少村

208　張英洪〈農民、公民權與國家——以湖南省山腳下村為例〉，載《中國農村觀察》二〇〇九年第三期。

表4-11　2005-2006年漵浦縣惠農資金發放情況

單位：萬元、台

年度	糧食直補				退耕還林			農機補貼		
	良種	直補	綜合直補	合計	現金	直補	合計	台數	單價	合計
2005	689.7	707.3		1397.1	422	4284	4284	66	0.6	40
2006	688.1	713	773	2174.1	421.4	4425.4	4846.8	50	0.6	30

資料來源：漵浦縣財政局。

民卻對村幹部「有點怕」，他們常常是背後發牢騷而不敢當面抗爭。[209]村民「怕」村官，這是中國幾千年專制統治形成的「怕官文化」的現代延續，是顛倒了的公共生活的深刻反應，是鄉村公共權力異化的畸形產物。聖人云：「民之所好好之，民之所惡惡之。」鄉村民主政治發展的一個標竿或許在於，村幹部應當看村民的臉色行事而不是相反。在新農村建設中，要通過踐行以人為本的科學發展觀，使山腳下村的每個村民都能在大山的腳下自由、安全和有尊嚴地生活，而不應在任何權勢者的腳下呻吟。

基層截留、挪用國家對農民的各種補貼資金，成為新農村建設中的另一個比較突出的新問題。二〇〇四年三月，溫家寶總理在十屆全國人大二次會議上的《政府工作報告》中，不但提出五年內取消農業稅，而且還提出從當年開始對種糧農民實行直接補貼。[210]這對於中國農民來說是「又驚又喜」。自古以來，在中國農民心目中，「皇糧國稅，不交有罪。」只要交完「皇糧國稅」後農民不再被官府隨意亂攤派就謝天謝地了，哪敢夢想有朝一日政府還會像菩薩那樣發善心出錢補貼給農民種糧？一般農民都抱有「你不要我的，我也不要你的」的普遍態度。一些鄉村兩級幹部就利用農民的這個心態，截留、挪用國家對農民的各種補貼。從官方各種報表和公開的文件上看，似乎各種惠農資金都一一發放下去了，但事實上，許多農民並沒有得到應該得到

209　二〇〇九年四月二十六日筆者訪談記錄。
210　溫家寶《政府工作報告——二〇〇四年三月五日在第十屆全國人民代表大會第二次會議上》，人民出版社二〇〇四年版，第二十一頁。

的補貼資金。二〇〇五—二〇〇六年溆浦縣惠農資金發放情況，見表4-11。

為了將國家對農民的補貼資金發放到位，縣委政府及縣直有關職能部門也做了不少努力，如溆浦縣財政局、溆浦縣農村信用聯社就有關補貼政策問題於二〇〇六年八月二十六日向全縣農民發出了一封公開信，對補貼範圍、標準和發放程式做作了詳細介紹。問題是，這封公開信並沒有完全送達農民手中，一些鄉村幹部對公開信進行扣壓，大多數農民不得與聞。即使是部分農民獲悉公開信的內容，但如果鄉村兩級沒有將之落實，農民也大多只能望而興歎。

鄉鎮政權截留、挪用國家對農民的糧食直補的主要原因，據稱是扣除農民以前歷年拖欠的稅費老賬任務，一個沒有公開的原因則是截留國家下撥給農民的補貼資金來化解鄉村的巨額債務。據最近調查核實，溆浦縣四十三個鄉鎮、六百五十九個村，目前尚有鄉村兩級債務三億一千一百四十五萬元，其中鄉鎮債務一億六千零二十三萬元，鄉鎮平均負債三億七千兩百二十二萬六千元；村級債務一億五千一百二十二萬元，村平均負債二十三萬元。鄉村債務的基本構成是：銀信貸款四千五百二十一萬元，占總債務的百分之十四・五；原農金會貸款一千九百九十八萬元，占總債務的百分之六・四；向單位借款兩百八十一萬元，占總債務的百分之〇・九；向個人借款五千四百八十萬元，占總債務的百分之十七・六；各種借貸利息三〇一二萬元，占總債務的百分之九・七；拖欠鄉村幹部工資六千一百二十八萬元，占總債務的百分之十九・七；拖欠教師工資九百萬元，占總債務的百分之二・九；拖欠學校等工程款四千七百零二萬元，占總債務的百分之十五・一；欠付各種稅費四千一百一十六萬元，占部債務的百分之十三・二。[211]

在中央和農民之間，橫亙著債務如此沉重的鄉村兩級政權。中央對農民的直接資金補貼又必須經過資金極度飢餓的鄉村，而國家又缺乏相應的制度安排來約束鄉村的行為，農民要想完完全全得到中央的惠農資金，難

---

211 二〇〇七年五月九日筆者湖南溆浦調查記錄。

之矣。歷史學家黃仁宇曾指出，在傳統中國，「『民窮』的根本原因不在國家的賦稅過重，而端在法律的腐敗和政府的低能。國家的稅率低，受惠者並非農民，只是鼓勵了大小地主加重剝削以及官僚鄉里額外加徵。」[212]

中國實行免徵農業稅並對農民進行直接補貼的政策，受到了農民和社會的廣泛歡迎，但相應的現代國家制度建設卻明顯的滯後，大大降低了中央政府實施政策和法律的能力與成效。

二〇〇七年四月，漵浦縣觀音閣鎮山腳下村十多名村民反映說，他們還從沒見過一分錢糧食直補資金，也沒有見過一本糧食直補冊子。退耕還林方面也沒有領過什麼冊子，更沒有得到一分錢的補貼。[213]

二〇〇七年四月五日，觀音閣鎮水田村村民謝家福到鎮政府索要退耕還林補貼，卻遭到幹部毆打。他甚至說：「國家乾脆不要給農民補錢，反正農民得不到這個錢。」[214]

國家對農民的資金補貼，在一些地方實質上成了鄉村幹部化解歷史債務或挪著它用的重要資金來源，一些地方還通過虛報項目套取國家資金。有的基層幹部就私下裏說，以前從農民身上搞錢風險太高，現在從國家身上搞錢容易多了。

漵浦縣觀音閣鎮湖青、坪裏、水田等村的不少村民除了反映糧食直補沒有完全到位外，也強烈反映退耕還林中存在的問題：

> 按照縣裏每畝糧食補貼標準，二〇〇四年二十八元，二〇〇五年三十七・六元，二〇〇六年四十二・一元，今年還沒有下來，我家有四畝四分畝，一直沒有補給我，我就多次反映，後來就共給我每畝解決了六十元。

212 黃仁宇著《萬曆十五年》，生活・讀書・新知三聯書店一九九七年版，第二頁。
213 二〇〇七年四月二十三日筆者湖南漵浦調查訪談記錄。
214 二〇〇七年四月二十四日筆者湖南漵浦調查訪談記錄。

> 我們村的退耕還林數字，在縣林業局是八百一十九·一二畝，到村裏只有三百八十六·五畝，而分到村民頭上實際只有一百七十多畝。鄉村向上謊報數字以騙取國家資金。
>
> 村裏搞退耕還林，強行將我家的良田栽樹（白楊樹），口上說給我補兩百斤穀，現在四年了，穀也沒有補，錢出沒有補給我。
>
> 我們村裏本來有四十多畝山林，山上的馬尾松長得好好的，但說要退耕還林，就放火燒山，將這些樹全燒掉、砍掉，重新載樹，進行毀林造林，騙取國家補貼資金。
>
> 我們村的向木印，一九九八年與村裏簽訂合同承包柑橘園七十畝。二〇〇四年村幹部說要退耕還林，就強行毀掉其合同，砍掉好好的柑橘樹，重新栽小柑橘樹，這樣每畝可得到國家兩百三十元的退耕還林補貼。[215]

基層政權猶如橫亙在農民與國家之間的「巨型海棉」，一方面從農民身上汲取資源，另一方面又吸收國家下撥的資源。這種上下雙重汲取功能，將農民的資源和國家的資源都汲取到自己體內。

二〇〇七年三月，溫家寶總理在十屆全國人大五次會議上的《政府工作報告》中，提出為了「讓所有孩子都能上得起學，都能上好學」，中央政府決定從當年起在全國農村全部免除義務教育階段學雜費。[216]這無疑是繼全部免除農業稅後的又一重大舉措。但據筆者的調查，農村各地並未真正貫徹落實中央的政策，一些中小學校仍然習慣性地向學生收費或變相亂收費。這說明國家實施自己政策法律的能力受到了基礎制度設施滯後的嚴重制約。

215 二〇〇七年九月二十六日筆者湖南溆浦調查訪談記錄。
216 溫家寶《政府工作報告——二〇〇七年三月五日在第十屆全國人民代表大會第五次會議上》，人民出版社二〇〇七年版，第三十四—三十五頁。

在中央政府宣佈全部免除義務教育階級學雜費的重大政策一年後的二〇〇八年三月，筆者就學生春季上學交費情況作了初步調查。調查表明一些學校仍然在變著法子亂收費。這可能令不少人感到沮喪和無奈。

漵浦縣警予學校以革命烈士向警予命名，在該校讀小學二年級的文×的家長向筆者介紹了她帶孩子上學報名時的交費情況：

（二〇〇八年）二月二十四日我帶文×報名，亂七八糟一次性交了三百元。其中人身保險費二十五元，飲水費十元，作業課本費十元，書本費二十五元，學校贊助費十元（少數學生家長交五元，大部分交十元）。另外就是生活費。後來又交了一百元學生口語交際特長費。去年春季開學也是交這麼多。生活費、贊助費、特長費學校說的是自願交。除了二十五元的保險費有發票外，其他交費項目沒有任何收據，白條子也沒有。

雖然中央說不交學費了，但學校反正要從你身上撈走那麼多錢才放手。幼稚園交錢就更多了，開學時普通班交八百二十元，特長班交一千多元。我的小孩子上的普通班，交了八百二十元，去年交七百零二元。[217]

漵浦縣橋江鎮革命村的向××在橋江鎮中學讀初中三年級，她介紹了二〇〇八年春季開學報名交費情況：

二月二十四日報名，一共交了五百六十三元，其中一個學期的中餐費三百八十五元。其他一百七十八元不知道是什麼費用，學校沒有給收據發票，報名時在表格上簽字交錢就行了。[218]

217 二〇〇八年三月九日筆者湖南漵浦調查訪談記錄。
218 二〇〇八年三月九日筆者湖南漵浦調查訪談記錄。

在農村調查時筆者發現，中央在努力「免費」，下面在變相「收費」。這是第二波泛市場化改革的重要遺產。在城市，學校與有關企業聯手從學生身上撈錢的花樣層出不窮。筆者在湖南省城長沙××小學調查時發現，二〇〇八年二月二十二日開學時，每個學生需繳納飲水費二五元。校方在筆者調查中堅稱飲水費是「自願繳費專案」，但學生報名時並未告知飲水費的自願性質。事實上該校四年級一班五十多人只有幾個學生沒有繳納飲水費。在上個學期的一次家長會上，班主任對少數幾個沒有「自願」繳納飲水費的學生特別點名，要他們「注意參加學校的集體生活」，給學生及其家長以壓力。為了不使自己的孩子在學校受到老師的歧視，大多數家長也只有選擇配合學校「自願」繳納飲水費。三月八日，該校又要求學生在家長陪同下到指定的電影院觀看電影《愛心》（學生每人十元、家長每人二十元），並佈置學生交觀後感作業，同時規定觀後感作業只能寫在指定電影院在統一發放的課本上才有效。換言之，學生不能到其他電影院或從網路上或購買影碟播放觀看。顯然這是電影院與學校聯手從學生身上謀利的商業交易，學生則成為他們共同謀利的犧牲品。在學校與學生關係上，作為弱勢者的學生自然無法擺脫作為強勢一方的學校的多方面控制。

「上有政策、下有對策」依然是中國面臨的嚴重問題。如果不進行相應的體制改革和制度創新，中央推出的一系列改善民生、惠及民眾的免費和補貼政策，可能為一些地方和部門提供新的亂收費空間和謀利機會。傳統中國就有這方面的歷史教訓。春秋戰國時的田租大體是什一稅，到漢初定為十五稅一，漢文帝減半徵收，實行三十稅一。地方權勢階層借機加大對農民的搜刮，有些豪門的私租高達十稅五。農民並未完全獲得朝廷（中央政府）的「恩惠」。歷史學家錢穆指出：「因此政府的寬政，有些處達不到民間，而轉而增加了豪門的剝削。」[219]

新農村建設中存在的突出問題在於，國家決定了的惠農政策往往在基層得不到認真執行。這說明中國正面臨著繆爾達爾所說的發展中國家普遍存在的「軟政權」問題。在新農村建設中，如果沒有相應的現代國家基礎

219 錢穆著《國史新論》，生活・讀書・新知三聯書店二〇〇五年版，第十八頁。

制度建設，國家實施政策法律的能力和績效就會大打折扣。[220]

新農村建設並不意味著將農民強留在農村而漠視人口的城市化。發達國家的經驗表明，如果中國城市人口的比例不上升到占絕大多數，中國農民的生活水準就很難得到整體提升和根本改善，因而成功的新農村建設需要相應的城市化建設。中國的發展趨勢或許是，通過城鄉一體化而促進城鄉融合，進而加速中國的人口城市化進程，使中國的城市化率達到百分之七十以上的水平。

黨國英認為，新農村建設成功的最終標誌有兩個，一是農村居民的平均收入接近城市居民的水平，二是農村居民享有與城市居民相當的公共服務。[221]我們認為，中國如要在新農村建設中根本解決農民問題，那麼，除了官方已經確定的「二十字」（生產發展、生活寬裕、鄉風文明、村容整潔、管理民主）方針外，關鍵是要將公民權建設納入到新農村建設中去，使農民在享有完整的土地產權和平等的公民權利上取得進展。如果農民沒有在這兩個基本權利方面取得進展，那麼，新農村建設的前景就很難使人樂觀。[222]

一百多年前，法國的托克維爾認為：「身分平等的逐漸發展，是事所必至，天意使然。這種發展具有的主要特徵是：它是普遍的和持久的，它每時每刻都能擺脫人力的阻撓，所有的事和所有的人都在幫助它前進。」[223]中國農民能否最終獲得完整的土地產權和平等的公民權利，或許是對新農村建設的最大考量。

220 胡鞍鋼、王紹光、周建明主編《第二次轉型：國家制度建設》，清華大學出版社二〇〇三年版。
221 黨國英〈新農村建設的戰略思想〉，載《社會科學報》二〇〇八年三月二十七日。
222 周作翰、張英洪〈新農村建設與公民權建設〉，載《深圳大學學報（人文社會科學版）》二〇〇九年第五期。
223 〔法〕托克維爾著《論美國的民主》上卷，董果良譯，商務印書館一九八八年版，第七頁。

四、小結

本章討論了改革三十年來農村土地制度的重大變遷以及農民身分的三次重大的變化。農村土地制度從集體所有制演變為集體所有、家庭承包責任制。農民身分的三次重大變化是：通過平反與摘帽，實現農民內部身分的平等化；通過推行家庭承包責任制和廢除人民公社體制，催生了農民的分化流動，開啟了農民身分的社會化；通過統籌城鄉發展和新農村建設，有可能實現農民身分的公民化。

（一）國家主導農民身分變遷

當代中國農民身分的變遷，主要不是自然演進的結果，而是國家制度安排的產物。我們可以將一九四九年以來農民身分的演變分為前後相異的兩個階段，即前三十年「背離公民身分」的階段和後三十年「趨向公民身分」的階段。這兩個階段的農民身分，都是在國家主導下建構的。

在「背離公民身分」的階段，國家通過對傳統農民身分的「顛覆與重構」，實現了國家對鄉村社會的整合。[224]在前三十年的革命年代，國家完成了前後相繼的兩次農民身分的建構，一是階級身分的構建，即基於消滅剝削以打破舊世界的信念，在農民內部劃分了「人民」和「敵人」兩種對立的階級身分。二是社員身分的構

[224] 李海金〈「符號下鄉」：國家整合中的身分建構——側重於土地改革時期的分析〉，載《貴州社會科學》二〇〇七年第十一期。

建，即基於蘇聯社會主義模式的理想追求，改造傳統小農，強制推行集體化，以政治力量為後盾將個體農民轉換為集體社員，集體社員既被組織在嚴密控制而互相封閉的生產隊裏，又被國家通過城鄉分離的二元制度安排牢牢地鎖定在農村。這種建基於等級差別身分制基礎上的農民身分構建，形成了美國社會學家弗蘭克・帕金（Frank Parkin）所說的「社會遮罩」。在現代社會，等級式的身分制度，阻隔了社會階層之間的流動與融合，提高了國家治理與整合的成本。[225]

改革三十年來，第一代改革者給農民「鬆綁」，使農民獲得一定程度的自由選擇，開創了農民「趨向公民身分」的階段。在「趨向公民身分」的改革中，中國農民已經和將可能發生三次大的身分變遷。

第一次身分變化始於改革第一波中的平反與摘帽。第一代改革者通過平反與摘帽，將農村中被人為的戴上地、富、反、壞、右等政治帽子的階級敵人及其子女予以平反或摘帽，使倖存下來的階級敵人及其子女獲得了與人民公社社員平等的政治身分，從而實現了農民內部身分的平等化。這種農民內部身分的平等化，為此後實行平均主義取向的「分田到戶」奠定了一個起點公平的基礎，這或許是農村改革初期取得成功的一個重要因素。

第二次身分變化始於改革第一波中包產到戶的推行。包產到戶的興起、人民公社的解體，使農民獲得部分土地產權和空前的人身自由。隨著市場化改革的不斷深入，高度結構化的農民開始迅速分化和流動，從「集體社員」這個農民母體中不斷分化出新的社會階層，農民身分日益社會化。在城鄉二元戶籍制度的剛性約束下，農民的職業變動和地域流動，與固化的戶籍身分形影相隨，社會化了的農民並沒有獲得與市民平等的公民身分。

第三次可能的身分變化始於第三波改革推出的「農村新政」。第三代改革者開始確立統籌城鄉發展、消除城鄉二元體制的改革理念，一系列旨在將農民導向平等的公民身分的政策相繼問世。中國農民有可能獲得現代國家完全的公民身分。

225 柏駿〈農民身分——一個社會學研究的視角〉，載《唯實》二〇〇三年第十二期。

在現代國家構建中，中國農民要實現身分的公民化，需要國家的積極主導與相應的制度建設，其核心是以憲法為基礎，實現農民從身分農民向國家公民的轉變。在傳統中國，國家建構了以皇權為中心的等級特權制度，農民在社會等級結構中不可能享有與其他社會成員平等的身分，更不可能擁有國家主權者身分，他們只是「繳糧納稅者」，一個十足的義務主體。農民雖然也是傳統國家中的成員，但他們不是國家的公民——在傳統中國，根本就沒有「公民」這個概念。在傳統國家這個政治共同體中，農民的政治身分只是臣民或子民。臣民或子民也是傳統國家中所有不同社會階層人員共同的政治身分。在傳統國家中，作為臣民的農民，是國家中的特大義務主體，它與國家的主要聯繫是「繳糧納稅」，正如斯科特所說的那樣，「農民只是作為徵召、糧食生產、稅收等方面的匿名的『貢獻者』出現在統計數字中。」[226]農民向國家盡義務並不是換取國家提供權利保護，而僅僅是因為自己是農民，一個國家的「義務人」。農民與國家之間不可能有平等的契約聯繫。農民履行無權利的義務，而國家享有無責任的統治，這是傳統中國最基本的政治邏輯。

只有在現代國家，農民才可能獲得平等的公民身分。在當代中國，農民這一概念主要有兩種含義，一是作為職業身分的農民，即以農業生產為職業的人。二是作為戶籍身分的農民，即具有農業戶籍身分的人。與傳統國家不同，現代國家以公民為基礎，建構平等的公民權制度。公民這一概念預設了國家的公共性。就是說，國家不再為哪一個人、哪一個家族、哪一個黨派所私有，而為共同體成員所共有。孫中山說：「政就是眾人之事，治就是管理，管理眾人之事就是政治。」[227]政治是眾人之事，而非一人一家一派一黨之事。「國家是人民所共有，政治是人民所共管，利益是人民所共用。」[228]作為全體成員所共有的政治共同體的現代民族國家，需要確立不同職業、不同人群、不同性別、不同年齡、不同姓氏、不同地域、不同階層、不同人種、不同民族、不同

226 〔美〕詹姆斯・C・斯科特著《弱者的武器》，鄭廣華、張敏、何江穗譯，譯林出版社二〇〇七年版，第一頁。
227 《孫中山選集》（下），人民出版社一九五六年版，第六六一頁。
228 《孫中山全集》第九卷，中華書局一九八六年版，第三九四頁。

文化等等千差萬別的共同體成員一個共同的政治法律身分，這就是公民。這樣一個空前未有的政治共同體需要一個基本的遊戲規則，這就是憲法。憲法規定公權力的配置格局和運行法則，界定共同體成員的公民身分。這是現代國家帶有普遍共性的基本特徵。

傳統中國文化沒有孕育出「公民」這個概念，但這並不意味著中國人永遠都不願意做「公民」。只是緣於中國的特殊國情，中國人從臣民身分到公民身分的轉變費時尤久。十九世紀中國遭遇西方後，公民的觀念也隨之而來。從一九〇八年滿清王朝頒佈《欽定憲法大綱》使用「臣民」一詞，到一九一二年《中華民國臨時約法》使用「國民」和「人民」概念，再到一九四九年共產黨制定的《中國人民政治協商會議共同綱領》使用「人民」概念以及一九五四年《中華人民共和國憲法》改稱「公民」一詞，中國人從「臣民」到「公民」的文本概念旅行，就耗費了近半個世紀的光陰。

公民與現代國家緊密聯繫在一起，而現代國家的成長又與憲法所確立的規則不可分割。一個國家是否受到憲法的有效控制，國家權力是否甘願接受憲法的規制並在憲法和法律的框架內運行，是區分憲政國家與非憲政國家的根本標誌。中國百年立憲史揭示的一個根本問題，在於各派政治力量都不願意在憲法的框架內運行——哪怕是自己獨家制定而強加於國民的憲法。[229]這可以解釋中國農民身分的公民化進程為何嚴重遲緩。湯瑪斯・潘恩（Thomas Paine，一七三七—一八〇九）指出：「憲法是一樣先於政府的東西，而政府只是憲法的產物。一國的憲法不是其政府的決議，而是建立其政府的人民的決議。」[230]阿倫特在潘恩的基礎上將世界各國的憲法分為兩種：「一種憲法是由一個政府強加於人民的，另一種憲法是人民用來構建自己的政府的。」[231]人類的政治經驗表明，最糟糕的可能並不是一個「政府強加於人民的憲法」，而是即使是政府強加於人民的憲法也得不到政府自身遵守的

229 張學仁、陳寧生主編《二十世紀之中國憲政》，武漢大學出版社二〇〇二年版。
230 《潘恩選集》，馬清槐等譯，商務印書館一九八一年版，第一四六頁。
231 〔美〕漢娜・阿倫特著《論革命》，陳周旺譯，譯林出版社二〇〇七年版，第一二九頁。

憲法。

一九五四年《憲法》是共產黨執政後頒佈的第一部正式《憲法》。在這部《憲法》中，公民的基本權利得到了明確規定。如果這部《憲法》規定的公民基本權利得到保障，中國或許就不會發生大規模侵害公民權利的極左政治運動；如果這部《憲法》規定的公民權利平等原則得到遵循，中國或許也不可能建立歧視農民的城鄉二元社會結構。從本質上說，強制集體化是對農民土地產權的剝奪，極左政治運動是對公民權利的踐踏，城鄉二元結構是對農民平等權利的剝奪。許多聰明的腦袋在總結歷史經驗教訓時有一個似乎常見的思維邏輯，即認為「當年建立城鄉二元制度是完全正確的，現在改變城鄉二元體制是完全必要的。」對此問題，或許布倫南和布坎南的見解可謂一針見血：「聰明人比比皆是，智慧卻日益貧乏。」[232]

改革以後，執政者認識到黨要在「憲法和法律的範圍內活動」的重要性。黨能否做到自己聲稱的這一點，黨是否甘願接受自己制定的憲法的約束，既是共產黨自身轉型成功與否的重要標誌，也是中國民主轉型成功與否的邏輯起點。

如果說阿倫特區分的兩種憲法是從共時性上著手的話，那麼，從歷史時性上看，世界範圍內的憲政史提供了三種不斷演進的憲法類型：革命憲法、改革憲法和憲政憲法。[233]這對於中國憲法的演進具有較強的解釋力。農民身分的變遷體現了中國憲法從革命憲法到改革憲法及可能走向憲政憲法的演變邏輯。顯然，中國農民公民身分的構建，離不開憲法的發展。

232　〔澳〕布倫南、〔美〕布坎南著《憲政經濟學》，馮克利、秋風、王代、魏志梅等譯，中國社會科學出版社二〇〇四年版，第一頁。

233　夏勇著《憲政建設——政權與人民》，社會科學文獻出版社二〇〇四年版，第四十一——三十四頁。

諾思提出：「國家的存在是經濟增長的關鍵，然而國家又是人為經濟衰退的根源。」[234]這個著名的「諾思悖論」揭示了國家的二重性——它不僅在經濟方面，在政治方面也是如此。在中國，早就有「成也蕭何、敗也蕭何」之說。依此邏輯，可以推導出一個新的「國家悖論」：國家既是公民身分的剝奪者，又是公民身分的構建者。就中國農民身分的演進來說，國家的這兩重功能表現得淋漓盡致。公民作為現代國家的成員身分，必須且只能夠由國家予以建構。中國農民若要獲得完全的公民身分，決然離不開國家的積極主導與構建。

（二）自由選擇創造驚人奇蹟

中國有悠久的歷史、遼闊的土地、眾多的人口、燦爛的文化、勤勞智慧的民族，如要建成一個世界一流的國家並非難事，難的是構建尊重和保障人權、確保每個人自由而全面發展的基本制度結構。在傳統帝制時期，中國也創造了耀眼的農業文明。但這個文明有其內在的致命缺陷，即令人望生畏的東方專制主義對人性的摧殘和對自由的剝奪。

在傳統中國，法律不是保障人的自由和權利，也不是共同體成員人人遵守的遊戲規則，而是「最高統治者強制制定的、人們必須服從的準則。」[235]傳統中國的法律源自春秋時期（西元前七七〇—西元前四七六）的法家，而法家法律觀的形成，「不是基於『人權』的考慮，而是基於這樣一種認識：為了有效地控制在其管轄下的日益增多的民眾，法律是一種重要的手段。在思想方法和使用手段方面，法家是一群真正的極權主義者，對

234 〔美〕道格拉斯・C・諾思著《經濟史中的結構與變遷》，陳郁、羅華平等譯，上海三聯書店、上海人民出版社一九九四年版，第二十頁。

235 〔美〕D・布迪、C・莫里斯著《中華帝國的法律》，朱勇譯，江蘇人民出版社二〇〇四年，第七頁。

於民眾，總是考慮如何從整體上加以控制。」[236]

幾千年來，如何千方百計控制民眾就成為中國統治者人人腦袋裏固有的治國謀略。這樣的統治觀念和嚴酷的法律制裁，綿延數千年，塑造了中國農民「順民」和「暴民」兩種極端的國民性格。統治者力圖將民眾馴化成受官員支配的「老實人」而不是培育服從公共規則的「自由人」，無疑大大抑制了中國人的自由創造活力。研究中國現代化的西方學者發現：「政治上的失敗乃是解釋中國對現代化起步緩慢的一個重要原因。」[237]

在壓抑人的個性、剝奪個人自由的體制中，「中國人的潛力從來就沒有被發揮出來，從而去締造一個有足夠力量來調集資源並採取協調行動的強大國家或一個生龍活虎的社會。」[238]一九四九年後，中國「全盤接受了史達林主義體制的那一套」，[239]移植「蘇聯那種竭澤而漁的工業化」。[240]高度集中的計劃經濟、高度集權的政治體制、高度緊張的意識形態控制，構成蘇聯模式的主要特徵。作為蘇聯模式核心體系的史達林主義，其「最危險的表現之一恰恰在於經過長達幾十年的頑強的、堅持不懈的努力企圖使人們喪失思想能力，依靠無情的鎮壓和無所不在的宣傳把人們變成極權主義的國家機器上的沒有思想的螺絲釘。」[241]說來真令人驚訝，俄羅斯這個偉大的民族，奉獻給人類文明的卻更多的是反面的教訓。托克維爾曾在預言美國和俄國將崛起為世界兩大強國時就睿智地指出，為達到強盛的目的，美國人在與自然為他們設置的障礙進行鬥爭，而俄國人卻在與人進行搏鬥；

236 同上，第十一頁。
237 〔美〕吉伯特・羅茲曼主編《中國的現代化》，國家社會科學基金「比較現代化課題組」譯，江蘇人民出版社二〇〇五年版，第一八九頁。
238 同上，第一九六頁。
239 同上，第二七四頁。
240 同上，第二頁。
241 〔俄〕格・阿・阿爾巴托夫著《蘇聯政治內幕：知情者的見證》，徐葵、張達楠等譯，新華出版社一九九八年版，第六頁。

美國人以自由為主要的行動手段，俄國人則以奴役為行動的主要手段。[242]蘇聯模式的要害在於以國家暴力為後盾，強制剝奪個人的財產權利和自由權利。中國照搬蘇聯模式的直接後果，就是更大規模地重演了蘇聯體制的悲劇性災難。實踐證明，蘇聯模式社會主義並沒有實現它所追求的平等，卻取消了個人自由和政治自由。蘇聯社會主義模式的失敗，給人的啟示是：人都有受到尊重的權利。[243]

中國有自己深厚的傳統文化，在幾千年的文明演進中，中國人的頭腦從未被任何外來思想所操縱。但進入二十世紀後，一批激進的精英分子完全喪失了對祖國傳統文化的信心，他們在尋找西方各種主義以救國圖強中，最後倒入了俄國人的懷抱，甘願成為被俄國思想牢牢支配的思想囚徒。在中國國運衰敗之際，俄國成為趁火打劫的帝國主義者中既趁機掠奪中國大片領土又大舉入侵中國頭腦的唯一國家。近代以來的俄國不僅貪得無厭地蠶食鯨吞大片中國領土，而且還野心勃勃地支配了中國精英分子的頭腦，並通過支配精英分子而支配整個中國。

被俄國思想洗腦的人，不僅完全喪失自我思考的能力，而且連反思這種思想的能力也幾乎喪失殆盡。中國一大批被莫斯科訓練出來的教條主義者如王明（一九〇四—一九七四）等人在被俄國思想成功洗腦後，拼命地傳播和崇拜俄國思想，甚至狂熱和愚蠢到公開鼓吹「為中共更加布爾什維克化而鬥爭」的地步。擔任過中共第一任總書記的陳獨秀（一八七九—一九四二）在一九二九年十一月被自己一手創立的黨開除黨籍後，使他有可能還原為一個知識份子來重新思考蘇聯體制的弊端。一九四〇年九月，陳獨秀在《給西流的信》中反思了蘇俄體制二十年來的嚴重弊端。陳獨秀認為：「不幸十月革命以來輕率把民主制和資產階級統治一同推翻，把獨裁制抬到天上，把民主罵得比狗屎不如。這種荒謬的觀點，隨著十月革命的權威，征服了全世界，第一個採

242 〔法〕托克維爾著《論美國的民主》上卷，董果良譯，商務印書館一九八八年版，第四八一頁。
243 〔法〕雷蒙・阿隆著《論自由》，姜志輝譯，上海譯文出版社二〇〇七年版，第一三三—一三四頁。

用這個觀點的便是墨索里尼，第二個便是希特勒，首倡獨裁制本土——蘇聯，更是變本加厲，無惡不作，歐洲五大強國就有三個是獨裁。這三個反動堡壘，把現代變成了中世紀，他們企圖把有思想的人類變成無思想的機器牛馬，隨著獨裁者的鞭子轉動。所以目前全世界的一切鬥爭，必須與推翻這三大反動堡壘聯繫起來，才有意義。」[244]一九四五年二戰的勝利，使墨索里尼的義大利和希特勒的德國兩個「反動堡壘」被推翻；一九九一年十二月蘇聯解體。至此，陳獨秀指稱的「三個反動堡壘」均不復存在。在中國先進分子對蘇聯模式的普遍崇拜中，陳獨秀或許是較早深刻反思蘇聯體制弊端的人之一。

中國在追尋現代化的迷茫中，罕見地產生了對俄國思想的絕對崇拜，走向了對蘇聯模式的「致命的自負」。[245]這導致它對自身優秀傳統文化的徹底割裂和對人類主流文明的盲目排斥。二十世紀的中國，在本土專制主義資源豐富的土壤裏又注入了蘇聯極權主義的因素。中國照搬蘇聯模式猶如開鑿一條思想觀念的「北水南調」工程，滾滾引進俄國的思想洪流（主要是列寧史達林主義）來澆灌中華的大地，使文化底蘊深厚的中國社會土壤嚴重鹽鹼化。這塊飽經滄桑而嚴重鹽鹼化的社會土壤，註定要承受幾代人的痛苦磨難後才可能緩慢趨於改良。愛德華・弗里德曼（Edward Friedman）等學者指出：「蘇聯社會主義模式中的封建成分，流氓政治文化，以及中國大男子權威主義，是導致中國進步緩慢的主要原因。」[246]

中國在照搬蘇聯模式的前三十年中，剝奪了農民的私有產權和個人自由，農民被千萬條制度繩索捆了個「五花大綁」。「這三十年內農民沒有行動的自由」。[247]失去基本自由的農民，也就喪失了基本的謀生能力。三年大饑荒造成數千萬農民餓死的大悲劇，正是農民私有產權和自由選擇權被剝奪的悲慘結果。

244 轉引自王思睿〈陳獨秀晚年的民主思想〉，載《書屋》二〇〇〇年第四期。
245 〔英〕F・A・哈耶克著《致命的自負——社會主義的謬誤》，馮克利、胡晉華譯，中國社會科學出版社二〇〇〇年版。
246 〔美〕弗里曼、畢克偉、賽爾登著《中國鄉村，社會主義國家》，社會科學文獻出版社二〇〇二年版，第三九八頁。
247 黄仁宇著《大歷史不會萎縮》，廣西師範大學出版社二〇〇四年版，第一八一頁。

與一九四九年毛澤東提出「走俄國人的路——這就是結論」不同，[248]經過三十年階級鬥爭之苦的中國，開始從「走俄國人的路」中逐漸醒悟過來。一九八二年，第一代改革者鄧小平明確提出：「走自己的道路，建設有中國特色的社會主義。」[249]中國特色社會主義的實質就是擺脫蘇聯模式的束縛，嘗試走出一條既體現社會主義的本質特徵又適合中國國情的新路來。

這條新路的探索存在明顯的「路徑依賴」（path dependence），它註定不會是一帆風順的。三十年來，以擺脫蘇聯模式為基本特徵的中國改革，在經濟上突破了對計劃經濟的迷思，但在政治、社會和文化等方面仍然深深地帶有蘇聯模式的烙印。同時，在改革進程中，市場經濟所帶來的新問題也出現了。

第一代改革者在總結農村改革初期的經驗時指出其成功的原因在於「給農民自主權」。鄧小平認為：「我們農村改革之所以見效，就是因為給農民更多的自主權，調動了農民的積極性。」[250]所謂給農民自主權，就是在一定程度上尊重農民的自由選擇。農村改革的過程，實質上是給農民鬆綁的過程，也就是賦予農民自由的過程。包產到戶、鄉鎮企業、小城鎮、村民自治、進城打工等被稱為中國農民的五個「偉大創造」，正是農民在舊有制度結構中自由選擇的結果。杜潤生的見解無疑極為正確：「集體經濟已難以維持，它最大的弊端就是把人捆死了。農民說不怕累，就怕捆。中國農民有了一點自由，是能夠做出許多創造的。」[251]第一波農村改革的成功，最根本的是「基於農民自由的創造」。

248 毛澤東〈論人民民主專政〉（一九四九年六月三十日），載《毛澤東選集》第四卷，人民出版社一九九一年版，第一四七一頁。

249 鄧小平〈中國共產黨第十二次全國代表大會開幕詞〉（一九八二年九月一日），載《鄧小平文選》第三卷，人民出版社一九九三年版，第三頁。

250 鄧小平〈改革的步子要加快〉（一九八七年六月十二日），載《鄧小平文選》第三卷，人民出版社一九九三年版，第一三二頁。

251 杜潤生著《杜潤生自述：中國農村體制變革重大決策紀實》，人民出版社二〇〇五年版，第一二四——一二五頁。

任何人都生活在制度結構之中。毋庸置疑，農民的自由選擇是在舊制度結構中有限的自由選擇。比如，包產到戶是農民在不觸及集體所有制剛性約束下的自由選擇；鄉鎮企業是農民在「離土不離鄉、進廠不進城」的制度約束下的自由選擇；小城鎮是農民在國家嚴格控制大中城市規模、嚴格限制農民進城的制度約束下的自由選擇；進城打工是農民在城鄉二戶籍制度約束下的自由選擇。

在農村改革中創造出驚人成就的中國農民，只是在舊有體制結構中極其有限的自由創造。在有限的自由選擇釋放出相應績效後，限制農民自由發展的舊制度框架已經累積成引人注目的「三農」問題。

哈耶克對社會秩序作了類型學區分，他將社會秩序分為自發秩序和人造秩序，或稱之為內部秩序和外部秩序。[252]社會理論的任務在於重構社會中的各種「自發秩序」。[253]哈耶克稱其積四十年的研究得出的「最終結論」，就是「為了不使我們的文明蒙遭摧毀，我們必須丟掉這樣一種幻想，即我們能夠經由刻意的設計而『創造出人類的未來』。」[254]

約翰・密爾指出，完全的個人自由和充分的個性發展，不僅是個人幸福所繫，而且是社會進步的主要因素之一。[255]以人為本的發展，最高的價值標準就是自由。阿馬蒂亞・森認為：「自由不僅是發展的首要目的，也是發展的主要手段。」[256]在阿馬蒂亞・森看來，發展是擴展人們享有真實自由的過程。

252 〔英〕弗里德里希・馮・哈耶克著《法律、立法與自由》（第一卷），鄧正來、張守東、李靜冰譯，中國大百科全書出版社二〇〇〇年版，第五十二—七十八頁。
253 鄧正來〈研究哈耶克法律理論的一個前提性評注〉，載〔英〕弗里德里希・馮・哈耶克著《法律、立法與自由》（第一卷），鄧正來、張守東、李靜冰譯，中國大百科全書出版社二〇〇〇年版，第七頁。
254 〔英〕弗里德里希・馮・哈耶克著《法律、立法與自由》（第二、三卷），鄧正來、張守東、李靜冰譯，中國大百科全書出版社二〇〇〇年版，第四九二頁。
255 〔英〕約翰・密爾著《論自由》，程崇華譯，商務印書館一九五九年版，第四、六十頁。
256 〔印〕阿馬蒂亞・森著《以自由看待發展》，任賾、於真譯，中國人民大學出版社二〇〇二年版，第七頁。

聚焦於人類自由的發展觀與狹隘的發展觀形成了鮮明的對照，狹隘的發展觀包括發展就是國民生產總值（GNP）的增長、或個人收入提高、或工業化、或技術進步、或社會現代化等觀點。以自由看待的發展要求消除那些限制人們自由的主要因素：貧困以及暴政、經濟機會的缺乏以及系統化的社會剝奪、忽視公共設施以及壓迫性政權的不寬容和過度干預。[257]對於社會進步的評判，「必須以人們擁有的自由是否得到增進為首要標準」。[258]就是說，評判我們生活質量的「不是根據我們的財富而是根據我們的自由來衡量」。[259]

在蘇聯模式的束縛下，中國人曾經長期對「自由」充滿偏見和排斥。其實，被各國共產黨奉為革命導師的馬克思，就是「自由」的捍衛者。馬克思指出：「沒有一種動物，尤其是具有理性的動物是帶著鐐銬出世的。」[260]在馬克思看來，「沒有一個人反對自由，如果有的話，最多也只是反對別人的自由。可見各種自由向來就是存在的，不過有時表現為特權，有時表現為普遍權利而已。」[261]因此，馬克思構想的理想社會是一個「自由人的聯合體」，是每個人都得到「自由而全面發展」的社會。[262]

以擺脫蘇聯模式為邏輯起點的中國改革，實質上是不斷「擴大農民變換社會身分的自由」。[263]在中國，給農民自由促進了發展，新的發展也必須以促進農民自由為目的。中國農民問題的解決以至中國的真正崛起和強盛，取決於中國人對自由的理解和珍重，取決於一個有利於「促進每個人自由而全面發展」的制度環境的逐步確立。

257 同上，第一—二頁。
258 同上，第二頁。
259 同上，譯者序言第二頁。
260 《馬克思恩格斯全集》第一卷，人民出版社一九五六年版，第六十七頁。
261 同上，第六十三頁。
262 同上，第二七三頁。
263 周其仁、邱繼成〈我國農民社會身分變遷的自由〉，載《未來與發展》一九八七年第一期。

（三）「土皇帝」與地方專制主義

對傳統中國鄉村社會的認識，學界已有四種影響較大的解釋範式（paradigm）：

一是鄉紳自治說。皇權止於縣，縣以下實行自治。溫鐵軍概括為「國權（或皇權）不下縣」，秦暉將之拓展為「國權不下縣，縣下惟宗族，宗族皆自治，自治靠倫理，倫理造鄉紳。」[264]這種鄉紳自治並非排除皇權的影響，而是皇權下的自治。傳統中國的正式國家機構雖然只設在縣一級，但並非皇權只達到縣一級為止，事實上，皇權仍然以里社、鄉里和保甲等制度安排進入鄉村社會並影響千家萬戶。只是以皇權為中心的權力輻射強度不斷遞減，愈是離皇權越遠的鄉村地區，皇權的控制力度相對愈弱。馬克斯・韋伯注意到中國的皇權「事實上只限於市區和市轄區的行政，……一出城牆，皇家行政的威力就一落千丈，無所作為了。因為除了本身就足夠厲害的宗族勢力外，它還得面對鄉村本身有組織的自治。」[265]

二是雙重秩序結構說。舒繡文（Vivienne Shue）認為，傳統中國社會存在兩種秩序和結構，一種是官治秩序，以皇權為中心，自上而下形成等級分明的梯形結構（trapezoid structure），一種是自治秩序，以家族為中心，形成聚族而居的村落自治體，各自治體相互隔離，形成蜂窩結構（honeycomb structure）。鄉紳階層將這兩種秩序和結構連接起來。傳統中國鄉村的官治與自治，構成皇權與紳權二元權威結構。[266]

三是大共同體本位說。秦暉認為，傳統中國鄉村社會既不是被租佃制嚴重分裂的兩極社會，也不是和諧而自治的內聚性小共同體，而是大共同體本位的「偽個人主義」社會。中國歷來有「官逼民反」之說而從無「主

264 秦暉著《傳統十論——本土社會的制度、文化及其變革》，上海：復旦大學出版社二〇〇五年版，第三頁。
265 〔德〕馬克斯・韋伯著《儒教與道教》，王容芬譯，商務印書館一九九五年版，第一四五頁。
266 費孝通、吳晗等著《皇權與紳權》，上海觀察社一九四八年版。

逼佃反」之說。秦暉進而認為，與西方小共同體本位的社會在現代化起步階段經過公民與王權的聯盟不同，中國的現代化可能以「公民與小共同體的聯盟為仲介」。[267]

四是國家政權內捲說。杜贊奇（Prasenjit Duara）認為古代中國崇尚無為而治，並不講求「效益」，故在一定程度上不存在政權內捲化問題。只有到了二十世紀前半期，中國國家權力開始向鄉村的擴張和延伸中才造成了國家政權內捲化（state involution），國家政權依賴舊有的贏利型經紀體制來擴大其在鄉村社會的控制，致使國家經紀體制深入到社會的最底層——村莊。[268]

上述解釋模型對中國鄉村政治都具有一定的解釋力。在筆者看來，不能因為某種解釋模型不能解釋所有社會現象就否認其價值。同時，與其認為上述解釋模型是彼此對立和相互替代的，毋寧說它們是相互補充和不斷延展的。

在中國鄉村社會政治中，還存在著一種「土皇帝」和地方專制主義現象。這種現象幾乎貫穿古今。

中國的皇帝制度歷史悠久，自西元前二二一年秦始皇統一中國首創皇帝制度，[269]到一九一一年清朝宣統皇帝遜位，經歷了兩千一百三十二年。[270]作為慾望無窮的人類，卻生活在資源有限的地球上。面對資源有限而慾望無窮的矛盾，爭做皇帝以滿足和放縱慾望幾乎是傳統中國人的普遍夢想。因為在中國人的心目中，皇帝代表了最高權威，是人世間慾望的最大滿足者，是為所欲為的唯一代表。「皇帝的生活乃是中國人所能想像的塵世間

267 秦暉著《傳統十論——本土社會的制度、文化及其變革》，復旦大學出版社二〇〇五年版，第六十二——六十三頁。

268 〔美〕杜贊奇著《文化、權力與國家——一九〇〇——一九四二年的華北農村》，王福明譯，江蘇人民出版社二〇〇三年版，第五十——五十一頁。

269 《史記・秦始皇本紀》。

270 周良霄著《皇帝與皇權》（修訂本），上海古籍出版社二〇〇六年版。

最幸福的生活」。[271]但俗話說：「天無二日，人無二主。」做皇帝的「指標有限」，一國之內位居九五之尊的皇帝，同時代的基本上只能有一位，而繼承皇位的資格只能是皇子皇孫。除了這種正常的皇帝產生程序外，非正常的皇帝產生程序要不是陰謀篡位，就是暴力奪位。無論哪種方式，對絕大多數人來說夢想黃袍加身是絕無希望的。但做皇帝之夢的慾望又不能根除，於是出現了一個有效的替代方式：做「土皇帝」。

「土皇帝」就是那些在各行各業各部門各地區各組織各單位掌握壟斷資源、為實現個人慾望最大化而比照皇帝的享樂待遇、在自己控制的權力範圍內生殺予奪、無法無天、為所欲為的人。自古及今，「土皇帝」在中國綿延不斷。如果說皇帝是中央層面的「專制者」，那麼「土皇帝」就是地方層面的「專制者」。推翻帝制後的孫中山曾感歎中國打倒了一個「大皇帝」，卻冒出了無數的「小皇帝」、「土皇帝」。為徹底根除皇帝現象，孫中山曾與國人相約：「敢有帝制自為者，天下共擊之。」[272]袁世凱不知時勢冒然稱帝，最後落了個「身敗名裂、遺臭萬年」的結局。[273]從此以後，鑒於公開稱帝的社會成本太高、政治風險太大，中國想做皇帝的人就不再圖那個「皇帝」的名號，而採取「去其名而取其實」的策略。中國各個地方的「土皇帝」沒有一個人會公開打出「土皇帝」的旗號，但他們的骨髓中卻充滿著「皇權」因子。

對於中國老百姓來說，最痛恨的不是皇帝，而是「土皇帝」。「因為我國的皇帝向來不直接管黎民百姓，直接管黎民百姓的，是縣太爺和知府、道尹之類的親民之官和巡撫、總督之類的地方官。」[274]這些大大小小、遍佈全國、多如牛毛的地方官，就是一個地方之主，就可能演變成「土皇帝」。幾千年的中國皇權文化，事實上在全社會形成了皇權下的多重主奴結構。整個社會成員劃分了主子與奴才兩種人，每個人似乎又都身兼主子和

271 吳思著《隱蔽的秩序——拆解歷史弈局》，海南出版社二〇〇四年版，第三九七頁。
272 《孫中山全集》第一卷，中華書局一九八一年版，第二九七頁。
273 唐德剛著《袁氏當國》，廣西師範大學出版社二〇〇四年版，第二〇七頁。
274 同上，第五十——五十一頁。

奴才兩種身分。兩種身分的轉換依據其所面對的對象的地位。主子在更高的主子面前是奴才，奴才在更低的奴才面前是主子。在皇帝面前，大臣們都是奴才，而大臣們回到自己的管轄區內或家庭內就成為主子。像皇宮裏最正宗的奴才——太監，在皇帝面前是十足的奴才，但太監頭子回到奴才們中間，就立刻成了奴才們中的主子。

共產黨革命空前摧毀了傳統社會中的「土皇帝」，但卻又為新的「土皇帝」的生長提供了制度空間。特別是黨強調和實行「一元化領導」，使各級黨的「一把手」集中了所有權力，為各種「土皇帝」的孳生提供了制度化的土壤。[275]黨執政後在農村建立人民公社體制，在城市建立單位體制，將每個人組織在權力支配下的集體生產隊和城市單位之中，各個生產隊和單位形成了各自封閉運行的機制，整個社會構成舒繡文（Vivienne Shue）所說的蜂窩結構（honeycomb structure）。每一個蜂窩都有一個由黨組織自上而下任命的權力支配者，這個權力支配者在他權力所及的範圍內說一不二。

黨組織實行的是列寧確立的「民主集中制」原則。[276]「民主集中制這個詞是個關鍵字，它使黨委書記幾乎享有無限的權力。」[277]農村人民公社和城市單位的組織機構、民主集中制的組織原則和幹部自上而下的任命制，造成了不受制約的權力運行，為「土皇帝」的孳生提供了體制環境。任命制強化了幹部的人身依附，塑造了幹部的雙重人格。「幹部傾向於在承擔決策責任時小心翼翼，但他們又在自己對下屬和局外人的權力面前沾沾自喜。每一個官員都是他上司的鐵砧和他的下級的錘子。」[278]

275 李澤厚、劉再復著《告別革命——回望二十世紀中國》，香港：天地圖書有限公司二〇〇四年版，第一〇九頁。

276 王貴秀〈民主集中制究竟是如何形成的？〉，載《理論前沿》一九九二年第十五期；王貴秀〈民主集中制的由來與含義新探〉，載《理論前沿》二〇〇二年第八期；劉廣登〈民主集中制原則的歷史考察〉，載《社會科學家》一九九六年第二期。

277 〔美〕吉伯特・羅茲曼主編《中國的現代化》，國家社會科學基金「比較現代化課題組」譯，江蘇人民出版社二〇〇五年版，第四一五頁。

278 〔美〕詹姆斯・R・湯森、布蘭特利・沃馬克著《中國政治》，顧速、董方譯，江蘇人民出版社二〇〇四年版，第六十四頁。

以放權讓利為特徵的分權改革，一方面給予農民和基層自主權，調動了農民和基層的積極性，這對於消解全能主義體制富有積極意義。但另一方面，基層掌握了更多的卻不受限制的權力。而權力無論集中在中央，抑或集中在地方或部門，都可能導致權力濫用，並孳生邪惡。特別是一九九〇年代以來，各種無法無天的「土皇帝」大量湧現，從天津大邱莊黨支部書記禹作敏，到上海市委書記陳良宇，受到查處並曝光的「土皇帝」散佈在各個地區、各個層次和各個領域。[279]

與「土皇帝」相聯繫的是地方專制主義。專制制度的概念最早出現於古希臘政治學說中，用以指稱希臘以外的政治制度，特別是東方的制度。東方專制制度的最大特徵是沒有一套統治者與被統治者共同遵守的法律。[280]在《布萊克維爾政治學百科全書》中，專制主義是指「統治者與被統治者的關係是主奴關係的統治形式」。[281]

在西方學術界，歐洲近代發展起來的中央集權的等級君主制被稱為「絕對主義」（absolutism）而非專制主義（despotism）。不受制約的專制主義只是東方社會的現象，東方社會沒有「封建主義」，只有「專制主義」。[282]西方所謂的絕對主義國家「從未行使過絕對權力」，真正行使絕對權力的是東方的專制主義。英國的佩里・安德森（Perry Anderson，一九三八—）指出：「從不受約束的專制主義的意義上看，沒有一個西方君主享

279　二〇〇七年九月七日筆者在中國期刊全文資料庫上以「土皇帝」為主題進行搜索，共搜索到一六八條。
280　李強著《自由主義》，吉林出版集團有限責任公司二〇〇七年版，第六十二頁。
281　〔英〕大衛・米勒、韋農・波格丹諾主編《布萊克維爾政治學百科全書》（修訂版），鄧正來等譯，中國政法大學出版社二〇〇二年版，第二〇七頁。
282　劉北成出色地澄清了絕對主義與專制主義的根本區別。他指出，國外學術界從來沒有把專制主義與絕對主義混為一談，只有在中國，以往的許多譯者一見到absolutism就不假思索地譯成「專制主義」，將絕對君主制（absolutism monarchy）譯成專制君主制。在馬克思、恩格斯著作中，專制主義一般用於「東方社會」，特指「東方專制主義」，東方沒有封建主義，只有專制主義。參見劉北成〈中譯者序言〉，載〔英〕佩里・安德森著《絕對主義國家的系譜》，劉北成、龔曉莊譯，上海人民出版社二〇〇一年版，第一—八頁。

有統治其臣民的絕對權力。……沒有一個絕對主義國家能像同時代的亞洲暴君那樣，可以隨意剝奪貴族或資產階級的自由或地產。」[283]法國的孟德斯鳩是近代第一個系統分析專制主義特徵的政治思想家，他對專制主義的描述在一定程度上是以傳統中國為藍本的。[284]在孟德斯鳩看來：「中國是一個專制的國家，它的原則是恐怖。」在專制的國家裏，「人就是一個生物服從另一個發出意志的生物罷了。在那裏，人們不得不把壞的遭遇歸咎於命運之無常，……在那裏，人的命運與牲畜一樣，就是本能、服從與懲罰。」[285]德國的馬克思指出：「專制制度的唯一原則就是輕視人，使人不成其為人。」[286]繼孟德斯鳩之後，美國的魏特夫對東方專制主義進行了系統研究，他將專制主義嚴格界定為「東方」的現象，認為東方專制主義是東方「治水社會」的產物，體現了「極權力量最殘酷的形式」。[287]

費正清指出：「專制是中國的古老風氣」。[288]自秦始皇建立中央集權的皇權統治形式以來，中國專制主義不僅持續發展了幾千年，而且深入到社會的各個肌體之中。中外學者大多研究中央層面的專制主義，而對地方層面以及單位層面的專制主義鮮有論及。對於身處社會底層、遠離中央權威的農民來說，最要命的是地方專制主義及其孳生出來的無法無天的「土皇帝」的欺壓和掠奪。

中國民間有一句著名的俗語叫「天高皇帝遠」。這句話有兩層意涵，一是老百姓與皇帝相距遙遠，可以躲避皇權的直接干預和侵害，老百姓「納完糧，自在王。」另一層意涵是，皇權不能有效制約地方權貴對百姓權益的侵害，百姓歎息皇權遙遠而遠水不能救近火。俗話說：「滅門的知縣，破家的縣令。」一個權力不受制約

---

283 〔英〕佩里・安德森著《絕對主義國家的系譜》，劉北成、龔曉莊譯，上海人民出版社二〇〇一年版，第四十—四十一頁。

284 李強著《自由主義》，長春：吉林出版集團有限責任公司二〇〇七年版，第六十二—六十三頁。

285 〔法〕孟德斯鳩著《論法的精神》上冊，張雁深譯，北京：商務印書館一九六一年版，第一二九、二十七頁。

286 《馬克思恩格斯全集》第一卷，人民出版社一九五六年版，第四一一頁。

287 參見〔美〕卡爾・A・魏特夫著《東方專制主義——對於極權力量的比較研究》，徐式谷、奚瑞森、鄒如山等譯，中國社會科學出版社一九八九年版。

288 〔美〕費正清著《偉大的中國革命》，劉尊棋譯，世界知識出版社二〇〇三年版，第四二七頁。

的縣令，就具有足夠的合法傷害能力，能夠將子民折騰到傾家蕩產和家破人亡的地步。[289]中國農民對皇帝或中央國家素來保持好感和尊敬，深受地方盤剝的農民一向寄希望皇帝或中央國家為他們主持正義。歷史學家唐德剛（一九二〇—二〇〇九）發現：「我們的皇帝陛下愈兇，愈厲害，權力愈大，直接管黎民百姓的地方官愈不敢為非作歹。所以在傳統中國裏，黎民百姓對權力最大的皇帝，像漢武帝、唐太宗、明成祖、清聖祖（康熙），不但沒有惡感，還由衷崇拜。」[290]

法國的托克維爾在考察美國的民主時發現，在美國，「鄉鎮組織將自由帶給人民，教導人民安享自由和學會讓自由為他們服務。」[291]美國的鄉鎮成為民眾享有自由的樂園。而在中國，鄉鎮卻未能為農民的自由創造條件，相反卻構成了對農民自由的最大威脅。一九九〇年代以來，不少鄉鎮政權的職能「三要化」（要糧要錢要命），成為坐在「農民家門口的強盜」，農民避之惟恐不及。農民有對聯云：「催糧催款催性命，防火防盜防幹部。」

在傳統的政治研究中，一般將國家作為一個整體看待，但在農民的心目中，始終存在著中央國家與地方國家的區別。「中央是好的，就是下面的歪嘴和尚把經念歪了。」這個觀念普遍存在於中國農民的頭腦之中，是中國農民二元國家觀的最好注釋。一九八〇年代，農民中流傳著這樣的順口溜：「中央是恩人，省裏是親人，縣裏是好人，鄉裏是惡人，村裏是仇人。」到一九九〇年代，順口溜有了新的變化：「中央滿天晴，省裏起烏雲，縣裏下大雨，基層淹死人。」[292]由上可以推論中國農民國家觀的三重意涵：一是在農民心中存在著中央國家與地方國家邊界清晰的二元國家觀；二是地方國家對農民的權益構成了現實的侵害，地方國家與農民之間存在著嚴重的利

289 吳思著《隱蔽的秩序——拆解歷史弈局》，海南出版社二〇〇四年版，第二十五頁。
290 唐德剛著《袁氏當國》，廣西師範大學出版社二〇〇四年版，第五十一頁。
291 〔法〕托克維爾著《論美國的民主》上卷，董果良譯，商務印書館一九八八年版，第六十七頁。
292 李連江〈中國農民的國家觀與依法抗爭〉，載張茂桂、鄭永年編《兩岸社會運動與民主化》，新自然主義公司二〇〇三年版，第二八一—二九八頁。

益對立；三是農民高度依賴並寄希望於中央國家來制約地方的違法侵權行為，為農民討回公道、主持正義。

當代中國的地方專制主義，首要表現在其對國家法律的蔑視，以地方的「土政策」消解國家法律的統一性和權威性。中國地方普遍存在的「上的政策，下有對策」現象，是地方政權消解中央國家法令統一性的突出表現。國家法律在地方得不到有效的遵循，造成國家法律的失靈和制度失敗，這是「軟政權」和「蘇丹化政權」的共同特徵，也是地方專制主義的基本特徵。各地以自身利益和願望為基點，出臺被農民稱之為的「土政策」，以違背憲法或中央政策以及國家法律為特徵，成為地方專制主義的運行「顯規則」。「土政策」有成文的「土政策」，也有不成文的「土政策」，不成文的「土政策」就是一種更為盛行的「潛規則」。[293]在這裏，農民並不是受到國家法律的統治，而是受到地方「土政策」的控制。

以發展的名義集體濫用權力，是地方專制主義的又一表徵。一九九二年鄧小平的一句「發展才是硬道理」，[294]使各地展開了一場追求經濟發展的競賽運動。以偉人的名言作後盾，追求當地經濟增長的發展主義，為各地在「高尚目標」驅動下集體濫用職權、駕馭所轄國民提供了「政治正確性」。一九九〇年代以來，不少地方出現了一種「有組織侵權」的現象。無論是農業結構調整、招商引資、徵地拆遷、收繳稅費、計劃生育等方面，地方政權集體濫用職權而侵害農民個人權利的現象極為普遍。「誰影響嘉禾發展一陣子，我影響他一輩子。」這個湖南嘉禾縣暴力拆遷中的著名口號，折射了地方執政者以發展的名義集體濫用權力而蔑視公民個人權利的專橫和傲慢。[295]嘉禾事件只是被媒體曝光的地方專制主義的冰山一角，它絕不僅僅只發生在湖南嘉禾一地。

293 吳思著《潛規則：中國歷史中的真實遊戲》，雲南人民出版社二〇〇一年版。
294 鄧小平〈在武昌、深圳、珠海、上海等地的談話要點〉（一九九二年一月十八日—二月二十一日），載《鄧小平文選》第三卷，人民出版社一九九三年版，第三七七頁。
295 于磊焰、段羨菊、譚劍、周餘武〈關於「嘉禾事件」的反思〉（四篇），載《新華文摘》二〇〇四年第十七期，第四十五—五十頁。

在地方專制主義中，「一把手」高度集權，成為其權力所能控制範圍內的當然主人。充分認識「一把手」的權力，對於理解當代中國政治的運行邏輯極為重要。中國的權力高度集中可以從兩個維度予以理解，從縱向上看，權力高度集中在上一級；從橫向上看，權力高度集中在「一把手」手中。「個人服從組織，下級服從上級」的組織原則，事實上為上級組織集權和「一把手」個人集權提供了制度化的安排。「個人服從組織」的結果就是個人服從領導，最終服從於「一把手」的意志。幹部人事上的任命制、組織原則上的民主集中制和工作任務上的壓力型體制，使各個地區、各個部門、各個單位、各個組織的「一把手」負有對本地區、本部門、本單位、本組織的「第一責任」。「第一責任」要求「一把手」擁有相應的「第一權力」似乎是符合邏輯的推導。現實中「一把手」的「第一權力」形成了「一把手說了算」的權力格局。「一把手說了算」常常演變成「一把手一手遮天」、「一把手為所欲為」。在各層級和各部門中，「一把手」成了該層級和該部門的主人，在其權力所能控制的範圍內，不受制約。鄧小平在改革初期就指出：「不少地方和單位，都有家長式的人物，他們的權力不受限制，別人都要惟命是從，甚至形成對他們的人身依附關係。」[296]一九九〇年代以來，「老闆」的稱呼流行開來，各個層級和各個部門的「一把手」均被稱之為「老闆」。「老闆」是私有企業的所有者。各地方各部門各單位領導幹部身分的「老闆化」，是公權力逐漸私有化的時代見證。

不斷營造嚴密的庇護網路，是地方專制主義自我擴散和強化的必然產物。地方專制主義缺乏意識形態的信仰，它純粹建基於個人利益、小團體利益、單位利益和各種形式的腐敗關係之上。一九九〇年代以來，地方專制主義日益形成官僚腐敗利益集團。通過多層次的庇護關係網絡的構建，地方官僚腐敗利益集團為自身構建了一

296　鄧小平〈黨和國家領導制度的改革〉（一九八〇年八月十八日），載《鄧小平文選》第二卷，人民出版社一九九四年版，第三三一頁。

層層嚴密的「防火牆」。在個人層面上，通過任人惟親、拉幫結派以及與社會黑惡勢力相勾結，開發運用紅黑兩道資源，構建牢固的個人關係庇護網路。在橫向層面上，通過權力控制、利益交換、拉攏打壓等手段，構建本層級各部門心照不宣的共謀關係，從而將個人利益、小團體利益和單位利益構築在損害和侵蝕國家整體利益和民眾個人利益之上。在這個橫向構建的地方官僚腐敗庇護關係網絡中，形成了一整套「潛規則」，潛規則的功能之一就是「劣幣驅逐良幣」。在地方官僚腐敗利益網路中，心懷良知的正直之士將可能被排斥出局，如湖北省監利縣棋盤鄉黨委書記李昌平經不過住良心的折磨，上書總理訴說「三農」問題真相後被迫辭職南下打工；維權正義之士將受到打壓，如各地被關押、被毒打、被判刑入獄的農民上訪代表。只有順從潛規則的人，才能在地方官僚腐敗利益網路中站穩腳跟，分享利益以至步步高升。莫斯卡似乎最為正確地揭示，權力通常屬於那些「良心最壞的人。」[297]地方官僚腐敗利益網路的擴張和繁殖，使人看到：「年齡是個寶，文憑作參考，政績算個鳥，關係最重要。」於是，為了追求成功，人們無不熱衷於拉關係、找關係、建立關係，一門頗為盛行的「關係學」應運而生。在縱向層面，通過對「社會資本」的開發利用，構建層層互相庇護利用的關係網絡。

二〇〇八年發生的遼寧省西豐縣委書記進京拘傳記者案、湖北天門城管執法人員打死魏文華案，等等，是日益專橫的地方專制主義維護本網路既得利益而公然向社會進軍的典型案例，它表明地方專制主義者不僅志在牢牢控制本地方、本部門、本單位內部人的命運，而且試圖打擊來自社會對其既得利益的任何可能的損害與威脅。中央政權如果忽視地方專制主義勢力日益咄咄逼人的對內控制和對外擴張，任由專橫的地方和部門利益的惡性膨脹，勢必危及整個國家的治理根基。

在地方專制主義中，權力不是一般論者所稱的沒有任何制約，而是只受到上級領導的制約。就是說，自上而下的同體權力制約成為唯一的權力制約模式。但是，這種自上而下的權力制約有其內在的致命傷，首先，自上而

297 〔義大利〕加塔諾・莫斯卡著《統治階級》，賈鶴鵬譯，譯林出版社二〇〇二年版，第二六三頁。

下的任命制使上級官員直接任命下級官員，上下級官員之間存在著天然的同盟關係；其次，自上而下的權力制約存在著資訊不對稱和制約成本太高的技術難題；再次，下級官員通過公款請客送禮和賄賂等各種方式將上級官員及其相關人員拉入到地方庇護網路之中，從而鈍化來自上級的制約力量。傳統社會的「官官相護」在現代又有了新的發展。一九九〇年代以來各縣紛紛設立駐省會辦事處和駐京辦事處，這是地方官僚利益集團層層向上擴展關係網絡的制度化結果，其主要工作任務，在明的一方面是積極爭取上級政府和部門的資源支持，而在暗的一方面則是以公款和官方的名義構建上層庇護網路。全國各省、市、自治區、州、縣政府以及各企事業單位紛紛在首都北京設立有中國特色的「駐京辦」，其實質是來自四面八方的地方國家自下而上對中央國家的全面包抄、干預和監控。中央國家處在地方國家的重重包圍之中，使得中央國家的自主性以及對地方監督和控制能力大大弱化。

駐京辦現象是下級政權和部門對中央政權和部門展開的有組織的政治公關活動。地方政府通過上層關係網絡的構建，一方面為地方的經濟發展爭取資源，即所謂的「跑部錢進」；另一方面，通過官方有組織的集體賄賂，營造上下合謀的庇護網路，即所謂的「官官相護」。在上下合謀、左右逢源的庇護型關係網絡中，腐敗已演化為一種日常的工作方式和生活方式。在權力不受制約而又暗箱操作中，誰的權力越大，誰搞腐敗的機率就越大。對於腐敗問題，有民謠稱：「問題出在前三排，根子還在主席臺。」反腐敗常常上演一齣齣「腐敗分子反腐敗」的政治滑稽戲。大的腐敗分子端坐在主席臺上裝腔作勢、聲色俱厲地作反腐敗工作報告，小的腐敗分子坐在台下嚴肅認真、道貌岸然地聽反腐敗工作報告，這構成了制度性腐敗社會的一幅反諷圖景。二〇〇六年六月，湖南郴州市委書記李大倫因腐敗落馬以前，就在其管轄區內的各種重要會議上大作「反腐倡廉和反腐敗工作報告」，並在各大媒體發表探討如何防治腐敗的署名文章。[298]二〇〇六年九月，上海市委書記陳良宇在因腐敗而

---

298 有關李大倫腐敗案的分析討論，參見黃鍾《中國式腐敗的背景——以湖南郴州李大倫案為例》，載天益網http://www.tecn.cn/data/detail.php?id=18159，2008-03-25。

下臺之前，也同樣不知在上海各種反腐倡廉工作大會上有板有眼地作了多少場反腐敗工作的「重要報告」。

一九九〇年代以來，地方官僚腐敗庇護網路得到了迅速發展。地方政權內部之間已結成牢固的利益共用、風險共擔的同盟關係，換言之，地方政權內部的監督制約機制幾乎喪失殆盡，社會正義的力量似乎只剩下來自社會底層的維權抗爭和來自中央高層的開明決斷。像二〇〇四年湖南省嘉禾縣的暴力拆遷事件和二〇〇七年山西省洪洞縣的黑磚窯事件，都要仰賴於中央的直接干預才能懲惡揚善、匡扶正義。而直接管理縣級政權的省、市兩級卻在中央干預以前則顯得若無其事。這說明地方政權內部的自我淨化功能已嚴重退化。

當我們重點討論地方專制主義時，並不是基於「地方邪惡而中央完美」的假設。眾所周知，在中國，「問題出在下面，根子還在上面。」國家在現代社會轉型中居於主導地位。「土皇帝」及地方專制主義現象，與中國高度集權的政治體制緊密相關，它涉及到中央與地方關係、憲政與法治問題以及公民社會的缺失等深層次問題。作為第一波改革與第二波改革分水嶺的一九八九年「天安門事件」[299]，使政治改革和民主轉型受挫，左傾思潮空前回潮。在此後的泛市場化改革中，腐敗現象得到了明顯的繁殖與擴張。放權讓利的改革突破了「分權的底限」[300]，地方權力濫用的可能性明顯增強，泛市場化的改革強化了權力與資本的結盟，公民社會的闕如使民眾在權力和資本的縱橫捭闔面前束手無策。

中國漸進式的改革，在逐步消解傳統計劃經濟體制舊問題的同時，也孳生和引發了由改革帶來的新的問題。特別是第二波市場經濟改革所產生的「改革新問題」，引起了社會對改革本身的巨大爭論和對市場經濟的重新認識。無論是批評改革甚至反對改革，抑或主張加快改革和深化改革，對改革本身的廣泛討論與評判，有

299 鄒讜著《二十世紀中國政治：從宏觀歷史與微觀行動的角度看》，香港：牛津大學出版社一九九四年版，第一三五—二〇三頁。

300 王紹光〈分權的底線〉，載《戰略與管理》一九九五年第二期。

利於整個社會智識的增長，從而更有可能增強改革者對改革的理性權衡。

中國的改革開放和現代化建設，旨在建立一個成熟的現代國家。而現代國家的一個顯著特徵在於民眾對國家的認同取代傳統社會對地方權威的認同。「國家第一次與社會的每一成員發生了直接的聯繫，現代國家與其公民之間的密切關係便是必不可少的。」在公民與國家的直接聯繫中，「由一種法律體系代替個人專斷行政是現代化在政治領域的一塊界碑。」[301]地方專制主義阻隔了公民與國家之間的直接聯繫，並將統一的國家法律體系肢解為各自為政的服務於地方權威和個人權威的「土政策」，成為國家現代化的重大障礙。

中國在現代國家的構建中，如果未能順應時代進步潮流穩步地實現憲政改革和民主轉型，如果國家未能為全體國民創建統一的公民身分並有效保障公民的個人權利，那麼，國民名義上為國家所統治，實則被彼此分割而追求自身利益最大化的地方基層單位所控制。

301　〔美〕C・E・布萊克著《現代化的動力》，段小光譯，成都：四川人民出版社一九八八年版，第二十一頁。

第五章　討論與結論：農民公民權成長與現代國家構建

英國著名的歷史法學家梅因（Henry Sumner Maine，一八二二—一八八八）在《古代法》一書中寫下了一句廣為傳頌的名言：所有進步社會的運動，「都是一個從身分到契約的運動」。[1]這一公式化的名句被學界公認為精闢地概括了「人類文明史」。[2]從身分社會走向契約社會，「實質是人的解放，是用法治取代人治，自由流動取代身分約束，用後天奮鬥取代對先賦資格的崇拜。」[3]

傳統中國社會是一個等級森嚴的身分社會，一個以官為本位的等級社會。[4]不同的身分在法律上有不同的待遇，官吏享有法律上的特權，而賤民則遭受法律上的歧視。[5]不過，臣民是傳統國家各階層所共有的社會身分，

1 〔英〕亨利・薩姆奈・梅因著《古代法》（一），高敏、瞿慧虹譯，北京：九州出版社二〇〇七年版，第二一三頁。
2 何兆武〈從身分到契約——梅恩《古代法》讀後有感〉，載《讀書》一九九一年第八期。
3 朱光磊〈從身分到契約——當代中國社會階層分化的特徵與性質〉，載《當代世界與社會主義》一九九八年第一期。
4 林光彬〈社會等級制度與「三農」問題〉，載《改革》二〇〇二年第二期；葛承雍著《中國古代等級社會》，陝西人民出版社一九九二年版。
5 瞿同祖著《中國法律與中國社會》，中華書局二〇〇三年版。

臣民內部身分的等級性構成臣民社會的基本特徵。在現代國家，社會成員的身分指向共同的公民身分，平等性是公民身分的基本特徵。

中國由傳統國家向現代國家轉型的過程，就是社會成員由臣民身分走向公民身分的過程。農民走向現代國家，從身分上說，實質上是從農民到公民的過程。[6]作為農業人口占絕大多數的農民大國，中國的現代國家構建，實質上是要實現億萬農民從農民身分向公民身分的轉換。

在中國，農民的概念具有三層意涵，即作為職業的農民、作為身分的農民和作為文化的農民。作為職業的農民，是社會分工的產物，[7]只要存在農業這個產業，就會有以農業為職業的農民。在由農業社會向工業社會轉變中，作為職業的農民的人口數量將逐步下降但不會完全消失。作為一種職業的農民，是可選擇的，與社會分工產生的任何其他職業的從業人員一樣，本身無可厚非。作為身分的農民，是個人不可選擇的，它本質上是人為制度安排的產物。凡是人為制度安排的身分，同樣可能通過人為的制度變革而改變身分。作為文化的農民，是由上述兩種農民在長期的演變中逐漸形成的社會觀念和認識偏見。從事農業生產導致經濟上的貧困、體力上的勞苦和文化知識上的貧乏等因素，構成傳統社會中作為文化的農民的一個重要維度；同時，制度上的歧視性安排、不受制約的權力濫用以及農業作為弱質產業在市場競爭中的弱勢地位，使農民不可避免地淪為社會的弱勢階層。邊緣化和弱勢化的農民，是作為文化的農民的另一個重要維度。考察作為身分的農民公民權演進邏輯，是本書關注的重點。

中國現代國家的構建始於清末。徐勇教授認為，中國現代國家構建中存在著民族—國家與民主—國家的非均衡性特徵。[8]筆者通過對農民公民權演進邏輯的考察後認為，有必要在現代國家構建的二元視角上拓展為三維

---

6 江國華〈從農民到公民——憲法與新農村建設的主體性視角〉，載《法學論壇》二〇〇七年第二期。
7 〔法〕埃米爾・涂爾幹著《社會分工論》，渠東譯，生活・讀書・新知三聯書店二〇〇〇年版，第二十四頁。
8 徐勇〈現代國家建構中的非均衡性和自主性分析〉，載《華中師範大學學報（人文社會科學版）》二〇〇三年第五期。

視角，即增加一個「公民—國家」的視角。[9]事實上，孫中山的三民主義就提出了中國現代國家構建的三個重要維度：民族、民權與民生。但由於公民因素的相對缺位，致使民權與民生要素的順利發展欠缺應有的政治思想基礎和理論支撐。

在現代國家中，民族—國家解決的是世界各國對外的邊界問題，包括地理邊界和政治邊界，即解決國與國之間的關係，其核心是主權原則；民主—國家解決的是主權國家內部的政治統治和公共治理的制度形式問題，其核心是人民主權原則；公民—國家解決的則是現代國家中社會成員的身分資格問題，即解決社會成員與現代國家之間的關係問題，也就是個體與共同體的關係問題，其核心是公民權原則。在筆者看來，民族—國家與民主—國家都是現代國家構建的形式要件，而公民—國家則是現代國家構建的實質要件。如果只有民族—國家和民主—國家的形式要件，而缺乏公民—國家的實質要件，那麼，現代國家的構建任務就還沒有完成。在沒有實質要件的現代國家中，其統治下的國民並不會因為穿上民族—國家和民主—國家的現代政治外衣而享有基本的權利和自由。

「公民」這一概念就其本義來說就預設了「國家」的概念，即公民者乃一國之公民，非一省一區之公民。[10]公民是現代國家的核心和靈魂。在現代國家，凡具有一國國籍的人就是該國的公民，應當享有公民權。一九四九年以後的中國，通過自上而下的強制式動員展開國家構建，以增強農民對國家的認同。[11]但這種國家構建的基本弱點在於忽視乃至限制農民的公民權。經驗表明，在現代國家，人們對國家產生認同的最主要的憑藉

9 葉本乾將現代國家的特性界定為民族—國家、民主—國家與民生—國家三者的統一體。顯然這可歸屬於孫中山三民主義的範疇之內。筆者認為，民生—國家只是現代福利國家的具體體現，屬於筆者界定的公民—國家的重要內容之一。參見葉本乾〈現代國家構建中的均衡性分析：三維視角〉，載《東南學術》二○○六年第四期。

10 甘陽〈公民個體為本，統一憲政立國〉，載《二十一世紀》一九九六年六月號。

11 鄭永年〈鄉村民主和中國政治進程〉，載《二十一世紀》一九九六年六月號。

是保障人權及實施憲政民主。[12]當國家一方面限制公民的身分權利，另一方面卻又試圖強化國民的國家認同時，必然產生不可調和的內在張力，最終引發國家治理的危機，甚至導致國家整合的失敗。

一、從農民到公民：農民身分的演進邏輯

中國農民在通向現代國家公民身分道路上備經曲折。一九四九年以來，中國農民的身分經歷了四次大的身分變遷，即農民身分的階級化、農民身分的結構化、農民身分的社會化以及農民身分可能的公民化。

（一）農民身分的階級化

革命勝利後的共產黨，按照馬列主義階級鬥爭理論在中國建立無產階級專政的國家政權。一九四九年九月二十九日中國人民政治協商會議第一屆全體會議通過的起臨時憲法作用的《中國人民政治協商會議共同綱領》屬於「革命憲法」。[13]在「革命憲法」中，國民沒有被賦予平等的公民身分，而是被劃分為「人民」和「敵人」兩大生死對立的階級身分。《共同綱領》第十二條規定「中華人民共和國的國家政權屬於人民」，第四條、第五條規定「人民」依法享有「選舉權」和「被選舉權」，「人民」有「思想、言論、出版、集會、結社、通

---

12 江宜樺〈自由主義的憲政民主認同〉，載王焱編《憲政主義與現代國家》，生活・讀書・新知三聯書店二〇〇三年版，第八十七頁。

13 夏勇著《憲政建設——政權與人民》，社會科學文獻出版社二〇〇四年版，第四十一—三十四頁。

訊、人身、居住、遷徙、宗教信仰及示威遊行的自由權。」[14]對於什麼是「人民」的具體意涵，毛澤東在執政前夕作了明確界定：「在中國，在現階段，（人民）是工人階級，農民階級，城市小資產階級和民族資產階級。」[15]這是從全國總體而言的，具體到某個地區、某個階級內部，又會按照「人民」與「敵人」的二元方法不斷進行細分。隨著階級鬥爭的不斷擴大，「人民」中的任何一員都可能被劃為「敵人」而成為無產階級專政的對象。

一九五〇年，共產黨將在執政以前就在局部地區實行的暴力土改推廣到除西藏以外的所有大陸地區。在土改中，黨通過劃分階級成分，在農民階層內部劃分為兩大對立的階級身分，即以地主、富農為代表的剝削階級，他們是階級敵人，是專政的對象；以貧雇農為代表的被剝削階級，屬於人民陣營，享有人民民主權利。

土改在中國歷史上第一次實現了農民身分的重大變化，即實現了農民身分的階級化。農民身分階級化的基本特點是：（一）身分變遷的動力來自於意識形態亢奮的國家強制性主導，它以「消滅剝削」的名義進行。（二）階級身分使農村內部被人為的劃分為權利、義務極不平等的兩大階級。（三）地主、富農及其子女成為新政權專政的對象，他們在新的國家共同體中不僅被排除在享有參與公共事務的政治權利和分享社會發展的福利權利之外，而且也被大規模地剝奪了私有財產權利和人身權利。（四）貧雇農等傳統鄉村社會的弱勢階層獲得空前的「翻身」和「解放」，但他們只是贏得了一時的「政治特權」，而不是獲得永久的「公民身分」。

土改中的階級鬥爭，是國家發動的一場針對地主、富農的階級戰爭。它以暴力剝奪農村中的一部分人（富人）即地主、富農的私有財產權和人身權為代價，來滿足大多數人（窮人）的暫時的物質上和精神上的平均主義需求。其實質是國家政權與窮人結成同盟共同剝奪富人。土改中的「富人」與歷史上任何時期的富人身分

14 〈中國人民政治協商會議共同綱領〉（一九四九年九月二十九日中國人民政治協商會議第一屆全體會議通過），載董雲虎、劉武萍主編《世界人權約法總覽》，四川人民出版社一九九〇年版，第八一一——八一二頁。

15 毛澤東〈論人民民主專政〉（一九四九年六月三十日），載《毛澤東選集》第四卷，人民出版社一九九一年版，第一四七五頁。

不同，他們被新政權戴上「剝削階級」的政治帽子。因而剝奪「富人」的旗號不再是以歷史上常見的「劫富濟貧」的名義，而是以「消滅剝削」的名義進行。國家對農民進行階級身分的構建，實現了農民內部的「政治分層」，[16]人為的構建了農民內部的不平等結構。背離法治原則的階級鬥爭，放縱和啟動了社會的野蠻暴力，強化了公權力的肆意濫用。這是中國在追求現代化進程中遠離現代國家公民身分構建的第一大步。

（二）農民身分的結構化

新政權在完成暴力土改後，從一九五三年開始，以蘇聯模式為圭臬強制推行農業集體化運動，並罕見地構建起城鄉隔離的二元社會結構，實現了農民身分的第二次重大變化，即實現了農民身分的結構化。

農民身分的結構化，是通過兩方面強制性制度安排進行的。一方面，國家為了追求蘇聯模式的社會主義目標和蘇聯模式的國家工業化目標，在農村強制推行集體化運動，將農民組織在集體單位即人民公社之中，使之成為被集體單位所強力支配的集體社員，從而實現中國農民的身分從階級身分向社員身分的轉換（但階級身分並未完全消失）；另一方面，國家又通過城鄉隔離的制度安排，在整個社會構建了農業人口和非農業人口兩種人，將農民限制和束縛在城鎮之外的農村，使之成為被戶籍制度嚴重羈絆的鄉里人。作為農業人口的農民，被人為的遮罩在城市之外，喪失了憲法規定的平等權利，從而淪落為備受制度歧視的「二等公民」。

農民身分的結構化有兩方面的意涵，一是農民被國家權力強制組織在「一大二公」的人民公社體制之中，成為被公權力強力支配的集體社員。農民從歷史上的個體農民、相對自由農民，轉變為土地私產充公以及人身

16 李強〈政治分層與經濟分層〉，載《社會學研究》一九九七年第四期；李強〈回應：再談政治分層與經濟分層〉，載《社會學研究》一九九八年第一期。

自由受到嚴格控制的集體社員，社員被集中組織到各個生產大隊之中進行統一的生產生活。各生產大隊形成邊界分明而相互隔離的封閉單元，農民生活在一種舒繡文稱之為的蜂窩結構的社會單元之中。每一個蜂窩都有一個自上而下任命的權力支配者，這個權力支配者在他權力所及的範圍內成為支配所有社員命運的主人。在排斥法治的集體社會中，權力的支配者往往習慣於「和尚打傘——無法無天」。二是國家通過建立二元戶籍制度，將全體國民劃分為農業戶口和非農業戶口，形成了農民與市民兩種權利和義務截然不同的兩種人，農民淪落為國家成員中的「二等公民」。國家實行農民身分的結構化，實質上是給農民安裝了兩把「制度之鎖」：「一把鎖」將單個的農民集中鎖定在人民公社之中，由社隊幹部嚴加看守；「另一把鎖」將所有農民鎖定在城鎮之外的農村，農民進入城門的「鑰匙」掌握在官僚的手中。

農民身分結構化的基本特點是：（一）國家以「社會主義」（實質上是蘇聯模式的社會主義）的名義，剝奪所有農民的私有產權和自主權，將農民強行組織到人民公社的集體單位之中，農民成為受到集體單位支配的集體社員。（二）國家以「工業化」（實質上是蘇聯模式的工業化）的名義，將農民鎖定在農村，農民成為喪失自由擇業和自由遷徙權利的「籠中人」，成為國家從其身上榨取工業化原始資金積累的犧牲品。（三）結構化的農民是集體社員身分和農業戶籍身分的雙重結合，這種強制結合的結構化身分，使農民一方面喪失了私有財產權，另一方面又喪失了平等權利。與此相關，農民的人身自由權、遷徙自由權、意志自主權等基本權利和自由也被剝奪殆盡。（四）農民成為國家的特大義務主體，基本上只盡義務而沒有權利。

一九五四年九月二十日第一屆全國人民代表大會第一次會議通過的《中華人民共和國憲法》第五十八條規定「中華人民共和國公民在法律面前一律平等」，其他各條還規定了公民享有的基本權利和自由。這個憲法將《共同綱領》中的「人民」改為「公民」概念，也賦予了公民比較廣泛的權利。但《憲法》條文的進步並不完全代表國家政治生活的進步。制定憲法的政治精英一開始就並不打算遵守由自己制定的憲法規則。長期以來，執政者熱衷於在憲法的框架外「治國理政」。

農民身分的結構化，實質上是將農民固定在生產大隊、固定在農村，將農民置於地方政權的支配之下，實質上大大疏離了農民與國家的直接聯繫。地方對農民的控制，阻隔了農民對國家的認同。這與現代國家普遍確立的公民對國家的認同明顯悖離。

國家未能有效地賦予農民的公民身分，不可避免地削弱了國家對社會有效整合的能力。這是中國在現代國家構建中遠離現代國家公民身分的第二大步。

（三）農民身分的社會化

遠離人類主流文明的「極左」路線，將苦苦追求現代化的中國引向了「死胡同」。官方在總結歷史經驗教訓時承認黨犯了持續二十年之久的嚴重「左傾錯誤」。「左傾錯誤」的實質是權力的所有者對公民基本權利、個人自由和人格尊嚴的大規模踐踏和摧殘，是對人類普世價值的蔑視和背離。一九七八年開始的改革，實質上是將遠離人類主流文明發展軌道的中國調整過來，逐步朝向人類主流文明的正道上前行。就中國農民身分的變遷來說，農村改革開啟了農民身分的社會化和公民化。

農民身分的社會化有三重意涵：一是通過國家主導的平反和摘帽，實現了農民階層內部身分的平等化。一方面，由第一代改革者胡耀邦主導的平反冤假錯案，不僅為大量的黨的幹部、知識份子平反昭雪、恢復名譽，也為不少的農民平反昭雪、恢復名譽。許多在冤假錯案中受到鎮壓、打擊、批鬥和歧視的農民及其子女和家庭逐步恢復了正常的社會生活。另一方面，中共中央決定給地主、富農以及反革命分子、壞分子摘掉政治帽子，將他們本人的成分一律定為公社社員，賦予其享有公社社員一樣的平等待遇。這一重大舉措使終結了農村三十年之久的階級鬥爭，實現了農民內部身分的平等化。

二是通過國家給農民「鬆綁」，使農民獲得了空前的「自由選擇權」，促進了農民的分化和流動。家庭承包責任制的推行，使農民獲得土地的承包經營權等部分土地產權，同時獲得了空前的生產自主和人身自由。除了家庭承包制外，被稱之為農民「偉大創造」的鄉鎮企業、小城鎮、村民自治、進城打工等，實質上是農民在生存本能的驅動下，在既定的制度結構中，對幸福生活追求的突出表徵。

三是農民身分的社會化是對階級化身分和結構化身分的逐步解構，社會化身分與階級化身分、結構化身分是對立的，但並不與公民身分相對立，就是說，社會化身分與公民化身分彼此相融合。一個享有公民身分的人一定是社會化的人，但農民身分的社會化並不意味著農民身分的公民化，不過，它為農民身分的公民化提供了可能的社會基礎。

農民身分社會化的基本特點是：（一）與純粹由國家強制構建的階級身分和結構身分不同，農民的社會化身分是在國家高壓政治鬆動的前提下，在已有的舊制度結構中，農民有限追求自由生活的結果，它體現了農民在階級身分和結構身分雙重束縛下的自主性選擇。國家在此身分轉換過程中雖未採取強制性的措施，但也發揮著明顯的政治主導和政策引導功能。（二）農民身分的社會化是對集體社員身分和城鄉隔離的戶籍身分的有限突破，在一定程度上對農民階級身分和結構身分產生了衝擊和消解。（三）農民身分社會化是在堅守土地集體所有制和不改變戶籍身分的前提下不斷演變的。在社會日益分化和城鄉流動中，農民卻始終背負著土地集體所有和農業戶籍身分行走在城鄉之間。（四）農民身分的社會化與土地集體所有制及二元戶籍制度變革的滯後，構成了當代中國社會轉型的巨大張力。

農民身分的社會化實質上是農民在舊制度約束下的有限自由選擇，在一定程度上打破了階級身分和結構身分加在農民身上的嚴重束縛。

農民身分的社會化已取得三大成績。一是終結了三十年之久的階級身分，在農民內部實現了身分的平等化。二是衝破了集體社員身分的束縛，農民重新回歸到相對自由的個體農民的生活狀態。三是動搖了長達半個世紀的戶籍牆的根基，農民在事實上已經突破城鄉隔離之牆進入城市擇業和生活。

農民身分的社會化始終存在一對基本的矛盾和問題，即農民沒有獲得完全的土地產權和與城鎮居民一致的平等公民身分。農民仍然在土地的集體所有制和身分的農業戶籍制的束縛下參與市場經濟的競爭和社會的轉型。不過，農民身分的社會化為其身分的公民化提供了可能性。

（四）農民身分的公民化

農民身分的完全公民化應該有四重意涵：一是農民獲得與市民一樣的平等公民身分。二是農民獲得完整的土地產權。三是農民作為現代國家的公民充分參與國家和社會的公共生活。四是農民與其他社會成員一樣共同分享社會發展和人類進步的共同成果。

經過第一波和第二波改革後，第三波改革面臨的主要問題在於，既要解決計劃經濟體制所遺留的舊問題，又要解決市場經濟改革中所孳生的新問題。正在進行的第三波改革，已經出現了以人為本、科學發展觀、統籌城鄉發展、免除農業稅、新農村建設、改善民生、公平正義、服務型政府、城鄉一體化等一系列新的改革關鍵字。這可能為農民公民身分的構建創造新的有利條件。

新農村建設的推行和城鄉一體化的發展，使解決「三農」問題獲得了一個新的總體性話語框架。如果我們將新農村建設和城鄉一體化視為中國農民可能逐步獲得完整的土地產權和完全的公民身分的新契機的話，那麼，正在變動中的農民身分的公民化的基本特點是：（一）農民的維權抗爭、社會的公共輿論與政治領導人的尊重民意，將共同推動著農民身分公民化的歷史車輪。（二）與馬歇爾提出的公民權從公民權利到政治權利再到社會權利的發展路徑可能不同，中國農民身分的公民化或許是以改善民生即社會福利權利的增進為起點。（三）中國農民可能正朝著享有完整的土地產權與平等的公民身分權利的方向發展。（四）農民身分的公民化進程受到政治改革滯後的嚴重制約。

農民身分的公民化，是中國社會進步的必然趨勢。但如果沒有相應的政治改革和制度建設，中國農民享有完全的公民權就將面臨重重困難。在新農村建設和城鄉一體化中，中國能否有效地推動農民身分的公民化進程，將首先取決於國家如何進一步改革農村土地制度和破除城鄉二元結構。中國的發展趨勢必然是在統一的主權國家範圍內，實現全體國民身分的平等化。這將成為中國現代國家構建成功與否的重要標誌。

二、農民與國家關係的演變模式與前景

農民與國家的關係，實質上是社會個體與政治共同體的關係。在現代國家，連結個體與共國體關係的核心紐帶是公民權。從農民與國家關係的歷時性視角來看，中國農民與國家關係的演變可能有五種變動模式：（一）傳統社會中的農民與國家是一種四位一體、虛實雙線關係；（二）土改時期的農民與國家是一種四位一體、雙邊二重關係；（三）集體化時期農民與國家是一種三位一體、城鄉二元關係；（四）改革以來農民與國家是一種四位一體、強弱雙線關係，（五）未來農民與國家關係演變的可能前景，或許是一種多元一體、平等合作共贏關係。

（一）傳統社會農民與國家：四位一體、虛實雙線關係

在傳統社會中，農民與國家的關係被已有的理論歸納為國家（政權）—地主（士紳）—農民的三角關係，且強調地主與農民關係的核心地位。[17]這將國家與農民的關係降於地主與農民關係之下，並將國家看成一個利益

---

17 〔美〕黃宗智著《長江三角洲小農家庭與鄉村發展》，北京：中華書局二〇〇〇年版，第一九四頁。

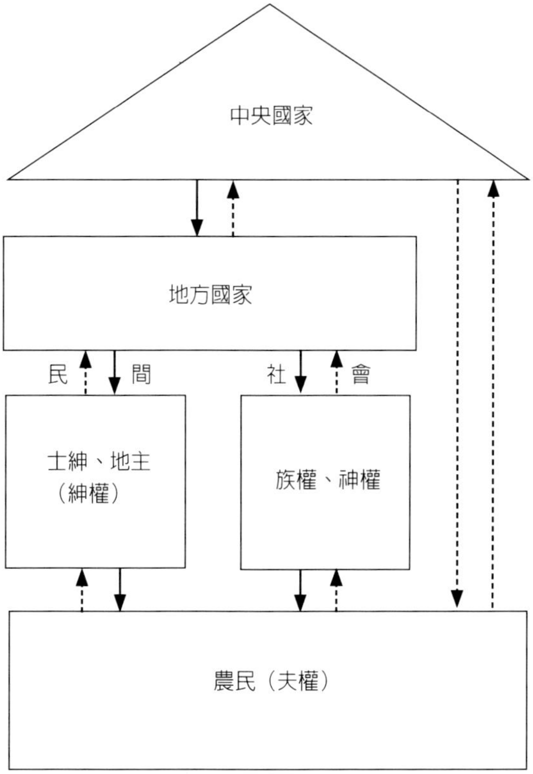

圖5-1　四位一體、虛實雙線關係

和意志缺乏分化的整體，同時忽略了民間社會的存在和功能。筆者對此進行了必要的補充和修正，將傳統社會中農民與國家的關係稱之為四位一體、虛實雙線結構關係。見圖5-1。

在四位一體、虛實雙線結構關係中，中央、地方、士紳地主（族權、紳權）、農民四方面構成一個社會結構整體。農民與中央國家之間存在著一實一虛的雙線聯繫。

國家可區分為中央和地方兩個層面。地方內部層級仍可細分為省、市、縣、鄉鎮，為簡略起見，本研究暫將地方假定為一個整體，同時本研究所指涉的地方國家、地方政權、地方政府主要指縣和鄉鎮兩級。如未說明，當使用國家概念時，一般指中央國家或中央政權（政府）。中國俗話說的「天高皇帝遠」，揭示的正是身處社會底層而遠離皇帝（中央國家的象徵和化身）的農民，對中央國家與地方國家的深刻體驗。

在中國，自古以來，「老百姓不怕大官，只怕小官。」中國的農民，「對小官是又恨又怕，但對大官則尊敬到迷信的程度。」[18]地方國家作為中央的代理者，有其自身的利益訴求和行為偏好，在委託—代理關係中，地方出於自身利益算計可能偏離中央的委託意願。委託者無法有效監督和約束代理人的行為，是中國傳統社會政治結構無法解決的重大癥結。「官逼民反」的「官」往往是地方的「官吏」。

在農民與國家關係中存在著「虛實雙線關係」。所謂「實」的關係，就是中央通過地方政權和士紳地主與農民建立的多層次的聯繫關係，這種聯繫主要體現在農民向國家繳糧納稅等義務上。在農民看來，「皇糧國稅，不交有罪」。這是一條義務明確、實實在在的「實」的關係；所謂「虛」的關係，就是中央政權繞開地方和士紳、地主這一中間隔離層，而經由社會直接與農民發生的聯繫，農民也可同樣繞開地方國家和士紳、地主這一中間隔離層，經由社會直接與中央發生聯繫。這種遙遠而阻隔重重的關係，對中央和農民雙方來說，主要只具有象徵和文化意義，借用安德森（Benedict R.O'Gorman Anderson，一九三六—）「想像的共同體」概念，[19]這是一種「想像的聯繫」，對中央國家來說，「普天之下，莫非王土；率土之濱，莫非王臣。」對農民來說，代表中央的皇權是統一、權威和秩序的象徵，「納完糧，自在王」。由於傳統國家控制能力的約束，這種農民與國家的「想像的聯繫」，只是一種比較「虛」的聯繫。

在傳統社會，國家除了經由其代理人即地方國家與農民建立的間接聯繫外，中央國家還通過皇帝的微服私訪和派遣欽差大臣與農民建立直接的聯繫；農民除了通過經由地方與中央國家的間接聯繫外，也可通過在欽差大臣巡視地方時攔轎喊冤等方式與中央國家建立直接的聯繫。不過所有這種農民與中央國家之間的直接聯繫都

18　曹錦清著《黃河邊的中國——一個學者對鄉村社會的觀察與思考》，上海文藝出版社一九九九年版，第四二八、一九九頁。
19　〔美〕本尼迪克特・安德森著《想像的共同體——民族主義的起源與散佈》，吳叡人譯，上海人民出版社二〇〇五年版。

不是日常的普遍性的制度化聯繫。

傳統中國存在著比較發達的民間社會——如果不是叫市民社會的話。民間社會的存在，為農民提供了一定的自主性空間。相對於中世紀西歐的「農奴」來說，傳統中國農民被認為是「自由」的。正如孫中山指出的那樣：「人民對於皇帝只有一個關係，就是納糧，除了納糧之外，便和政府沒有別的關係。……人民不管誰來做皇帝，只要納糧，便算盡了人民的責任。政府只要人民納糧，便不去理會他們別的事情，其餘都是聽人民自生自滅。」[20]但是，在傳統中國「編戶齊民」下的農民，並不是真正享有「自由」和「獨立」，皇權可以「役其人而稅其身」。[21]在傳統社會中，雖然「皇權止於縣政」，國家對農民的控制受到客觀技術條件的限制而鞭長莫及，但這並不意味皇權對農民沒有控制和影響。國家權力的觸角仍然可能深入到千家萬戶之中。只是相對於現代全能主義國家來說，傳統國家權力在鄉村社會中的強度呈遞減趨勢。民間社會在農民與國家之間設立了緩衝帶，使國家權力在鄉村社會的行使中相對受到了弱化，在一定程度上抵擋了國家權力對農民的侵害。不過，民間社會的這種保護性功能只是相對性的，就是說，如果國家權力的注意力集中關切某一鄉村事務，那麼民間社會也將難以抵抗專橫的國家權力意志的侵入，特別是在中央高度集權的明清兩代。對國家權力缺乏制度化的有效制約，是中國傳統政治的結構性缺陷。

不可否認，在傳統中國社會中存在著相對分化的權力。除了國家權力外，對農民產生支配關係的社會權力主要有紳權、族權、神權、夫權等。毛澤東將「政權、族權、神權、夫權」視為傳統社會束縛農民的「四條極大的繩索」。紳權、族權、神權、夫權等社會權力，既對農民個體產生支配關係，又在一定程度上對農民產生庇護關係。在傳統鄉村社會，中國農民對小共同體如家族的依賴，遠勝於對國家這個大的政治共同體的依賴。

20　孫中山著《三民主義》，嶽麓書社二〇〇〇年版，第八十九頁。
21　王毓銓〈《中國歷史上農民的身分》寫作提綱〉，載王毓銓著《萊蕪集》，中華書局一九八三年版，第三六二——三七八頁。

孫中山就感歎說中國人只有「家族觀念」而無「國族觀念」。[22]

在傳統國家中，農民與國家的關係，實質上是一種「臣民－君主關係」。雖然傳統社會沒有公民權這個屬於現代國家的概念，但並不意味著傳統社會就沒有農民與國家之間的權利與義務關係結構。農民在傳統國家中的身分是處於服從地位、承擔各種義務的臣民身分，農民作為國家的義務主體，對國家盡的義務主要是繳納「皇糧國稅」，並服勞役和兵役。國家在災荒之年也提供抗災賑災、開倉放糧等救濟性公共物品。

遠離皇權中心的農民屬於「無政治階層」，農民缺乏制度化渠道參與公共決策和公共生活。在常態政治中，政治精英單方制定遊戲規則，單方面決定農民的命運；但在非常態時期，農民也可能改變國家的命運，如農民起義導致王朝更替等。傳統政治結構的一個致命傷在於國家既無法自我約束其膨脹的慾望和意志，又無法約束作為其代理人的地方官吏對農民的盤剝。其結果必然是導致官民之間無法根治的永恆衝突。「官吏的任務是操縱百姓而不是代表百姓。」[23]傳統中國的官僚組織，「不啻一部榨油機器，為統治者向人民榨取利潤。」[24]這樣，常見的政治後果是苛政猛於虎、官逼民反、農民起義、改朝換代。國家跳不出「治亂循環週期率」，農民則走不出「興亡百姓苦怪圈」。

（二）土改時期農民與國家：四位一體、雙邊二重關係

共產黨奪取政權後，將在農村開展土地改革運動作為其施展執政理想的第一步。土改使國家權力空前深入鄉村社會，實現了對傳統鄉村秩序與價值體系全面的顛覆與重構。「舊日的國家政權、士紳或地主、農民的三

22 《孫中山全集》第九卷，中華書局一九八六年版，第一八五頁。
23 〔美〕費正清著《美國與中國》，張理京譯，世界知識出版社二〇〇三年版，第一二六頁。
24 〔美〕巴林頓·摩爾著《民主與專制的社會起源》，拓夫、張東東、楊念群、劉鴻輝譯，華夏出版社一九八七年版，第一三八頁。

角關係被新的國家政權與農民的雙邊關係取代了。」[25]共產黨政權不僅徹底地剷除了支配農民的舊政權，同時也徹底剷除了束縛農民的族權、神權、紳權和夫權。

但新的問題在於，囊括和擁有所有傳統權力和現代權力的新政權，在為農民提供現代國家權利保護的憲政體制建設上嚴重不足。中國照搬蘇聯模式建立的高度集權的黨國體制，使現代憲政民主的制度功能處於休眠狀態，社會被全能主義的國家所吞噬。農民從傳統的政權、族權、神權、紳權和夫權的束縛下解放出來的同時，陷入了集政權、族權、神權、紳權和夫權於一身的強大的新政權的全面控制之下。「在政治上獲得解放的社會，很快又在體制上被國家所吞食。」[26]新政權雖然完全打破了舊的政權、族權、神權、紳權和夫權對農民的束縛，但卻把傳統社會中分化的權力統一集中到新政權手中。支配農民的傳統權力結構被摧毀的同時，傳統權力結構為農民提供庇護功能的也消失了。出現在農民面前的新政權，是一個亙古未有的囊括所有政權、族權、神權、紳權、夫權以及意識形態權力和經濟權力為一身的空前集權強大的全能政權，這個新政權由於缺乏權力制約監督機制而在個人權利保護方面嚴重滯後。

作為繼滿清政府、國民黨之後中國現代國家構建的第三個「能動者」，共產黨建立了空前強大的中央權威，但權力的公共性建構明顯滯後。[27]新政權滿足於建立人民群眾對黨的領袖的個人認同、階級認同與革命認同，未能有效建立國民在公民身分基礎上的「國家認同」。

新政權建立後推行的第一場政治運動——土改，使農民與國家的關係發生了歷史上從未有過的根本性轉變，即演變為四位一體、雙邊二重關係。見圖5-2。

25　〔美〕黃宗智著《長江三角洲小農家庭與鄉村發展》，中華書局二〇〇〇年版，第一七三頁。
26　林尚立等著《制度創新與國家成長——中國的探索》，天津人民出版社二〇〇五年版，第十頁。
27　林尚立等著《制度創新與國家成長——中國的探索》，天津人民出版社二〇〇五年版，第七頁。

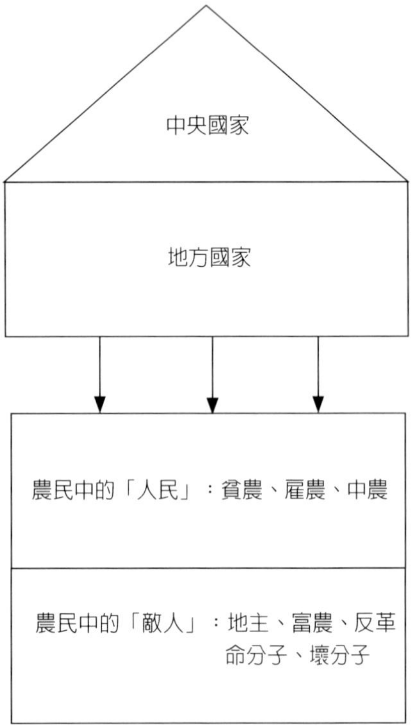

圖5-2　四位一體、雙邊二重關係

在四位一體、雙邊二重結構關係中，中央、地方、農民中的「人民」、農民中的「敵人」四個方面構成一個社會結構整體，農民與國家之間構成面對面的雙邊關係，國家通過階級成分的劃分，將農民內部分為「敵」與「我」二重根本對立的社會階層，這是一種服務於階級鬥爭的政治分層。

共產黨根據列寧式「民主集中制」的組織原則，在各級各部門和各行各業層層實行「個人服從組織、下級服從上級、少數服從多數、全黨服從中央」的管理體制，這使各級各部門和各個組織的負責人成為本組織的最高主宰。馬列主義的官方意識形態，在一定程度上降低了國家監督其代理人的成本。這使得地方與中央的意志與利益高度重合。在具體政治過程中，地方為突出其「與中央保持高度一致」政治態度，常常採取弄虛作假的日常政治技術——在「好事」上無限誇大、在「壞事」上合力隱瞞——以應付和討好中央。在極左政治年代，各級地方領導常常爭先恐後地推行比中央更左的「政治運動競賽」以示對中央的「政治忠誠」。

新政權通過革命將舊政權的權力轉移給新政權，以破除「封建迷信」和根除「資產階級腐朽思想」的名義，徹底摧毀傳統社會中的族權、神權、紳權、夫權，並將這些權力全部集中到新政權手中。新政權還以馬列主義的意識形態取代傳統的儒家意識形態，此後，又通過計劃經濟體制將市場交易權力也集中到國家手中。這樣，新政權囊括了社會幾乎所有包羅萬象的權力，中國成為一個全能主義（totalism）的國家。[28]政治國家吞噬了市民社會，農民被國家從市民社會或民間社會的棲居之處驅趕出來，納入到政治國家的直接支配之下。農民與國家之間失去了社會的緩衝帶，變成了農民與國家面對面的雙邊關係。

國家現代化的過程是國家將農民從分散的家族、村莊等地方性組織的控制中解放出來，賦予其統一、平等的公民身分並直接增強農民對國家認同的過程。新的國家政權在將農民從舊有的權力支配結構中解放出來的同時，卻並沒有賦予農民以公民身分。國家權力呈現出「集中性」與「人民性」的嚴重失衡。[29]二十世紀的世界政治實踐表明，如果高度集權的現代國家沒有進行「人民性」或民主政治的改造，勢必走向具有毀滅性的「極權主義」。[30]由於現代國家構建的嚴重失衡，被擠出傳統「民間社會」的個體農民，卻找不到與現代國家相配備的現代「市民社會」或「公民社會」以棲居其間。這就使得原子化的農民被置於強大而赤裸裸的國家權力的獨家支配之下。農民與國家的關係，從傳統時期的「臣民—君主關係」演變為「人民（群眾）—領袖關係」。

新的全能型國家並不賦予其統治下的所有國民以平等而有法律保障的公民身分，而是依據階級鬥爭的理論，給予每個農民以階級身分。在農村，國家將全體農民劃分為兩種根本對立的階級陣營：作為「階級敵人」的地主、富農以及反革命分子、壞分子，與作為「人民」的貧農、雇農、中農等。就是說，國家在農民內部構建「敵」與「我」的二重階級身分，對「階級敵人」實行「專政」，對「人民」內部實行「民主」。國家動員農民中的大多數人即貧雇農等「人民群眾」，通過暴力土改，剝奪了農民中的少數人即地主、富農等「剝削階

28　鄒讜著《二十世紀中國政治：從宏觀歷史與微觀行動的角度看》，香港：牛津大學出版社一九九四年版，第三頁。
29　鄭永年、王旭〈論中央地方關係中的集權和民主問題〉，載《戰略與管理》二〇〇一年第三期。
30　〔美〕漢娜．鄂蘭著《極權主義的起源》，林驤華譯，臺北：時報文化出版企業有限公司一九九五年版。

級」的私有財產，並對他們進行無情地批鬥甚至從肉體上予以消滅。被扣上剝削階級政治帽子的地主、富農等階級敵人，在新型的無產階級專政國家中，既喪失了私有財產權，也喪失了人身權利，甚至連生命權也被剝奪了。

在土改中，作為階級的地主富農已被新政權所徹底消滅。費正清指出：「當權者並不承認公民權利、言論和人身的基本自由、人身保護法以及陪審團參加的審判，總之，並不承認法律有至高無上的權威……私有財產也和個人一樣，在享有無限權力的官府面前毫無法律保障。」[31]

（三）集體化時期農民與國家：三位一體、雙邊二元關係

土改完成後，新政權以蘇聯模式的「社會主義」名義，通過合作化運動和人民公社化運動，剝奪了全體農民的私有產權和人身自由權，將個體的農民轉變為集體的社員；同時，國家又通過戶籍制度，將整個社會劃分為農業戶口和非農業戶口，形成城鄉隔離的二元社會結構，與城市市民相比，農民淪落為「二等公民」。農民與國家的關係演變為三位一體、城鄉二元關係。見圖5-3。

在三位一體、城鄉二元結構關係中，中央、地方、農村人民公社三個方面構成社會的整體（城市單位暫不予以考慮），整個國家被人為的制度劃分為城鄉有別的兩大塊，形成了中國特有的二元社會結構。在這種關係結構中，中央並不是分裂為兩個中央，中央仍然是一個統一的中央政權，只是在城鄉二元結構中，中央在執政理念和施政方針上分化為對城市與對農村兩種完全不同的模式。

在這種關係結構中，農民的身分被國家結構化。國家構建了農民雙重結構身分：一是相對於歷史上的個體農民，國家構建了農民的集體社員身分。國家通過強制性的集體化運動，將農民強行組織在人民公社即集體單

31 〔美〕費正清著《美國與中國》，張理京譯，世界知識出版社二〇〇三年版，第三一四—三一五頁。

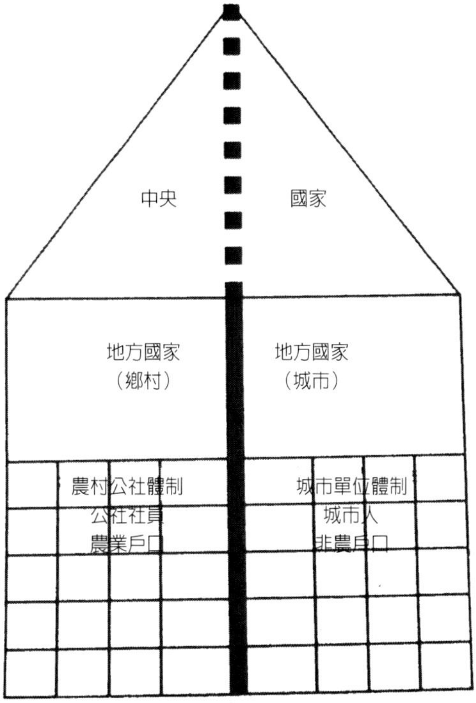

圖5-3　三位一體、城鄉二元關係

位之中，農民由歷史上的個體農民轉變為集體社員，在集體化運動中，農民失去了私有財產權和人身自由權，受到人民公社的強力支配。

二是相對於城鎮居民的非農業戶口，國家構建了農民的農業戶籍身分。國家通過歧視性的制度安排，人為的將全體國民劃分為農民和市民兩種人，農民成為只向國家盡義務而無從享有相應權利的義務人。國家在政治上是統一的整體，但在執政思維和施政方式上卻呈現出城鄉分離的二元性特徵，執政者先是構建城鄉分離的制度體系，接著就在既定的二元社會結構中「治國理政謀發展」。

國家通過建立農村人民公社體制和城市單位體制，形成了彼此孤立封閉的「蜂窩結構」，城鄉居民不僅不能在城鄉之間自由流動，即農民不能自由進入城市，市民也不能自由遷徙到農村；同時，在農村內部和在城市之間，居民也不能自由遷徙流動，即甲公社社員不能自由遷徙到乙公社，丙城市居民不能自由遷徙到丁城市。

在農民與國家的關係上，國家通過強制性制度安排，實質上是將農民上了兩把「制度之鎖」，「一把鎖」將每一個個體農民鎖定在公社集體單位裏，「另一把鎖」將全體農民鎖定在遮罩於城市之外的農村裏。

集體化時期的國家不必與單個的農民打交道，與國家打交道是人民公社的集體單位，由集體單位向國家繳納稅賦，國家向集體單位下達任務指標。個體農民被集體單位所淹沒。地方國家主要扮演著中央國家的代理人和影子角色，其自主性受到強大的意識形態的剛性約束和高度集中的計畫體制的制約。農村人民公社實質上是地方政權的組成部分，集體單位體現的不是由農民自主組成的集體成員的意願，而是體現國家的意志。被國家建構起來的農村集體，本身並沒有自主選擇權，幾乎完全聽命於國家權力的掌控，集體事實上成為國家的一種特殊的代理人。

在這種政治架構中，社會被強大的國家所遮蔽，農民與國家之間的中間緩衝帶完全消失了。在中間緩衝帶消失和中立仲裁者缺失的情勢下，置身於強大國家控制下的農民，在擺脫了歷史上的紳權、族權等地方小共同體支配的同時，卻空前強化了對國家政權的依附。換言之，國家權力及其支配下的集體，對農民的控制到達了空前的程度。「農民總是處在社會的從屬地位。在農民之上的無論是地主，還是集權國家的官員，都控制著農民生活的基本資源。」[32]

（四）改革以來農民與國家：四位一體、強弱雙線關係

一九七八年開始的改革，是中國現代國家構建的一個轉捩點，也是公民身分發生變化的新的起點。改革以來，農民與國家的關係也發生了巨大的變化，農民的公民權得以緩慢生長。農民與國家的關係演變為四位一

32 〔美〕J・米格代爾著《農民、政治與革命——第三世界政治與社會變革的壓力》，李玉琪、袁寧譯，中央編譯出版社一九九六年版，第九頁。

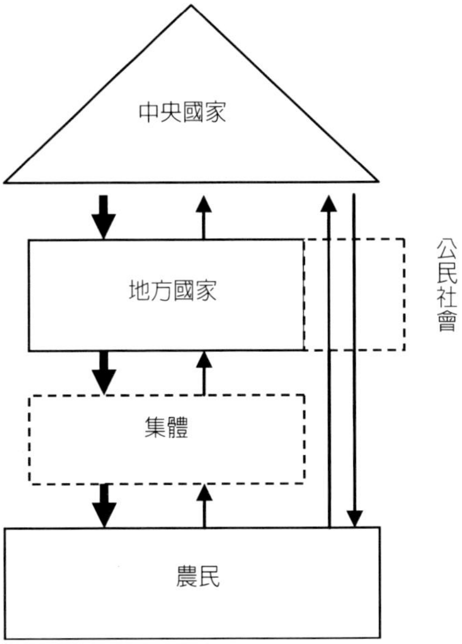

圖5-4　四位一體、強弱雙線關係

體、強弱雙線關係。見圖5-4。

在四位元一體、強弱雙線關係中，中央、地方、集體、農民四方面構成一個整體，農民與國家的聯繫存在強弱雙線的關係。一方面，國家通過地方政權和集體單位與農民建立科層制的強力聯繫，另一方面，現代科學技術和交通通訊的迅猛發展，使國家與農民之間的雙向直接聯繫明顯增強，但是，相對於制度化的官僚體制的內部聯繫通道來說，農民與國家的直接聯繫還比較薄弱，尤其是農民與國家制度化的直接聯繫通道尚未形成。

第一代改革者通過給農民「鬆綁」，使農民獲得了共產黨執政以來前所未有的個人自由。家庭承包責任制的推行和人民公社的解體，使農民獲得空前的生產自主權和人身自由權。

國家通過平反和摘帽，在農村終結了長達三十年之久的階級鬥爭，農民內部不平等的階級身分所造成的裂痕得以彌合，地主、富農以及反革命分子、壞分子及其子女開始享有與公社社員平等的身分。這使農民內部獲得了平等的身分地位。

市場化的改革使公民社會得以生長。與集體化時期國家完全遮蔽社會不同，改革以來，鄒讜所稱之為的深入到社會各個肌體之內的全能主義國家，經過幾十年對社會的強力擴張，自身也已精疲力竭，不得不從對社會的廣泛控制和深度干預中撤退回來。以市場為取向的改革在解構全能主義的同時，為社會的生長和發育提供了可能的空間。

以給農民「鬆綁」、給地方放權為特徵的第一波改革，調動了農民和地方積極性，大大促進了經濟的發展。與此同時，地方、集體和農民三方也都形成了各自明確的利益邊界。由於國家制度建設的滯後，單純的放權讓利以及片面追求經濟增長目標的發展主義導向，造成了地方政權公共職能的市場化，產生了「政治企業家」，形成了獨具中國特色的「地方國家公司主義」（local state corporatism）。非制度化的分權改革，在調動地方積極性的同時，也放縱了地方權力的濫用。

改革以來，執政者追求亨廷頓所說的強化經濟發展的「政績合法性」，[33]明顯忽視公共權力和公民身分的構建。特別是在第二波改革中，市場經濟改革所孳生的新問題，與計劃經濟體制所遺留的老問題交織在一起，構成了中國改革社會的一幅複雜圖景。權力尋租、權力市場化、地方權力的非正當化暴力等現象氾濫開來，在鄉村社會中，各種「土皇帝」、「南霸天」之類的「地方專制主義獨裁者」現象開始湧現。[34]在市場化改革過程中，地方政權雖然是國家的代理人，但因其自身也有明顯的偏好和利益算計，它們也是公共選擇學派所指稱的典型「經濟人」。如果國家未能強化現代國家所普遍遵循的制度建設，那麼，市場經濟改革中的地方政府，極容易與強勢利益集團結成同盟，形成公共權力與私有資本聯姻的「權貴資本主義」，從而共同侵蝕與損害農民的個人利益和國家的整體利益。這顯然是第三波改革面臨的嚴重問題。

33 〔美〕撒母耳・亨廷頓著《第三波——二十世紀末的民主化浪潮》，劉軍寧譯，上海三聯書店一九九八年版，第五九頁。

34 何清漣〈農村基層社會地方惡勢力的興起——與王旭商榷〉，載《二十一世紀》一九九七年六月號；于建嶸〈農村黑惡勢力和基層政權退化——湘南調查〉，載《戰略與管理》二〇〇三年第五期。

改革以來，無論是國家與農民，還是農民與國家，雙方之間的雙向直接聯繫，因現代交通、通訊、互聯網路等現代技術的發展以及人員流動和人際交流的空前擴大而得以強化。一方面，國家通過地方政權與農民加強間接聯繫，這種聯繫相對來說比較強；另一方面，國家通過社會與農民發生直接聯繫，但相對來說比較弱。比如國家通過廣播電視網路、報刊雜誌對農民進行採訪、傳播或互動，以及國家領導人深入到農村調研、考察等方式，與農民建立起直接的聯繫。同時，農民也因為現代交通通訊以及社會流動等方面，加強了與國家之間的直接聯繫。農民越級到中央的信訪，是農民與國家建立直接聯繫的一個重要表徵。但是，這種聯繫是非常有限的，特別是國家的合法性還沒有建立在農民直接選舉的基礎之上時。

在現代國家，「最高統治者和人民之間的直接聯繫對於中央政府的權威是至關重要的，沒有這樣一種直接關係，中央政府的權力不可能深入社會的各個角落。」中國政治結構的深層次問題在於，「中央權力缺乏『中央性』，而人民的力量沒有通過民主的方式為中央權力的有效性提供足夠的政治支持。」[35]

分權式的改革，在調動地方積極性的同時，也使地方主義迅速崛起，成為橫亙在農民與中央國家之間直接聯繫的重大屏障。一方面，各地方國家根據自身的利益算計，對中央國家政策採取有利於自己的「選擇性執行」，[36]甚至對國家的法律政策實行公開的「區域封鎖」和「資訊遮罩」。[37]另一方面，地方國家傾向於暴力打壓試圖向中央和社會揭露其腐敗和濫用職權的農民維權代表與新聞記者，使農民與國家的直接聯繫被地方政府所切割。[38]一九九〇年代以來，全國各地出現的農民維權代表被關押、毒打、劫訪、勞教、判刑以及國家信訪部門

35 鄭永年、王旭〈論中央地方關係中的集權和民主問題〉，載《戰略與管理》二〇〇一年第三期。
36 歐博文、李連江《中國鄉村中的選擇性政策執行》，唐海華譯，載香港中文大學中國研究服務中心中國研究論文庫，http://www.usc.cuhk.edu.hk/wkgb.asp。
37 伍小峰〈一本奇書的奇遇〉，載《南方週末》二〇〇〇年十月十二日第一版。
38 羅昌平〈五記者鳳凰採訪遭群毆〉，載《財經》二〇〇七年第十七期（總第一九二期）。

受到地方政府遊說而進行「信訪登記銷號」等種種現象，[39]是地方政權維護其自身利益而損害公民個人利益和國家整體利益的突出表現。一些地方為保護其官僚腐敗利益，千方百計切割農民與國家的直接聯繫，是中國現代國家構建面臨的最為嚴重的問題之一。

研究中國歷史的中外學者大都認為，「官逼民反」是中國傳統政治結構的最大「毒瘤」。官逼民反的「官」，往往是地方官。國家如何約束地方官吏對農民利益的侵害，是中國傳統政治的最大難題。正如巴林頓・摩爾所指出的那樣：「社會系統中缺少有效率的機構來制止官員的壓榨行為這一點，可以說是中國社會中最基本的結構性弱點之一。」[40]

任何一個國家，都不能沒有民眾（農民），也不能沒有地方政府。問題是如何使三者之間的關係達到均衡。現代國家的一個基本治理經驗是，國家通過立憲政治設計，將三者各自的權力與責任、權利與義務關係明晰化、規範化、制度化。憲法賦予每個國民以統一而平等的公民身分，界定中央與地方政權各自行使權力的範圍、限度和責任。

（五）農民與國家關係的可能前景：多元一體、合作共贏關係

作為人類文明基本信條的平等，[41]是公民身分的首要特徵。中國在改革第一波中，通過平反和摘帽，實現了農民內部身分的平等化。但改革三十年來，城鄉居民之間的身分不平等卻一直沒有消除。「農民工」問題正是

39 于建嶸、李連江〈縣政改革與中國政治發展〉，載《領導者》二〇〇七年第六期（總第十八期）。
40 〔美〕巴林頓・摩爾著《民主與專制的社會起源》，拓夫、張東東、楊念群、劉鴻輝譯，華夏出版社一九八七年版，第一三五頁。
41 〔法〕皮埃爾・勒魯著《論平等》，王允道譯，商務印書館一九八八年版，第八十頁。

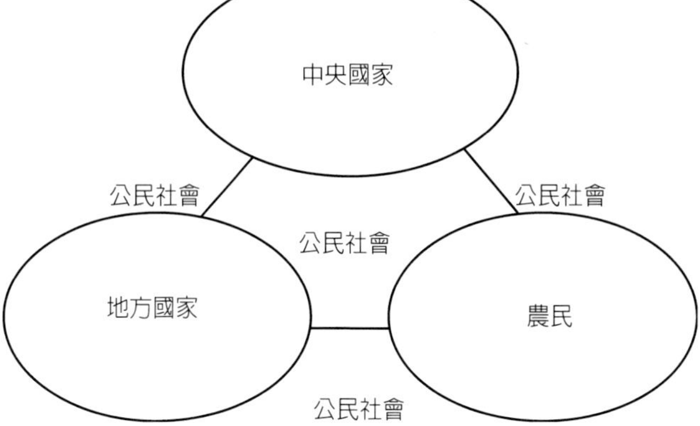

圖5-5　多元一體、平等合作共贏關係

城鄉戶籍身分不平等的產物。

在第三波改革者中，改革者推出「農村新政」，提出以人為本、科學發展觀、統籌城鄉發展、構建和諧社會、新農村建設、服務型政府等新的執政和改革理念。二〇〇六年中國全部取消農業稅，開始推行新農村建設，以改變城鄉二元結構，實現社會和諧穩定與長治久安。

從第三波農村改革的發展態勢來看，中國可能朝著有利於擴大農民公民權的正確方向上前行。新農村建設為中國農民與國家關係朝著成熟的現代國家中公民與國家正常關係的方向發展提供了一個前瞻性基點。中國農民與國家的關係前景，可能會演變為一種多元一體、平等合作共贏的新型關係。見圖5-5。

在未來可能的多元一體、平等合作共贏的新型關係中，中央、地方、農民以及各種社會組織等多元社會主體共同獲得在憲法框架內的平等法律地位。

未來中國農民與國家關係的結構性轉變，根本的取決於農民獲得完全的公民身分。就是說，「要把農民變成公民，使農民大眾參加現代生活，進行技術化生產，並積極參與當地的政治活動。但這就需要去掉舊中國的一項最經久的成就，即統治階級的傳統。」[42]

42 〔美〕費正清著《美國與中國》，張理京譯，世界知識出版社二〇〇三年版，

中國現代國家構建的過程，應當是中國農民獲得完全公民身分的過程。「沒有公民身分的確立和強大的保護出現，國家政權的集中化過程就得不到來自民眾的政治支持，也無法成功排除來自舊權威的抵抗。」[43]就當前來說，中國農民若要獲得完全的公民身分，至少要改變三重高度失衡的政治生態：一是改變城鄉居民之間權利義務配置的高度失衡狀態，消除對農民的制度性歧視，使農民獲得與城市市民平等的身分地位。二是改變權利與權力之間的高度失衡狀態，使嚴重短缺的公民權利與高度集中的公共權力之間達至均衡。在卡爾・波蘭尼（Karl Polanyi，一八八六—一九六四）看來，「公民權利必須能夠壓倒一切權威，不管是國家的、市政的還是職業的。」[44]現代政治的發展是基於權利和自由的發展。康德指出：「人的權利是不可褻瀆的，無論它可能使統治者付出多麼大的犧牲。……一切政治都必須在權利面前屈膝。」[45]三是改變農民公民權的成長與社會經濟發展之間的高度失衡狀態，使農民公民權的成長與國內經濟社會發展相適應，與全球化時代人權保護的國際化進程相適應。現代國家構建與以公民社會為基礎的現代社會建設密不可分。

未來可能的多元一體、合作共贏新型關係，意味著一種憲政秩序的確立。在人類憲政史上，存在著一個始終不變的觀念，即「人類的個體具有最高的價值，他應當免受其統治者的干預，無論這一統治者為君王、政黨還是大多數公眾。」[46]憲政秩序是現代政治發展的核心秩序，沒有這樣一個核心秩序，政治權力的行使將沖決社

第三七四頁。

43 張靜著《基層政權：鄉村制度諸問題》（增訂本），上海人民出版社二〇〇七年版，第三〇四—三〇五頁。

44 〔英〕卡爾・波蘭尼著《大轉型：我們時代的政治與經濟起源》，馮鋼、劉陽譯，浙江人民出版社二〇〇七年版，第二一六—二一七頁。

45 〔德〕伊曼努爾・康德著《永久和平論》，何兆武譯，上海人民出版社二〇〇五年版，第五十六頁。

46 〔美〕卡爾・J・弗里德里希著《超驗正義——憲政的宗教之維》，周勇、王麗芝譯，生活・讀書・新知三聯書店一九九七年版，第十五頁。

會正義的堤防，突破法律、傳統和道德的底線，使社會呈現出「不可治理狀態」的種種「亂象」。[47]福山指出：「現代政治的使命就是對國家的權力施加制約，把國家的活動引向它所服務的人民認為是合法的這一終極目標上，並把權力的行使置於法治原則之下。」[48]在中國現代國家構建中，農民與國家的關係，必然從「臣民—君主關係」、「人民（群眾）—領袖關係」向「公民—國家關係」的結構轉型。這種結構轉型的制度基礎是憲法和憲政。

在以憲法為基礎的法治框架中，中央、地方與農民以及其他社會組織，都是國家這一共同體中的平等主體。「提高平等的程度不僅是正確的和正義的，而且對我國舉國的興旺切實攸關。」[49]整個社會政治結構將由傳統的等級森嚴的金字塔型的命令—服從結構，向現代平等合作的扁平型的規則—遵守結構轉型，中央、地方與農民彼此之間在既定的可預期的規則內各行其事，合作共贏。這使國家和地方政府都面臨著與全球政治發展相適應的治理轉型。

作為公民的農民，在多元一體、平等合作共贏的新型關係結構中，政治參與將擴大到與其切身利益攸關的所有公共領域。參與公共生活，是公民之所以為公民的本質特徵。在傳統國家中，「農民被排斥於政治運轉之外」，農民「除了忍受或起義很少受益」。[50]現代國家的政治發展內在地要求公民參與其中。亨廷頓認為：「現代國家與傳統國家的最大區別是，人民在大規模的政治組織中參與政治並受其影響的廣泛程度。在傳統社會中，政治參與在村落這個層次上可能是相當普遍的，但超過這個層次，政治參與便局限於很小的範圍了。……

47　孫立平著《守衛底線——轉型社會生活的基礎秩序》，社會科學文獻出版社二〇〇七年版。
48　〔美〕法蘭西斯・福山著《國家構建——二十一世紀的國家治理與世界秩序》，黃勝強、許銘原譯，中國社會科學出版社二〇〇七年版，第一至二頁。
49　〔美〕大衛・奧斯本、特德・蓋布勒著《改革政府——企業家精神如何改革著公共部門》，周敦仁等譯，上海譯文出版社二〇〇六年版，第四頁。
50　〔美〕費正清著《美國與中國》，張理京譯，世界知識出版社二〇〇三年版，第四六三—四六四頁。

因此，政治現代化最基本的要素是，整個社會的各個集團在超於村鎮層次之上參與政治，以及創立能夠組織這種參與的新的政治制度。」[51]農民以平等的公民身分參與政治過程，參與制定遊戲規則，是中國走向現代國家必不可少的環節。農民有序而高效的政治參與，需要將分散的農民組織起來。在憲法和法律的框架下，農民自組織的發展，有利於農民與其他社會集團、政府之間的平等對話與溝通協作，有利於構建與國家互強的公民社會。組織化的農民，既可降低農民參與政治的成本，又將提高國家整合社會的能力。

全球化將大大促進中國農民公民身分的確立和中國現代國家的構建。中國不可能離開世界而求得發展。在這個地球村時代，經濟全球化、資訊全球化、人員流動的全球化以及人權保護的全球化，成為勢不可擋的時代潮流，任何一個民族國家在全球化進程中如忽視本國的公民權建設以及人權保障，都將面臨巨大的治理危機和合法性危機，從而危及整個國家和民族的根本利益。

三、公民權：現代國家最基本的公共品

霍爾姆斯和桑斯坦認為：「權利是公共物品：是納稅人資助、政府管理的社會工作，計畫促進集體和個人的福利。」[52]在筆者看來，作為現代國家成員資格權利的公民權，不僅是現代國家的一項公共物品，而且是最基本的公共物品。

---

51 〔美〕撒母耳・亨廷頓著《變革社會中的政治秩序》，李盛平、楊玉生等譯，華夏出版社一九八八年版，第三十六—三十七頁。

52 〔美〕史蒂芬・霍爾姆斯、凱斯・R・桑斯坦著《權利的成本——為什麼自由依賴於稅》，畢競悅譯，北京大學出版社二〇〇四年版，第三十頁。

公民權作為現代國家最基本的公共物品，有以下幾個特點：第一，公民權具有全國性，是一種全國性的公共物品而非地方性公共物品，因而公民權的確立需要國家通過最高法律——憲法——來規定和保障。公民權的確立正是現代國家將國民從傳統的地方性權威束縛下解放出來而賦予其公民身分以增強其現代國家認同的核心媒介。第二，公民權具有統一性，是國家賦予國民共同享有的作為現代國家統一的成員資格和身分權利，公民權不同於地方或社會組織成員資格的分割性和封閉性。第三，公民權具有平等性，即在一個民族國家主權範圍內所有社會成員都享有平等的公民身分。如果公民權進行差別性分配，那就是一種傳統社會的等級秩序和特權制度，與現代國家是不相容的。

作為基本公共物品的公民權，其實也是現代國家治理的基礎制度設施，是現代國家謀求長治久安的基礎性工程。放眼世界，在政治經濟社會發展水平較高的發達國家，公民權的保護程度通常也比較高。在人類文明的進程中，公民權已經成為一個國家社會文明進步的基本指標。

（一）公民權短缺是農民問題的主因

考察中國農民問題，公民權短缺是其主因。公民權建設滯後，公民權發展不足，是中國現代國家構建的主要結構性缺陷。公民之為公民，乃是其為現代民族國家的成員而非地方政權或社會組織的成員，因而國家在決定公民權的發展中起主導作用。「在公民資格（公民權）的發展中，國家的作用是關鍵性的。」[53]

中國農民公民權的短缺，與國家和政府的職能定位密切相關。一九四九年以來，國家的角色和政府職能大概每三十年就會發生一次較大的調整，每一次調整都會對農民公民權的發展產生重大影響。

53　〔英〕巴巴利特著《公民資格》，談谷諍譯，臺北：桂冠圖書股份有限公司一九九一年版，第一五四頁。

從總體上說，一九四九年以後的第一個三十年，中國是一個「以階級鬥爭為綱」、實行革命專政的階級國家，這一時期的政府可稱之為「階級鬥爭型政府」或「專政型政府」。要進行階級鬥爭，就必然要劃分出階級身分，分清「敵」和「友」，然後對「敵人」實行「專政」。「敵」與「友」的身分是一種政治性的階級身分。存在著明顯政治差別的階級身分必然與要求平等的公民身分格格不入。「階級鬥爭型政府」的首要任務就是「分清敵友」，以「團結真正的朋友，攻擊真正的敵人。」[54]「階級鬥爭型政府」不可能產生出公民權，這不單對於「階級敵人」是如此，對於「人民」也是如此。「人民」作為整體性的政治概念，雖然享有比「階級敵人」優越的政治特權地位，但其與「階級敵人」一樣並未獲得法律保障的公民權利。隨著階級鬥爭的不斷擴大，「人民」中的任何一員，都可能隨時被劃為「階級敵人」中的一分子而成為無產階級專政的對象。

一九七八年以來的改革，使中國農民的公民權得以成長。第一代改革者放棄了幾乎使人人都可能成為專政對象的「以階級鬥爭為綱」的治國方略，代之「以經濟建設為中心」的建設理念，政府的首要職能被界定為經濟建設，這一時期的政府可稱之為「經濟建設型政府」或「發展型政府」，要進行經濟建設和實現經濟發展，就要追求效率和利潤。國家吸取了階級鬥爭時期的教訓，重新頒佈了憲法和法律，但公民權建設並不是政府工作的主要關切。「經濟建設型政府」或「發展型政府」對追求經濟增長特別感興趣，崇尚「發展是硬道理」，這導致其走向GDP崇拜，最終以犧牲環境和人的價值為代價。在追求GDP增長和單純的經濟發展中競賽中，各級地方政府及其部門行為普遍市場化、功利化，政府官員則企業家化、自利化。公共物品和公共服務的供給被經濟建設和經濟發展的硬指標所遮蔽。

54 毛澤東〈中國社會各階級分析〉（一九二五年十二月一日），載《毛澤東選集》第一卷，人民出版社一九九一年版，第三頁。

在現代社會，作為公共機關的政府，其職能既不應該是鼓動階級鬥爭，實行一個階級對另一個階級的專政，也不應該是單純追求經濟增長和經濟發展。十七世紀的英國政治哲學家洛克就提出政府的主要目的在於保護人們的「生命、自由與財產」。[55]一七七六年美國《獨立宣言》宣稱在人們中間成立政府的目的是為了保障每個人不可轉讓的「生命權、自由權和追求幸福的權利。」一七八九年法國《人權和公民權宣言》認為任何政治結合的目的都在於保存人的自然的和不可動搖的權利，這些權利就是自由、財產、安全和反抗壓迫。制度經濟學家們也認為「政府存在的一個主要理由就是確保所有人都能夠得到保護，以免受到權勢的個人或集團的強制。」[56]一九九三年六月二十五日，世界人權大會通過的《維也納宣言》載明了國際社會的共識：「人權和基本自由是全人類與生俱來的權利；保護和促進人權和基本自由是各國政府的首要責任。」二〇〇八年三月，溫家寶總理在回答中外記者提問時罕有地指出：「政府的任務就是保護人民的自由、財產和安全。」[57]看來，經過三十年的改革開放，中國第三代改革者的執政理念與思想觀念，正在逐步與世界主流文明及人類普世價值相匯合，中國政府的角色位正趨於「服務型政府」的重新定位。

二〇〇七年十月，中共十七大提出建設「服務型政府」。「公共服務型政府」的構建，或許將成為第三波改革中政府自身轉型的基本取向。從階級鬥爭型政府，到經濟建設型政府，再到公共服務型政府，中國政府的職能定位經歷了一個不斷提升與拓展的歷史過程。

中國在公民權建設上的嚴重不足，導致了農民公民權的嚴重短缺。說也奇怪，在傳統社會中，國民沒有平等的公民權尚可以維持下去；而在現代社會，國家如不賦予國民平等的公民權，國家的治理和社會的整合都將面臨深刻的危機。

55 〔英〕洛克著《政府論》（下篇），葉啟芳、瞿菊農譯，商務印書館一九六四年版，第七十七頁。
56 〔德〕柯武剛、史漫飛著《制度經濟學——社會秩序與公共政策》，韓朝華譯，商務印書館二〇〇〇年版，第九十三頁。
57 〈溫家寶總理回答中外記者提問〉，載《人民日報》二〇〇八年三月十九日。

農民公民權的短缺，突出體現在如下幾個方面：一是農民沒有獲得完整的土地產權，二是農民沒有獲得平等的權利；三是農民沒有獲得國家憲法規定的各項憲法權利保障；四是農民沒有分享改革發展與社會進步的共同成果；五是農民沒有享有人類社會促進人權保障國際化的新水平。

當代中國農民公民權的嚴重短缺，孳生了一系列嚴重的社會問題。執政黨曾經充分運用「權利的革命理論」而奪得政權，現在，中國最需要創建一種「權利的建設理論」來推動公民權的發展，促進中國的現代國家構建。

（二）現代國家以公民權為基礎

學界一般將十五世紀以來形成的民族—國家稱為現代國家，現代國家的構建是現代社會的基本特徵之一。在英國學者吉登斯的邏輯體系中，國家被依次分為傳統國家、絕對主義國家和民族——國家。在吉登斯看來，現代民族—國家與傳統國家的主要區別表現在：國界與邊陲的不同；名副其實的權力集裝箱；對資訊的控制以及一些群體對另一些群體的活動進行監督——這兩種監控的發展；主權和公民權的發展；反思性監控國家體系的形成；軍事工業化的發展等。[58]德國法學家吉爾克將個人自主權與國家主權並存視為傳統社會與現代社會的根本區別。[59]

綜合馬克斯・韋伯、諾貝特・埃利亞斯和曼瑟・奧爾森關於現代國家的分析，可以概括現代國家的三個基本特徵：一是國家對合法使用暴力的壟斷，二是國家壟斷稅收、建立公共財政，三是國家壟斷合法使用暴力與壟斷稅收的目的在於為本國的公民提供基本的公共物品，並提升國民的福利生活水準。[60]

58 〔英〕安東尼・吉登斯著《民族—國家與暴力》，胡宗澤、趙力濤譯，生活・讀書・新知三聯書店一九九八年版，第四二五—四二六頁。

59 Otto Gierke, *Political Theories of the Middle Age*, translated by F.W. Maitland, Cambridge University Press, 1996, p.87.

60 李強〈後全能體制下現代國家的構建〉，載《戰略與管理》二〇〇一年第六期。

黃仁宇認為，傳統中國社會結構就像一個龐大的「潛水艇夾心麵包」，位於上面的一塊長麵包是大而無當的國家官僚階層，位於下面的一塊長麵包則是沒有有效組織的農民階層，高層與低層之間因缺乏法律制度的聯繫使之成為一個現代國家。[61]黃仁宇用「立」字來形象地表示中國現代國家構建的進程，即「立」字的上面的一點一橫代表高層機構，下面的一長橫代表低層機構，當中兩點代表上下間法律制度的聯繫。[62]

在黃仁宇看來，中國在現代國家構建中，蔣介石（一八八七—一九七五）和國民黨創造了一個高層結構，毛澤東和共產黨翻轉了中國的農村，創造了一個新的低層結構。[63]但高層與低層之間的有機聯繫卻一直是中國現代國家構建的薄弱環節，換言之，中國在現代國家構建中，先後重塑了高層與低層結構，但卻缺乏現代國家高層與低層的之間的制度性聯繫。為此，黃仁宇認為：「現在中國當前的任務，則是在高層機構和低層機構間敷設有制度性的聯繫（institutional links）才能從上至下，能夠以經濟及法治的方法管理，脫離官僚政治的壟斷。」[64]這種制度性的聯繫，就是筆者申明的公民權。

黃仁宇認為，到二十世紀末，經過長期革命和建設的中國已經或即將進入他所說的「數目字管理」的境界。在中國現代國家構建中，「立」字上的一點一橫和下面的一長橫都已在位，眼下的任務是加入當中的兩點，即在法律面前釐定個人的權利與義務。只有在法律上確立公民的權利，才能造成永久的體制，即實現國家的長治久安。[65]

61 黃仁宇著《中國大歷史》，生活・讀書・新知三聯書店一九九七年版，第二三一頁；另參見黃仁宇著《萬曆十五年》，生活・讀書・新知三聯書店一九九七年版，第二七〇頁。
62 黃仁宇著《大歷史不會萎縮》，廣西師範大學出版社二〇〇四年版，第五十九頁。
63 黃仁宇著《資本主義與二十一世紀》，生活・讀書・新知三聯書店一九九七年版，第四七八頁。
64 黃仁宇著《萬曆十五年》，生活・讀書・新知三聯書店一九九七年版，第二七一頁。
65 黃仁宇著《大歷史不會萎縮》，廣西師範大學出版社二〇〇四年版，第九十一頁。

其實，「立」字中間的兩點就是公民權中的兩個基本要素，即權利要素和義務要素。如果說左邊的一點代表義務、右邊的一點代表權利的話，那麼在中國現代國家構建中並不是缺乏「立」字中的兩點，問題的癥結恐怕在於這兩點的嚴重失衡，即國家對公民義務的建構遠勝於對公民權利的構建。所以可以說這「立」字是一個左重右輕的「斜體字」。身處低層的農民與高層的國家之間的聯繫主要通過「立」字左邊這一點即義務體系與國家建立聯繫，而右邊的權利體系則明顯虛弱甚至缺位。而綜觀當今之世界，現代國家的構建無不以公民權為基礎。

現代國家以公民權為基礎有三重意涵：一是現代國家通過政治革命普遍確立了人民主權原則，公民權為現代國家提供了不同於傳統國家的合法性基礎；二是現代各種類型的國家都以憲法的形式確立公民權，所不同的只是國家對公民權事實上保障程度的差異。三是凡是公民權未能得到有效保障甚至踐踏公民權的國家，無論是大國、小國，抑或強國、弱國，都將面臨國家整合與治理的深刻危機，嚴重的將造成國家內部的解體，如前蘇聯；或將面臨國際社會的強力干預而導致政權垮臺，如伊拉克薩達姆政權。

毋庸置疑，缺乏憲法和法律界定與保障的完善的公民權結構，是中國現代國家構建的最薄弱環節。中國在現代國家構建中，以憲法和法律界定及保障公民權，將不僅為國家連結高層與低層提供穩定可靠的制度技術，而且能夠以個人權利為導向重塑國家的高層機構與底層機構的合法性。

（三）全球化推動中國公民權發展

中華文明源遠流長。易中天將秦以前的中國稱為邦國時代，秦至滿清為帝國時代。[66]倡導「大歷史觀」的黃仁宇將中華帝國分為包括秦漢的第一帝國、隋唐宋的第二帝國、明清的第三帝國。[67]國民黨結束了中國的帝國時

66 易中天著《帝國的終結——中國古代政治制度批判》，復旦大學出版社二〇〇七年版。
67 黃仁宇著《放寬歷史的視界》，生活・讀書・新知三聯書店二〇〇一年版，第一五一—一六九頁。

代，卻開創了中國的黨國時代。傳統中國社會一個基本的結構性特徵在於人治而非法治、專制而非民主、臣民而非公民、特權而非人權。黃仁宇指出，傳統中國社會以抽象的道德取代法律，遏止了法制的生長發育。「上自官僚下至村民，其判斷是非的標準是『善』和『惡』，而不是『合法』或『非法』。」[68]精英和大眾追求的都是個人和家族的特權而非每個人的人權。

全球化進程加速了中國的文明進步。改革開放以來，中國開始從長期的封閉狀態逐步彙入世界主流文明。二〇〇一年中國加入WTO，融入經濟全球化。在人權保護國際化的潮流中，中國政府於一九九七年十月和一九九八年十月先後簽署《經濟、社會和文化權利國際公約》及《公民權利和政治權利國際公約》，二〇〇一年二月二十八日九屆全國人大常委會第二十次會議批准《經濟、社會和文化權利國際公約》。簽署和批准國際人權公約，意味著中國政府願意向世界表明其主動承擔保護人權的國際責任。二〇〇四年三月十五日十屆全國人大二次會議通過憲法修正案，將「國家尊重和保障人權」載入憲法。在全球化時代，對中國來說，如何正確認識和處理與美國的關係，是加速其國家現代化進程與和平崛起最為重要的國際因素。[69]

第三代改革者正致力於推動和諧社會與和諧世界的構建。和諧社會與和諧世界的構建，需要人們重新認識人類頭腦中長期形成的「敵人」觀念。「敵人」這一觀念，是人類在長期的利益衝突中形成和建構的野蠻的話語體系和思維模式，是人類解決衝突時的不成熟狀態的反應。在人類共同生活的地球上，只有唇齒相依的骨肉同胞，沒有你死我活的敵人。和諧社會與文明世界應該是一個只有同胞而沒有敵人的世界。這就需要人類從「你死我活」的暴力決鬥思維方式向「我活你也活」的妥協合作思維方式轉換。[70]

68　黃仁宇著《萬曆十五年》，生活•讀書•新知三聯書店一九九七年版，第一五一頁。
69　〔美〕茲比格紐•布熱津斯基著《大棋局：美國的首要地位及其地緣戰略》，中國國際問題研究所譯，上海人民出版社二〇〇七年版，第一六八、一五二頁。
70　李澤厚、劉再復著《告別革命——回望二十世紀中國》，香港：天地圖書有限公司二〇〇四年版，第二頁。

人類的文明進程始終受到一隻正義之手的引導。「正義是政府的目的。正義是人類社會的目的。」[71]路易士・博洛爾（Louis Proal）特別強調，在現代政治體制下信奉的格言應該是：「誠實，不斷誠實，永遠誠實；正義，不斷正義，永遠正義。」[72]在第三波改革中，社會改革被明確地提了出來，溫家寶總理提出「讓正義成為社會主義國家制度的首要價值」。[73]這表明，對於一個中國人久違了的概念和觀念——正義，開始進入中國政治家的頭腦。

全球化進程在促進中國經濟繁榮的同時，也將促進公民權利的增進。美國著名地緣政治學家布熱津斯基（Zbigniew Brzezinski，一九二八—）指出，民主化會越來越纏繞著中國，中國不可能長期迴避民主化以及與此有關的人權問題。在布熱津斯基看來，中國的統一只有在大陸更加繁榮發達和更加民主之後才能實現，而最終實現海峽兩岸統一後的中國，將不僅成為遠東的主導國家，而且將成為第一流的世界大國，因而更加尊重人權符合中國的國家利益。[74]

隨著中國經濟的發展和國際地位的提高，中國的公民權也必將在全球化進程中得到增進和發展。

71 〔美〕漢密爾頓、傑伊、麥迪森著《聯邦黨人文集》，程逢如、在漢、舒遜譯，商務印書館一九八〇年版，第二六六頁。

72 〔法〕路易士・博洛爾著《政治的罪惡》，蔣慶、王天成、李柏光、劉曙光譯，改革出版社一九九九年版，第三一〇頁。

73 溫家寶《政府工作報告——二〇〇七年三月五日在第十屆全國人民代表大會第五次會議上》，人民出版社二〇〇七年版，第七十頁。

74 〔美〕茲比格紐・布熱津斯基著《大棋局：美國的首要地位及其地緣戰略》，中國國際問題研究所譯，上海人民出版社二〇〇七年版，第一三三—一三四、一五二頁。

（四）農民公民權成長的新起點

國際經驗表明，權利的保障和實現需要相當的成本，有預算成本，也有社會成本。因而一個貧窮的政府不能有效保護權利。[75]經過三十年的改革開放，中國已具備了提升公民權利的經濟實力和財政能力。中國農民公民權的成長，正處在一個新的起點上。

農民公民權成長的有利環境，在於中國正處在改革的時代。「今天的改革預示著（中國的）明天將會更加美好」。[76]正在推進的第三波改革，已成為中國農民公民權成長的新起點。

以人為本的科學發展觀有利於農民公民權成長。中國在取得經濟改革巨大成就的同時，也孳生了許多嚴重的社會、政治、文化和生態問題。第三波改革不僅面臨著進一步革除計劃經濟體制舊問題的艱巨任務，同時也面臨著消除市場化改革產生的新問題的嚴重挑戰。正如波蘭尼指出的那樣：「市場經濟所取得的驚人的工業成就是以巨大的社會危害為代價的。」[77]為此，第三代改革者提出了以人為本的科學發展觀這一新的重大改革戰略思想。根據官方的定義，科學發展觀第一要義是發展，核心是以人為本，基本要求是全面協調可持續，根本方法是統籌兼顧。[78]二〇〇四年三月，十屆全國人大二次會議通過憲法修正案，將「公民合法的私有財產不受侵

75 〔美〕史蒂芬・霍爾姆斯、凱斯・R・桑斯坦著《權利的成本——為什麼自由依賴於稅》，畢競悅譯，北京大學出版社二〇〇四年版，第八—三十頁。

76 〔美〕茲・布熱津斯基著《大失敗——二十世紀共產主義的興亡》，軍事科學院外國軍事研究部譯，軍事科學出版社一九八九年版，第二二〇頁。

77 〔英〕卡爾・波蘭尼著《大轉型：我們時代的政治與經濟起源》，馮鋼、劉陽譯，浙江人民出版社二〇〇七年版，第一五九頁。

78 胡錦濤〈高舉中國特色社會主義偉大旗幟，為奪取全面建設小康社會新勝利而奮鬥——在中國共產黨第十七次全國代表

犯」、「國家建立健全同經濟發展水平相適應的社會保障制度」、「國家尊重和保障人權」等與公民權緊密相關的內容載入憲法。私有財產權、社會保障權以及人權「入憲」，在一定程度上反映了第三代改革者的執政取向。在科學發展觀的指導下，單純的經濟改革被否定，以民生為重點的社會改革浮出水面，統籌城鄉發展、破除城鄉二元體制、構建城鄉經濟社會一體化新格局已成為改革者的共識。隨著和諧社會理念的提出、新農村建設的推行、公共服務型政府的定位以及加快形成城鄉經濟社會發展一體化新格局的構建，農民公民權的成長面臨著新的時代契機。二〇〇九年四月，國務院新聞辦公室發佈《國家人權行動計畫（二〇〇九—二〇一〇）》，這是中國共產黨執政六十年來第一次發佈國家人權行動計畫，體現了中國政府堅持以人為本、落實「國家尊重和保障人權」的憲法原則、遵守《世界人權宣言》和國際人權條約基本精神的治國新理念。在繼批准《經濟、社會和文化權利國際公約》後，如果中國正式批准《公民權利和政治權利國際公約》，將國際人權法規定的各項基本人權納入國內法的保障之中，那麼，既順應人權保護國際化潮流又符合中國國家利益的公民權和人權保障事業將取得新的快速發展。

以免徵農業稅為起點的農村新政，成為農民公民權成長的轉捩點。二〇〇四年三月，溫家寶總理在政府工作報告中首次提出「五年內取消農業稅」，並對「種糧農民實行直接補貼」。[79]這是第三代改革者為走出「黃宗羲定律」怪圈，[80]在解決農民負擔問題上戰略思維的一個根本性轉變。從此，第三代改革者在一個全新的思維框

大會上的報告（二〇〇七年十月十五日）〉，載《中國共產黨第十七次全國代表大會文件彙編》，人民出版社二〇〇七年版，第十四頁。

79 溫家寶《政府工作報告——二〇〇四年三月五日在第十屆全國人民代表大會第二次會議上》，人民出版社二〇〇四年版，第二十一頁。

80 王家範、謝天佑〈中國封建社會農業經濟結構度析〉，載《中國農民戰爭史研究輯刊》第三輯，上海人民出版社一九八三年版，第二十八頁；秦暉著《農民中國：歷史反思與現實選擇》，河南人民出版社二〇〇三年版，第十七—四十一頁。

架內推進「農村新政」。到二〇〇六年，全國徹底取消了農業稅和農業特產稅，「終結了延續兩千六百多年農民種田交稅的歷史」。[81]二〇〇六年中央正式推出社會主義新農村建設，實行工業反哺農業、城市支持農村、「多予少取放活」的方針。[82]二〇〇七年三月，中國在全國農村免除義務教育階段的學雜費。七月，國務院發佈《關於在全國建立農村最低生活保障制度的通知》，決定從二〇〇七年起在全國農村建立最低生活保障制度。二〇〇七年十月一日起施行的《中華人民共和國物權法》，將私有財產的保護提到了一個新的階段。十月，中共十七大提出以改善民生為重點的社會建設，著力實現基本公共服務均等化，將公共服務型政府作為政府轉型的目標。這些改革態勢顯示，中國可能走向有利於增進公民經濟、社會和文化權利的福利國家。二〇〇八年十月，在農村改革三十週年之際，中共十七屆三中全會通過《中共中央關於推進農村改革發展若干重大問題的決定》，明確提出著力破除城鄉二元結構、加快形成經社會發展一體化新格局，並且把切實保障農民權益作為推進農村改革發展的重大原則。[83]這說明，保障農民權益已成為國家政策的重大目標，中國的改革事業開始實現從在城鄉二元結構中謀發展轉向破除二元結構、推進城鄉一體化。這為農民獲得平等的公民權利創造了最有利的宏觀政策環境。

第三代改革者不再將自由、平等、民主、人權、博愛、正義等人類普世價值視為「資產階級」的「口號」與「專利」。二〇〇五年二月，中共中央總書記胡錦濤將「公平正義」視為社會主義和諧社會的重要內容。[84]二〇〇五年十一月二十日，國家主席胡錦濤在與美國總統布希共同會見記者時表示，中國將「不斷提高中國人民

81 溫家寶〈政府工作報告——二〇〇七年三月五日在第十屆全國人民代表大會第五次會議上〉，人民出版社二〇〇七年版，第五頁。

82 《中央中央國務院關於推進社會主義新農村建設的若干意見》（二〇〇五年十二月三十一日），人民出版社二〇〇六年版，第二至三頁。

83 《中共中央關於推進農村改革發展若干重大問題的決定》，人民出版社二〇〇八年版。

84 參見胡錦濤〈在省部級主要領導幹部提高構建社會主義和諧社會能力專題研討班上的講話〉（二〇〇五年二月十九日），載《人民日報》二〇〇五年六月二十七日。

享受人權的水平。」二〇〇七年二月，溫家寶總理發表文章，認為「科學、民主、法制、自由、人權，並非資本主義所獨有，而是人類在漫長的歷史進程中共同追求的價值觀和共同創造的文明成果。」[85]三月，在十屆全國人大五次會議記者招待會上，溫家寶總理回答記者提問時指出：「民主、法制、自由、人權、平等、博愛等等，這不是資本主義所特有的，這是全世界在漫長的歷史過程中共同形成的文明成果，也是人類共同追求的價值觀。」他還倡導「讓正義成為社會主義國家制度的首要價值」，並提出要創造一種條件，「讓人民監督和批評政府」，要在「平等、公正和自由的環境下，讓每一個人都得到全面的發展。」[86]二〇〇八年三月，在十一屆全國人大一次會議上，溫家寶總理進一步指出：「如同真理是思想體系的首要價值，公平正義是社會主義國家制度的首要價值。公平正義就是要尊重每一個人的合法權益，在自由平等的條件下，為每一個人創造全面發展的機會。如果說發展經濟、改善民生是政府的天職，那麼，推進社會公平正義就是政府的良心。」[87]第三代改革者的上述公開言論表明，他們的頭腦中已經產生了對人類普世價值觀的基本認同。[88]六十年來，從批判「資產階級法權」到正視和倡導保障人權，中國的執政者逐漸實現了自我超越。

經過三十年的改革開放，已經有越來越多的中國人認識到：「一個真正能給人民帶來福祉的國家，必須同時是民主、共和、憲政的。當然，它也必定同時是自由、法治、人權的。」[89]毋庸置疑，公民權的成長離不開政治改革。政治改革滯後的一個根本原因在於傳統觀念的束縛。李銳指出：「過去我們擺脫不了專制傳統，總是

85 溫家寶〈關於社會主義初級階段的歷史任務和我國對外政策的幾個問題〉，載《人民日報》二〇〇七年二月二十七日。

86 〈在十屆全國人大五次會議記者招待會上溫家寶總理答中外記者問〉，載溫家寶《政府工作報告——二〇〇七年三月五日在第十屆全國人民代表大會第五次會議上》，人民出版社二〇〇七年版，第六十八—六十九頁。

87 〈溫家寶總理回答中外記者提問〉，載《人民日報》二〇〇八年三月十九日。

88 二〇〇八年四月，中國思想文化界出現了一場關於普世價值的爭論。相關討論參見郭宇寬〈意識形態爭論的三十年循環：從「唯一標準」到「普世價值」〉，載《當代中國研究》二〇〇八年第四期。

89 易中天著《帝國的終結——中國古代政治制度批判》，復旦大學出版社二〇〇七年版，第二九二頁。

擔心一旦落實公民權利，開放了言論自由等，就會亂套，社會就不能穩定，於是『穩定壓倒一切』成為大政方針，形成了穩定壓改革的死局。」[90]不可否認，現代國家制度建築在人類普世價值觀念的基礎上。中國農民要獲得和享有充分的公民權利，離不開與人類普世價值相融合的政治改革與國家制度建設。

（五）提升國家發展公民權的能力

歷史經驗表明，任何一個現代國家的公民並非一開始就自然而然地享有憲法規定的各項公民權利。正如經濟建設和經濟發展一樣，公民權也有一個不斷建設和發展的過程。

郝鐵川（一九五九——）在考察中外各國權利實現的歷史中，發現權利的實現也存在著一種普遍的「差序格局」：人們權利的實現是參差不齊的，權利主體是逐步擴大的，不同權利種類的實現也是循序漸進的。郝鐵川提出的權利實現上的差異性，主要有三種情況：一是不同的國家在權利立法保護時間上的差異，比如荷蘭立法保護言論自由權的時間是一五八一年，而英國是一七九五年；二是同一個國家在不同權利類型的立法保護上的差異，比如法國保護男子財產權的時間是一八一五年，而確立男子選舉權的時間是一八八四年；三是同一國家在同一權利保護上又存在著基於性別、種族和財產等狀況的差異，比如美國確立有財產男子的投票權是一七七六年，而女性投票權的確立則是一九二一年。[91]中國公民權發展的最大差異性，在於城鄉居民之間權利的不平等分配。

發展公民權的能力，是現代國家的一項基礎性能力。沒有國家的積極作用，公民權的發展是不可想像的。國家權力具有二重性，它即可能限制和侵犯人的權利和自由，也可以保護和增進人的權利和自由。因而對於國

90 李銳〈完善我黨領導的幾點想法〉，載《炎黃春秋》二〇〇七年第十期。
91 郝鐵川〈權利實現的差序格局〉，載《中國社會科學》二〇〇二年第五期。

家權力，不是取消或廢除，而是改造或馴服。邁克爾・曼區分了國家的專制權力（despotic power）和國家的基礎性權力（infrastructure power），國家的專制權力即針對市民社會的國家的個別權力；國家的基礎性權力即一個中央集權國家的制度能力。

李強將邁克爾・曼的兩種權力簡約為中國語境中的國家權力與國家能力。在中國發展公民權，需要「在縮小國家權力範圍的同時增加國家的能力，在限制國家專斷權力的基礎上強化國家提供公共產品的能力。」[92]王紹光、胡鞍鋼（一九五三—）較早地研究了中國的國家能力，但他們的學術興趣側重於國家的汲取能力，而對國家建設和發展公民權的能力未予以應有的注意。[93]

國家的汲取能力實質上是國家徵稅的能力，在中國，一般來說國家從來就不缺少徵稅的能力。歷史上，過度的徵稅能力往往蛻變為政府橫徵暴斂的能力。幾千年來，中國人對政府「橫徵暴斂」的搜刮能力並不陌生。

中國在由傳統國家向現代國家轉型過程中最缺乏的是建設和發展公民權的能力。建設和發展公民權的能力是現代國家與傳統國家的一個最本質的區別。奧爾森（Mancur Olson，一九三二—一九九八）認為，一個國家成功和繁榮的市場經濟，要求兩個一般性條件：第一個條件是有可靠而界定清晰的個人權利，第二個條件是不存在任何形式的強取豪奪。[94]公民權是市場經濟健康運行和現代國家立足與發展的根基。發展公民權的能力，是現代國家不可或缺的基礎性能力，缺乏這一基礎性能力，國家的治理與社會的整合就會面臨不可化解的嚴重隱患。

經驗表明，國家權力的強弱並不與國家能力的強弱正相關。全能政府必然是無能政府，只有有限政府才可能是有效政府。[95]一個權力不受限制的極權國家，國家權力雖然強大到無所不在、無所不包的地步，但其國

92 李強〈後全能體制下現代國家的構建〉，載《戰略與管理》二〇〇一年第六期。
93 王紹光、胡鞍鋼著《中國國家能力報告》，遼寧人民出版社一九九三年版。
94 〔美〕曼瑟・奧爾森著《權力與繁榮》，蘇長和、嵇飛譯，上海人民出版社二〇〇五年版，第一五一——一五二頁。
95 李強著《自由主義》，吉林出版集團有限責任公司二〇〇七年版，第二二三頁。

家能力卻可能脆弱不堪，如前蘇聯。令人驚奇的是，限制國家權力並不等於削弱國家能力，相反，受到法律限制的國家權力，卻可能擁有強大的國家能力。正如美國政治學家斯蒂芬・霍爾姆斯（Stphen Holmes）所言：「有限政府會比無限政府更強有力。制約成為力量的淵源，這並非自相矛盾，而是一種充滿悖論的洞見。……憲法通過限制政府官員的專斷權力，可能在適當條件下增加國家解決特定問題以及為了共同目標而動員集體資源的能力。」[96]對國家權力進行限制，猶如對火車設置軌道、紅綠燈和剎車裝置，軌道、紅綠燈和剎車裝置表面上似乎限制了火車的快速行駛，但實際上卻大大增強了火車運行的速度、安全和效率。追求不受約束的權力運行，猶如不要軌道、綠燈和剎車裝置的火車，一時富有效率的高速運行，將導致可怕的車毀人亡。

在權力受到法律制約的憲政國家，卻擁有更強大的國家能力。福山（Francis Fukuyama）指出：「美國建立的是一套有限政府制度，在歷史上就限制了國家活動的範圍。但在這個範圍內，國家制定及實施法律和政策的能力非常之強。」[97]中國不是沒有憲法，而是沒有憲政。在改革進程中，如何建立健全憲法實施的體制機制，讓「憲法運轉起來」，從而使公民個人與國家憲法之間不再「隔海相望」而遙不可及，這對中國公民權的發展至關重要。

致力於民族復興與和平崛起的中國，在現代國家構建中，最需要的是「認真對待權利」，不斷提升國家建設和發展公民權的能力。中國農民問題的解決程度，最終取決於國家建設與發展公民權的進度。徐勇教授在分析中國現代國家構建中，將一九一二年誕生的中華民國視為中國的「第一共和」，中華民國確立了中國現代國家的制度形式，拉開了中國現代國家構建的序幕；一九四九年成立的中華人民共和國被視為中國的

---

96 Stephen Holmes, *Passions and Constraint:on the Theory of Liberal Democracy*, Chicago:the University of Chicago Press, 1995. p.xi.轉引自李強著《自由主義》，吉林出版集團有限責任公司二〇〇七年版，第二三八頁。

97 〔美〕法蘭西斯・福山著《國家構建——二十一世紀的國家治理與世界秩序》，黃勝強、許銘原譯，中國社會科學出版社二〇〇七年版，第六頁。

「第二共和」，中華人民共和國的建立標誌著中國現代國家構建的真正開始。[98]如果沿循徐勇教授的思維進路，那麼，在筆者看來，中國現代國家構建的成熟時期或許將是中國的「第三共和」，即一個建立在現代憲政民主基礎上、實現兩岸和平統一的中華共和國。在這個成熟的共和國中，中華文明將與人類的主流文明交相輝映。

「周雖舊邦，其命維新。」[99]在當代中國的改革事業中，如果中國人有足夠的智慧和勇氣不斷解放思想，實現思想自由，[100]完全擺脫俄國人對其民族頭腦的長期支配，徹底革除蘇聯模式的體制弊端，[101]重新發掘中華民族的

98 徐勇〈「回歸國家」與現代國家的構建〉，載《東南學術》二〇〇六年第四期。

99 《詩經・大雅・文王》。

100 溫家寶總理在回答中外記者提問時認為：「要使每個人，特別是領導幹部的思想得到解放，也就是說要有獨立思考、批判思維和創造能力。」參見〈溫家寶總理回答中外記者提問〉，載《人民日報》二〇〇八年三月十九日。誠然，解放思想對於中國的改革至關重要，但眾所周知，人的頭腦天然具有自由思想的稟賦，解放思想的前提在於人的思想被人為地禁錮了。不可否認，「真理來自一個思想的自由市場」，要使每個追求真理和正義的頭腦獲得真正徹底的解放，就需要從仰仗開明政治領導人倡導的思想解放運動到確立國家憲法保障思想自由權利的轉型。相關討論，參見〔美〕羅納德・德沃金著《自由的法——對美國憲法的道德解讀》，劉麗君譯，上海人民出版社二〇〇一年版，第二八五、三五三頁。

101 照搬蘇聯模式或許是中國追求現代化進程中所遭遇的最大挫折。中國沒有全盤西化過，但卻不折不扣地全盤蘇化過。英國著名思想家羅素在一九二二年出版的《中國問題》一書中誠懇地告誡中國：「我相信，中國人如能對我們的文明揚善棄惡，再結合自身的傳統文化，必將取得輝煌的成就。但在這個過程中要避免兩個極端的危險。第一，全盤西化，拋棄有別於他國的傳統。那樣的話，徒增一個浮躁好鬥、智力發達的工業化、軍事化國家而已，而且這些國家正折磨著這個不幸的星球；第二，在抵制外國侵略的過程中，形成拒絕任何西方文明的強烈排外的保守主義（只有軍事除外）。」參見〔英〕羅素著《中國問題》，秦悅譯，上海：學林出版社一九九六年版，第四頁。對美國民主稱頌備至的法國思想家托克維爾在讚揚美國民主的同時也特別指出：「我的目的，是想以美國為例來說明：法制，尤其是民情，能使一個民主國家保持自由。但我絕不認為，我們應當照抄美國提供的一切，照搬美國為達到它所追求的目的而使用的手段。」參見〔法〕托克維爾著《論美國的民主》上卷，北京：商務印書館一九八八年版，第三六六—三六七頁。托克維爾在其著作的第十二版序中進一步指出：「我們把視線轉向美國，並不是為了亦步亦趨地仿效它所建立的制度，而是為了更好地學

優秀傳統文化，理性回歸人類主流文明，主動順應時代進步潮流和民眾的普遍意願，將傳統中國的仁政文明，[102]與現代世界的憲政文明結合起來，[103]在憲法和法律上確立與保障農民認同於現代國家的公民權，使每個農民在職業上享有完整的土地產權、在身分上擁有完全的公民權利，那麼，中國也許就只有受到平等對待和尊重的農民，而不再有惱人的農民問題。

習適用於我們的東西；更不是為了照搬它的教育之類的制度，我們所要引以為鑒的是其法制的原則，而非其法制的細節。法蘭西共和國的法制，可以而且最好是應當不同於治理美國的法制；但是美國的各項制度所依據的原則，即遵守紀律的原則，保持政權均勢的原則，實行真正自由的原則，真誠而至上地尊重權利的原則，則對所有的共和國都是不可或缺的。它們是一切共和國都應當具有的，而且可以預言：不實行這些原則，共和國很快就將不復存在。」參見（法）托克維爾著《論美國的民主》上卷，北京：商務印書館一九八八年版，第三頁。

102 康曉光認為，作為烏托邦，自由民主主義與共產主義的現實命運並不比仁政更好。為此，康曉光提出現代仁政理論作為中國權威主義政府的合法性理論。詳細討論，參見康曉光〈仁政：權威主義國家的合法性理論〉，載《戰略與管理》二〇〇四年第二期。在康曉光看來，蔣慶對中國權威主義國家合法性作了「最敏銳的思考」。蔣慶（一九五三—）認為中國的王道政治在理念上比民主政治更可欲，更能體現中和的精神，因而中國今後的政治發展應是依於儒家思想創造性地重建新的王道政治，而非走西方民主政治的老路。參見蔣慶著《政治儒學——當代儒學的轉向、特質與發展》，北京：生活・讀書・新知三聯書店二〇〇三年版，第三六九頁。相對於全盤照搬蘇聯模式、徹底割裂傳統文化來說，中國重新發掘傳統文化的價值應該說是完全必要的，但由此唯儒學獨尊而排斥人類文明的共同成果，恐非善舉。在全球化時代，以王道政治優越而漠視民主政治，似乎並不現實。

103 憲政是西方幾千年政治文明發展的最高成果，仁政是中國幾千年政治文化發展最耀眼的結晶，以更包容的心態將憲政與仁政結合起來，將人類文明的共同成果與時代精神結合起來，或許是中國文明發展可能的最佳路徑。以余觀之，憲政行，則仁政在其中矣。相關討論，參見張英洪著《農民權利論》，北京：中國經濟出版社二〇〇七年版，第四〇一頁。

參考文獻

《懷化地區志》，生活·讀書·新知三聯書店一九九七年版。
《溆浦縣誌》，社會科學文獻出版社一九九三年版。
《溆浦文史》第三至六輯，一九八九年十二月至一九九八年十二月。
《溆浦縣公安志》，一九九五年十月。
《彭燕郊溆浦土改日記》（一九五一年十二月十五日至一九五二年二月五日）。
溆浦黨史資料叢書第一至六輯，一九八六年一月至一九九八年七月。
郭靜秋著《流放者之歌》，二〇〇〇年八月。
費孝通著《江村經濟—中國農民的生活》，戴可景譯，商務印書館二〇〇一年版。
梁漱溟著《鄉村建設理論》，上海人民出版社二〇〇六年版。
黃宗智著《華北的小農經濟與社會變遷》，中華書局二〇〇〇年版。
杜潤生著《杜潤生自述：中國農村體制變革重大決策紀實》，人民出版社二〇〇五年版。
郭書田、劉純彬等著《失衡的中國—農村城市化的過去、現在與未來》，河北人民出版社一九九〇年版。
徐勇著《中國農村村民自治》，：華中師範大學出版社一九九七年版。

徐勇著《非均衡的中國政治——城市與鄉村比較》，北中國廣播電視出版社一九九二年版。
項繼權著《集體經濟背景下的鄉村治理——南街、向高和方家泉村村治實證研究》，武漢：華中師範大學出版社一九九五年版。
于建嶸著《當代中國農民的維權抗爭——湖南衡陽考察》，中國文化出版社二〇〇七年版。
于建嶸著《嶽村政治——轉型期中國鄉村政治結構的變遷》，北京：商務印書館二〇〇一年版。
唐鳴等著《村委會選舉法律問題研究》，中國社會科學出版社二〇〇四年版。
秦暉著《農民中國：歷史反思與現實選擇》，河南人民出版社二〇〇三年版。
溫鐵軍著《三農問題與世紀反思》，生活・讀書・新知三聯出版社二〇〇五年版。
陸學藝主編《當代中國社會流動》，社會科學文獻出版社二〇〇四年版。
陸學藝主編《當代中國社會階層研究報告》，社會科學文獻出版社二〇〇二年版。
陳桂棣、春桃著《中國農民調查》，人民文學出版社二〇〇四年版。
李昌平著《我向總理說實話》，光明日報出版社二〇〇二年版。
曹錦清著《黃河邊的中國——一個學者對鄉村鄉村社會的觀察與思考》，上海文藝出版社二〇〇〇年版。
郭正林著《中國農村權力結構》，中國社會科學出版社二〇〇五年。
王春光著《農村社會分化與農民負擔》，中國社會科學出版社二〇〇五年版。
張鳴著《鄉土心路八十年——中國近代化過程中的農民意識的變遷》，上海三聯書店一九九七年版。
何高潮著《地主・農民・共產黨——社會博弈論分析》，牛津大學出版社一九九七年版。
孫達人著《中國農民變遷論——試探我國歷史發展週期》，中央編譯出版社一九九六年版。
張紅宇著《中國農村的土地制度變遷》，中國農業出版社二〇〇二年版。
國務院研究室課題組《中國農民工調研報告》，中國言實出版社二〇〇六年版。
李強著《農民工與中國社會分層》，社會科學文獻出版社二〇〇四年版。
李培林主編《農民工——中國進城農民工的經濟社會分析》，北京：社會科學文獻出版社二〇〇三年版。
白南生、宋洪遠著《回鄉，還是進城？——中國農村外出勞動力回流研究》，中國財政經濟出版社二〇〇二年版。

武力、鄭有貴主編《解決「三農」問題之路——中國共產黨「三農」思想政策史》，中國經濟出版社二〇〇四年版。

陳吉元、陳家驥、楊勳主編《中國農村社會經濟變遷（一九四九—一九八九）》，山西經濟出版社一九九二年版。

陸益龍著《嵌入性政治與村落經濟的變遷——安徽小崗村調查》，上海人民出版社二〇〇七年版。

俞德鵬著《城鄉社會：從隔離走向開放——中國戶籍制度與戶籍法研究》，山東人民出版社二〇〇二年版。

梁駿、石樹人、李麗娜著《村民自治——黃土地上的政治革命》，中國青年出版社二〇〇〇年版。

張靜著《現代公共規則與鄉村社會》，上海書店出版社二〇〇六年版。

張靜著《基層政權：鄉村制度諸問題》（增訂本），上海人民出版社二〇〇六年版。

王滬寧著《當代中國村落家族文化——對中國社會現代化的一項探索》，上海人民出版社一九九一年版。

張樂天著《告別理想——人民公社制度研究》，東方出版社一九九八年版。

楊繼繩著《墓碑——中國六十年代大饑荒紀實》，香港天地圖書有限公司二〇〇八年版。

陳家驥主編《中國農民的分化與流動》，農村讀物出版社一九九〇年版。

李茂嵐著《中國農民負擔問題研究》，太原：山西經濟出版社一九九六年版。

〔美〕唐納德·坦嫩鮑姆、大衛·舒爾茨著《觀念的發明者——西方政治哲學導論》，葉穎譯，北京大學出版社二〇〇八年版。

〔古希臘〕亞里斯多德著《政治學》，吳壽彭譯，商務印書館一九六五年版。

〔古希臘〕柏拉圖著《理想國》，郭斌和、張竹明譯，商務印書館一九八九年版。

〔法〕盧梭著《論人類不平等的起源和基礎》，何兆武譯，商務印書館一九八〇年版。

〔法〕盧梭著《社會契約論》，何兆武譯，商務印書館一九八〇年版。

〔英〕J·S·密爾著《代議制政府》，汪暄譯，商務印書館一九八二年版。

〔英〕約翰·密爾著《論自由》，程崇華譯，商務印書館一九五九年版。

〔德〕伊曼努爾·康德著《永久和平論》，何兆武譯，世紀出版集團二〇〇五年版。

〔德〕康德著《法的形式上學原理——權利的科學》，沈叔平譯，北京：商務印書館一九九一年版。

〔德〕黑格爾著《法哲學原理》，范揚譯，商務印書館一九六一年版。

〔法〕柏克著《法國革命論》，何兆武、許振洲、彭剛譯，商務印書館一九九八年版。

〔法〕孟德斯鳩著《論法的精神》上冊，張雁深譯，商務印書館一九六一年版。

〔法〕孟德斯鳩著《論法的精神》下冊，張雁深譯，商務印書館一九六三年版。

〔法〕托克維爾著《論美國的民主》（上、下），董果良譯，商務印書館一九八八年版。

〔美〕漢密爾頓、傑伊、麥迪森著《聯邦黨人文集》，程逢如、在漢、舒遜譯，商務印書館一九八〇年版。

〔美〕約翰・羅爾斯著《正義論》，何懷宏、何包鋼、廖申白譯，中國社會科學出版社一九八八年版。

〔英〕阿克頓著《自由與權力——阿克頓勳爵論說文集》，侯健、范亞峰譯，商務印書館二〇〇一年版。

〔法〕邦雅曼・貢斯當著《古代人的自由與現代人的自由—貢斯當政治論文選》，閻克文、劉滿貴譯，商務印書館一九九九年版。

〔英〕查理斯・賴特・米爾斯著《權力精英》，王昆、許榮譯，南京大學出版社二〇〇四年版。

〔義大利〕加塔諾・莫斯卡著《統治階級》，賈鶴鵬譯，譯林出版社二〇〇二年版。

〔德〕羅伯特・蜜雪兒斯著《寡頭統治鐵律——現代民主制度中的政黨社會學》，任軍鋒等譯，天津人民出版社二〇〇三年版。

〔奧〕路德維希・馮・米瑟斯著《自由與繁榮的國度》，韓光明、潘琪昌、李百吉等譯，中國社會科學出版社一九九四年版。

〔英〕F・A・哈耶克著《致命的自負——社會主義的謬誤》，馮利克、胡晉華譯，中國社會科學出版社二〇〇〇年版。

〔英〕弗里德里希・奧古斯特・哈耶克著《通往奴役之路》，王明毅、馮興元等譯，中國社會科學出版社一九九七年版。

〔德〕威廉・馮・洪堡著《論國家的作用》，林榮遠、馮光元譯，中國社會科學出版社一九九八年版。

〔英〕拉爾夫・達仁道夫著《現代社會衝突》，林榮遠譯，中國社會科學出版社二〇〇〇年版。

〔英〕卡爾・波普爾著《開放社會及其敵人》第一卷，陸衡、張群群、楊光明、李少平等譯，中國社會科學出版社一九九九年版。

〔英〕卡爾・波普爾著《開放社會及其敵人》第二卷，鄭一明、李惠斌、陸俊、黃書進等譯，中國社會科學出版社一九九九年版。

〔美〕羅伯特・D・派特南著《使民主運轉起來》，王列、賴海榕譯，江西人民出版社二〇〇一年版。

〔美〕撒母耳・亨廷頓著《第三波——二十世紀後期民主化浪潮》，劉軍寧譯，上海三聯書店一九九八年版。

〔美〕撒母耳・亨廷頓著《變革社會中的政治秩序》，李盛平、楊玉生、李培華、張來明譯，華夏出版社一九八八年版。

〔美〕法蘭西斯・福山著《國家構建：二十一世紀的國家治理與世界秩序》，黃勝強、許銘原譯，中國社會科學出版社二〇〇七年版。

〔美〕巴林頓・摩爾著《民主和專制的社會起源》，拓夫、張東東、楊念群、劉鴻輝譯，華夏出版社一九八七年版。

〔美〕卡爾・A・魏特夫著《東方專制主義——對於極權力量的比較研究》，徐式谷、奚瑞森、鄒如山譯，中國社會科學出版社一九八九年版。

〔英〕邁克爾・歐克肖特著《政治中的理性主義》，張汝倫譯，上海譯文出版社二〇〇四年版。

〔英〕佩里・安德森著《絕對主義國家的系譜》，劉北成、龔曉莊譯，上海人民出版社二〇〇一年版。

〔美〕漢娜・阿倫特著《論革命》，陳周旺譯，譯林出版社二〇〇七年版。

〔美〕漢娜・阿倫特著《極權主義的起源》，林驤華譯，生活・讀書・新知三聯書店二〇〇八年版。

〔南〕密洛凡・德熱拉斯著《新階級——對共產主義制度的分析》，陳逸譯，世界知識出版社一九六三年版。

〔法〕古斯塔夫・勒龐著《烏合之眾——大眾心理研究》，馮克利譯，中央編譯出版社二〇〇五年版。

〔法〕古斯塔夫・勒龐著《革命心理學》，佟德志、劉訓練譯，吉林人民出版社二〇〇四年版。

〔法〕路易士・博洛爾著《政治的罪惡》，蔣慶、王天成、李柏光、劉曙光譯，改革出版社一九九九年版。

〔美〕本傑明・I・史華茲著《中國的共產主義與毛澤東的崛起》，陳瑋譯，中國人民大學出版社二〇〇六年版。

〔美〕西達・斯考切波著《國家與社會革命：對法國、俄國和中國的比較分析》，何俊志、王學東譯，上海人民出版社二〇〇七年版。

〔法〕雷蒙・阿隆著《階級鬥爭——工業社會新講》，周以光譯，譯林出版社二〇〇三年版。

〔德〕卡爾・曼海姆著《意識形態與烏托邦》，黎明、李書崇譯，商務印書館二〇〇〇年版。

〔德〕馬克斯・韋伯著《經濟與社會》（上、下卷），林榮遠譯，商務印書館一九九七年版。

〔英〕齊格爾・鮑曼著《現代性與大屠殺》，楊渝東、史建華譯，南京：譯林出版社二〇〇二年版。

〔美〕西摩・馬丁・李普塞特著《政治人——政治的社會基礎》，張紹宗譯，上海人民出版社一九九七年版。
〔美〕西摩・馬丁・李普塞特著《一致與衝突》，張華清、林恒增等譯，上海人民出版社一九九五年版。
〔美〕查理斯・林德布洛姆著《政治與市場——世界的政治——經濟制度》，王逸舟譯，上海人民出版社一九九四年版。
〔法〕蜜雪兒・福柯著《規訓與懲罰——監獄的誕生》，劉北成、楊遠嬰譯，生活・讀書・新知三聯書店二〇〇三年版。
〔英〕安東尼・吉登斯著《民族——國家與暴力》，胡宗澤、趙力濤譯，生活・讀書・新知三聯書店一九九八年版。
〔英〕亞當・斯密著《道德情操論》，蔣自強、欽北愚、朱鍾棣、沈凱璋譯，商務印書館一九九七年版。
〔美〕詹姆斯・布坎南著《財產與自由》，韓旭譯，中國社會科學出版社二〇〇二年版。
〔美〕密爾頓・弗里德曼著《資本主義與自由》，張端玉譯，商務印書館一九八六年版。
〔美〕約瑟夫・熊彼特著《資本主義、社會主義與民主》，吳良健譯，北京：商務印書館一九九九年版。
〔美〕威廉・亞瑟・路易斯著《二元經濟論》，施煒、謝兵、蘇玉宏譯，北京經濟學院出版社一九八九年版。
〔美〕曼瑟爾・奧爾森著《集體行動的邏輯》，陳郁、郭宇峰、李崇新譯，上海三聯書店、上海人民出版社一九九五年版。
〔美〕曼庫爾・奧爾森著《國家興衰探源——經濟增長、滯脹與社會僵化》，呂應中等譯，商務印書館一九九三年版。
〔美〕道格拉斯・諾思、羅伯特・湯瑪斯著《西方世界的興起》，厲以平、蔡磊譯，華夏出版社一九九九年版。
〔美〕R・科思、A・阿爾欽、D・諾思等著《財產權利與制度變遷——產權學派與新制度學派譯文集》，劉守英等譯，上海人民出版社一九九四年版。
〔美〕道格拉斯・C・諾思著《經濟史中的結構與變遷》，陳郁、羅華平等譯，上海三聯書店、上海人民出版社一九九四年版。
〔印度〕阿馬蒂亞・森著《飢餓與公共行為》，蘇雷譯，社會科學文獻出版社二〇〇六年版。
〔印度〕阿馬蒂亞・森著《以自由看待發展》，任賾、於真譯，中國人民大學出版社二〇〇二年版。
〔印度〕阿馬蒂亞・森著《貧困與饑荒——論權利與剝奪》，王宇、王文玉譯，商務印書館二〇〇一年版。
〔美〕彭尼・凱恩著《中國的大饑荒（一九五九——一九六一）——對人口和社會的影響》，鄭文鑫、畢健康、戴龍基等譯，中國社會科學出版社一九九三年版。
〔瑞典〕岡納・繆爾達爾著，《世界貧困的挑戰——世界反貧困大綱》，顧朝陽、高曉宇、葉立新譯，北京經濟學院出版社一九九一年版。
〔意〕貝卡里亞著《論犯罪與刑罰》，黃風譯，中國法制出版社二〇〇五年版。
〔美〕羅奈爾得・德沃金著《認真對待權利》，信春鷹、吳玉章譯，中國大百科全書出版社一九九八年版。
〔美〕茲・布熱津斯基著《大失敗：二十世紀共產主義的興亡》，軍事科學院外國軍事研究部譯，軍事科學出版社一九八九年版。
〔美〕茲比格紐・布熱津斯基著《大棋局：美國的首要地位及其地緣戰略》，中國國際問題研究所譯，上海人民出版社二〇〇七年版。
〔美〕理查・尼克森著《一九九九：不戰而勝》，楊魯軍、周衛青、陸建申、陸國星、陸世綸、陳承蔚譯，上海三聯書店一九八九年版。
〔英〕恩斬・伊辛、布雷恩・特納主編《公民權研究手冊》，王小章譯，浙江人民出版社二〇〇七年版。
〔美〕茱迪・史珂拉著《美國公民權：尋求接納》，劉滿貴譯，上海人民出版社二〇〇六年版，第三頁。
〔美〕湯瑪斯・雅諾斯基著《公民與文明社會》，柯雄譯，遼寧教育出版社二〇〇〇年版。
〔英〕巴巴利特著《公民資格》，談谷錚譯，桂冠圖書股份有限公司一九九一年版。
〔美〕斯科特・戈登著《控制國家——從古代雅典到今天的憲政史》，應奇、陳麗微、孟軍、李勇譯，江蘇人民出版社二〇〇五年版。
〔英〕卡爾・波蘭尼著《大轉型：我們時代的政治與經濟起源》，馮鋼、劉陽譯，杭州：浙江人民出版社二〇〇七年版。
〔德〕魯道夫・馮・耶林著《為權利而鬥爭》，鄭永流譯，法律出版社二〇〇七年版。
〔美〕史蒂芬・霍爾姆斯、凱斯・R・桑斯坦著《權利的成本——為什麼自由依賴於稅》，畢競悅譯，北京大學出版社二〇〇四年版。
〔英〕A・J・M・米爾恩著《人的權利與人的多樣性——人權哲學》，夏勇、張志銘譯，中國大百科全書出版社一九九五年版。
〔美〕明恩溥著《中國鄉村生活》，午晴、唐軍譯，時事出版社一九九八年版。
〔美〕韓丁著《翻身——中國一個村莊的革命紀實》，韓倞等譯，北京出版社一九八〇年版。

〔法〕H・孟德拉斯著《農民的終結》，李培林譯，社會科學文獻出版社二〇〇五年版。

〔美〕J・米格代爾著《農民、政治與革命——第三世界政治與社會變革的壓力》，中央編譯出版社一九九六年版。

〔美〕詹姆斯・C・斯科特著《弱者的武器》，鄭廣懷、張敏譯，鳳凰出版社傳媒集團、譯林出版社二〇〇七年版。

〔美〕詹姆斯・C・斯科特著《國家的視角——那些試圖改善人類狀況的項目是如何失敗的》，王曉毅譯，社會科學文獻出版社二〇〇四年版。

〔美〕詹姆斯・C・斯科特著《農民的道義經濟學——東南亞的反叛與生存》，程立顯、劉建等譯，譯林出版社二〇〇一年版。

〔美〕杜贊奇著《文化、權力與國家——一九〇〇—一九四二年的華北農村》，王明福譯，江蘇人民出版社二〇〇三年版。

〔美〕弗里曼、畢克偉、賽爾登著《中國鄉村，社會主義國家》，陶鶴山譯，社會科學文獻出版社二〇〇二年版。

〔美〕詹姆斯・R・湯森、布蘭特利・沃馬克著《中國政治》，顧速、董方譯，江蘇人民出版社二〇〇四年版。

〔美〕吉伯特・羅茲曼著《中國的現代化》，國家社會科學基金「比較現代化」課題組譯，江蘇人民出版社二〇〇五年版。

〔美〕柯文著《在傳統與現代之間——王韜與晚清改革》，雷頤、羅檢秋著，江蘇人民出版社二〇〇六年版。

〔美〕艾愷著《最後的儒家——梁漱溟與中國現代化的兩難》，王宗昱、冀建中譯，江蘇人民出版社二〇〇四年版。

〔匈牙利〕雅諾什・科爾奈著《社會主義體制：共產主義政治經濟學》，張安譯，中央編譯出版社二〇〇七年版。

〔俄〕格・阿・阿爾巴托夫著《蘇聯政治內幕：知情者的見證》，徐葵、張達楠等譯，新華出版社一九九八年

〔蘇〕羅・亞・麥德維傑夫著《讓歷史來審判——史達林主義的起源及其後果》（上、下），趙洵、林英譯，人民出版社一九八三年版。

〔俄〕巴枯寧著《國家制度和無政府狀態》，馬驤聰、任允正、韓延龍譯，商務印書館一九八二年版，第一四七頁。

〔英〕阿德諾・湯因比著《歷史研究》，劉北成、郭小凌譯，上海人民出版社二〇〇五年版。

〔美〕斯塔夫里阿諾斯著《全球通史：一五〇〇年以前的世界》，吳象嬰、梁赤民譯，上海社會科學院出版社一九九九年版。

〔美〕斯塔夫里阿諾斯著《全球通史：一五〇〇年以後的世界》，吳象嬰、梁赤民譯，上海社會科學院出版社一九九九年版。

〔美〕費正清著《美國與中國》，張理京譯，世界知識出版社二〇〇三年版。

〔英〕羅德里克・麥克法夸爾著《文化大革命的起源》第一至二卷，文化大革命的起源翻譯組，石家莊：河北人民出版社

一九八九年版。
〔美〕安東尼·唐斯著《官僚制內幕》，郭小聰等譯，北京：中國人民大學出版社二〇〇六年版。
〔美〕莫里斯·邁斯納著《馬克思主義、毛澤東主義與烏托邦主義》，張寧、陳銘康等譯，中國人民大學出版社二〇〇五年版。
〔韓〕朴振煥著《韓國新村運動——二十世紀七〇年代韓國農村現代化之路》，潘偉光、〔韓〕鄭靖吉、魏蔚等譯，中國農業出版社二〇〇五年版。
夏勇著《人權概念起源——權利的歷史哲學》，中國政法大學出版社二〇〇一年版。
夏勇主編《走向權利的時代——中國公民權利發展研究》，中國政法大學出版社一九九五年版。
國際人權法教程項目組編寫《國際人權法教程》第一卷，中國政法大學出版社二〇〇二年版。
沈宗靈、黃楠森主編《西方人權學說》（上、下），四川人民出版社一九九四年版。
王怡著《憲政主義：觀念與制度的轉捩》，濟南：山東人民出版社二〇〇六年版。
王希著《原則與妥協——美國憲法的精神與實踐》（修訂本），北京大學出版社二〇〇〇年版。
邱小平著《法律的平等保護——美國憲法第十四修正案第一款研究》，北京大學出版社二〇〇五年版。
季衛東著《憲政新論——全球化時代的法與社會變遷》，北京大字出版社二〇〇五年版。
張千帆著《西方憲政體系》上，中國政法大學出版社二〇〇四年版。
蔡定劍著《憲法精釋》（第二版），法律出版社二〇〇六年版。
林尚立著《制度創新與國家成長——中國的探索》，天津人民出版社二〇〇五年版。
楊雪冬著《市場發育、社會生長和公共權力構建》，河南人民出版社二〇〇二年。
鄧正來等編《國家與市民社會：一種社會理論的研究路徑》，中央編譯出版社二〇〇二年版。
褚松燕著《個體與共同體——公民資格的演變及其意義》，中國社會出版社二〇〇三年版。
褚松燕著《權利發展與公民參與——我國公民資格權利發展與有序參與研究》，中國法制出版社二〇〇七年版。
郭忠華、劉訓練編《公民身分與社會階級》，江蘇人民出版社二〇〇七年版。
張明澍著《中國「政治人」——中國公民政治素質調查報告》，中國社會科學出版社一九九四年版。

吳國光、鄭永年著《論中央——地方關係：中國制度轉型中的一個軸心問題》，牛津大學出版社一九九五年版。
何清漣著《現代化的陷阱——當代中國的經濟社會問題》，今日中國出版社一九九八年版。
榮敬本等著《從壓力型體制向民主合作體制的轉變：縣鄉兩級政治體制改革》，中央編譯出版社一九九八年版。
鄒讜著《二十世紀中國政治：從宏觀歷史與微觀行動看》，牛津大學出版社一九九四年版。
閆健編《民主是個好東西——俞可平訪談錄》，社會科學文獻出版社二〇〇六年版。
俞可平著《治理與善治》，社會科學文獻出版社二〇〇〇年版。
何懷宏編《西方公民不服從的傳統》，吉林人民出版社二〇〇一年版。
劉澤華、汪茂和、王蘭仲著《專制權力與中國社會》，天津古籍出版社二〇〇五年版。
孫代堯著《臺灣威權體制及其轉型研究》，中國社會科學出版社二〇〇三年版。
陳永森著《告別臣民的嘗試——清末民初的公民意識與公民行為》，中國人民大學出版社二〇〇四年版。
胡鞍鋼、王紹光、周建明主編《第二次轉型：國家制度建設》，清華大學出版社二〇〇三年版。
王紹光著《分權的底限》，中國計畫出版社一九九七年版。
王紹光、胡鞍鋼著《中國國家能力報告》，遼寧人民出版社一九九三年版。
金耀基著《從傳統到現代》，中國人民大學出版社一九九九年版。
朱光磊等著《當代中國社會各階層分析》，天津人民出版社二〇〇七年版。
蔣慶著《政治儒學——當代儒學的轉向、特質與發展》，生活・讀書・新知三聯書店二〇〇三年版。
易中天著《帝國的終結——中國古代政治制度批判》，上海：復旦大學出版社二〇〇七年版。
吳敬璉著《呼喚法治的市場經濟》，生活・讀書・新知三聯書店二〇〇七年版。
林毅夫著《制度、技術與中國農業發展》，上海人民出版社二〇〇五年版。
周其仁著《產權與制度變遷：中國改革的經驗研究》（增訂版），北京大學出版社二〇〇四年版。
吳忠民著《社會公正論》，山東人民出版社二〇〇四年版。
劉成、馬約生著《歐洲社會民主主義的緣起與演進》，重慶出版社二〇〇六年。

孔寒冰著《中蘇關係及其對中國社會發展的影響》，中國國際廣播出版社二〇〇四年版。
黃宗良、孔寒冰主編《世界社會主義史論》，北京大學出版社二〇〇四年版。
黃宗良、林勳健主編《共產黨和社會黨百年關係史》，北京大學出版社二〇〇二年版。
李銳著《李銳反「左」文選》，中央編譯出版社一九九八年版。
文聿著《中國「左」禍》，朝華出版社一九九三年版。
謝蒼霖、萬芳珍著《三千年文禍》，江西高校出版社一九九六年版。
楊乾坤著《中國古代文字獄》，陝西人民出版社一九九九年版。
笑蜀編《歷史的先聲——半個世紀前的莊嚴承諾》，汕頭大學出版社一九九九年版。
余英時著《中國思想傳統的現代詮釋》，江蘇人民出版社二〇〇四年版。
張灝著《幽暗意識與民主傳統》，北京：新星出版社二〇〇六年版。
黃光國、胡先縉等著《面子——中國人的權力遊戲》，中國人民大學出版社二〇〇四年版。
錢穆著《中國歷代政治得失》，生活・讀書・新知三聯書店二〇〇五年版。
黃仁宇著《萬曆十五年》，生活・讀書・新知三聯書店一九九七年版。
高華著《紅太陽是怎樣升起的——延安整風運動的來龍去脈》，香港中文大學出版社二〇〇〇年版。
滿妹著《思念依然無盡——回憶父親胡耀邦》，北京出版社二〇〇五年版。
戴煌著《胡耀邦與平反冤假錯案》（修訂版），中國工人出版社二〇〇四年版。
李澤厚、劉再復著《告別革命——回望二十世紀中國》，天地圖書有限公司二〇〇四年版。
吳思著《潛規則：中國歷史中的真實遊戲》雲南人民出版社二〇〇一年版。
瞿同祖著《中國封建社會》，上海人民出版社二〇〇五年版。
徐勇〈「回歸國家」與現代國家的建構〉，載《東南學術》二〇〇六年第四期。
徐勇〈現代化視野中的「三農問題」〉，載《理論月刊》二〇〇四年第九期。
徐勇〈現代國家建構中的非均衡性和自主性分析〉，載《華中師範大學學報（人文社會科學版）》二〇〇三年第五期。

徐勇、徐增陽〈中國農村和農民問題研究的百年回顧〉，載《華中師範大學學報（人文社會科學版）》一九九九年第六期。
項繼權〈鄉鎮規模擴大及其限度〉，載《開放時代》二〇〇五年第五期。
項繼權〈短缺財政下的鄉村政治發展——兼論中國鄉村民主的生成邏輯〉，載《中國農村觀察》二〇〇二年第三期。
于建嶸、李連江〈縣政改革與中國政治發展〉，載《領導者》二〇〇七年第六期（總第十八期）。
于建嶸〈農民維權活動的一個解釋框架〉，載《社會學研究》二〇〇四年第二期。
于建嶸〈農村黑惡勢力和基層政權退化——湘南調查〉，載《戰爭與管理》二〇〇三年第五期。
于建嶸〈農民有組織抗爭及其政治風險——湖南省H縣調查〉，載《戰爭與管理》二〇〇三年第三期。
李連江、歐博文〈當代中國農民的依法抗爭〉，載吳國光編《九七效應：香港與太平洋》，香港：太平洋世紀研究所一九九七年，第一四一——一七〇頁。
歐博文〈村民、選舉及公民權〉，載香港中文大學大學服務中心、香港浸會大學政府與國際研究系合辦「第二屆大陸村級組織建設學術討論會」論文，二〇〇一年。
蕭功秦〈「軟政權」與分利集團化：中國現代化的兩重陷阱〉，載《戰略與管理》一九九四年第一期。
蕭功秦〈後全能體制與二十一世紀中國的政治發展〉，載《戰略與管理》二〇〇〇年第六期。
蕭功秦〈中國後全能型的權威政治〉，載《戰略與管理》二〇〇二年第六期。
蕭功秦〈中國現代化轉型中的地方庇蔭網政治〉，載《社會科學》二〇〇四年第十二期。
吳國光〈論制度化分權〉，載《二十一世紀》一九九六年六月號。
鄭永年〈政治改革與中國國家建設〉，載《戰略與管理》二〇〇一年第二期。
鄭永年〈論中國地方關係中的集權與民主問題〉，載《戰略與管理》二〇〇一年第三期。
王紹光、胡鞍鋼、周建明〈第二代改革戰略：積極推進國家制度建設〉，載《戰略與管理》二〇〇三年第二期。
王紹光、胡鞍鋼、丁元竹〈經濟建設繁榮背後的社會不穩定〉，載《戰略與管理》二〇〇二年第三期。
王紹光〈國家汲取能力的建設——中華人民共和國成立初期的經驗〉，載《中國社會科學》二〇〇二年第一期。
王紹光〈公民權、所得稅和預算體制〉，載《戰略與管理》二〇〇一年第三期。

趙樹凱〈破除「地方政府公司主義」〉，載《中國改革》二〇〇六年第八期。

趙樹凱〈鄉村治理：組織和衝突〉，載《戰略與管理》二〇〇三年第六期。

黨國英〈當前中國農村土地制度改革者的現狀與問題〉，載《華中師範大學學報（人文藝工作者社會科學版）》二〇〇五年第四期。

黨國英〈「村民自治」是民主政治的起點嗎〉，載《戰略與管理》一九九九年第一期。

黨國英〈我為什麼主張重建農會〉，載《中國國情國力》一九九九年第七期。

黨國印〈論農村集體產權〉，載《中國農村觀察》一九九八年第四期。

秦暉〈中國農村土地制度與農民權利保障〉，載《探索與爭鳴》二〇〇二年第七期。

李強〈後全能體制下現代國家的構建〉，載《戰略與管理》二〇〇一年第六期。

李強〈政治分層與經濟分層〉，載《社會學研究》一九九七年第四期。

孫立平〈權利失衡、兩極社會與合作主義憲政體制〉，載《戰略與管理》二〇〇四年第一期。

郭于華、孫立平〈訴苦：一種農民國家觀念形成的仲介機制〉，載《中國學術》二〇〇二年第四期，北京：商務印書館二〇〇二年版。

黃宗智〈中國革命中的農村階級鬥爭——從土改到文革時期的表達性現實與客觀性現實〉，載黃宗智主編《中國鄉村研究》第二輯，北京：商務印書館二〇〇三年版。

張小軍〈陽村土改中的階級劃分與象徵資本〉，載黃宗智主編《中國鄉村研究》第二輯，北京：商務印書館二〇〇三年版。

鄧正來、景躍進〈建構中國的市民社會〉，載《中國社會科學季刊》一九九二年十一月（總第一期）。

康曉光〈作為內生博弈規則的精英聯盟——關於當前中國大陸政治結構的博弈論解釋〉，載《天益網》康曉光專欄文章，http://www.tecn.cn/data/detail.php?id=11506，2006-10-30。

康曉光〈「現代化」是必須承受的「宿命」〉，載《天涯》二〇〇六年第五期。

鄭法〈農村改革與公共權力的劃分〉，載《戰略與管理》二〇〇〇年第四期。

許前席〈作為政治問題的農民問題〉，載《戰略與管理》二〇〇二年第一期。

吳毅、李德瑞〈二十年農村政治研究的演進與轉向——兼論一段公共學術運動的興起與終結〉，載《開放時代》二〇〇七年第二期。
農業部政策研究中心農村工業化城市化課題組〈二元社會結構：城鄉關係：工業化・城市化〉），載《經濟研究參考資料》一九八八年第九十期（總第一八九〇期）。
農村工業化城市化與農業現代化課題組〈二元社會結構：分析中國農村工業化的一條思路〉），載《經濟研究參考資料》一九八八年第一七一／一七二期（總第二一七一／二一七二期）。
舟蓮村〈談農民的不平等地位〉，載《社會》一九八八年第九期。
岳悍惟〈從國家農民向社會農民的轉變看農民人權〉，載徐顯明主編《人權研究》第一卷，濟南：山東人民出版社二〇〇一年版，第五一八—五六二頁。
馨元〈公民概念在我國的發展〉，載《法學》二〇〇四年第六期。
馨元〈公民概念之演變〉，載《當代法學》二〇〇四年第四期。
劉澤華〈論從臣民意識向公民意識的轉變〉，載《天津社會科學》一九九一年第四期。
王奇生〈黨政關係：國民黨黨治在地方層級的運作（一九二七—一九三七）〉，載《中國社會科學》二〇〇一年第三期。
金輝〈「三年自然災害」備忘錄〉，載《社會》一九九三年第四、五期。
金輝〈風調雨順的三年——一九五九—一九六一年氣象水文考〉，載《方法》一九九八年三期。
楊大利〈從大躍進饑荒到農村改革〉，載《二十一世紀》一九九八年八月號。
李成瑞〈「大躍進」引起的人口變動〉，載《中共黨史研究》一九九七年第二期。
吳思〈歷史上的平反週期率〉，載《炎黃春秋》二〇〇五年第四期。
李銳〈完善我黨領導的幾點想法〉，載《炎黃春秋》二〇〇七年第十期。
金耀基〈中國人的「公」、「私」觀念〉，載《中國社會科學季刊》一九九四年第一卷（總第六期）。
賀雪峰〈公私觀念與中國農民的雙層認同——試論中國傳統社會農民的行動邏輯〉，載《天津社會科學》二〇〇六年第一期。
賀東航〈中國現代國家的構建、成長與目前情勢——來自地方的嘗試性解答〉，載《東南學術》二〇〇六年第四期。

葉本乾〈現代國家構建中的均衡性分析：三維視角〉，載《東南學術》二〇〇六年第四期。

王開嶺〈英雄的完成：踏上回家的路〉，載《領導文萃》二〇〇二年第三期。

王奇生〈黨政關係：國民黨黨治在地方層級的動作（一九二七－一九三七）〉，載《中國社會科學》二〇〇一年第三期。

何清漣〈農村基層社會地方惡勢力的興起——與王旭商榷〉，載《二十一世紀》一九九七年六月號。

郭書田〈再論當今的中國農民問題〉，載《農業經濟問題》一九九五年第十期。

蔡定劍〈關於什麼是憲法〉，載《中外法學》二〇〇二年第一期。

江平〈憲政與社會主義〉，載《當代世界與社會主義》二〇〇七年第三期。

胡弘弘〈論憲法信仰〉，載《社會科學》二〇〇一年第三期。

李慎之〈中國文化傳統與現代化〉，載《戰略與管理》二〇〇〇年第四期。

何兆武〈從身分到契約——梅恩《古代法》讀後有感〉，載《讀書》一九九一年第八期。

朱光磊〈從身分到契約——當代中國社會階層分化的特徵與性質〉，載《當代世界與社會主義》一九九八年第一期。

林光彬〈社會等級制度與「三農」問題〉，載《改革》二〇〇二年第二期。

江國華〈從農民到公民——憲法與新農村建設的主體性視角〉，載《法學論壇》二〇〇七年第二期。

周其仁〈中國農村改革：國家與土地所有權關係的變化——一個經濟制度變遷史的回顧〉，原載《中國社會科學季刊》（香港）一九九四年夏季卷（總第八期）。

柏駿〈農民身分——一個社會學研究的視角〉，載《唯實》二〇〇三年第十二期。

郭道暉〈公民權與公民社會〉，載《法學研究》二〇〇六年第一期。

郝鐵川〈權利實現的差序格局〉，載《中國社會科學》二〇〇二年第五期。

Thomas Humphrey Marshall, *Citizenship and Social Class and Other Essays*, Cambridge University Press, 1950.

John P.Burns, *Political Participation in Rural China*. Berkely:University of California Press, 1988.

Vivienne Shue, *The Reach of the State:Sketches of the Chinese Body Politic*. Stanfird Univrersity Press, 1988.

Jean C.Oi, *Rural China Takes Off: Institutional Foundation of Economic Reform*, Berkeley:University of California Press, 1999.

Jean C.Oi, *State and Peasant in Contemporary China:the Political Economy of Village Government*. Berkely:University of California Press, 1989.

Daniel Ray Kelliher, *Peasant Power in China:The Era of Rural Reform 1979-1989*, New Haven:Yale University Press, 1992.

Charles Tilly, *The Formation of National State in Western Europe*.Princeton University Press, 1975.

S.L.Popkin, *The Rational Peasant*, University of California Press, 1979.

James C.Scott, *Weapons of the Weak*.New Haven:Yale University Press, 1985.

Thomas P.Bernstein, Xiaobo Lü, *Taxation Without Representation in Contemporary Rural China*, Cambridge: Cambridge University Press, 2003.

Kevin O' Brien, Lianjiang Li, *The Politics of Lodging Complaints in Rural China*.The China Quarterly, No.143 （Sept. 1995）.

Kevin O' Brien, Lianjiang Li, *Rightful Resistance in Rural China*, New York:Cambridge University Press, 2006.

Dorothy J.Solinger.*Contesting Citizenship in Urban China:Peasant Migrants, the State, ang the Logic of the Market*. Berkeley:University of California Press, 1999.

後記

我出生於湘西農村一個普通的農民家庭，在文革中度過了童年，並與改革的進程一起成長和思考。我很慶幸自己能夠經歷了文革，並生活在改革的年代。出生在農村，使我切身體會到農民的底層生活境況；經歷過文革，使我對極權主義的政治恐怖並不陌生；與改革一道成長，使置身於改革進程中的我能夠切身體悟到改革的波瀾起伏與成敗得失。這是我能夠完成本書的生活背景之一。

我能夠完成本書的第二個重要背景，是活生生的現實促使我獨立思考和博覽群書。托馬斯・傑斐遜說過，在人的福分中，第一是心地誠實，第二是博學多才。雖然我絕不敢自詡已擁有這種福分，但我敢說，為了更多地增進這種福分，我一直在努力。早在一九八五年到一九八六年間，我的思考範圍就跳出了教科書的框架和束縛。對政治的觀察和思考，使我對當代政治的認識有了某種悟性與靈感，並對政治學產生了特別的鍾愛，這最終使我獲得了政治學博士學位。

一九八〇年代，是中國改革的「春天」，經過極權主義磨難的中國社會，萬物復甦，開始煥發出勃勃生機。但一九八九年的政治事件，頓將改革的銳氣、社會的正氣打入悶水之中。在人類文明進程中，正義並非始終戰勝邪惡。一九九〇年代，雖然中國的市場化改革突飛猛進，但缺乏社會正義的市場化航船，迅速將中國拖入泛市場化的社會之中。剛剛經歷了幾十年極權主義肆虐的社會，又遭遇了原始資本主義的野蠻橫掃。這就是為什麼改革以來中國經濟的快速增長卻帶動了社會不滿的快速增長。對革命、對改革，我們都需要全面而深刻的社會反思。社會反思的不足或淺薄，會滑向以文革思維和方式解決改革問題的危險陷阱。

直接促成我研究農民問題的是一九九〇年代日益突出的農民負擔問題。與眾不同的是，我在涉足農民問題研究之初，就將農民權利問題作為自己的主要研究旨趣，不管風雲如何變幻，我都執著地堅持為農民要求「人權和公民權」。梭羅認為，為國家服務的人有三種：第一種是用他們的身體為國家服務，如軍人、警察等；第二種是用他們的頭腦為國家服務，如立法者、政治家等；第三種是用他們的良知為國家服務。第三種人常常被國家當作「敵人」。我發現，在一個對人權和公民權缺乏深刻認識甚至存在巨大偏見的社會中，為農民要求「人權和公民權」存在著巨大的社會政治風險。但我確信，為農民要求「人權和公民權」，是我忠誠地為國家服務的重要方式。為農民要求「人權和公民權」，也是為我們自己、為我們的子孫後代、為每一個炎黃子孫要求「人權和公民權」，也就是為國家的長治久安和人們的自由幸福服務。作為一個農民的兒子，一個農民問題研究者，一個共和國公民，我日益感悟到，中國農民問題的解決過程應該是每個農民不斷獲得完全公民權的過程。

本書初稿完成於二〇〇八年四月，在此後的一年裏，我對湘西農村又作了追蹤調查，補充了部分調查內容。本書定稿時間截止於二〇〇九年四月。為此，我將本書副標題由原來的「一九四九—二〇〇八年的湘西農村」更改為「一九四九—二〇〇九年的湘西農村」。本書除了補充部分新的調查內容外，還從篇幅上作了較多刪節，使電腦統計的字數從四十多萬字精簡到三十多萬字。我主要刪去了一些詳細的腳註和詳盡的參考文獻，同時還刪去了正文中的部分敘述內容，但全書的基本內容和主要觀點都未作改動。

能夠完成本書，有許多的人值得衷心感謝。我不能不提及的諸位大名是：香港中文大學李連江教授、香港中文大學中國研究服務中心的熊景明女士及各位工作人員、華中師範大學政治學研究院（中國農村問題研究中心）的徐勇教授、項繼權教授、唐鳴教授、陳偉東教授、鄧大才教授、吳理財教授、賀東航教授、李芳教授，中國社會科學院農村發展研究所的黨國英研究員、于建嶸研究員，中國人民大學的張鳴教授，湖南師範大學公共管理學院的周作翰教授，《湘聲報》資深編輯、記者向繼東先生等。

我在湖南調查時，得到了湖南省委政策研究室、湖南省委宣傳部、湖南省委政法委以及湖南省委、省政府信訪接待室、湖南省檔案館、湖南省圖書館、懷化市史志辦、漵浦縣委辦公室、漵浦縣委政策研究室、漵浦縣人大辦公室、漵浦縣政協文史委、漵浦縣文明辦、漵浦縣統計局、漵浦縣教育局、漵浦縣財政局、漵浦縣經管局、漵浦縣檔案局、漵浦縣史志辦、漵浦縣農辦、漵浦縣新農村建設辦、漵浦縣試驗區辦、漵浦縣公安局、漵浦縣民政局等單位領導和幹部的大力支持，漵浦縣觀音閣鎮、漵浦縣低莊鎮、漵浦縣譚家灣鎮、漵浦縣黃茅園鎮等諸多鄉村領導幹部，以及所有接受我調查訪談的農民和其他人士，對我的調研給予了大力支持和配合，在此表示由衷的謝意！

需要特別申明的是：儘管許多師友對我的研究提供了寶貴的支持和幫助，但只能由我對全書負責。如果讀者發現書中有任何錯誤和不足之處，責任均在我而與任何師友無關。同時，為了保持全書調查的真實性和研究的獨立性，我沒有對書中涉及到的一些真人真事進行所謂的技術處理。我坦誠地說，我沒有對任何單位或個人持有個人偏見，我只是思考和探求在既有的社會環境和體制下所發生的社會問題，我希望通過對真實社會問題的調查與思考，來促進社會問題的解決，從而保障每個人的自由和尊嚴，促進社會的公平正義與和諧。在此乞望讀者諸君見諒。

本書的出版頗費周折。為此，我要特別感謝向繼東先生，感謝秀威資訊科技股份有限公司，正是他們的努力使本書得以出版問世。

張英洪　二〇一二年四月二十二日

新・座標12　PF0095

新銳文創
INDEPENDENT & UNIQUE

農民、公民權與國家
——1949-2009年的湘西農村

作　　者	張英洪
主　　編	蔡登山
責任編輯	鄭伊庭
圖文排版	楊尚蓁、姚宜婷
封面設計	陳佩蓉
出版策劃	新銳文創
製作發行	秀威資訊科技股份有限公司 114 台北市內湖區瑞光路76巷65號1樓 電話：+886-2-2796-3638　傳真：+886-2-2796-1377 服務信箱：service@showwe.com.tw http://www.showwe.com.tw
郵政劃撥	19563868　戶名：秀威資訊科技股份有限公司
展售門市	國家書店【松江門市】 104 台北市中山區松江路209號1樓 電話：+886-2-2518-0207　傳真：+886-2-2518-0778
網路訂購	秀威網路書店：http://www.bodbooks.com.tw 國家網路書店：http://www.govbooks.com.tw
法律顧問	毛國樑　律師
圖書經銷	貿騰發賣股份有限公司 235 新北市中和區中正路880號14樓 電話：+886-2-8227-5988　傳真：+886-2-8227-5989
出版日期	2012年8月　初版
定　　價	640元

國家圖書館出版品預行編目

農民、公民權與國家 : 1949-2009年的湘西農村 / 張英洪著.
-- 一版. -- 臺北市 : 新銳文創, 2012. 08
面； 公分. -- (社會科學類 ; PF0095)
BOD版
ISBN 978-986-6094-97-2(平裝)

1. 公民權 2. 農民 3. 中國大陸研究

572.2 101012618

讀者回函卡

感謝您購買本書，為提升服務品質，請填妥以下資料，將讀者回函卡直接寄回或傳真本公司，收到您的寶貴意見後，我們會收藏記錄及檢討，謝謝！如您需要了解本公司最新出版書目、購書優惠或企劃活動，歡迎您上網查詢或下載相關資料：http:// www.showwe.com.tw

您購買的書名：＿＿＿＿＿＿＿＿＿＿＿＿＿＿＿＿＿

出生日期：＿＿＿＿年＿＿＿＿月＿＿＿＿日

學歷：□高中（含）以下　□大專　□研究所（含）以上

職業：□製造業　□金融業　□資訊業　□軍警　□傳播業　□自由業

□服務業　□公務員　□教職　□學生　□家管　□其它＿＿＿

購書地點：□網路書店　□實體書店　□書展　□郵購　□贈閱　□其他

您從何得知本書的消息？

□網路書店　□實體書店　□網路搜尋　□電子報　□書訊　□雜誌

□傳播媒體　□親友推薦　□網站推薦　□部落格　□其他＿＿＿＿＿

您對本書的評價：（請填代號　1.非常滿意　2.滿意　3.尚可　4.再改進）

封面設計＿＿　版面編排＿＿　內容＿＿　文／譯筆＿＿　價格＿＿

讀完書後您覺得：

□很有收穫　□有收穫　□收穫不多　□沒收穫

對我們的建議：＿＿＿＿＿＿＿＿＿＿＿＿＿＿＿＿＿

＿＿＿＿＿＿＿＿＿＿＿＿＿＿＿＿＿＿＿＿＿＿＿＿

＿＿＿＿＿＿＿＿＿＿＿＿＿＿＿＿＿＿＿＿＿＿＿＿

＿＿＿＿＿＿＿＿＿＿＿＿＿＿＿＿＿＿＿＿＿＿＿＿